2012년 대통령선거 분석

나남 nanam

나남신서 1692

2012년 대통령선거 분석

2013년 5월 5일 발행
2013년 5월 5일 1쇄

편저자 · 朴贊郁 · 康元澤
발행자 · 趙相浩
발행처 · (주) 나남
주소 · 413-120 경기도 파주시 회동길 193
전화 · (031) 955-4601 (代)
FAX · (031) 955-4555
등록 · 제 1-71호(1979.5.12)
홈페이지 · http://www.nanam.net
전자우편 · post@nanam.net

ISBN 978-89-300-8692-9
ISBN 978-89-300-8001-9(세트)

책값은 뒤표지에 있습니다.

서울대학교 한국정치연구소 한국정치연구총서 009

2012년 대통령선거 분석

박찬욱 · 강원택 편

나남
nanam

Analyzing the 2012 Presidential Election in South Korea

Edited by

Chan Wook Park
Won-Taek Kang

nanam

2012년은 세계 약 60개 국가에서 국가 리더십을 창출하는 선거가 실시된 글로벌 선거의 해였다. 한국에서도 4월에 19대 국회를 구성하기 위한 총선과 12월에는 대통령을 선출하는 선거가 치러졌다. 대통령 임기가 5년, 국회의원 임기는 4년으로 정해져 매 20년마다 같은 해에 총선과 대선이 있게 되는데 2012년이 바로 그러한 국가선거의 한 해였다.

한국의 민주정치는 선거과정과 다원주의 차원에서 많은 진전을 보였다. 정치선진국에 비하면 시민 자유의 보장, 정부 기능의 효과적 수행, 민주적 정치문화, 선거 이외 일반인 참여기회의 확대 등의 차원에서 미흡한 점이 적지 않다. 그럼에도 불구하고 선거과정에 비추어 한국의 발전된 절차적 민주주의를 폄하해서는 안 될 것이다.

대체로 자유롭고 공정한 경쟁, 신상의 위협이 없이 이루어지는 후보자와 정당에 대한 선택, 정당과 후보자에게 균등하게 주어지는 경쟁의 기회, 선거자금의 조달과 지출 투명성, 선거결과에 따른 국가권력의 교체와 같은 잣대로 보아서도 한국 정치의 성취는 손색이 없다. 물론 현재 상태에 만족할 수는 없다. 규제중심적인 선거법 개선, 선거활동 자유의 확대, 현직과 비현직 또한 정당소속과 무소속 후보자 간의 차별성 해소, 대표성 제고를 위한 국회의원 선거구제의 정비와 같은 쇄신 과제도 적지 않다. 하지만 종합적인 관점에서 한국의 선거는 의미 있는 정치 절차로서 자리 잡고 있다.

1987년 민주화 이행 이후 2012년에 총선은 7번째, 대선은 6번째로 정기적으로 실시되었다. 이 총선과 대선 직전에 경쟁 주체인 정당과 후보자, 선택 주체인 유권자 모두 선거결과가 어떻게 될 것인가에 귀 기울이고 마음 졸이는 불확실성을 체감할 수 있었다. 민주정치의 선거란 그러한 것이다.

2012년 18대 대선에서는 민주화 이후 연속적으로 하락하던 투표율이 반등하였다. 특히 2030세대에서 투표율이 역력히 증가하였다. 진보, 보수 각 진영이 결집하여 양강 구도의 경쟁이 전개되었다. 선거결과 승자는 전체 유효투표수의 과반수를 얻었고 여성이 대통령으로 당선되었다.

새누리당 박근혜 후보의 승리와 민주통합당 문재인 후보의 패배를 둘러싸고 다양한 원인 분석이 가능하다. 인구의 고령화와 투표율의 "노고소저"(老高少低)는 실제 투표자수 중의 비율에서 5060세대가 2030세대를 능가하여 보수성향 후보에 상대적으로 유리한 조건이 되었다. 문 후보는 수도권에서 신승했고, 2002년 대선의 승리자 노무현 후보와는 달리 충청권과 제주에서 1위 자리를 놓쳤다.

유권자 연령을 보면, 50대 유권자들이 박 후보 당선에 크게 기여했다. 이들은 10년 전 40대 시절에 노무현, 이회창 후보에게 거의 비슷하게 표를 나눠주었지만 열 살 더 나이를 먹고는 다른 연령대보다 투표참여에 가장 적극적이었고 63% 내외가 박 후보를 선택하였다. 2012년 대선 국면에서는 유권자들 가운데 보수성향이 진보성향보다 비율이 높은 정치지형이 조성되었고, 이 점 역시 보수성향 후보에게 유리하게 작용하였다.

일반 유권자들은 기성 정당을 매우 부정적으로 바라본다. 정당의 창당과 소멸, 당명 변경이 빈번하여 정당과 정당체계의 유동성이 두드러지고 양극적 갈등이 치열한 정당정치이기 때문이다. 당내에서 다원적 민주주의가 제대로 실현되지 못하고 있다. 그렇지만 조직과 홍보 역량에 비추어 선거에서 기성 정당을 대체할 정치조직은 찾기 어렵다. 대선일 전후로 무당파는 전체 유권자들의 30% 정도였고 나머지는 거의 새누리당 아니면 민주통합당에 가깝게 느끼는 일체감을 갖고 있었다. 새누리당을 선호하는 유권자들이 민주통합당의 경우보다 많았다. 이러한 정당의 역설은 무소속을 표방하고 나선 대선 경주에서 끝내는 중도 이탈하고 만 안철수 후보가 부딪쳐야 했던 벽이었다.

선진 민주정치에 눈높이를 맞추고 있는 유권자에게는 이번 선거가 기대에 못 미치고 답답한 면이 적지 않았다. 후보 등록일을 앞두고 야권은 단일화로 많은 시간을 보냈다. 선거 막바지에 가서야 후보자 간의 TV토론이 있었다. 게다가 네거티브 캠페인으로 정책 토론은 뒷전에 밀리기도 했다. 이슈가 유권자의 투표선택에 미친 영향은 제한적이었다.

문재인 후보는 후보 호감도 면에서 당초는 박근혜 후보보다 못하지 않았는데 선거 막바지에 가서는 별 차이가 없게 되었다. 이슈 전략을 포함한 선거운동 양상에서 문 후보와 민주통합당은 우위에 서는 데에 실패했다. 복지와 경제민주화 이슈는 일견 진보성향의 후보에 유리한 정책의제였지만 박 후보가 오히려 이러한 의제를 선점했다. 야권에서 제기한 박정희 대통령 독재의 유산과 이명박 대통령의 실정에 대한 비판은 승리를 위해 충분하지 못했다. 이는 과거회귀적인 공방과 네거티브 캠페인으로 이어졌기 때문이다. 문 후보와 민주통합당은 정권교체를 실현하기 위해서 국가의 더 나은 미래 비전과 이를 실현할 수 있는 역량을 제시하여 유권자들을 설득했어야 했다.

문재인 후보와 민주통합당이 사퇴한 안철수 후보에게 지원을 요청하고 그가 유권자의 눈에는 미지근한 유세 지원을 하면서야 문 후보의 지지율이 상승했다. 한편, 여권주의자가 보기에 마땅치 않은 "준비된 여성대통령"이라는 구호는 보수 성향 유권자들에게 호소력을 발휘했다. 통합진보당의 이정희 후보가 선거일 3일 전 전격 사퇴한 사태는 이 후보 지지자들이 문 후보의 표를 더해 주기보다는 박 후보 지지자들의 결집을 가져와 문 후보에게 오히려 불리하게 작용했다고 판단된다. 대선 기간 중에 북한은 장거리 로켓을 발사했으나 과거와 달리 북풍은 선거에 주목할 만한 영향을 미치지 못했다.

선거를 통해 한국이 대내외적으로 당면한 과제를 해결하기 위한 비전, 전략 및 정책에 대한 공론화와 이를 둘러싼 경쟁이 제대로 전개되었는가 하는 점에서 2012년 대선은 아쉬움이 없지 않다. 더구나 극명한 양강 대결이 펼쳐져 문재인 후보의 지지자들은 선거 이후 상실감이 컸고 선관위 개표관리의 공정성에 의문을 제기하기도 하였다.

이제 18대 대선은 막을 내리고 박근혜 행정부가 탄생하였다. 박 대통령이 보수이념의 포로가 되지 않고 균형적 판단을 통해 시대적 과제를 풀어야 하는 시점이다. 상대를 포용하고 통합으로 가는 정치를 펼쳐야 한다. 지속가능한 성장과 함께 복지를 확대하는 경제, 국가와 시민사회의 협치(協治), 북핵위협 해소와 남북협력, 연미(聯美)와 화중(和中) 외교 등과 같은 국가정책의 딜레마를 해결해야 한다. 그러한 과정에서

숱한 사람들의 말을 경청하고 소통하면서 이해 조정, 협력 유도와 합의 창출의 민주적 리더십을 발휘해야 한다.

1986년에 설립된 서울대 한국정치연구소는 한국 정치에 대한 학술적 연구를 위해 많은 노력을 기울였다. 민주화 이후 선거의 중요성이 확대되면서, 한국정치연구소는 2002년 6월의 지방선거로부터 시작하여 2012년 양대 선거에 이르기까지 전국 규모로 실시되는 선거에 대한 치밀한 분석을 수행하였다. 한국정치연구소의 선거연구는 선거제도, 후보공천을 위한 당내 경선과 선거운동, 투표행태, 선거결과가 국정운영과 정치변동에 미치는 영향 등 선거의 여러 측면을 다루었다. 연구방법에서도 참여관찰과 같은 질적 방법은 물론 집합 자료와 면접 및 전화 조사 자료를 토대로 한 통계 및 수리 분석을 포함하여 다양성을 보여준다.

이 책은 2012년 대선 직후에 한국정치연구소가 한국리서치에 의뢰하여 실시한 선거 후 유권자 개별면접조사 자료를 바탕으로 한국 유권자의 투표행태를 분석하는 글들을 수록하고 있다. 주제에서는 지역주의 투표, 계층 투표, 세대와 이념 균열, 정당일체감, 투표참여와 후보선택과 같은 민주화 이후 선거 연구의 단골 메뉴와 함께 정치사회화와 후보지지의 안정성, 사회연결망과 투표선택, 경제민주화 이슈, 정치적 태도극화와 미디어의 역할, 안철수 후보에 대한 지지 등 이번 대선과 관련한 새 메뉴도 망라한다. 연구의 이론과 방법에서도 정치사회학적, 정치·사회심리학적, 정치경제학적, 정치언론학적 전통과 접맥하고 있다. 서울대 한국정치연구소는 2013년 1월 23일 호암교수회관 컨벤션 센터에서 "2012년 대선에서 나타난 한국 정치의 특성과 변화"라는 주제로 학술대회를 개최하였고 여기서 발표된 논문들을 수정·보완하여 단행본에 싣게 되었다.

한국정치연구소의 연구 활동을 격려, 지원해주신 서울대 교내외 스승, 선배와 동료 학자 분들의 은덕에 감사드린다. 2012년 대선 연구를 진두지휘한 강원택 한국정치연구소 소장과 지원을 아끼지 않은 대학원생 조교들의 노고에도 고마움의 말을 전하고자 한다.

2013년 3월
글쓴이들을 대표하여
박 찬 욱

나남신서 1692

2012년 대통령선거 분석

차 례

01 | 2012년 대통령선거의 특징

박찬욱

1. 들어가며

한국 정치는 1987년 6월 민주항쟁을 거쳐 민주주의를 향한 이행을 시작하고, 그해 12월에는 민주정치를 제도화하기 위한 정초(定礎) 선거로서의 대통령선거가 실시되었다. 그 후 6번째 5년 단임 대통령이자 1948년 건국 이래 18대 대통령을 뽑는 선거가 2012년 12월 19일 치러졌다.

2012년에는 12월 대선을 약 8개월 앞두고 4월 11일에 19대 국회의원 총선거가 있었다. 당시 이명박 대통령의 국정운영에 대한 일반 국민들의 평가는 전반적으로 부정적이었다. 여당인 한나라당은 집권세력에 불리한 비리 등 일련의 사건이 몰고 온 위기를 극복하고자 비상대책위원회 체제를 수립하였다. 당의 지도부는 물론 당명까지 새누리당으로 변경하였다. 제 1야당인 민주통합당은 총선에서 새누리당을 이기고 원내 제 1당이 되기 위해 통합진보당과 선거연합을 형성하였다. 총선 전에는 새누리당이 제 1당의 지위를 유지하지 못할 것이라는 예측이 지배적이었지만 선거결과 새누리당은 단독과반수인 152석을 확보하였다. 총선에서 민주통합당은 승리하지 못했지만 127석을 얻어 19대 국회에서 새누리당과 겨루는 양강 구도를 만들었다(박찬욱·강원택, 2012: 15~33).

대선이 임박하여 이명박 대통령의 인기도는 지속적으로 낮아졌고 민주통합당의 정권교체 의지는 더욱 강해졌다.1 대선 주자로서 새누리당에서는 이명박 행정부 초기부터 가장 유력한 박근혜, 민주통합당에서는 총선을 거치면서 선두에 서게 된 문재인, 2011년 가을 서울시장 보선 이후 정치에 공개적으로 입문하지 않으면서도 대선 주자의 반열에 오른 무소속의 안철수 3인이 부각되었다. 2012년 8월 20일 새누리당은 박근혜 후보, 9월 16일 민주통합당은 문재인 후보를 공식적으로 확정하였다. 9월 19일 당시 서울대 안철수 교수는 대선 출마를 공식적으로 선언하였다. 11월 6일 문재인, 안철수 양인은 회동하여 후보단일화 원칙에 합의하였다. 그러나 양진영은 집권 이후 국정운영을 위한 정책공약의 조율은 물론이고 단일화를 성사시키는 방식에서부터 협상에 성공하지 못하였다. 그런 가운데 11월 23일 안철수 후보는 사퇴를 선언하여, 문재인과 안철수의 후보단일화는 당초 기대하던 바와 다른 방식으로 이루어지게 되었다. 26일 후보 등록이 마감된 후 12월 18일까지의 공식 선거운동은 박근혜, 문재인 양자대결 구도로 전개되었다.

이 글은 뒤의 여러 장에 실린 18대 대선에 대한 상세한 분석에 앞서 그 특징을 개관하는 서론이다. 논의를 위한 주 자료는 서울대 한국정치연구소가 실시한 선거 후 유권자 면접조사를 통해 수집되었다. 아울러 보조 자료로서 중앙선관위가 공식적으로 집계한 선거결과를 비롯하여 지상파 방송사가 공동으로 주관한 출구조사 결과를 활용한다.

---

1 이 연구를 위해 서울대 한국정치연구소가 대선 직후 실시한 유권자 면접조사 결과, 이명박 대통령의 국정운영에 대하여 응답자들의 19.5%만이 잘했다고 긍정적으로 평가하였다.

2. 양강 경쟁구도에서의 박근혜 승리

18대 대선에서 새누리당의 박근혜 후보는 51.55%의 득표율로써 전체 유효표수의 48.02%를 얻은 문재인 후보를 누르고 당선되었다. 이 대선에서는 민주화 이후 그 어느 대선보다도 선명하게 선두의 주요 두 후보 간의 양강 경쟁이 전개되었다.

1987년, 1992년, 1997년, 그리고 2007년 대선에서는 10% 이상을 득표한 제3위 후보가 있었다. 양강 구도의 측면에서 2012년의 18대 대선은 그보다 10년 전의 2002년 대선과 가장 흡사했다. 그런데 제3위 후보의 득표율에 비추어 2012년 대선에서 양자 대결의 양상이 더욱 분명했다. 2002년 16대 대선에서 3위 후보까지의 득표율은 노무현 48.91%, 이회창 46.58%, 권영길 3.89%였다. 2012년 18대 대선에서는 박근혜 51.55%, 문재인 48.02%, 강지원 0.17%였다. 1위와 2위 후보의 득표율 합계는 2002년 대선이 95.49%, 2012년 대선이 99.57%였다. 후자의 경우 표가 두 후보에게 집중되는 현상이 더욱 짙다. 2002년 대선 이후 선거를 보도하는 언론, 경쟁 주체인 정당, 선거 과정과 결과를 분석하는 전문가들은 대선을 진보 대 보수 이념성향 후보 간의 경쟁으로 규정했는데 이번 대선은 그러한 성격이 가장 두드러졌다.

박근혜 후보는 민주화 이후 최초로 전체 유효표수의 과반수를 득표하였다. 그녀는 한국에서 최초의 여성대통령이 되었고, 박정희 전 대통령의 딸인 만큼 최초로 부녀가 대통령이 되었다.

박근혜 후보는 1974년 재일 조총련계 문세광에 의해 어머니 육영수 여사가 저격당한 이후 1979년 박정희 대통령이 김재규 당시 중앙정보부장에 의해 시해될 때까지 대외적으로 퍼스트레이디 역할을 맡았다. 2004년부터 2006년까지 야당이던 한나라당, 2011년 말부터 2012년까지는 집권 한나라당 후신인 새누리당의 최고 지도자였다. 대선 후보자로서 공식 등록할 당시에는 새누리당 소속의 5선 국회의원이었는데 선거운동 기간 중 의원직을 사퇴하였다.

2위 득표를 하여 패배한 문재인 후보는 유신체제 시기에 대학생으로서 민주화운동에 가담하였고 인권변호사가 되어 활동하였다. 노무현 행정부 시기에 대통령비서실장을 역임하였다. 2012년 4월 총선에서는 부산 사상구 출신의 지역구 의원으로 당선되어 19대 국회의 초선의원이 되었는데 선거운동 기간에도 의원직은 사퇴하지 않았다.

3. 선거인수 중 5060세대 비율의 증가, 2030세대의 투표율 상승 및 투표율 노고소저 현상의 지속

중앙선관위에 의하면 2002년 대선에서 만 20세 이상의 선거인수는 34,991,529명이었는데 10년 뒤인 2012년에는 만 19세 이상의 선거인수가 40,507,842명으로 증가했다. 그런데 주목할 점은 선거인의 연령대별 구성에서 중요한 변화이다. 즉, 2002년 대선에서는 전체 선거인수 중 20대가 23.2%, 30대 25.1%, 40대 22.4%, 50대 12.9%, 60세 이상이 16.4%를 차지하였다. 2012년 대선에서는 20대(19세 포함) 17.9%, 30대 20.0%, 40대 21.8%가 되어 비교적 젊은 연령대인 40대 이하는 각각 비율이 줄었다. 특히 20대(-5.3%p)와 30대(-5.1%p)가 현저히 줄었다. 반면 50대는 19.2%(+6.1%p), 60대는 21.1%(+4.7%p)로 비율이 늘어났다. 2002년에 선거인수에서 2030세대는 5060세대보다 많았으나 2012년에는 인구의 고령화로 인해 5060세대가 2030세대보다 많은 역전 현상이 나타나게 되었다. 이 점이 투표율의 연령대별 고저와 상호작용하여 선거결과에 어떤 영향을 미치는가 하는 것이 큰 관심사가 아닐 수 없다.

대선 투표율은 1987년 89.2%를 기록한 이후 1992년 81.9%, 1997년 80.7%, 2002년 70.8%, 2007년 63.0%로 연속 하락을 보이다가 2012년 대선에서 75.8%로 급상승하였다. 이는 2002년 대선과 1997년 대선 투표율의 중간 수준이었다.

18대 대선의 연령대별 투표율과 관련하여 가장 신빙성 있는 자료는 중앙선관위가 분석하여 2013년 1월 발표한 바의 것이다(중앙선거관리위원회, 2013). 중앙선관위는 전국 13,542개 투표구 중 1,421개, 그리고 선거인 40,507,842명 중 4,163,800명(전체 선거인의 10.3%)을 무작위로 계통표집하여 분석하였다. 이 표본조사에서의 전국 투표율은 75.6%로 실제 투표율 75.8%와 0.2%p의 오차가 있었다.

〈그림 1-1〉에서 보는 바와 같이, 16대 대선에 비하여 18대 대선의 투표율이 상승한 것은 2030세대, 특히 20대 유권자들이 종전보다 투표에 많이 참여했기 때문이었다(20대 전반은 +14.6%p, 20대 후반은 +10.5%p, 30대 초반은 +3.4%p, 30대 후반은 +1.5%p). 10년 전에 비하여 40대의 투표율은 0.7%p, 50대는 1.7%p 저하되었다. 60세 이상에서는 2.2%p 증가하였다. 그런데 2002년과 2012년 대선 각각에서 여전히 동일한 양상은 2030 젊은 세대의 투표율이 5060 나이 든 세대의 투표율보다 저조하고 긴 세대인 40대는 그 중간 수준의 투표율을 보였다는 점이다. 이른바 "투표율의 노고소저(老高少低) 현상"이라고 할 것이다.

투표율의 노고소저는 일종의 연령효과(달리 표현하면, 생애주기효과)에 기인한다고 볼 수 있다. 20대는 주거와 직업의 안정성이 제대로 확보되지 않아 현실정치에 대한 관심이나 투표참여에 걸린 이해관계의 유인이 비교적 약할 것이다. 그런데 나이가 들면서 투표참여의 유인이 점차 강화될 것이다. 50대는 사회의 여러 분야에서 중추적 역할을 담당

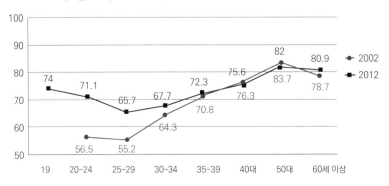

〈그림 1-1〉 2002년과 2012년 대선에서의 연령대별 투표율

출처 : 중앙선거관리위원회 (2013).

하는 경우가 많아 정치적 관심의 수준이 높고 투표행위가 수반하는 이해관계도 그러할 것이다. 60대 이후에는 사회생활의 활력이나 신체적 능력이 저하되면서 투표참여에도 종전보다 소극적이 될 가능성이 있다. 하지만 이러한 대체적인 경향에도 불구하고 때로는 20대에서도 전반(19세 포함)의 유권자 집단이 좀더 나이가 많은 후반의 유권자 집단보다 오히려 투표율이 높게 나타난다. 이와 같이 대체적인 경향을 벗어나는 경우는 해당 연령집단이나 세대가 역사적 경험을 공유하면서 겪었던 정치사회화(political socialization)의 효과가 반영되기 때문일 것이다.

　선거인의 연령대별 구성비율과 연령대별 투표율을 동시에 고려할 때에 실제 투표자 중의 연령대별 구성 비율은 〈그림 1-2〉와 같다. 2002년 대선에서부터 명료하게 나타났고(이를테면 박찬욱, 2006), 또한 2012년의 경우에 이 글의 뒤에서 다시 언급되듯이 상대적으로 진보적인 이념성향의 후보와 보수적 이념성향의 후보가 경쟁할 때에 20대와 30대 유권자들은 현저히 진보성향 후보로 쏠린다. 40대는 지지의 편향성이 가장 약하다. 한편, 50대와 60세 이상 유권자들의 지지는 보수성향의 후

<그림 1-2> 실제 투표자수의 연령대별 구성 변화 : 2002~2012년

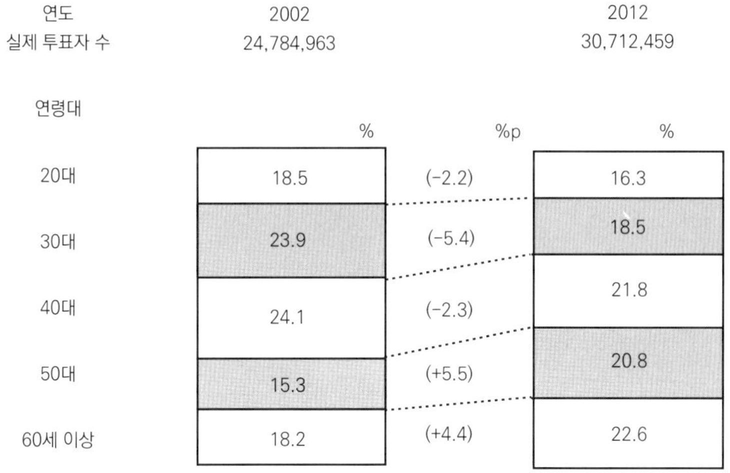

연도	2002	2012
실제 투표자 수	24,784,963	30,712,459

연령대	%	%p	%
20대	18.5	(-2.2)	16.3
30대	23.9	(-5.4)	18.5
40대	24.1	(-2.3)	21.8
50대	15.3	(+5.5)	20.8
60세 이상	18.2	(+4.4)	22.6

주 : 2012년의 경우 20대는 19세 포함.
출처 : 중앙선거관리위원회

보로 대체로 편향된다. 실제 투표자수 중의 비율을 볼 때 2002년은 2030세대가 5060세대를 압도하였고(2030세대 42. 4% 대 5060세대 33. 5%) 40대는 24. 1%를 차지했다. 하지만 10년에 걸친 인구변화로 인하여 2012년에 실제 투표자수 중의 비율은 5060세대가 2030세대를 능가할 만큼 역전되었고(젊은 세대 34. 8% 대 나이 든 세대 43. 6%), 40대는 21. 8%로 다소 축소되었다(-2. 3%p). 인구 구성에 비추어 주먹구구로 따져보아도 2002년은 진보성향의 노무현 후보가, 2012년에 와서는 보수성향의 박근혜 후보가 승리하기에 좋은 조건이었다는 점이다. 출산율이 저조하고 수명이 길어지면 인구의 고령화 현상은 상당기간 계속될 것이다. 젊은 세대의 진보성, 나이 든 세대의 보수성도 쉽게 변하지 않을 것이다. 그렇다면 인구학적 견지에서 본 정치지형은 보수성향의 후보에게 유리한 조건이 지속될 것으로 판단된다.

4. 투표선택을 통해 드러난 지역 · 세대 · 이념 균열

민주화 이후 선거에서 지속적으로 드러난 지역균열, 특히 영남 대 호남의 양상으로 전개되는 지역주의 투표는 2012년 대선에도 온존했다. 그럼에도 불구하고 영 · 호남 균열이 약화되고 있음은 분명하다.

〈표 1-1〉에 제시된 17개 시도별 개표결과를 보면 박근혜 후보는 서울, 전북, 광주, 전남을 포함한 4개 시도를 제외하고 다른 시도에서 모두 1위를 했다. 박 후보는 대구와 경북에서 각각 79.94%, 80.41%의 매우 높은 득표율을 얻었다. 경남(62.68%), 강원(61.71%), 부산(59.65%), 울산(59.57%)%, 충남(56.41%), 충북(56.00%)에서도 55% 이상을 득표하였다. 문재인 후보의 출신지가 부산이기 때문에 당초 박 후보의 부산/울산/경남에서의 득표율이 60%에 달하기 어려울 것이라는 예측이 없지 않았지만 박 후보는 이 3개 시도를 합쳐 계산하면 60.87%의 득표율을 올렸다. 문 후보는 광주(91.68%), 전남(88.65%), 전북(85.83%)에서 대단히 높은 득표율을 얻었고, 그 밖의 승리 지역인 서울에서는 51.16%에 그쳤다.

권역별로 다시 정리하면 박근혜 후보는 영남(68.62%), 강원(61.71%), 충청(54.24%), 제주(50.21%)에서 1위를 하였고, 문재인 후보는 호남(88.49%)과 수도권(49.81%)에서 1위를 하였다. 그런데 문 후보의 수도권 승리는 서울에 국한되고 인천/경기에서는 박 후보에 오히려 뒤처져 합산하는 경우 수도권 전체로 보면 그 표차가 매우 적었다(0.33%p). 2002년 노무현 후보의 승리와 비교할 때에 문 후보의 충청권 공략 실패와 수도권에서의 신승은 전국적 수준에서의 패배로 직결되었다.

종합하면 영남권, 특히 대구와 경북 유권자들이 새누리당의 박근혜 후보에게 몰아 준 지지나 호남권 유권자들이 민주통합당의 문재인 후보에게 몰아 준 지지는 지역주의 투표가 여전히 유지되고 있음을 말해준다. 헌데 이와 같은 큰 틀 안에서도 지역주의 투표가 다소나마 완화되는 추세를 읽을 수 있다. 예를 들어 박 후보가 호남권에서 얻은 10. 46%

<표 1-1> 주요 후보자 지역별 득표수와 득표율

권역	전국 및 시도	유효투표수	후보자별 득표수 (%)	
			박근혜	문재인
전국		30,594,621	15,773,128 (51.55)	14,692,632 (48.02)
수도권	서울	6,307,869	3,024,572 (47.94)	3,227,639 (51.16)
	인천	1,657,821	852,600 (51.42)	794,213 (47.90)
	경기	7,018,577	3,528,915 (50.27)	3,442,084 (49.04)
	인천/경기 계	8,676,398	4,381,515 (50.49)	4,236,297 (48.82)
	수도권 계	14,984,267	7,406,087 (49.42)	7,463,936 (49.81)
강원		911,988	562,876 (61.71)	340,870 (37.37)
충청권	세종	64,990	33,587 (51.68)	30,787 (47.37)
	대전	904,367	450,576 (49.82)	448,310 (49.57)
	충남	1,168,095	658,928 (56.41)	497,630 (42.60)
	세종/대전/충남 계	2,137,452	1,143,091 (53.47)	976,727 (45.69)
	충북	925,778	518,442 (56.00)	398,907 (43.08)
	충청권 계	3,063,230	1,661,533 (54.24)	1,375,634 (44.90)
호남권	광주	898,416	69,574 (7.74)	823,737 (91.68)
	전남	1,171,210	116,296 (9.92)	1,038,347 (88.65)
	광주/전남 계	2,069,626	185,870 (8.98)	1,862,084 (89.97)
	전북	1,142,133	150,315 (13.16)	980,322 (85.83)
	호남권 계	3,211,759	4,265,099 (10.46)	2,842,406 (88.49)
영남권	부산	2,219,699	1,324,159 (59.65)	882,511 (39.75)
	울산	694,938	413,977 (59.57)	275,451 (39.63)
	경남	2,008,683	1,259,174 (62.68)	724,896 (36.08)
	부산/울산/경남 계	4,923,320	2,997,310 (60.87)	1,882,858 (38.24)
	대구	1,585,806	1,267,789 (79.94)	309,034 (19.48)
	경북	1,710,122	1,375,164 (80.41)	316,659 (18.51)
	대구/경북 계	3,295,928	2,642,953 (80.18)	625,693 (18.98)
	영남권 계	8,219,248	5,640,263 (68.62)	2,508,551 (30.52)
제주		330,967	166,184 (50.21)	161,235 (48.71)

주 : 중앙선관위 집계자료를 토대로 필자가 일부 재정리함.
출처 : http://www.nec.go.kr

의 의미를 되새겨 보자. 민주화 시기에 치러진 역대 대선에서 새누리당의 전신이라고 볼 수 있는 정당의 후보가 호남권에서 10% 이상을 얻은 경우는 2012년 대선을 제외하고 전혀 없었다. 호남권 득표율은 13대 대선에서 민주정의당 노태우 후보가 9.86%, 14대 대선에서 민주자유당 김영삼 후보가 4.28%, 15대 대선에서 한나라당 이회창 후보가 3.33%, 16대 대선에서 한나라당 이회창 후보가 4.92%, 그리고 17대 대선에서 한나라당 이명박 후보가 9.0%를 기록하였다. 17대에 이어 18대 대선에서는 영남 대 호남의 균열 현상이 약화되는 경향이 나타났다고 판단된다.

이제 서울대 한국정치연구소가 한국리서치에 의뢰하여 대선 직후에 실시한 유권자 면접조사 결과를 바탕으로 투표자의 거주지와 후보선택의 관계를 살펴보기로 한다. 이 조사는 전국의 만 19세 이상 성인 남녀를 모집단으로 하여 1,200명을 표본으로 추출하였다. 표본추출은 2012년 8월의 주민등록인구현황에 따라 성별, 연령별, 지역별 비례할당 후 무작위로 이루어졌다. 2012년 12월 31일(월)부터 2013년 1월 16일(수)까지 대면면접조사가 실시되었다. 표집오차는 95%의 신뢰수준에서 ±2.8%이다.

유효표본 1,200명 중 실제 투표자 1,064명의 후보선택에 관한 질문에 대한 응답은 박근혜 55.1%(586명), 문재인 43.2%(460명), 기타 후보 0.3%(3명), 모름/무응답 1.4%(15명)이었다. 공식 선거결과와 비교하면 박근혜 후보는 3.5%p 더 높게, 문재인 후보는 4.8% 적게 보고되었다. 선거 후 조사에서 후보자 득표율은 통상 승리자의 경우는 높게, 패배자의 경우는 낮게 나타나는 경향이 반영되고 있다. 2012년 대선에서 제3위 이하 기타 후보의 득표는 의미 부여를 하기가 어렵기 때문에 여기서의 분석은 선두 두 후보에 집중될 것이다. 후보선택과 관련하여 기타 후보와 모름/무응답 항목을 제외하면 1위와 2위를 선택한 투표자는 1,046명이다. 그중 박근혜 지지자는 56.0%, 문재인 지지자는 44.0%를 차지한다(소수점 2자리까지 표시하면 56.02% 대 43.98%). 이 글은 한국정치연구소 조사결과와 중앙선관위 공식 집계결과가 다소 차이가 있음을 감안하면서 단일변수에 대한 기술은 전반적인 추세를 강조하고, 변수 간의 관계 양상에 초점을 맞추어 논의하고자 한다.

한국정치연구소 조사로 얻은 투표자의 거주지와 후보선택의 관계는 〈표 1-2〉와 같다. 각 지역에서 박근혜, 문재인 후보가 얻은 지지율을 대충 비교하면 박 후보는 서울, 광주/전라 지역을 제외한 다른 모든 지역에서 문 후보보다 더 높은 지지를 받았음을 다시 확인할 수 있다.

18대 대선의 선거일에 KBS-MBC-SBS 지상파 방송 3사는 출구조사를 공동으로 실시하였다. 이 조사는 오전 6시부터 오후 5시까지 360개 투표소에서 약 8만 6천 명을 대상으로 이루어졌는데 조사결과는 박근혜 후보가 50.1%, 문재인 후보는 48.9%를 득표하여 박 후보가 1.2%p 차이로 당선될 것이라는 예측이 발표되었다. 오차범위는 95%의 신뢰수준에서 ±0.8% 이내였다. 두 후보의 공식적 실제 득표차는 3.6%p였으므로 박 후보의 득표율이 낮게 조사된 것이다. 이는 당초 조사대상에 포함된 투표자들 가운데 5060세대에서 조사에 응하지 않은 비율이 상대적으로 높았기 때문이었다. 무응답률은 전체적으로 12.2%이었고 연령대별로는 20대(19세 포함) 7.7%, 30대 10.0%, 40대 10.9%, 50대 13.5%, 60대 17.3%이었다.

이 출구조사의 결과발표에는 연령대별 박근혜와 문재인 후보의 득표율이 포함되었다. 이 출구조사는 표본추출 등 조사방법에서 다른 어떤 조사보다도 과학적으로 설계된 것이기 때문에 이 출구조사의 결과를 여기에 인용하기로 한다. 〈표 1-3〉은 표심의 세대균열을 잘 드러낸다.

20대의 65.8%, 30대 66.5%가 문재인 후보를 지지하였다. 반면, 50대의 62.5%, 60세 이상의 72.3%는 박근혜 후보를 선택하였다. 40대의 경우 박근혜보다는 문재인 후보를 지지했는데 그 지지율의 차이는 다른 연령대와 비교하여 상대적으로 크지 않다(박 44.1% 대 문 55.6%).[2]

박근혜 후보는 2030세대에서 크게, 그리고 40대에서는 비교적 적게(지지율 격차 11.5%p) 졌지만 5060세대에서 크게 이겨 만회했다. 문재인

〈표 1-2〉 투표자의 거주지와 후보선택

(단위: %)

지역(사례수)	박근혜	문재인	카이 제곱/ 크레이머 브이
전체(1,046)	56.0	44.0	
서울(216)	47.7	52.3	
인천/경기(298)	60.7	39.3	$\chi^2 = 152.98$
대전/충청(107)	63.5	36.5	(p = 0.00)
대구/경북(112)	90.2	9.8	
부산/울산/경남(168)	57.1	42.9	Cramer's V = 0.38
광주/전라(112)	12.5	87.5	
강원/제주(33)	69.7	30.3	

주 : 각 행의 박근혜 지지율과 문재인 지지율의 합은 100.0%.

〈표 1-3〉 18대 대선에서 투표자의 연령대별 주요 후보 득표율

(단위: %)

연령대	박근혜(A)	문재인(B)
전 체	50.1	48.9
20대	33.7	65.8
30대	33.1	66.5
40대	44.1	55.6
50대	62.5	37.4
60세 이상	72.3	27.5

주 : 조사 대상자 수는 약 8만 6천 명; 기타 후보에 대한 지지율이 표시되지 않아 각 행의 합계는 100.0%에 약간 미달함.

출처 : KBS-MBC-SBS 방송 3사 출구조사(2012. 12. 19 선거 당일).

---

2 출구조사에 대한 서술은 필자가 선거일 투표시간 마감 후 주요 방송사의 보도 내용을 정리한 노트에 토대를 두고 있다.

후보는 20대와 30대 각각에서 약 3분의 2 수준으로(2030세대에서 66.2%) 지지를 극대화했다고 생각된다. 그런데 문 후보가 박 후보의 지지기반인 50대와 60대 이상에서 각각 약 37%와 28% 정도(5060세대에서 32.3%)를 얻은 것도 현실적으로 가능한 상한선이었다고 본다. 결국 문 후보는 40대에서 박 후보와의 지지율 격차를 좀더 벌렸어야 승리가 가능하였을 것이다. 앞의 논의에서 실제 투표자 중 연령대별 구성비율은 2030세대 34.8%, 5060세대 43.4%, 중간의 40대는 21.8%이었다. 출구조사 결과처럼 문 후보의 득표율이 2030세대에서 66.2%, 5060세대에서 32.3%이면 40대에서는 59.6% 이상 얻어야 전체 투표자의 과반수가 되는 계산이 나온다(0.348 * 0.662 + 0.434 * 0.323 + 0.218 * 0.596 = 0.50049). 그런데 문 후보는 40대에서 55.6% 지지를 얻는 데 그쳤으니 대충 4%p(실제 3.6%p) 차이로 졌던 것이다.

2002년 대선에서 세대균열이 명백히 부상해 주목을 받았다. 노무현 후보의 승리는 2030세대의 강력한 지지에 힘입은 것이었다(강원택, 2003; 박찬욱, 2006). 당시 30대는 1980년대 군부 기반의 권위주의에 저항했던 "386세력"(1960년대 출생해 1980년대에 대학을 다닌 30대)이 주축을 이뤄 그냥 386세대라고도 불렀다. 20대는 정치 민주화, 경제 번영, 사회 다원화 분위기에서 성장했다. 미군 장갑차에 의한 여중생 사망, 촛불집회와 반미감정 고조, 대북지원 논쟁과 새천년민주당의 국민참여 경선 등 일련의 사건은 이 젊은 세대의 진보성을 강화했다. 그 후 5년 뒤 2007년 대선에서는 2030세대를 포함한 전 연령대에서 한나라당 이명박 후보의 득표율이 가장 높아 세대균열은 사라지는 듯했다(박찬욱·김경미·이승민, 2008). 386세대의 이념적 진보성은 실종됐다는 진단이 있었다(강원택, 2009).

다시 5년이 지나 2012년 대선에 와서 세대균열이 재현되었다. 2030세대 유권자는 박근혜보다는 문재인 후보를 더욱 선호하였다. 5060세대는 그 반대였다. 40대는 문재인 후보로 약간 기운 편이지만 10년 전 386세대에서 예상되던 바대로 문 후보를 압도적으로 지지하지는 않았다. 이미 8개월 앞선 19대 총선에서 40대 후반에 접어든 과거 386세력 특유의 투표행태가 드러나지 않았다(박원호, 2012a). 2012년 대선에서 50대의 후보선택은 어떠한가? 50대 유권자집단은 10년 전 40대의 연령시기에 노무현, 이회창 두 후보를 엇비슷한 비율로 지지했었지만(박찬욱, 2006), 이제 10명 중 6명 이상이 박근혜 후보를 지지할 정도로 보수화되었다. 50대는 다른 연령대에 비하여 투표율이 가장 높아 새누리당 박 후보의 승리에 기여한 바가 크다.

이념적으로 진보성향 유권자 다수에 의한 후보선택과 보수성향 유권자 다수의 후보선택이 대조를 보이는 이념균열은 김대중, 이회창 후보가 경합한 1997년의 15대 대선에서도 조짐이 있었으나 당시 "DJP연합"이나 "뉴DJ 플랜"과 같은 선거전략의 효과로 인하여 상당히 희석됐다(Park, 1999). 2002년 16대 대선에 와서는 이념균열이 두드러졌다(강원택, 2003; 박찬욱, 2006). 2007년 17대 대선에서 이념균열은 5년 전보다 약화됐지만 여전히 후보선택에 의미 있는 영향을 주었다(박찬욱, 2008; 2009).

2012년 대선 직후의 한국정치연구소 조사에서는 "정치에서 사람들은 보통 진보와 보수를 구분합니다. 0부터 10 중에서 귀하께서는 다음의 정당, 정치인들 및 선생님 자신이 어디에 속한다고 생각하십니까? 0은 매우 진보를 나타내며, 10은 매우 보수를 나타냅니다"라는 질문이 포함되었다. 또한 숫자 5를 중도라고 표시하여 물었다. 전체 응답자 1,200명은 진보(0~4) 24.0%(288명), 중도(5) 37.5%(450명), 보수(6~10) 31.5%(378명), 그리고 모름/무응답 7.0%(84명)으로 구분되었다. 응답자의 평균은 5.2로 중도 이념성향이 중심적 경향이었고, 비율로 보아 중도, 보수, 진보의 순이었다. 이 조사는 본인의 이념성향을 5(중도) 라고 응답한 사람에게 "그래도 고르신다면 보수/진보 중 어느 쪽에 더 가깝다고 생각하십니까?"라는 후속 질문을 던졌다. 이에 따르면 전체 응답자는 진보(0~4; 5 중 진보적 중도) 33.4%(401명), 순수 중도(5 중 정중도) 19.3%(231명), 보수(5 중 보수적 중도; 6~10) 39.4%(473명), 모름/무응답 7.9%(94명)으로 나누어졌다. 어떠한 기준으로 보아도 보수가 진보보다 많은 정치지형이라는 것이다.

유권자의 주관적인 이념성향 인식이 여러 정책분야에 걸쳐 이슈에 대한 입장이나 선호에 일관된 방향과 강도를 갖고 영향을 주는 것은 아니다. 한국정치연구소 조사에서는 외교와 통일, 경제, 사회질서 등과 관련하여 정치과정에서 자주 논란이 되는 이슈에 대한 유권자의 입장을 물었다. 각 이슈에 대한 입장은 매우 찬성(1)부터 매우 반대(4)에 이르는 4점 척도에 의하여 측정되었다. 〈표 1-4〉는 주관적 이념성향(11점 척도)과 정책적 입장 간의 상관계수를 제시한다. 주관적 이념성향은 12개의 이슈 가운데 9개와는 예상되는 방향으로 통계적으로 의미 있는 상관관계를 보인다. 그런데 그 상관 계수의 크기는 절댓값이 0.3을 넘는 것이 없다. 즉, 주관적 이념성향은 여러 이슈에 대한 입장을 강하게 제약하지는 않지만 대체로 간과하기 어려운 영향을 미친다. 2012년 대선 시기에 자신의 이념성향을 보수라고 스스로 규정할수록 한미동맹 강화에 찬성, 국가보안법 폐지에 반대, 대북한 지원 확대에 반대, 집회와 시위의 자유를 최대한 보장하는 것에 반대하는 경향이 있다. 이렇듯 주관적 이념성향은 외교, 안보, 통일 및 시민권 이슈에 대한 선호와 상당히 관련이 있지만, 경제와 사회질서에 관련되는 고소득자 증세, 공기업 민영화, 학교에서의 체벌 허용 이슈와는 통계적 의미가 있는 상관관계를 보이지 않는다. 요컨대, 주관적 이념성향과 정책 이슈에 대한 입장 간의 관련성은 정책 분야에 따라 상이하다.[3]

〈표 1-4〉유권자 자신의 이념성향 인식과 이슈에 대한 입장과의 관계

이슈	상관계수 예상부호	상관계수 (피어슨 r)	유의수준 (p, 양측 검증)	사례수
한미동맹 강화	−	0.251***	<0.001	1,115
국가보안법 폐지	+	0.208***	<0.001	1,110
한미FTA 재협상	+	0.137***	<0.001	1,111
대북지원 확대	+	0.161***	<0.001	1,114
성장보다 복지	+	0.112***	<0.001	1,114
비정규직은 기업자율	−	-0.065**	0.029	1,110
고소득자 증세	+	-0.016	0.593	1,115
공기업 민영화	−	-0.040	0.188	1,108
학교체벌 허용	−	-0.049	0.104	1,116
대체복무제 허용	+	0.098***	<0.001	1,112
사형제 폐지	+	0.053*	0.076	1,113
집회시위 자유보장	+	0.172***	<0.001	1,113

주: *** p<0.01, ** p<0.05, * p<0.10.

2012년 대선을 전후하여 유권자의 주관적 이념성향이 구체적인 정책에 대한 선호와 관련하여 갖는 실질적 의미를 단순하게 말할 수 없으나 후보선택에 미친 영향을 통해서 이념균열의 존재를 분명히 말해주고 있다. 〈표 1-5〉를 보면 새누리당 박근혜와 민주통합당 문재인 후보의 양자 대결이 확연한 가운데 유권자들의 이념성향에 따른 지지후보 선택이 대조를 보인다. 한국정치연구소 조사에서 박 후보를 뽑았다는 응답자가 실제보다 약간 높게, 문 후보에게 표를 주었다는 응답자가 다소 낮게 나타났다는 점을 고려하면서 두 변수 관계를 살펴보자. 자신의 이념성향이 진보라고 규정한 사람들의 4분의 3 정도가 문 후보를 지지하는 대열에 합류하였다. 중도성향 유권자들은 어느 후보 쪽으로 크게 기울지 않고 양분되었다고 생각된다. 보수성향 유권자들의 80% 내외가 박 후보를 선택하였다. 투표선택에서 이념균열이 역력하게 나타났다.

---

3 2012년 4월 총선 국면에서의 유권자 정치이념과 정책선호 및 후보선택과 관련해서는 박원호(2012b) 참조.

<표 1-5> 투표자 자신의 이념성향 인식과 후보선택

(단위: %)

이념성향(척도점수)(사례수)	박근혜	문재인	카이 제곱/ 크레이머 브이
전체(968)	56.3	43.7	
진보(0~4)(255)	25.5	74.5	χ^2 = 197.79
중도(5)(364)	52.7	47.3	(p = 0.00)
보수(6~10)(349)	82.5	17.5	Cramer's V = 0.45

주 : 각 행의 박근혜 지지율과 문재인 지지율의 합은 100.0%.

5. 기성 정당의 역설 : 불신의 대상이지만
후보선택에 큰 영향을 미치는 정당

2012년 대선의 과정 전반을 통해서 안철수 후보가 새 정치에 대한 유권자들의 욕망에 힘입어 지지를 받으면서 돌풍을 일으켰다는 점을 상기하지 않을 수 없다. 기성 정당과 정치인들에 대한 심각한 불신이 확산되었기 때문에 그러한 현상이 발생하였다. 의사가 되었다가 컴퓨터 백신을 만들어 보급한 기업가로서 지명도를 쌓고 교수로 변신하기에 이른 안철수가 한국 정치를 나락에서 살려낼 구세주처럼 여겨지는 분위기가 조성되었다. 그는 마침내 대선일을 3개월 앞두고 아웃사이더 정치인으로 등장하였다. 기존의 정당정치를 탈피해야 한다고 생각하며 또한 주장한 그는 정당 조직보다는 디지털 네트워크에 주로 의존하는 선거운동을 구상했던 것으로 보인다. 그러나 그의 허술한 캠프 조직만으로는 민주통합당과의 단일화 협상에서부터 난관에 부딪치지 않을 수 없었다.

한국의 대다수 유권자들은 기존의 정당을 호의적으로 바라보지 않는다고 하지만 선거에 임해서는 기존의 주요 정당으로부터 투표결정의 단서를 얻는다. 유권자들이 못마땅하게 여기면서도 기성 정당이 후보자로 내세우는 인물, 조직과 홍보에 빨려 들어가는 역설이 있다. 후보들은 무소속보다는 급조된 정당이든 이름을 바꾼 정당이든 어떤 정당의 기치를 내세우는 것이 선거운동과 당선에 유리하다. 이러한 역설은 안철수 후보에게 딜레마를 안겨다 주었고 결국 그를 중도(中途) 사퇴하게 만들었을 것이다. 그는 정당을 벗어나 정치한다는 것이 어려울 뿐만 아니라 바람직하지도 않아 정당정치로 회귀할 수밖에 없다는 명제를 깨달았을 것이다.

정당정치의 제도화 수준이 높지 않은 한국의 유권자들이 미국 유권자들처럼 장기적으로 안정된 정당일체감을 간직한다고 말할 수는 없을 것이다. 하지만, 제 2장의 논의에서와 같이 2012년 대선 국면에서 유권자의 거의 70%는 특정 정당과 가깝게 느끼는 당파적 태도를 갖고 있었다.4 우리는 이러한 당파적 태도를 한국 유권자 나름의 정당일체감이라고 부르고자 한다. 2012년 대선은 새누리당과 민주통합당의 양자 대결이 명확했기 때문에 그 외의 군소정당에 일체감을 갖는 유권자들은 모두 합쳐야 1% 남짓하였다.

〈표 1-6〉은 정당일체감의 방향과 강도를 동시에 고려하여 유권자들의 정당일체감을 적극적 민주통합당, 소극적 민주통합당, 순수 무당파, 소극적 새누리당, 적극적 새누리당의 5개 범주로 구분한다. 민주통합당과 일체감을 갖는 투표자가 민주통합당의 문재인 후보, 새누리당과 일체감을 갖는 투표자가 새누리당의 박근혜 후보를 선택할 확률은 각각 95%를 상회한다. 일체감이 강할수록 그러한 확률은 더 높다.

---

4 한국정치연구소 조사의 전체 응답자 1,200명 중 40.1%가 새누리당, 26.8%는 민주통합당, 1.3%는 기타 정당(통합진보당, 진보정의당, 기타 정당 포함)에 가깝게 느낀다고 하였다. 그러한 정당이 없다는 응답이 30.6%, 모름/무응답이 1.2%였다.

<표 1-6> 투표자의 정당일체감과 후보선택

(단위: %)

정당일체감(사례수)	박근혜	문재인	카이 제곱/ 크레이머 브이
전체(1,019)	56.9	43.1	
적극적 민주통합당(207)	3.4	96.6	$\chi^2 = 583.92$
소극적 민주통합당(91)	15.4	84.6	(p = 0.00)
순수 무당파(273)	48.4	51.6	
소극적 새누리당(72)	91.7	8.3	Cramer's V = 0.76
적극적 새누리당(376)	96.0	4.0	

주: 각 행의 박근혜 지지율과 문재인 지지율의 합은 100.0%.

순수 무당파 집단에서 박 후보보다는 문 후보를 선택한 경우가 더 많았지만 대체로 엇비슷하게 두 후보로 갈렸다고 말할 수 있다.

6. 정당소속 못지않게 중요한 후보자의 인물 요인 : 정치인 호감도와 후보선택

선거는 결국은 사람을 뽑는 일이므로 선택의 최종 단계에서는 유권자가 후보자의 인물됨에 대하여 어떤 이미지를 갖는가 하는 것이 중요할 수밖에 없다. 유권자의 사회경제적 배경, 정당일체감, 이슈 선호와 더불어 후보자에 대한 호의적 감정과 신뢰성 부여가 비중 높은 투표결정 요인일 것이다. 한국 선거연구에서는 인물 기준을 강조해온 지적 전통이 있다. 실제로, 1992년 14대 대선에서의 유권자 투표선택을 경험적으로 분석하면 승리했던 김영삼 후보는 김대중, 정주영 후보에 비해서 호감도에 비추어 유리한 고지에 있었다. 당시 민주자유당이 다른 후보를 공천했다면 선거에서 승리하지 못했을 것으로 판단된다(박찬욱, 1994).

한국정치연구소 조사에서는 양대 후보인 박근혜와 문재인 외에도 후보등록일 이틀 전에 사퇴한 안철수, 후보로 등록하고 두 차례 TV토론에 참가했으나 선거일 3일 전 사퇴한 이정희 후보에 대한 유권자들의 호감도를 측정하였다. 0점(대단히 부정적인 느낌)부터 100점(대단히 호의적인 느낌)까지의 척도를 활용했는데 응답자에게 그 중간의 점수가 갖는 실질적 의미도 알려주었다. 즉, 15점은 상당히 부정적인 느낌, 30점은 어느 정도 부정적인 느낌, 40점은 약간 부정적인 느낌, 50점은 호의적이지도 부정적이지도 않음, 60점은 약간 호의적인 느낌, 70점은 어느 정도 호의적인 느낌, 그리고 85점은 상당히 호의적인 느낌을 뜻한다고 하였다.

〈표 1-7〉을 보기로 하자. 유권자 전체(응답자 또는 투표자)로 보면 박근혜, 문재인, 안철수, 이정희 후보의 순으로 인물됨이 호의적으로 받아들여졌다. 평균적인 유권자는 박근혜와 문재인 후보에 대하여 약간 호의적인 느낌, 안철수 후보에 대해서는 거의 중립적인 태도, 그리고 이정희 후보에 대해서는 상당히 부정적인 느낌을 갖고 있었다. 한때 "진보의 아이콘"이라고도 불렸던 이 후보에 대한 유권자들의 부정적 반응은 TV토론에서 박근혜 후보가 당선되지 않도록 하기 위해 자신이 출마했다는 이 후보의 발언, 총선 전 당내 경선에서의 절차적 정당성을 무시했던 통합진보당의 면모, 통합진보당의 친북적 자세에서 비롯되었다고 할 수 있다.

예상과 같이 박근혜 후보를 선택한 유권자들은 박 후보에게 상당히 높은 수준의 호의적 정서를 갖고 있었으며 문재인, 안철수 후보 각각에게는 약간 부정적인 느낌, 이정희 후보에 대해서는 상당히 부정적인 느낌을 토로하였다. 문재인 후보의 지지자들은 문재인, 안철수 후보 각각에게 어느 정도 호의적, 박근혜 후보에게 중립적, 이정희 후보에게는 어느 정도 부정적인 반응을 보였다. 박 후보에게 그녀의 지지자들이

〈표 1-7〉 유권자 집단별 정치인 호감도 평균점수 (0~100)

집단 구분 (사례수)	박근혜	문재인	안철수	이정희
전체 응답자 (1,200)	63.0	56.9	51.3	23.1
전체 투표자 (1,064)	64.0	56.8	50.9	22.6
박근혜 지지자 (568)	76.6	48.1	40.9	13.6
문재인 지지자 (460)	47.9	68.4	63.7	33.9

갖는 긍정적인 정서는 문 후보에게 그의 지지자들이 갖는 그러한 태도
보다 훨씬 강했다. 요컨대, 후보 호감도가 투표선택에 미치는 영향력
은 주목할 만하다.[5]

7. 선거이슈와 후보선택

2012년 대선에서 후보자 간의 정책경쟁은 대단히 미흡하였다. 민주
통합당은 야권후보의 단일화에 집착하면서 시간을 많이 보냈고 새누리
당 박근혜 후보와 정책으로 다투는 적극적 자세가 부족했다. 선거공약
집은 민주통합당이 12월 10일, 새누리당이 12월 12일, 그야말로 선거
막바지에 발행하였다. 발표된 정책 공약은 양당 간에 구호 수준에서 상
당히 수렴하게 되어 일반유권자들이 서로 비교하기가 용이하지 않았
다. 후보들을 한자리에 모아 놓고 그들이 내세우는 바와 자질과 역량을
유권자들이 비교 평가할 수 있는 TV토론이 늦게야 이루어졌다. 대선에
서의 TV토론은 1997년부터 도입되었는데 그해 54회, 2002년 27회,
2007년 11회 실시되었다. 2012년에는 11월 21일 문재인, 안철수 후보

---

5 박근혜 호감도와 후보선택(박근혜, 문재인 양자 간)의 상관계수 크레이머 $V = 0.70$
  $(p = 0.00)$ 이고 문재인 호감도와 후보선택의 크레이머 $V = 0.58 (p = 0.00)$ 이다.

의 "단일화 토론", 12월 4일과 10일 박근혜, 문재인, 이정희 세 후보 간의 토론과 16일 박, 문 후보 간의 양자토론을 합쳐 불과 4차례 정도에 국한되었다.

많은 유권자들이 관심을 갖고 있는 경제 이슈를 예로 들면 박근혜, 문재인 후보는 캐치프레이즈에 있어서 동일하였다. 일자리 창출에 더하여 보육, 주택, 의료 등을 포함한 복지가 그러했다. 게다가 경제민주화를 내세우는 점에서도 두 후보는 동일했는데 물론 구체적 정책으로 가면 박 후보는 공정한 경제질서, 중소기업과 대기업 간의 상생과 균형에 무게를 둔 반면 문 후보는 더 나아가 재벌규제에 역점을 두었다. 재벌의 계열사 순환출자 이슈를 예로 들면 박 후보는 신규 순환출자만 금지할 것이라 하였고 문 후보는 3년 내 모두 해소하도록 할 것이라고 하였다.

2012년 대선에서 부각된 복지와 경제민주화 이슈는 일견 진보성향의 후보와 정당에게 유리한 정책의제이다. 그런데 보수성향의 박근혜 후보와 새누리당은 이러한 의제를 오히려 선점하고 경쟁 상대와의 차별성을 희석시켰다. 문 후보보다는 박 후보가 이념이나 정책기조 차원에서 자신의 진영을 넘어 주로 중도에 있는 유권자들로부터 득표하기 위한 선거전략상 유연성을 더욱 발휘하였다고 판단된다.

한국정치연구소 조사에서는 박근혜, 문재인 후보 가운데 누가 경제민주화 정책에서 더 바람직하다고 생각하는지를 유권자에게 물었다. 이것은 단지 유권자의 정책적 입장을 확인하는 데 그치지 않고 경제민주화 정책 이슈가 어떤 후보에 의하여 더욱 효과적으로 해결된다고 인식하는가를 알기 위함이었다. 동일한 정책 이슈를 놓고 누가 더 유리한 정책이미지를 투사하는가를 밝힐 수 있는 질문이었다. 유권자가 특정 후보에 대하여 갖는 정책이미지는 유권자의 이슈 입장과 후보에 대한 지지여부가 결합되어 있다. 〈표 1-8〉에서와 같이 경제민주화 정책에

〈표 1-8〉 경제민주화 정책에 대한 비교 평가와 후보선택

(단위: %)

경제민주화 정책에서 더 나은 후보(사례수)	박근혜	문재인	카이 제곱/ 크레이머 브이
전체(1,045)	56.1	43.9	
박근혜(422)	94.3	5.7	$\chi^2 = 517.03$ (p = 0.00)
문재인(255)	6.7	93.3	
별 차이 없다(368)	46.5	53.5	Cramer's V = 0.70

주 : 각 행의 박근혜 지지율과 문재인 지지율의 합은 100.0%.

관하여 박, 문 후보의 공약을 비교할 때에 박 후보가 더 낫다는 응답은 40.4%, 별 차이 없다는 35.2%, 문 후보가 더 낫다는 24.4%이었다. 당초 문 후보에 유리한 성격의 정책의제임에도 불구하고 정책이미지 면에서 박 후보가 문 후보보다 더 우위를 점하였다. 경제민주화 정책을 비교할 때 박 후보의 우위로 평가하는 유권자의 94.3%가 실제로 박 후보를, 문 후보가 우위에 있다고 인식하는 유권자의 93.3%가 문 후보를 선택하여 투표하였다. 정책이미지에서 양 후보를 대동소이하게 보는 유권자들 가운데 박 후보보다는 문 후보를 뽑은 경우가 더 많았지만 그 비율의 차이는 7%에 불과하였다. 전반적으로, 경제민주화 이슈가 그 본연적 성격이 어떠하든 박 후보에 좀더 유리하게 작용하였다.

민주통합당과 문재인 후보는 박정희 전 대통령의 독재가 초래한 정치적 유산에 대한 논쟁을 제기하여 박근혜 후보를 궁지에 몰아넣는 전략을 구사했다. 그런데 박 전 대통령의 공과에 대한 시비는 결코 문 후보에 유리하지 않았다. 한국정치연구소 조사에서는 "역대 대통령 중 리더십, 업적 등을 종합적으로 고려할 때 가장 긍정적으로 평가하는 대통령은 누구입니까?"라는 질문이 마련되었다. 전체 응답자 가운데 54.3%가 박정희, 18.5%는 김대중, 17.2%는 노무현 전 대통령을 손

꼽았다. 다른 전임 대통령은 각각 5% 미만의 응답에 그쳤다.

이런 상황에서 민주통합당과 문재인 후보는 그 다음 비판의 화살을 퇴임 직전의 현직 이명박 대통령의 실정에 겨냥하였다. 이명박 행정부의 국정수행에 대한 일반 유권자의 부정적인 견해가 긍정적 평가보다 확산되어 있으므로 이러한 전략이 득표에 도움이 되지 않았다고 할 수는 없을 것이다.6 하지만 이명박 행정부의 부정적 평가를 토대로 하는 회고적 투표의 효력은 제한적이었다. 이미 4월 총선에서부터 새누리당과 박근혜 당시 비상대책위원장은 이명박 대통령과의 차별성을 부각시키는 데에 어느 정도 성공했기 때문이다.

새누리당과 박근혜 후보는 문재인 후보가 비서실장으로 있던 노무현 행정부에 대한 비판을 불러일으키는 전략으로 대응하였다. 한국정치연구소 조사결과를 보면 노 전 대통령의 국정운영에 대해서는 부정과 긍정 평가가 엇비슷하고(부정 34.0% 대 긍정 36.7%), 그 나머지(29.3%)는 중립적이었다. 물론 이러한 긍정, 부정의 평가는 박, 문 후보 간의 선택과 통계적 의미를 갖는 상관성이 있기는 하다. 하지만 노 전 대통령에 대한 회고적 평가 역시 투표선택에 영향을 주는 다른 요인들을 억제하지는 못했을 것이다.7

전직 대통령의 공과에 대한 논쟁은 과거회귀적이고 네거티브 캠페인으로 귀결되기 십상이다. 정권교체에 강한 뜻을 둔 문재인 후보와 민주통합당일수록 유권자가 회고적 투표를 하기보다는 국가 미래에 대한 비

---

6 11점 척도에 의한 이명박 행정부의 평가와 박근혜/문재인 양자 간 선택을 교차분석(11 * 2)하는 경우 카이제곱은 0.01 이하의 유의수준에서 통계적 의미를 갖고 (Pearson' χ^2 = 144.88, p = 0.00), 명목수준의 상관계수인 크레이머 V의 값은 0.37이다.

7 앞에서와 동일하게 측정된 노무현 행정부 평가와 후보선택 간의 교차분석에서 χ^2 = 135.98 (p = 0.00), 크레이머 V = 0.35이다.

전을 보고 전망적 투표를 하도록 유도했어야 하였다. 문 후보는 시대적 과제를 해소하기 위한 정책이나 그 정책을 실현할 수 있는 국정운영 능력에서 비교 우위를 가지고 다수 유권자를 설득하는 데에 실패하였다.

조사에서는 후보선택에 영향을 준 사건 등의 사항에 대한 질문이 주어졌다. 선택지는 선거과정 중에 발생한 중요한 사건을 포함하여 적어도 8개의 응답항목으로 포함하였다. 이 중 10% 이상의 응답률을 보인 것은 TV토론에서의 후보 역량, 안철수의 문재인 후보 지원, 여성대통령론의 순이다. 그 다음으로 3~5%의 비율로 이정희 후보의 사퇴, 북한의 장거리 로켓 발사, 노무현 전 대통령의 서해 북방한계선(NLL) 발언을 둘러싼 공방의 순으로 지적되었다. 〈표 1-9〉를 보면, TV토론이 영향을 미쳤다는 지적은 많으나 유권자는 자신이 선호하는 후보가 토론을 잘했다고 평가하는 경향이 있어 TV토론이 어느 후보에게 유리했는가를 말하기는 쉽지 않다. 안철수 후보의 사퇴 이후 문 후보 진영은 그의 지원을 요청하기도 하였고 결국 안 후보가 그 나름의 방식으로 지원을 했다. 경쟁구도가 양강 구도로 변화하고 문 후보에 대한 지지도가 상승을 지속한 것을 보면 안 후보의 지원효과가 실현되었다고 할 것이다. 여성대통령론의 영향을 받았다는 유권자들 가운데 94.7%가 박근혜 후보에게 표를 주었다. 박 후보 자신이 여권주의자가 아니었고 여권주의적 색채가 농후한 정책의제를 제시하지도 않았다. 그럼에도 불구하고 박 후보가 준비된 여성대통령이라는 선거구호는 주효했다. 이정희 후보의 사퇴는 문 후보에게 실제로 유리하게 작용하기보다는 오히려 박 후보 지지자들을 결집시키는 효과가 있었다고 짐작된다. 대선 기간 중에 북한이 장거리 로켓 발사에 성공한 것도 보수성향 유권자들의 경각심을 불러일으켜 박 후보에게 유리하게 작용했을 것으로 본다. NLL 발언 공방도 흡사한 효과를 낳았을 것이다. 하지만 이러한 사건

〈표 1-9〉 후보선택에 영향을 준 사항

(단위: %)

항목(사례수)	박근혜	문재인	카이 제곱/ 크레이머 브이
전체(1,046)	56.1(573)	43.9(448)	
북한의 장거리 로켓 발사(45)	80.0(36)	20.0(9)	
국정원 여직원 사건(26)	46.1(12)	53.9(14)	
안철수의 문재인 후보 지원(216)	29.6(64)	70.4(152)	$\chi^2 = 193.60$
이정희 전 대표의 사퇴(57)	87.7(50)	12.3(7)	(p = 0.00)
노무현 NLL 발언(34)	67.7(23)	32.3(11)	
여성대통령론(132)	94.7(125)	5.3(7)	Cramer's V = 0.44
TV토론 역량(431)	49.4(213)	50.6(218)	
SNS 불법선거운동(4)	0.0(0)	100.0(4)	
기타(76)	65.8(50)	34.2(26)	

주 : 각 행의 박근혜 지지율과 문재인 지지율의 합은 100.0%.

내지 사항은 전체 투표자 중 3~4%에 의하여 각각 언급되었다. 최근 선거에서 북풍 요인은 과거와 같은 괴력을 상실했다.

8. 투표선택에 대한 종합적 분석

앞서의 논의는 2012년 대선에서 유권자가 박근혜, 문재인 중 한 후보를 선택할 때에 유권자의 호남 또는 대구/경북 거주여부, 연령대, 이념 성향, 정당일체감, 두 후보자 각각에 대한 호감도, 경제민주화 이슈에서 후보자에 대한 비교 평가, 이명박 대통령의 국정운영에 대한 평가, 노무현 대통령의 국정운영 평가와 같은 변수가 영향을 주었음을 양변수 간의 단순 관계의 맥락에서 확인하였다. 여기서는 이런 독립변수들 가운데 어떤 것들이 상대적으로 좀더 중요한가를 살펴보기로 한다.

〈표 1-10〉은 2개의 이항 로지스틱 회귀분석 모델에 의한 분석 결과를 제시한다. 종속변수는 박근혜 후보선택 여부(박 = 1, 문재인 = 0)이다.

독립변수로서는 우선 5점 척도로 측정한 정당일체감을 고려한다(1 = 적극적 민주통합당, 2 = 소극적 민주통합당, 3 = 순수 무당파, 4 = 소극적 새누리당, 5 = 적극적 새누리당). 이 변수는 엄밀하게 말하면 서열척도 수준에 있지만 분석의 편의상 등간척도로 간주하여도 무리는 아니다. 거주지는 광주/전라, 대구/경북 두 가지 가변수(1 또는 0)를 이용한다. 연령은 1년 단위의 나이, 이념성향은 11점 척도(매우 진보-매우 보수, 0~10), 이명박 행정부와 노무현 행정부 평가도 각각 11점 척도(매우 부정-매우 긍정, 0~10)로 측정된다. 경제민주화 정책의 후보 간 비교평가에 관해

〈표 1-10〉 대선후보 선택에 대한 이항 로지스틱 회귀분석 결과 :
박근혜(1) 대 문재인(0)

독립변수	정당일체감 포함		정당일체감 비포함	
	계수	표준오차	계수	표준오차
정당일체감(1=적극적 민주통합당, 2=소극적 민주통합당, 3=순수 무당파, 4=소극적 새누리당, 5=적극적 새누리당)	0.82***	0.14		
거주지역(1,0; 기타 기준)				
광주/전라	-1.90***	0.55	-2.46***	0.53
대구/경북	1.32**	0.62	1.67**	0.64
연령(세)	0.01	0.11	-0.00	0.01
본인의 이념성향 인식(진보-보수; 0~10)	0.14	0.10	0.19*	0.09
이명박 행정부 평가(부정-긍정; 0~10)	0.02	0.08	0.10	0.07
노무현 행정부 평가(부정-긍정; 0~10)	0.01	0.09	-0.02	0.08
경제민주화 비교(1,0; 차이 없음 기준)				
박근혜 정책 선호	0.99**	0.39	1.50***	0.35
문재인 정책 선호	-1.28***	0.39	-1.67***	0.38
정치인 호감도(0~100)				
박근혜	0.11***	0.01	0.12***	0.01
문재인	-0.09***	0.01	-0.02***	0.01
상수항	-3.56***	1.04	-2.01***	0.93
사례수	943		967	
χ^2	969.19***		966.22***	
Pseudo R^2	0.75		0.73	

주 : *** p < 0.01, ** p < 0.05, * p < 0.10.

서는 차이 없다는 응답을 기준으로 하여 박근혜, 문재인 후보 각각의 우위를 인식하는 두 개의 가변수를 분석모델에 포함시킨다. 마지막으로 박, 문 후보 각각에 대한 호감도는 101점 척도(매우 부정적-매우 호의적, 0~100)로써 측정된다.

이 분석 모델은 카이 제곱의 수치와 상수항 모두 0.01 이하의 수준에서도 통계적으로 유의미하고, 경험적 적합도 역시 높은 수준이다(Pseudo R^2 = 0.75). 0.05 또는 그 이하의 유의 수준(p)에서 통계적 의미를 갖는 독립변수는 정당일체감, 광주/전라와 대구/경북 거주, 경제민주화 정책 관련하여 박근혜와 문재인 정책 선호, 박근혜와 문재인 호감도이다. 이런 변수들이 상대적으로 중요한 지지후보 결정요인이다.

새누리당 일체감이 강할수록, 다른 지역에 비해 대구/경북에 거주하는 경우, 박근혜 후보의 경제민주화 정책이 더 낫다고 생각할수록, 박 후보에 대한 호감이 강할수록, 유권자가 박 후보를 선택할 확률이 높아진다. 양변수 관계의 맥락에서 통계적 의미를 가졌던 연령, 이념성향, 이명박과 노무현 대통령의 국정운영 평가는 다변수 관계의 맥락에서는 후보선택에 미치는 영향력이 다른 중요한 변수들에 의하여 흡수, 매개되었다.

선거일 전후로 근접하여 유권자들의 정당일체감을 묻는 경우 무당파의 비율은 축소되고 새누리당이나 민주통합당과 일체감을 갖는 유권자 비율이 증가되기 마련이다. 그리고 선거 후 조사에서 정당일체감은 투표선택으로부터 영향을 받을 여지도 있다. 이런 이유로 정당일체감을 제외하고 다른 독립변수들의 영향력을 추정할 필요가 있다. 정당일체감을 포함하지 않는 분석 모델도 카이 제곱의 수치와 상수항 모두 0.01 이하의 수준에서 통계적으로 유의미하고, 경험적 적합도 종전과 비교하여 손색없이 높은 수준이다(Pseudo R^2 = 0.73). 종전 모델에 의한 분석결과 0.01 이하의 유의수준에서 통계적 의미를 가졌던 독립변수들의 계수가 문재인 호감도만 제외하고는 모두 절댓값에 있어서 커졌다. 이념성향은 0.10의 유의수준에서 통계적 유의성을 회복하였다. 본인의 이념성향을 보수적이라고 인식할수록 박근혜 후보에게 표를 줄 확률이 커진다.

분석결과를 보면, 투표행태를 통해 드러난 세대균열은 연령의 고저 그 자체로서 후보선택에 영향을 주기보다는 근원적으로 연령의 고저로 인한 이념성향, 정당일체감, 후보 호감도, 후보나 정당의 정책 이미지 등에서 차이를 가져오기 때문에 현저하게 부각되었음을 알 수 있다. 우리는 다변수 분석을 통해 2012년 대선 국면에서 영호남 지역균열, 진보 -보수의 이념균열, 유권자들에게 호소하는 정당의 득표 흡인력, 두 선두 후보자에 대한 호감도, 경제민주화 정책에서 두 후보자의 정책 이미지가 후보선택에 의미 있는 직접적인 효과를 미쳤고 다른 많은 독립변수들과 비교하여 상대적으로 중요하다는 점을 확인하였다.

9. 나가며

2012년 18대 대선에서는 진보, 보수 진영이 각각 결집하여 양강 구도에서 경쟁이 전개되었다. 선거결과 새누리당 박근혜 후보가 전체 유효투표수의 과반수를 얻어 민주통합당 문재인 후보를 누르고 승리하였다.

양강 경쟁구도 측면에서 2012년 대선은 10년 전의 2002년 16대 대선과 유사했다. 그런데 10년 사이에 인구의 고령화가 진행되고 선거인의 연령대별 구성에서 5060세대가 2030세대보다 더 높은 비율을 차지하는 역전 현상이 나타나게 되었다. 한편, 2012년 대선의 투표율은 2002년 대선의 투표율보다 5%p 높은 75.8%를 기록했다. 이러한 투표율의 상승은 주로 2030세대의 투표율 증가에서 비롯되었지만 2030세대의 투표율이 5060세대의 투표율보다는 낮은 현상은 그대로 유지되었다. 결국, 2012년 대선에서 실제 투표자수 중의 비율 역시 5060세대가 2030세대를 능가했다. 이 점은 보수성향 후보에 상대적으로 유리한 조건이었다.

문재인 후보는 수도권과 호남권에 국한하여 1위 득표를 하였다. 문 후보의 수도권 승리는 박빙의 신승에 그쳤다. 2002년에 승리한 노무현 후보와 달리, 문 후보는 충청권과 제주에서 1위를 차지하지 못했다.

박근혜 후보는 2030세대에서 약 3분의 1 수준, 40대에서는 44% 정도의 지지를 받았다. 그러나 5060세대에서 3분의 2를 약간 상회하는 수준으로 득표하였다. 박 후보가 승리하는 데에는 특히 50대 유권자들의 기여가 자못 크다. 50대의 투표율은 다른 어느 연령대의 경우보다 높았고 63% 남짓하게 박 후보에 표를 주었다. 2012년의 50대는 10년 전 대선에서 노무현, 이회창 후보 중 어느 한쪽으로 치우치지 않은 후보선택을 한 것과는 대조적으로 보수화되었다. 이 같은 세대균열은 생물학적 연령 그 자체의 차이에서 비롯된다기보다는 세대 간에 이념성향, 정당일체감, 후보 호감도, 후보나 정당에 대한 정책 이미지 등의 차이에서 초래된다.

2012년 대선 국면에서 유권자들의 이념성향을 진보, 중도, 보수로 구분할 때에 중도의 범위를 어떻게 잡는가에 따라 중도와 보수의 비율은 순위가 바뀔 수 있지만 진보와 보수 간에는 항상 보수가 진보보다 비율로 보아 우위에 있었다. 이념적 정치지형이 보수성향 후보에게 유리하였다. 진보성향 유권자들의 4분의 3 정도가 문재인 후보를, 보수성향 유권자들은 약 5분의 4가 박근혜 후보를, 중도성향 유권자들은 두 후보로 엇비슷하게 양분되게 선택했다.

대선일 전후로 무당파는 전체 유권자들의 30% 내외였고 거의 70%

가 새누리당이나 민주통합당에 가깝게 느끼는 일체감을 갖고 있었다 (새누리당 41%, 민주통합당 27% 내외). 극히 소수 비율의 유권자들만이 제3당 이하의 군소정당에 대한 일체감을 느꼈다. 민주통합당과 일체감을 갖는 투표자들의 93% 정도가 민주통합당의 문재인 후보를, 새누리당과 일체감을 갖는 투표자의 약 95%는 새누리당의 박근혜 후보를 선택하였다. 무당파들 가운데는 박 후보보다 문 후보를 선택한 경우가 다소 더 많았지만 그 격차는 주목할 정도가 되지 못했다. 평소 기성정당은 심각한 불신의 대상이지만 선거에서는 다른 어떤 조직도 능가하는 득표력을 발휘하였다.

2012년 대선에서 부각된 복지와 경제민주화 이슈는 일견 진보성향의 후보와 정당에게 유리한 정책의제였다. 그런데 보수성향의 박근혜 후보와 새누리당이 이러한 의제를 오히려 선점하였다. 박 후보는 문 후보에 비하여 선제적으로 이념이나 정책기조 차원에서 자신의 진영 너머 주로 중도성향 유권자들의 지지를 얻으려는 유연한 이슈 전략을 구사하였다. 이를테면, 경제민주화 정책에서 문 후보보다는 박근혜 후보의 공약이 더 바람직하다고 인식하는 유권자들이 그 반대의 경우보다 많았다.

민주통합당과 문재인 후보가 제기한 박정희 대통령 독재의 유산과 이명박 대통령의 실정에 대한 비판은 대선 승리를 가져올 만한 이슈 전략이 되지 못했다. 새누리당과 박근혜 후보가 노무현 대통령 시기 국정운영의 부정적 측면을 유권자들에게 상기시키게 되면서 과거회귀적인 공방과 네거티브 캠페인이 전개되었다. 문 후보와 민주통합당이 정권교체를 실현하기 위해서는 유권자들의 회고적 투표를 유도하기보다는 국가의 더 나은 미래 비전을 보고 전망적으로 투표할 의사를 진작시켜야 했다. 문 후보는 다수 유권자들로 하여금 시대적 과제를 해소하기 위한 정책이나 그 정책을 실현할 수 있는 국정운영 능력에서 박 후보보다 비교 우위에 있다는 정책 이미지를 갖도록 하지 못했다.

　선거운동 막바지에 실시된 TV토론은 어느 후보에게 유리했는지 단언하기 어렵다. 안철수 후보의 사퇴 이후 그가 나름의 방식대로 문재인 후보를 지원함으로써 선거일에 임박하여 문 후보의 지지율이 상승할 수 있었음은 분명하다. 박 후보가 준비된 여성대통령이라는 구호가 특히 보수성향 유권자들을 상대로 효과를 거두었다. 이정희 후보의 사퇴는 문 후보의 득표율을 제고하기보다는 박 후보 지지자들의 결집을 불러와 문 후보에게 다소라도 불리하게 작용한 것으로 판단된다. 대선 기간 중에 북한이 장거리 로켓을 발사했지만 과거와 같은 북풍의 영향은 확인되지 않았다.

　18대 대선에서 제한적으로 정책경쟁이 전개되었지만 승리한 박근혜 후보가 대통령이 되어 해결해야 할 국정과제는 선거를 거치면서 분명해졌다. 후보자, 정당, 유권자, 언론, 정책전문가 할 것 없이 일자리 창출, 경제민주화, 사회통합, 정치개혁, 복지확대를 강조했다. 경제의 성장보다는 분배에 초점이 맞추어졌지만 일자리 창출이나 복지확대를 위해서는 궁극적으로 지속적인 성장이 뒷받침되어야 함은 물론이다. 이번 대선에서는 정치의 개혁, 혁신, 혹은 쇄신 과제도 제기되었다. 18대 대선이 지난 4반세기 동안 유지해온 민주주의의 질을 고양할 수 있는 계기를 마련해야 함도 두말할 필요가 없을 것이다. 선거에서의 득표를 위해서는 통상 국내 이슈의 효과가 대외적 이슈보다 더 크기는 하지만 대외적 환경 변화에서 오는 도전에도 주목해야 할 것이다. 미국과 중국이 주도하는 세계와 동북아 질서가 형성되면서 한국은 생존, 평화와 번영을 위한 신중하고 치밀한 전략을 수립해야 하기 때문이다. 2012년 대선을 통해 창출된 국가리더십이 이러한 대내외 과제를 지혜롭게 해소해야 할 것이다.

참고문헌

강원택(2003), 《한국의 선거정치: 이념, 지역, 세대와 미디어》, 푸른길.

_____(2009), "386세대는 어디로 갔나? 2007년 대선과 2008년 총선에서의 이념과 세대", 김민전·이내영 편, 《변화하는 한국유권자 3: 패널조사를 통해 본 18대 국회의원선거》, 69~96쪽, 동아시아연구원.

박원호(2012a), "세대균열의 진화: '386 세대'의 소멸과 30대 유권자의 부상", 박찬욱·김지윤·우정엽 편, 《한국유권자의 선택 1: 2012총선》, 185~217쪽, 아산정책연구원.

_____(2012b), "유권자의 정치이념과 정책선호, 그리고 후보자 선택", 박찬욱·강원택 편, 《2012년 국회의원선거 분석》, 35~62쪽, 나남.

박찬욱(1994), "제14대 대선에 있어서의 유권자의 후보지지에 관한 분석", 《전환기 한국정치학의 새 지평: 준봉 구범모 교수 화갑기념논총편집위원회》, 545~570쪽, 나남.

_____(2006), "한국시민의 투표행태 분석: 제16대(2002년) 대통령선거에 있어서 사회균열과 유권자의 후보자 선택", 임혁백·고바야시 요시아키 편, 《시민사회의 정치과정: 한국과 일본의 비교》, 156~195쪽, 아연출판부.

_____(2009), "사회균열과 투표선택: 지역·세대·이념의 영향", 김민전·이내영 편, 《변화하는 한국유권자 3: 패널조사를 통해 본 18대 국회의원선거》, 181~201쪽, 동아시아연구원.

_____·강원택 편(2012), 《2012년 국회의원선거 분석》, 나남.

박찬욱·김경미·이승민(2008), "제17대 대통령선거에서 유권자의 사회경제적 특성과 이념정향이 후보 선택에 미친 영향", 박찬욱 편, 《제17대 대통령선거를 분석한다》, 193~248쪽, 생각의 나무.

중앙선거관리위원회(2013년 1월), "제18대 대통령선거 투표율 분석".

Park, Chan Wook(1999), "The Korean Presidential Election in December 1997: Kim Dae-jung's Victory as a Momentum for Democratic Consolidation", 〈한국정치연구〉 8·9(1): 57~81.

02 | 정당일체감의 재구성
박원호

1. 들어가며

제18대 대통령선거가 정치학, 특히 한국 선거 연구자들에게 던진 흥미로운 질문들은 적지 않지만, 아마도 가장 핵심적인 것은 이번 선거에서 정당의 역할은 무엇이었는가 하는 물음일 것이다. 사실 대통령선거 국면이 본격적으로 시작되기 이전부터 정당정치 쇠락의 징후들은 곳곳에서 드러났다. 2011년 서울시장 보궐선거에서 무소속 박원순 후보의 당선을 필두로, 대통령선거 과정 내내 한 주요 관심축이었던 "안철수 현상" 등은 새누리당과 민주통합당 등 기존 주요 정당들을 위협하기에 충분한 것이었다.

'정당의 위기'가 결코 새로운 것도, 그리고 한국에서만 보이는 현상도 아니다. 이미 2005년에 *Foreign Policy*지는 2040년경에는 소멸할 것의 하나로 정당을 지칭한 바[1]가 있다. 다양화되고 중첩되는 시민들의

---

1 Cardoso, Fernando Henrique(2005), "Here Today, Gone Tomorrow", *Foreign Policy*. http://www.foreignpolicy.com/articles/2005/08/30/here_today_gone_tomorrow (Accessed January 2, 2013).

정치적 요구와 보다 나은 정치적 대의를 향한 이들의 열망을 정당이 수용하지 못하고 기존의 이념과 계급에 기반한 틀에서 벗어나지 못한다면 정당은 소멸을 면할 수 없을 것이라는 이야기는 어떤 의미에서는 전혀 새로운 이야기가 아닐 것이다. 그러나 흥미로운 사실은 재스민 혁명이나 미국의 티파티(tea party) 운동 등을 통해 보인 것처럼 소셜네트워크서비스(SNS)를 위시한 새로운 매체들의 등장을 통해 기존 정치질서와 그 중심에 서 있는 정당의 무기력함이 매우 명백하게 드러났다는 점이었다. 한국의 2012년 대통령선거는 이러한 맥락에서 치러진 선거였고, 따라서 '정당의 위기'는 이 선거를 규정하는 하나의 키워드일 수밖에 없었다.

덧붙여, 이번 선거를 맞이한 양대 정당 또한 명백하게 극복해야 할 각자의 과거들이 있었던 점은 이러한 정당 일반의 위기를 가중시키는 요인이었던 것으로 생각할 수 있다. 자당 소속 현직 대통령과 단절하고 당의 과거인 한나라당의 아이덴티티를 해체하고 재구성하는 일이 새누리당의 가장 핵심적인 과제였으며, 민주통합당 역시 노무현 전 대통령의 흔적을 최대한 지우면서 안철수를 지지하는 무당파들을 견인하는 일이 이번 선거에서 가장 핵심적인 과제였다. 요컨대, 양대 정당들의 핵심과제는 스스로를 최대한 해체하는 일, 내지는 해체하는 것처럼 보이는 일이었다.

그런 의미에서 지난 대통령선거에서 투표 후보를 결정할 때 후보자의 소속정당이 가장 영향을 덜 미친 요인이었다는 조사 결과는 놀랍지 않다. 한국정치연구소(2012)에서 수집한 '정치와 민주주의에 관한 의식조사'에 의하면, 지난 선거에서 유권자들은 누구에게 투표할 것인가를 결정할 때 평균적으로 1) 후보자의 도덕성, 2) 국정운영능력, 3) 이념성향, 4) 정책과 공약, 5) 당선가능성, 6) 소속정당의 순서로 중요하게 고려했다고 응답하였다. 즉, 소속정당은 가장 덜 중요한 고려 대상이었다는 것이다. 다른 한 조사(동아시아연구원, 2012)에 의하면, 응답자의 약 7%만이 후보자의 소속정당을 보고 누구에게 투표할 것인지를 결정했다고 응답했다.

이번 18대 대통령선거의 결정적인 수수께끼는, 그럼에도 불구하고 결과적으로 매우 당파적(partisan)인 선거임이 판명되었다는 점이다. "보수총결집"과 "야권연대"가 맞선 상황에서 기존 한나라당 지지자들은 매우 높은 비율로 새누리당 후보인 박근혜를 선택했고, 기존 야권 지지자들은 문재인 후보를 강하게 지지했다. 물론 대중매체들의 선거결과 분석에서 더욱 스포트라이트를 받은 부분은 "이탈자", 즉 누가 상대진영으로 '넘어갔는가' 하는 점이 될 수밖에 없겠지만, 오히려 더 부각되어야 할 것은 앞서 살펴본 선거의 배경을 생각할 때, 오히려 왜 이번 선거가 그만큼 당파적이었는가 하는 점이다.

왜 기존 여권 지지자들은 대통령에 대한 매우 낮은 국정운영 지지도와 경제상황에 대한 비관적 평가에도 불구하고 변함없이 정부여당 후보에 안정적인 지지를 보냈는가? 선거의 전 과정을 휩쓸었던 무당파와 중간층들은 결국 어떠한 기준으로 선거 당일 투표 후보를 결정했는가? 이러한 질문들은 지난 대통령선거의 결과를 분석하고 이해하는 데 빠질 수 없는 질문들이며, 동시에 지난 선거에서 유권자들이 지니는 정당에 대한 충성심, 혹은 정당일체감을 경유하지 않으면 대답할 수 없는 질문들일 것이다. 이 글은 그러한 의미에서 지난 대선에서 나타난 한국 유권자들의 정당일체감을 분석적으로 이해하려는 시도이다. 이론적으로는 한국에서 정당일체감의 개념이 2012년 현재 얼마나 적실한지를 검토하는 동시에 현실적으로는 정당일체감이 지난 대선에 미친 영향을 종합적으로 평가함으로써 한국 선거에 대한 보다 일반적인 이해를 도

모하려 한다. 다음에서는 정당일체감에 대한 일반 이론적 검토와 그것의 한국적 적용에 대해 논의할 것이다.

2. 정당일체감의 재검토

정당일체감(*partisan identification*)은 근본적으로 미국적인 개념이다. 미국선거연구가 태동하던 1950, 60년대 미국 유권자를 대상으로 한 미국선거연구(*the American National Election Studies*)가 시작된 이래, 정당일체감은 유권자들의 투표선택을 가장 핵심적으로 잘 예측할 수 있는 개념이었다(Campbell *et al.*, 1960). 일견 동어반복(*tautology*)으로도 보이는 정당일체감에 의한 투표라는 논의의 합리적 핵심은, 유권자의 선호와 후보·정당의 정책들이 만나는 선거라는 '혼돈'의 과정, 즉 수많은 복잡한 정책들을 이해하고 평가할 능력도 의사도 없는 미국의 일반 유권자들이 어떤 형태로건 정부를 구성하는 선택을 내려야만 하는 과정에서 정당과 유권자들의 정당에 대한 애착심이 나름의 질서를 부여하는 기제라는 것이다.

반세기 이전의 미국 유권자들을 대상으로 한 하나의 모델이 오늘의 한국 유권자들을 얼마나 잘 설명할 것인지는 매우 정당한 질문이며, 따라서 이곳에서는 정당일체감에 대한 이론적 검토를 통하여 이 개념의 한국적 적용이 적절한지, 그리고 그것을 통해 얻을 수 있는 합리적 핵심이 무엇인지, 특히 이것이 지난 대통령선거에 대한 이해에 얼마나 도움이 될 것인지를 우선 이론적으로 검토하려고 한다.

우선 정당일체감에 대한 특징들을 정리하자면 다음과 같다. 첫째, 정당일체감은 유권자들의 선거에서의 선택에 결정적인 영향을 미친다.

투표 결정은 물론 여러 가지 요인들, 예를 들어 이슈나 후보자 요인 등의 총합이지만, 정당일체감은 이러한 선택의 과정에서 다른 요인들에 선행(*antecedent*) 한다(Campbell *et al.*, 1960). 그런 의미에서 어떤 선거가 "당파적"(*partisan*) 이었는지의 여부는 사실 정당일체감이라는 중·장기적 밑그림 위에 이슈나 후보자라는 단기적 요인이 얼마나 많이 작용했는가에 따라 결정될 것이다.

이와 관련된 한국적 맥락에서의 매우 어려운 질문은 과연 박근혜 후보에게 투표한 유권자들은 새누리당에 대한 정당일체감에 의해서 지지를 한 것인지, 박 후보의 개인적인 장점들 때문에 지지를 했는지, 아니면 정책적 고려에 의해 지지를 하게 되었는지에 대한 질문일 것이다.[2] 다음 절에서는 이러한 정당, 후보, 정책에 대한 고려가 대선 투표 결정 과정에 미치는 상대적인 영향의 크기를 추정하는 시도를 할 것이다.

둘째, 정당일체감은 사회심리적인 현상으로서 근본적으로 합리적 계산이나 평가와는 무관하다. 이는 민주주의와 대의정치를 바라보는 전통적인 시각과는 대척점에 서있을 수밖에 없는데, 그것은 선거에서의 선택이 정책적 내용에 의해서 결정되는 것이 아니라 유권자의 (비합리적일 가능성이 큰) 심리적 애착심에 의해 결정되기 때문이다. 이 관점에 의하면 유권자가 정책적 내용에 대한 지지를 했다고 스스로는 생각하더라도 실지로는 자신이 좋아하는 정당·후보자의 정책적 내용이 자신의 입장과 같다고 투사(投射: *projection*) 하거나 정당·후보자의 입장에 자신이 설득(*persuasion*) 되는 것일지 모른다(Jackson, 1975; Markus &

---

2 앞 절에서 언급한 것처럼 투표선택에서 가장 주요하게 고려한 요인을 직접적으로 유권자들에게 물어보면, 정당은 그다지 일반적인 대답은 아니며, 보다 단기적인 정책 내용이나 후보자 특성을 지칭하는 경우가 많다. 그러나 이는 일반적으로 유권자들이 장기적인 요인보다는 단기적인 자극이나 변화에 더 민감하기 때문인 것으로 보인다.

Converse, 1979).

정당일체감에 대한 수정주의적 관점이 생겨난 지점이 바로 이 부분이며, 이들에 의하면 정당일체감은 해당 정당의 국정운영 성과에 대한 총합(*running tally*)이라는 것이다(Fiorina, 1981). 이후에 정당일체감의 두 전통에 대한 더 자세한 평가를 내리겠지만, 한국의 18대 대선과 관련하여 현직 대통령의 국정운영 평가나 정책에 대한 태도들이 선거에 미친 영향을 생각해보면, 한국 선거에는 후자보다는 전자의 모델이 더 맞는 것으로 보인다.

셋째, 정당일체감은 상당한 지속성을 지니며 외부적 변화에 상대적으로 안정적인 모습을 보인다. 예를 들어, 제닝스 등(Jennings *et al.*, 1991)은 1960년대 중반 미국의 고등학생들과 이들의 부모들을 인터뷰한 후, 1982년에 다시 이들을 찾아내어 1980년 선거에 대한 조사를 한 바, 20여 년 동안 응답자들의 정당일체감은 극히 제한적인 변화만을 겪었으며 여전히 1980년 선거에 결정적인 설명력을 지니고 있음이 확인되었다.[3]

이러한 지속성과 안정성의 문제는 앞의 예에서도 알 수 있는 것처럼 단순한 횡단면(*cross-sectional*) 조사를 통해서 밝혀질 수 있는 것은 아니다. 특히 한국적 맥락에서 생각해볼 때, 정당의 명칭과 그 구성원들이 수시로 바뀌는 상황에서 정당에 대한 "안정적"인 애착은 과연 가능한 것인지 의문을 삼을 수 있을 것이다. 그러나 동시에, 다음과 같은 반론도 가능할 것이다. 한국의 유권자들은 정당의 이름을 알지는 못하더라도 어느 정당이 "나의 정당"인지는 알아낼 수 있다는 것이다.

넷째, 정당일체감은 정치사회화 과정의 초기에 형성된다는 점이다.

---

[3] 참고로, 이들은 1997년에 세 번째 조사를 수행함으로써 30년이 넘는 기간을 포함하는 패널시리즈를 완성한다.

미국의 경우에는 이러한 정치사회화 과정이 가정에서 이뤄지고, 따라서 부모의 정당일체감이 '상속'된다는 것이 일반적인 시각이다(Achen, 2002). 정치사회화를 어떻게 정의하는가에 따라 달라질 수는 있겠지만, 일반적인 미국의 맥락에서는 성인이 되어 투표권을 얻기 시작하기 훨씬 이전부터 형성되기 시작하는 것으로 이해된다. 또한 정당일체감은 시간이 지날수록 견고해지는데, 그 이유는 새로운 정보나 외부의 자극이 선택적 기제에 의해 기존의 일체감을 강화시키기 때문이다.

한국적 맥락에서 이러한 정치사회화 논의가 가지는 함의는 무엇보다도 20대를 위시한 젊은 유권자들의 무당파성에 대한 이해의 실마리일 것이다(박원호·송정민, 2012). 한국에서 무당파의 향배는 지난 대통령선거 기간의 핵심적인 관심사였는데, 기존 문헌에 의하면 20대의 무당파성, 혹은 정당일체감의 유동성은 매우 일반적인 현상이었다.

이상의 이론적 내용들을 바탕으로 다음의 질문들은 아마 지난 18대 대통령선거에서 나타난 정당일체감과 관련된 핵심적인 연구 질문들일 것이다. 이상의 질문들은 한국 선거에서 유권자들이 지니는 정당일체감의 적실성을 검토함과 동시에 지난 선거에서 유권자들이 후보자 선택을 수행하는 주요한 경로로서의 정당일체감의 역할을 재음미할 수 있는 내용이기도 하다.

(1) 정당일체감이 선거에 미친 효과는 무엇인가? 특히 여타의 변수들, 이를테면 이념이나 정책선호, 그리고 후보자에 대한 호감도와 비교해서 정당에 대한 지속적인 충성심이 후보자 선택에 미친 상대적인 영향은 얼마나 큰가? (강원택, 2010)

(2) 전통적 의미에서 정당일체감과 대비되는 정책적 내용이 투표선택에 미치는 영향은 얼마나 큰가? 이론적으로 보았을 때, 한국의 유권자

들이 내재화한 정당일체감은 사회심리학적인 것인가 아니면 합리적인 것인가? 즉 심리적 애착심인가 아니면 정책과 그 성과들에 대한 총합의 개념인가? (장승진, 2012)

(3) 정당일체감은 장기적으로는 얼마나 안정적인가? 서구의 이론적 논의들이 묘사하는 것처럼 한국 유권자들의 정당일체감은 과연 안정적이며 변화하지 않는가? (이현출, 2004)

(4) 정치사회화 과정과 관련하여 정당일체감의 형성과 공고화에 연령이 미치는 영향은 매우 큰 것으로 알려져 있다. 한국 유권자들, 특히 젊은 유권자들의 정당일체감은 어떤 양태이며, 이러한 내용들은 상대적으로 성숙한 유권자들과 비교하여 어떻게 다른가?

이상의 이론적으로 도출된 질문들, 특히 정당일체감의 장기적 안정성(stability)와 관련된 (3)과 (4)는 장기적인 패널조사나 여러 새로운 접근방법이 불가피하다. 다음에서는 (1)과 (2)를 중심으로 지난 대통령 선거에서 드러난 한국 유권자들의 정당일체감에 대한 전반적인 검토를 수행한다.

3. 분석

1) 정당일체감의 분포와 후보자 선택

우선 정당일체감의 영향에 대한 분석에 앞서서 이곳에서는 정당일체감의 분포와 이것이 선거에 미친 표면적 영향을 살펴볼 필요가 있다. 이 연구에서 사용된 정당일체감을 측정하기 위해 사용된 문항은 한국의 많은 조사들이 사용하는 "지지하는 정당"이 아닌 "가깝게 느끼는 정당"[4]을 사용했으며, 그 이유는 앞에서 본 바와 같이 정당일체감은 기본적으로 심리적 차원을 측정하는 것이 맞다고 보이기 때문이다.

〈표 2-1〉은 이 자료에서 측정된 정당일체감에 의한 샘플의 분할과 각 카테고리별 주요 후보자 지지율을 보인 것이다. 우선 지난 대통령선거 직후에 측정된 정당일체감을 보았을 때, 무당파의 비율은 약 30%, 그리고 민주당에 더 가까운 일체감을 느끼고 있는 유권자는 약 30%, 새누리당에 가깝게 느끼는 유권자는 약 40% 정도로 나타났다. 이것은 여타의 조사들에서 나타나는 분포와 대체로 유사한데, 다만 선거 후 조사여서 선거에서 패배한 기존 민주당 지지자들이 약간 과소대표되지 않았나 판단된다. 그러나 이 자료에서뿐 아니라 여타의 조사들에서 나타난 공통된 사실은, 선거 전이건 선거 후이건 스스로를 민주당에 가깝다고 (혹은 지지한다고) 언급한 응답자들은 항상 새누리당에 가깝다고 (혹은 지지한다고) 언급한 사람들보다 적다는 점이다. 일반적으로 말해서

---

4 "선생님께서는 우리나라에 있는 정당 중 가깝게 느끼는 정당이 있습니까?"
　(있다고 대답한 경우) "그렇다면, 그 정당은 어느 정당입니까?"
　(없다고 대답한 경우) "그래도 다른 정당에 비해 조금이라도 더 가깝게 느끼는 정당이 있습니까?"
　(두 번째 질문에 있다고 대답한 경우) "그렇다면, 그 정당은 어느 정당입니까?"

〈표 2-1〉 정당일체감과 후보자 지지

정당일체감	분포	케이스수	박근혜 지지율	문재인 지지율	기권
적극적 민주당 지지	18.8%	220	3.18%	90.91%	5.91%
소극적 민주당 지지	8.72%	102	13.73%	75.49%	10.78%
무당파	31.37%	367	37.08%	39.61%	22.47%
소극적 새누리당 지지	6.92%	81	81.48%	7.41%	11.11%
적극적 새누리당 지지	34.19%	400	91.16%	3.79%	5.05%

무당파층에 야권 성향의 응답자들이 더 많이 분포한다는 점을 고려한다면, 상당히 근소한 차이가 났던 선거결과를 이해할 수 있을 것이다.

양대 정당에 대한 적극적 지지자들은 공히 매우 높은 비율로 각 정당의 후보를 지지했다. 적극적 민주당 지지자들의 91% 정도가 문재인 후보를 지지한 것으로 나타났고, 적극적 새누리당 지지자들의 91% 이상이 박근혜 후보를 지지했던 것으로 나타났다. 흥미로운 차이는 양당의 소극적 지지자들에게 나타나는데, 소극적 새누리당 지지자들의 81% 이상이 박 후보를 지지한 반면, 소극적 민주당 지지자들의 75% 정도가 문 후보를 지지한 것으로 나타났다. 특히 이들의 박 후보에 대한 지지율도 13%를 넘어 낮지 않은 수준인 것으로 나타나 새누리당 지지층에서 일관되게 낮은 지지율을 보인 문 후보와 상당한 격차를 보였다.

가깝게 느끼는 정당이 없는 것으로 응답한 무당파층에서는 예측할 수 있는 것처럼 문 후보가 약 40%의 지지를 얻어 37%를 기록한 박 후보를 제쳤는데, 이러한 차이는 일반적으로 선거 이전에 예측한 것보다는 더 박 후보가 선전한 수준이라고 할 수 있다.5 무당파층은 상당히 낮

---

5 물론 모든 선거 후 조사들에 공통적으로 나타나는 밴드웨건 효과(*bandwagon effect*), 즉 승리한 후보에 대한 투표가 더 과장되고 패배한 후보에 대한 투표는 과소보고되는 점이 고려되어야 할 것이다. 그러나 이것을 감안한다고 할지라도 박 후보가 무당파층에서 매우 선전한 것은 사실로 보인다.

은 투표율을 보였는데, 약 22.5%의 무당파층이 투표를 하지 않은 것으로 보고된다. 통상 여론조사에서 투표참여가 과대보고되는 경향을 고려한다면, 이는 매우 높은 수준의 기권율이라고 할 수 있다.

이상의 내용을 요약하자면 다음과 같다. 첫째, 정당일체감은 지난 대통령선거에서 매우 유의미한 변인이었다. 정당에 대한 당파심을 보인 유권자들 사이에서 박-문 양 후보는 압도적인 지지를 얻었다. 둘째, 정당일체감의 측면에서 보았을 때, 지난 대선에서 새누리당에 대한 충성심을 보인 유권자들이 민주당 지지자들보다 약 10% 높았던 것으로 나타났다. 즉 새누리당의 기본 베이스 크기가 더 컸다는 것이다. 셋째, 박근혜 후보는 중간층에서 예측이나 기대보다 훨씬 선전을 한 것으로 나타났다. 넷째, 무당파들의 투표참여율은 당파성을 띠는 유권자들보다 상당한 차이가 났던 것으로 보인다. 이러한 세 가지 요인들 모두 박근혜 후보의 선전을 설명하는 요인이라 할 것이다.

2) 정당일체감은 무엇으로 이루어지는가?

만약 정당일체감이 후보자 선택에 결정적인 영향을 미치는 요인이라면 이러한 정당일체감은 무엇으로 구성되는지를 살펴보아야 할 것이다. 다시 말해, 앞서 언급한 것처럼 한 개인이 정당에 대해 형성하는 애착이나 충성심이 어떠한 변수들의 총합으로 구성되어 있는지를 살펴봐야 한다는 것이다. 다음의 〈표 2-2〉는 앞에서 보인 정당일체감이 어떠한 요인들로 설명이 되는지를 분석한 다중 서열 로짓(*multiple ordered logit*) 모델이다. 이 모델에서는 인구학적 요인들과 지역 등의 배경변수들, 정책평가의 차원, 후보자와 정당에 대한 감성적 선호, 그리고 지난 총선에서의 지지(전국구 비례투표)가 정당일체감과 어떻게 관련이 되는

지를 보인 것이다.

우선 눈에 띠는 점은 정당일체감이 이념이나 정책과 관련된 성과 평가의 차원이 아니라 감정적 차원의 변인들과 더 친화성을 보인다는 점이다. 표에서 볼 수 있는 것처럼 응답자의 이념이나 이명박 정부의 국정에 대한 평가, 그리고 지난 노무현 정부에 대한 평가 등은 다른 변수들을 통제한 상태에서는 정당일체감과 유의미한 관계가 없는 것으로 나타났다. 그런 반면, 정치적 대상들에 대한 감정적 호감도 중 몇 가지는 정당일체감과 상당히 강한 관계가 있는 것으로 나타나서, 한국 유권자들의 정당일체감이 상당한 감정적 차원의 것임을 보여준다 하겠다.

흥미롭게도, 민주당의 경우에는 정당에 대한 호감도와 후보자 개인

〈표 2-2〉 정당일체감의 구성요인들

정당일체감	계수	표준오차	p-값
이념과 정책평가			
대통령 국정 지지	0.04	0.03	0.267
노무현 평가	-0.02	0.04	0.555
이념	0.06	0.04	0.181
감정적 선호			
박근혜 호감도	0.01	0.00	0.078
문재인 호감도	-0.02**	0.00	0.000
안철수 호감도	0.00	0.00	0.480
새누리 호감도	0.05**	0.01	0.000
민주당 호감도	-0.04**	0.01	0.000
총선 새누리 투표	1.93**	0.17	0.000
배경변수			
성별(남성)	0.05	0.13	0.690
연령	0.02**	0.00	0.001
지역(경북)	0.22	0.22	0.302
지역(호남)	-0.97**	0.21	0.000
절편 1	-2.35	0.48	
절편 2	-1.50	0.47	
절편 3	1.28	0.47	
절편 4	1.93	0.47	

주 : ** $p < 0.01$

에 대한 호감도 모두 유권자들이 정당일체감을 구성하는 데 주요한 영향을 미친 것으로 나타난 반면, 새누리당의 경우에는 정당에 대한 호감도만이 정당일체감에 영향을 미치고, 박근혜 후보자 개인에 대한 호감도는 정당일체감과는 상대적으로 그 관계가 약한 것으로 나타났다. 이것은 다르게 말하자면, 지난 대통령선거에서 문재인 후보에 대한 개인적 호감도는 정당에 대한 호감도와 중복되는 부분이 많아서 문 후보는 "정당의 후보"라고 말할 수 있는 반면, 박근혜 후보 개인에 대한 호감도는 정당일체감과 겹치지 않는 부분이 존재한다는 점이다. 다시 말해 박 후보는 새누리당에 대한 유권자의 정당일체감을 넘어서는 또 다른 외연이 존재한다는 점을 보여준다는 것이다. 이에 대한 내용은 다음 절에서 더욱 자세히 살펴볼 것이다. 마지막으로, 안철수 전 후보에 대한 호감도는 정당일체감에 대해 아무런 영향을 미치지 않았던 것으로 나타났다.[6]

총선에서 정당에 대한 투표 여부 또한 정당일체감에 상당히 강한 영향을 미치는 것으로 나타났는데, 이것은 다음의 두 가지로 설명될 수 있을 것이다. 첫째, 정당일체감이 총선 이전에 이미 구성이 되어 있는 상황에서 이것이 총선에서의 투표에 영향을 준 경우, 둘째, 총선에서의 투표라는 실천이 정당일체감을 더 강화시키고 공고화시켰을 가능성이다.[7]

배경변수들 중에서 가장 큰 영향을 미친 요인은 연령과 호남지역인 것으로 나타났다. 연령과 정당지지, 나아가 후보자 선택의 관계에 대

---

6 정당일체감(척도)의 가운데에 위치한 무당파층을 예측하는 모형에서도 안 후보에 대한 호감도는 별다른 영향을 주지 않는 것으로 나타났다. 이것은 여러 조사들에서 보이는 것처럼 안 후보는 11월 사퇴를 분기점으로 매우 극적인 호감도의 하락을 보였고, 본 조사에서 포착된 호감도는 대선 이후에 측정된 것이라는 점이다.

7 이상의 두 가지를 구분하여 어느 것이 맞는지를 밝히는 것은 매우 중요한 연구과제가 될 수 있을 것이다. 다만 이 글에서는 이러한 인과성을 규명하는 것이 목적이 아니라 대선 국면에서의 정당일체감과 지난 총선에서의 투표가 얼마나 명확한 관계가 있는지를 보는 것이 목적이므로 더 자세한 분석은 생략한다.

한 내용은 이미 많이 분석된 부분이며, 일반적으로 연령이 높아질수록 박 후보와 새누리당에 대한 지지가 높아지는 것으로 알려져 있고, 〈표 2-2〉도 역시 그러한 관계를 확인하는 것으로 보인다. 마지막으로, 지역변수는 호남지역과 정당일체감의 강한 관계를 보였는데, 이것은 한국 선거를 규정하는 지역주의가 정당에 대한 애착심과 어떠한 관계를 지니고 있는지를 드러낸다. 어떤 의미에서는 한국에서의 지역주의는 그 시작과 전개과정과는 무관하게 그 현재적 의미에서는 지역주의가 정당일체감으로 전환되는 과정에 놓인 것이 아닌지도 가설적으로 생각해볼 수 있을 것이다.

3) 정당일체감과 후보자 선택

앞서 서론에서 보인 바와 같이 유권자들은 일반적으로 선거에서의 후보자 선택의 이유를 물었을 때, 정당에 대한 고려가 여타 후보자나 이슈, 정책에 대한 고려에 비해서 그 비중이 매우 낮다고 대답하는 경향이 있다. 그러나 분석결과, 유권자들의 정당일체감은 주요 후보자들에 대한 호감도와 함께 후보자 선택에서 가장 중요한 요인임이 드러났다.

〈표 2-3〉은 지난 대통령선거에서 박근혜-문재인 양후보 간의 선택을 이항종속변수로 놓고, 여타 일반적으로 고려되는 독립변수들을 이용하여 로지스틱 분석을 수행한 것이다. 매우 중복이 되는 것처럼 보이는 많은 변수들을 포함시킨 이유는 변수들 상호 간의 통제를 하고 난 후 이 글에서 관심사가 되는 정당일체감의 영향을 보려하기 때문이다. 우선 기본적인 인구학적 변수들인 연령, 성별, 지역이 통제되었으며, 여타의 후보자와 정당에 대한 정서적 차원들을 포함시켰다.

〈표 2-3〉에서 보이는 것처럼, 정당일체감은 다른 여타의 감정적 선

호 변수들이나 이념과 정책 변수들을 통제한 상태에서도 18대 대선에서 후보자 선택을 가장 잘 설명할 수 있는 변수라는 것이 드러난다. 특히 한계효과를 보면 정당일체감이 한 단위 증가할 때마다 약 16% 정도로 유권자들이 박 후보를 지지할 확률이 더 높아지는 것으로 추정되었다. 정당일체감이 5점 척도로 계산된 것을 감안한다면 그 영향이 매우 큰 것을 알 수 있다.

이와 함께, 후보자와 정당들에 대한 호감도를 측정한 변수들도 대체로 매우 유의미한 영향을 주는 것을 알 수 있는데, 일반적으로 대통령 선거에서 후보자들에 대한 호감도가 정당에 대한 호감도보다 그

〈표 2-3〉 제18대 대선의 선택모형

	계수	표준오차	p-값	한계효과
정당일체감	0.81**	0.15	0.000	15.8%
이념과 정책평가				
대통령 지지	-0.05	0.08	0.541	-0.9%
노무현 평가	0.04	0.09	0.685	0.7%
이념	0.12	0.10	0.235	2.3%
감정적 선호				
박 호감도	0.11**	0.01	0.000	2.1%
문 호감도	-0.09**	0.01	0.000	-1.8%
안 호감도	-0.01	0.01	0.221	-0.2%
새누리 호감도	0.05**	0.01	0.000	0.9%
민주당 호감도	-0.04**	0.01	0.001	-0.9%
총선 새누리 투표	0.44	0.38	0.237	8.5%
배경변수				
성별	-0.34	0.30	0.264	-6.6%
연령	0.00	0.06	0.982	0.0%
연령제곱	0.00	0.00	0.877	
지역(경북)	1.16	0.63	0.064	17.8%
지역(호남)	-1.54*	0.60	0.010	-35.4%
상수	-2.85	1.66	0.086	

N = 944; Pseudo R^2 = .75
"한계효과"는 여타 변수들을 평균에 고정했을 때 $\partial y / \partial x$.

주 : ** $p < 0.01$, * $p < 0.05$

영향에 있어서 월등하게 큰 것으로 나타났다. 양 후보에 대한 호감도를 비교하면, 박근혜 후보에 대한 호감도가 문재인 후보에 대한 호감도에 비해 대선 투표에 더 큰 영향력이 있었던 것으로 나타났는데, 이는 정당에 대한 호감이나 충성심을 뛰어넘는 박 후보 개인에 대한 호불호가 이번 선거에서 결정적인 영향을 미쳤음을 보여주는 것이다.

그런 반면, 이번 선거에서 유권자 이념이나 이들의 기존 정부에 대한 회고적 평가 ― 그것이 이명박 정부이건 노무현 정부이건 ― 는 다른 변수들을 통제했을 때 이번 대선에 미친 영향은 미미한 것으로 드러났다. 지난 선거에서 양대 후보 선거전략의 상당 부분이 상대 후보와 상대 후보 소속 정당의 "과거"를 연결시키는 것이었고, 후보들은 이러한 과거와의 단절이 선거운동의 최우선 과제였던 것으로 보였다. 분석 결과가 보여주는 것은 이러한 단절의 노력이 성공한 결과일 수도 있고, 애초에 이러한 회고적 평가가 정당일체감의 범위를 벗어나지 못해서 그런 것일 가능성도 있다. 예를 들어, 이명박 정부를 매우 부정적으로 평가하는 사람은 이미 민주통합당에 강한 일체감을 지니고 있는 사람일 가능성이 크다는 것이다. 다시 말해, 일체감이나 여타의 감정적 요인과는 전혀 다른 정책이나 정부 성과와 관련된 내용들이 대통령선거에 미치는 영향이 보이지 않는다는 점이다. 마찬가지로 유권자 이념도 역시 투표자 선택에 전혀 영향을 미치지 못한 것으로 나타났다.

흥미롭게도 연령은 이상의 정당, 정책, 후보에 대한 유권자의 평가를 통제한 상태에서는 선거결과에 유의미한 영향을 주지 못하는 것으로 나타났다. 이는 대중매체나 이전 연구들과는 상당히 다른 시각이라고 할 수 있는데, 한국 유권자들의 연령은 이미 정당일체감이나 정치적 대상에 대한 호감도 등을 통해서 후보자 선택에 영향을 미치고, 연령만이 가지고 있는 고유한 효과는 보이지 않는다는 점이다.

이상의 정당, 정책, 그리고 후보 변수들을 통제한 상태에서 호남지역 거주여부는 투표선택에 상당한 영향이 있는 것으로, 경북지역 거주는 일정한 영향이 있었던 것으로 드러났다. 여타의 통제변수들이 각각의 평균에 고정되어 있다고 가정한다면 호남 거주자들은 여타지역(영남을 제외한) 거주자에 비해서 약 35% 정도 박 후보를 덜 지지한 것으로 나타났으며 영남지역 거주자의 경우에는 약 18% 정도 더 지지한 것으로 (통계적으로 유의미하지는 않음) 나타났다. 이것은 물론 선거 결과로 나타난 실지 지역별 지지도보다는 훨씬 낮은데, 그것은 정당일체감이나 호감도 등의 다른 변수들을 통제했기 때문이다.

마지막으로, 변수들의 상대적 영향력은 어떠한가? 모든 변수들 중에서 가장 강한 영향을 미치는 박 후보에 대한 호감도 변수와 정당일체감 변수를 비교한 것이 〈그림 2-1〉이다. 이는 다른 여타의 변수들을 각각의 평균에 고정한 상태에서 박 후보에 대한 호감도가 0에서부터 100까지, 그리고 정당일체감이 적극적 민주당 지지자(0)에서부터 적극적 새누리당 지지자(4)로 분포할 때, 박근혜 후보자에 투표할 확률을 추정한 것이다. 이를 살펴보게 되면, 양자 중에서는 박 후보에 대한 호감도가 정당일체감보다 훨씬 더 후보 선택에 결정적인 영향을 주는 것으로 나타난다. 물론 양대 정당에 대한 선호도 매우 중요한 결정요인이어서 적극적 지지자들 사이에는 약 60%p 이상의 차이가 있었던 것으로 나타나지만, 박 후보의 호감도가 주는 영향은 거의 절대적이었다. 다시 말해, 박 후보만큼 호불호가 뚜렷하게 엇갈리는 후보가 없고, 이 호불호는 투표선택에 결정적인 영향을 주었다는 것이다. 앞서 살핀 것처럼, 이러한 호불호는 정당으로 설명되지 않는 부분이 있고, 그것은 이번 선거에서 승패를 가른 결정적인 요인이었다.

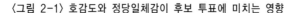

〈그림 2-1〉 호감도와 정당일체감이 후보 투표에 미치는 영향

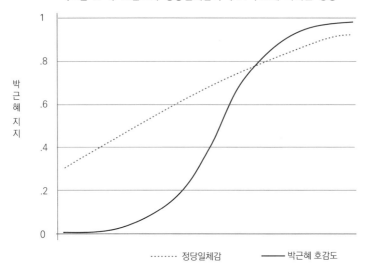

4) 정책적 고려와 정당일체감

이 절에서 살펴보려고 하는 내용은 정당일체감과 정책 중에서 어느 것이 더 선차적인가 하는 것이다. 일반적인 민주주의 이론이 함의하는 바는 유권자들이 정책적 선호를 먼저 알고 있고, 이에 따라 후보자와 정당을 평가하고 비교하며, 최종적으로는 이러한 결과에 따라 후보자 선택을 수행한다는 것이다. 이는 언론과 시민단체들의 "정책선거"나 "매니페스토 운동"이 그리는 후보자 선택의 상과도 일치한다. 그러나 기존 연구들이 보이는 것과 같이 유권자들은 이러한 정책적 내용들을 고민할 의사도 능력도 없고, 정당을 정보의 지름길 (*information shortcut*) 로 이용하여 선택의 용이성을 꾀한다는 것이다.

물론 알려진 것처럼, 후보자 선택, 정당일체감, 그리고 정책적 입장 들은 서로 겹쳐지는 것은 사실일 것이며, 어느 것이 선차적인지를 규명하는 것은 쉽지 않은 일일 것이다. 여기에서는 우선 지난 18대 대통령 선거에서 정책적 입장이 과연 후보자 선택에 얼마나 영향을 미쳤는지, 그리고 이것이 정당일체감과는 어떻게 중첩이 되는지를 보인다. 뒤이어 실험문항을 이용하여 어느 것이 선차적인지를 살펴볼 것이다.

우선 〈표 2-4〉는 지지후보자별 정책적 입장을 보인 것이다. 제시된 12개의 정책적 내용을 묻는 문항들 모두에서 문 후보 투표자들은 상대적으로 더 "진보"적인 입장을, 박 후보 투표자들은 더 "보수"적인 입장을 취한 것으로 드러났다. 특히, 이 중 세 가지 문항을 제외하고는 그 차이가 통계적으로 유의미하였다. 이 세 문항을 살펴보면, 고소득자 과세, 민영화, 그리고 대체복무제 등 사회적 합의가 어느 정도 이루어진 정책적 입장들인 것으로 보인다.

아마도 〈표 2-4〉의 가장 주요한 스토리는 양대 대선 후보를 지지한 유권자 간에 유의미한 정책적 선호에서 차이가 존재한다는 점이다. 정책적 사안들, 특히 국가보안법이나 대북지원에서 양 후보 지지층 사이에 견해의 차이가 가장 컸고, 이것은 어떤 의미에서는 상당한 수준의 정책투표가 이루어졌다는 것에 대한 가능성을 시사하기도 한다.

그러나 마지막 열에서 보이는 것처럼, 이러한 지지후보자 간 정책적 차이는 정당일체감과 후보자 호감도를 통제한 상태에서는 매우 희미해진다. 분석에 의하면, 대북지원 사안을 제외하고는 모든 정책들에 관한 지지그룹의 입장은 거의 통계적으로 동일한 것으로 나타났다. 다시 말해, 정책적 입장의 차이는 대체로 정당일체감과 후보자 호감도와 공변하며, 대북지원 문제를 제외하고는 정책적 입장이 후보자 선택에 고유한 영향을 미치지는 않았을 것으로 판단이 된다. 요컨대, 지난 대통령선거에서는 대북지원 정책만이 정당과 후보자의 경계를 가로지르는 이슈일 수 있었다는 것이다.

<표 2-4> 투표 후보자별 정책 입장 : 매우 찬성(1)-매우 반대(4)

정책	박근혜 지지	문재인 지지	전체	격차	통제이후의 격차[a]
1) 한미 동맹관계 강화	1.88	2.22	2.03	-0.34**	-0.010
2) 국가보안법을 폐지	2.86	2.44	2.67	0.42**	0.037
3) 한미 FTA 재협상	2.26	1.98	2.14	0.28**	0.076
4) 대북지원 확대	2.99	2.54	2.79	0.45**	0.118*
5) 경제성장보다는 복지	2.52	2.34	2.44	0.18**	0.031
6) 비정규직 문제의 기업자율	2.58	2.81	2.68	-0.23**	0.014
7) 고소득자 추가 과세	1.57	1.56	1.57	0.01	-0.012
8) 철도 등 공기업 민영화를 추진	2.66	2.75	2.70	-0.09	0.038
9) 학교 체벌 허용	2.09	2.21	2.14	-0.12**	-0.015
10) 대체복무제 허용	2.92	2.87	2.90	0.06	-0.030
11) 사형제 폐지	3.17	2.94	3.07	0.23**	0.081
12) 집회 및 시위 자유 보장	2.25	1.97	2.13	0.27**	0.030

[a] 정당일체감과 박근혜 호감도를 통제한 이후의 격차.

주 : ** $p < 0.01$, * $p < 0.05$

아마도 더욱 흥미로운 질문은 정책과 정당, 그리고 후보자에 대한 고려 사이에 존재하는 공변관계가 아니라 어느 것이 더 선차적인가 하는 문제일 것이다. 이 문제에 답하기 위해서는 조금 더 정교하게 디자인된 설문자료의 사용이 불가피하다. 다음에서는 대통령선거 기간에 조사된 〈제 18대 대선 패널조사〉(서울대학교 정치커뮤니케이션 센터, 2012)의 자료에서 나타나는 정책과 프레임 효과를 통해 정책과 정당, 후보자에 대한 고려 중에서 어느 것이 선차적인지를 살펴볼 것이다.[8]

이 연구에서 사용된 정책 문항 중 하나는 유권자들의 대기업 순환출자에 대한 입장을 묻는 질문이었는데, 이를 전면적으로 해소해야 한다(0)는 입장에서부터 기업의 자율에 맡겨야 한다(10)는 입장까지 선택할 수 있도록 하였다. 다만, 이 문항이 제시되는 프레임을 조작하여,

---

[8] 더 자세한 소개를 위해서는 박원호 외(2013) 참조.

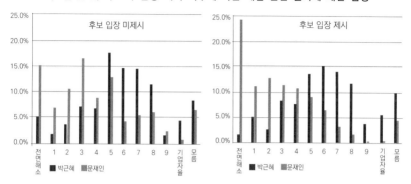

〈그림 2-2〉 후보자 입장 제시 여부에 따른 재벌 순환 출자에 대한 입장

랜덤하게 추출된 샘플의 절반은 후보자의 입장이 명기되지 않은 채로 질문이 제시되었고, 나머지에게는 후보자의 입장을 명기하여 질문이 제시되었다. 이 디자인은 원래 설문에서 프레이밍 효과를 살펴보기 위해 고안된 설문이나, 이곳에서는 정책적 선호와 정당일체감 사이의 관계를 살펴볼 수 있을 것이다.

〈그림 2-2〉는 후보자의 입장이 제시되었는지의 여부에 따른 각 후보 지지자들의 정책선호를 나타낸 것이다. 양 집단의 정책선호의 차이는 후보자의 입장이 제시되지 않았을 경우에 비해 제시되었을 때 훨씬 강한 극화를 보이는데, 이것은 정당일체감이 정책적 입장을 결정하는 데 오히려 영향을 미칠 수 있음을 보여준다.

4. 나가며

유권자들이 선거에서 최종적인 결정에 다다르는 전통적인 모형에 의하면, 가장 중요한 세 가지 고려사항은 정당, 후보자, 그리고 정책이다. 이러한 세 가지 고려 사항 중에서 정당, 그리고 이에 대해 유권자들이 지니는 일체감이나 지속적 애착심은 가장 장기적인 것이며, 후보자나 정책에 대한 고려는 당면 선거에서 업데이트되는 것일 수밖에 없다. 이러한 이유로 인해서 해당 선거 결과를 분석하고 승인과 패인을 진단할 때에는 단기적인 요인들인 후보자와 이슈에 대한 논의가 우선하는 것으로 보인다.

지난 18대 대통령선거의 특수성은 아마도 장기적으로 상수로 생각되는 정당요인이 매우 유의미하게 약화될 것이 예상되는 선거였다는 점이다. 선거 종반전까지 매우 강력한 무소속 후보가 "비정당의 정당"인 무당파층을 중심으로 상당한 지지를 확보하고 있었고, 기존 정당에 대한 불만과 불신은 매우 높은 수준에 있는 것으로 알려졌다. 그럼에도 불구하고, 이번 대통령선거는 그 어느 선거보다도 당파적인 선거였다.

지난 대선에서의 정당일체감과 관련된 이 글의 결론을 요약하면 다음과 같다. 첫째, 지난 대통령선거에서 가장 큰 영향을 미친 요인은 정당일체감과 후보자에 대한 개인적인 호감도였다. 둘째, 이에 반해 과거의 국정에 대한 평가는 그 자체로서는 큰 영향을 미치지 않는 것으로 나타났다. 한국의 유권자들은 최소한 이번 선거에서 이전 정부에 대한 회고적인 평가를 선거에 반영하지 않은 것으로 보인다. 셋째, 정책적 내용들이 대선에 직접적인 영향을 미쳤다는 증거는 없다. 특히 정책에 대한 입장은 정당일체감이나 후보자에 대한 호감도에 내포되거나, 아니면 영향을 받을 가능성이 큰 것으로 나타났다. 선호가 정당을 결정하는 것이 아니라 정당이 선호를 규정하는 것이 가능하다는 것이다.

넷째, 개인들의 배경변수들, 특히 호남지역 변수를 제외한 맥락적 (contextual) 변수들 또한 정당이나 후보자 호감 요인에 포괄되는 것으로 나타났다. 특히, 한국의 지역주의는 어떤 의미에서는 지속적인 정당일체감의 한 부분으로 포섭되는 것이 아닌가 가설적으로 생각해볼 수 있을 것이다. 다섯째, 후보자 호감도, 특히 박근혜 후보자에 대한 호감도는 이번 선거에서 가장 큰 영향을 미치는 요인이었다. 다른 제 요인들, 즉 정당, 정책, 회고적 평가 등으로 설명되지 않는 박 후보 개인에 대한 호불호가 존재하며, 이것이 후보자 결정에 매우 중요한 영향을 미쳤다는 사실이다.

정치적 대상에 대한 감정적인 측면의 변인들이 선거에 더욱 결정적인 영향을 미쳤고 더욱 합리적인 정책이나 회고적 평가는 거의 찾아볼 수 없었다는 결론은 어떤 의미에서는 한국의 민주주의에 매우 비관적으로 들릴 수도 있을 것이다. 정책선거와 내용의 대결, 그리고 이에 기반한 선거 정치는 민주주의 선거의 하나의 이상이기 때문이다. 그러나 이것이 반드시 비관적이지만은 않은 이유는 정당일체감은 유권자들이 정답을 찾아나가는 하나의 지름길 (shortcut) 이기도 하기 때문이다. 그런 의미에서 정당의 위기가 아니라 더 많은 리더십이 요구되어야 하는 것인지도 모른다.

참고문헌

강원택 (2010), 《한국 선거정치의 변화와 지속》, 나남.
동아시아연구원 (2012), 〈2012 총선 대선 패널조사〉.

박원호 · 안도경 · 한규섭(2013), "제18대 대통령선거의 경제민주화 쟁점에 대한 실험설문: 프레이밍 효과를 중심으로", 〈한국정치연구〉 22(1): 1∼28.

박원호 · 송정민(2012), "정당은 유권자에게 얼마나 유의미한가?: 한국의 무당파 층과 국회의원 총선거", 〈한국정치연구〉 21(2): 115∼143.

서울대학교 정치커뮤니케이션 센터(2012), 〈제18대 대선 패널조사〉.

이현출(2004), "한국 유권자의 정당지지 구조와 안정성", 〈대한정치학회〉 12(2): 129∼155.

장승진(2012), "한국 유권자들의 정당에 대한 태도", 박찬욱 · 강원택 편, 《2012년 국회의원선거 분석》, 나남.

Achen, Christopher H. (2002), "Parental Socialization and Rational Party Identification", *Political Behavior* 24(2): 151∼170.

Campbell, Angus, Philip Converse, Warren Miller & Donald Stokes(1960), *The American Voter*, New York: John Willey and Sons.

Fiorina, Morris P. (1981), *Retrospective Voting in American National Elections*, Yale University Press.

Flanigan, William H. & Nancy H. Zingale(2009), *Political Behavior of the American Electorate*, 12th ed., CQ Press.

Gerber, Alan & Donald P. Green(1998), "Rational Learning and Partisan Attitudes", *American Journal of Political Science* 42(3): 794∼818.

Green, Donald P., Bradley Palmquist, & Eric Schickler(2002), *Partisan Hearts and Minds: Political Parties and the Social Identities of Voters*, Yale University Press.

Jackson, John E. (1975), "Issues, Party Choices, and Presidential Votes", *American Journal of Political Science* 19(2): 161∼185.

Jennings, M. Kent & Richard G Niemi(1981), *Generations and Politics: A Panel Study of Young Adults and Their Parents*, Princeton, N. J.: Princeton University Press.

Johnston, Richard(2006), "Party Identification: Unmoved Mover or Sum of Preferences?", *Annual Review of Political Science* 9(1): 329∼351.

Markus, Gregory B. & Philip E. Converse(1979), "A Dynamic Simultaneous Equation Model of Electoral Choice", *The American Political Science Review* 73(4): 1055∼1070.

03 | 지역주의 투표 *
윤광일

1. 들어가며

　지역주의에 대한 고려 없이 한국의 선거를 설명하기는 극히 어렵다. 시기적으로 민주화이전이든 이후이든, 분석단위가 개인적 수준이든 집합적 수준이든, 한국의 선거를 설명하는 데 결정적인 변수는 지역이다. 1971년에 치러진 제 7대 대통령선거에서부터 영남과 호남을 중심으로 후보 출신지역에서의 몰표 현상이 나타나기 시작한 후,1 지역 정당의 핵심 정치인이 모두 퇴장한 현재까지도 이와 같은 영·호남의 몰표 현

---

* 이 글은 2013년 4월 발간된 〈분쟁해결연구〉 11권 1호에 실린 논문을 수정·보완한 것이다.

1　제 7대 대선에서 박정희의 득표율은 경북 75.6%, 경남 73.4%였으나, 전남 34.4%, 전북 35.5%에 불과하였으며, 김대중의 득표율은 경북 23.3%, 경남 25.6%였으나, 전남 62.8%, 전북 62.5%였다. 박정희는 1963년 제 5대 대선과 1967년 제 6대 대선에서도 영남에서 상대적으로 높은 득표율을 기록했지만, 5대 대선에서는 전남·전북지역에서도 윤보선에게 앞섰고, 6대 대선에서는 두 지역 모두에서 40%이상을 득표했다.

상이 사그라지지 않고 있다. 이갑윤(2011)은 민주화 이후인 1992년부터 치러진 네 번의 대통령선거와 네 번의 국회의원선거에서 나타난 한국인의 투표행태에 미치는 변수들의 영향력을 여론조사 자료를 이용하여 경험적으로 검증했는데, 정당과 후보자 지지를 결정하는 데에 가장 영향력이 큰 변수로 출신지역을 제시한다. 2

2012년 4월 11일에 치러진 제19대 국회의원 총선 결과를 보더라도 지역주의의 영향력은 이전보다 결코 누그러지지 않았음을 알 수 있다. 새누리당은 영남지역 총 67석 중 민주통합당 3석과 새누리당 성향 무소속 1석을 제외한 63석을, 민주통합당은 호남지역 총 30석 중 통합진보당 3석과 민주당 성향 무소속 2석을 제외한 25석을 획득했다. 이는 새누리당의 전신인 한나라당이 영남지역 총 68석 중 46석을, 민주통합당의 전신인 통합민주당이 호남지역 총 31석 중 25석을 획득한 2008년 제18대 국회의원선거에 비해서도 양당의 지역적 기반이 강화되었음을 시사한다.

2012년 12월 19일 치러진 제18대 대통령선거 결과 또한 한국 정치를 설명하는 데 지역주의가 결정적인 변수임을 재확인시켜주고 있다. 새누리당 박근혜 후보와 민주통합당 문재인 후보의 호남, 대구/경북, 부산/경남 지역의 득표율 격차는 각각 78.4%p, 61.4%p, 22.7%p에 달해 전국 득표율 격차인 3.5%p의 무려 약 6배에서 22배가 넘는 지역별 득표 집중현상이 재현된 것이다.

한국의 지역주의는 지역주의적 정치 현상이 존재해온 다른 나라와의

---

2 민주화 직후인 제13대 대통령선거 직전 시행된 한 여론조사에 의하면, 대통령 후보 차선 지지도에서 지역의 영향력을 엿볼 수 있다. 예컨대, 김영삼 지지자의 차선 지지도는 노태우 32.5%, 김대중 26.1% 순으로 나타났고, 노태우 지지자의 차선 지지도는 김영삼 43.5%, 김대중 5.2% 순으로 나타났다. 반면 김대중 지지자의 차선 지지도는 김영삼 49.4%, 노태우 17.2% 순이었다(문용직, 1992; 기사연 리포트, 1987 재인용).

비교를 통해 보더라도 유별나다. 예컨대, 캐나다의 퀘백, 영국의 스코틀랜드, 벨기에 등의 지역주의와 비교할 때, 한국의 지역주의는 인종, 언어, 종교적 균열에 기초한 것이 아니고, 또한 지역적 지지에 기초한 정당이라고 해도 그 지역 유권자에 대한 배타적 이해관계를 공약하지 않았으며, 분리주의나 연방제와 같이 지역에 대한 권한의 대폭적 이양을 추구하지도 않았다. 또한, 한국의 지역주의는 서구와 달리 정당이 아닌 정치 지도자의 개인적 역할이 결정적으로 중요한 역할을 해왔다(강원택, 2003). 박상훈(2009)은 정당지지가 지역별로 편중된 다른 나라의 지역주의와 비교했을 때 한국의 지역주의는 원형적 지역성에 기초한 하위문화적 특성이 있지 않으며, 지역의 경제적 이해가 동질적인 것도 아니라는 점에서 확연히 구분된다고 주장한다. 최장집(1993) 또한 언어, 인종, 종교가 동질적인 국가들에서, 한국과 같이 정치적 배제와 소외감이 자아내는 극심한 지역대립이 존재하는 사례는 찾아볼 수 없다며, 한국 지역주의 문제의 특이성과 심각성을 지적한 바 있다.

그러나 한편으로는 박정희와 3김이 없는 첫 대통령선거가 열린 2002년 이후 설문자료 분석에 근거해서 지역 변수의 '내부적 속성'의 변화, 그리고 세대와 이념 등의 대안적 균열 변수의 영향력 강화를 통해 지역주의의 쇠퇴를 주장하는 경험적 연구들이 등장했다. 예컨대, 강원택(2003)은 2002년 제16대 대통령선거에서 지역주의를 대신하여 세대간, 혹은 북핵과 대미문제 관련 이념에 따른 지지후보의 차이가 뚜렷하게 부각되었다는 분석 결과를 제시했다. 나아가 그는 3김 퇴장 이후의 선거에서 지역주의의 어떤 연속적인 특성이 확인된다고 하더라도 근본적으로는 과거에 보았던 것과 같은 분열과 갈등을 수반하고, 특정 정치인을 중심으로 한 배타적인 지역주의가 계속되지는 않을 것으로 전망했다. 최준영·조진만(2005)은 2004년에 치러진 17대 총선에서 1987년

민주화 이후 한국의 선거를 지배해왔던 지역균열의 영향력이 현저하게
쇠퇴했다고 주장했다. 그들에 의하면, 17대 총선의 경우 16대 총선과
비교하여 이념과 세대의 균열이 유권자의 투표선택에 더욱 큰 영향을
미쳤으며, 그로 인해 영·호남 지역 내 동질성조차 크게 흔들리고 있
다. 나아가 이들은 향후 선거에서 지역균열의 영향력이 지속해서 감소
할 것으로 판단했다.

또한, 강원택(2010)은 16대 대선에서 시작된 기존 정당지지의 이탈
이 2007년에 치러진 17대 대선에서도 심화되고 있음을 들어 지역주의
의 변화 추세가 지속된다고 주장했다. 그는 출신지역과 거주지역을 고
려한 이슈 및 정책과 후보자 선호, 그리고 이념 분석을 통해 과거의 지
역주의가 정서적 요인에 기초해 있다면 이제는 실질적인 정책적 이해
관계에 바탕을 둔 갈등으로 변모한다고 해석했다. 한편, 임성학(2011)
은 2010년 지방선거 패널조사 자료 분석을 근거로 지역주의가 과거보
다 완화되고 있다고 주장했다. 지역정당에 대한 지지가 감소했으며,
세대, 이념, 안정론 등의 이슈가 지역 이외에도 투표행태에 많은 영향
을 미쳤기 때문이다.

이 연구에서는 이처럼 지역주의의 영향력에 관한 상충하는 선행연구
결과를 배경으로 하여 제18대 대통령선거 직후 시행된 서울대 한국정
치연구소와 한국리서치가 공동주관한 '정치와 민주주의에 관한 의식 조
사' 설문조사 자료를 이용, 지역주의가 지난 대선에서 유권자 선택에
어떻게 영향을 미쳤는지 살펴보고자 한다.[3]

---

3 이 설문조사는 대면면접조사 방법을 사용하여 2012년 12월 31일부터 2013년 1월
16일까지 17일 동안에 걸쳐 시행되었다. 설문조사의 표본은 2012년 8월 주민등록
인구현황에 따라 성별, 연령별, 지역별, 비례할당 후 무작위 추출했다. 유효표본
수는 1,200명이고 표준오차는 95% 신뢰수준에서 ±2.8%p이다.

2. 이론적 배경[4]

1) 내집단 지역주의

이 연구에서는 지역주의를 '내집단 지역주의'(*in-group regionalism*)로, 즉 '개인이 지역을 내집단으로 받아들이는 성향(*predisposition*)'으로 개념화한다. 내집단은 개인이 정체감을 갖는 소속 집단으로서 자신이 소속하지 않은 집단, 즉 외집단(*out-group*)과는 어떤 면에서든 다르거나 우월하게 여기는 집단이다(VandenBos & American Psychological Association eds., 2007). 이와 같은 최소주의적 개념화는 개인적인 차원에서 고정관념이나 편견 등, 그리고 거시적 차원에서 지역 갈등이나 지역균열 등과 같은 지역주의를 규정짓는 특성이라기보다는 지역주의의 심리적 또는 거시적·구조적 결과로 보는 것이 논리적으로 타당한, 지역주의 유사 개념들과 구분할 수 있는 장점을 지닌다. 또한, 이와 같은 사회심리학적 개념화는 지역주의의 원인을 정치, 경제적 자원배분의 차별이나 정치엘리트에 의한 동원의 문제라기보다는 개인의 동기적·비동기적 심리적 기제에서 찾기 때문에 지역주의의 극복이 근원적으로 어렵다는 이론적 예측으로 이어진다. 아울러 다양한 사회적, 문화적, 집단적, 상황적 맥락에서 오랜 기간에 걸쳐 검증된 정치·사회심리학의 연구 성과를 이용할 수 있는 이점을 수반한다.

이 연구는 이와 같은 사회심리학적, 최소주의적 개념적 정의로부터 지역주의를 "귀하의 출신지"(주로 성장하신 곳)라는 설문을 통해 조작적으로 정의한다. 이와 같은 용어구성(*wording*)은 단순히 "출신지"나 "고

---

4 이 절은 같은 주제로 서울대 한국정치연구소 여론조사 자료를 이용하여 19대 총선을 분석한 윤광일(2012)의 연구에 의존했다.

향"을 묻는 기존의 설문(한국사회과학데이터센터, 2008; 동아시아연구원, 2012)과도 구분된다. 그 같은 설문으로는 출신지로부터 떠나온 지 오래 되었거나 잦은 거주이주 등 어떤 이유든 출신지에 대해 소속감이나 정체감을 느끼지 못하는 사람들을 배제할 수 없다. 또한, 고향은 응답자에 따라 받아들이는 개념이 다를 수 있어서 문제가 있다. 이에 비해 '주로 성장'한 곳은 출신지나 고향보다 질문 내용이 혼동을 일으킬 여지가 적고, 성장기에 형성되는 소속감을 포함하는 자아 정체감(self-identity)이 이후에도 고정된다는 상당수의 연구 결과에 비추어 보더라도 내집단에 근거한 이 연구의 지역주의 개념에 부합한다.

2) 밀러와 섕스의 정치적 선호에 대한 '다단계 설명 모델'

밀러와 섕스(Miller & Shanks, 1996)의 다단계 설명 모델(multi-stage explanatory model)은 투표선택에서 근인(proximate causes)은 시간과 인과관계상 선행 원인(prior factors)에 의해 영향을 받는다는 미시간 학파의 '인과 깔때기'(funnel of causality) 모형(Campbell et al., 1960/1980: 24~37)에 기반을 둔다. 다단계 설명 모델은 다음과 같이 구성된다. 우선 인과 깔때기 속의 원인을 비교적 같은 시기에 현재의 값을 획득한 변수로 분류한 후, 이를 시간과 인과적인 선후관계에 바탕을 두고 투표선택에 영향을 미치는 순서에 따라 (1) 사회경제적 특성, (2) 정당일체감과 정책 관련 성향(predispositions), (3) 현 정책 선호와 현 상황에 대한 인식, (4) 현직 대통령에 대한 명확한 평가, (5) 후보의 개인적 자질에 대한 평가, (6) 후보와 정당에 대한 전망적 평가 등의 6개의 블록으로 배열한다. 이때 성별, 연령, 인종 등과 같은 생득적, 고정적(fixed) 변수는 투표선택의 장기적 원인(long-term factors)으로서 한 블록을 구성하며, 이는 정당일체감과 정치이데올로기와 같은 중장기적 원인 변수의 블록을 거쳐, 궁극적으로 정치인, 정당 평가 등과 같은 덜 고정적이며 단기적인 원인 (short-term factors)으로서 한 블록을 형성하는 투표선택의 근인에 영향을 미친다. 또한, 밀러와 섄스의 다단계 설명 모델은 '블록 반복(block recursive) 모델'로서 선행 블록에 속하는 변수는 다음 단계 블록의 변수에 영향을 줄 수 있을 뿐 영향을 받기 어려우며, 같은 블록에 속하는 변수 간에는 인과적 관계가 없다는 가정을 전제한다.

통계적 모델로서 다단계 설명 모델은 투표선택에 영향을 미치는 변수들을 블록 단위로 누적하여 더하면서 각 변수의 '가시적 총효과'(apparent total effect)와 '직접 효과'(direct effect)를 측정한다. 각 변수의 가시적 총효과는 다단계 회귀모형에서 특정 블록의 변수로 처음 도입되었을 때의 회귀계수로, 직접 효과는 모든 블록이 포함된 최종 회귀모형(full model)에서 회귀계수로 측정된다. 특히 이 모델에 의하면, 단일 시점 조사에서도 변수 간 인과관계를 논리적으로 정당화할 수만 있다면 선행 변수의 후행 변수에 대한 영향력 크기와 경로를 파악할 수 있다(더욱 구체적인 방법론 논의는 Miller & Shanks, 1996: 551~574 참조).

이 연구는 밀러와 섄스의 다단계 모델을 기반으로 지역주의 변수가 정당일체감, 진보-보수 정치이데올로기, 정당 및 정치인 호감도, 투표선택 등 정치적으로 의미 있는 변수들에 미치는 영향을 단계적으로 보여줌으로써 이의 총효과와 순효과(net effect)를 측정할 뿐만 아니라 영향의 경로를 밝히고자 한다. 또한, 대선 직후 한 차례 시행된 여론조사를 이용함으로써 변수 간 인과관계에 대해 통계적 방법에 따른 정당화가 극히 어려운 상황을 감안했을 때 논리적 인과관계에 바탕을 둔 밀러와 섄스의 방법론적 정당화는 상당히 유용한 것으로 판단된다. 아울러 이들의 다단계 모델에 의존하여 한국인의 투표행태와 정치적 선호를 분석한 기존 연구(이갑윤, 2002; 2011; 윤광일, 2012)와의 비교를 통해 지역주의 영향력의 변화 여부를 추론해볼 수 있다.

3) 연구가설

이 연구의 기본적인 다단계 분석 모델의 블록과 상호작용변수 그리고 종속변수는 다음과 같은 변수로 구성되어 있다.

제 1단계 생득적, 고정적 개인 특성 변수: 지역, 연령, 성별
제 2단계 후천적 사회적 특성 변수: 학력과 가구 소득
제 3단계 진보-보수 정치이데올로기와 정당일체감

상호작용변수: 출신지역과 거주지역
종속변수: 정당일체감, 진보-보수 정치이데올로기, 정치인 선호(호
　　　　　감도), 투표선택

이 연구에서 검증하는 핵심 가설은 다음과 같다. 첫째, 개인수준의 지역주의가 자신의 내집단 지역을 대표하는 정당이나 정치인으로 알려지거나 인식된 대상에 대해서는 선호하는 방향으로, 이들 정당에 대항하는 정당이나 정치인에게는 선호를 낮추는 방향으로 영향을 미친다. 둘째, 자신의 지역을 대표하는 정치적 정당이나 정치인과 옹호하는 것으로 알려지거나 인식된 정치적 선호에 대해서도 같은 방향의 영향을 미친다. 셋째, 이 같은 지역주의의 영향은 단계적으로 설명변수를 통제해도 일관되게 나타난다. 넷째, 출신지역과 거주지역이 일치하는 경우 이와 같은 영향이 강화된다.

'주 성장지역'이라는 구체화된 조작적 정의에 의해 측정한 개인 수준의 지역주의가 정치적 선호와 선택에 영향을 미치리라 기대하는 이유는, 심리학적 이론에 의해 뒷받침되고 반복적인 경험적 검증을 거친 '내집단 편애(*favoritism*)와 외집단 폄하'라는 근본적인 심리적 편향에 근거를 둔다. 인간은 인지적 한계상 본질적으로 범주적 사고(*categorical thinking*)를 하므로 타인과 타 집단을 단순화하거나 왜곡해서 보는 고정관념과 편견은 지극히 정상적(*normal*)이자 효과적인 인지 과정의 기본 요소이다(Allport, 1954/1979). 이와 같은 인지적 한계는 집단의 구별 기준이 무엇이든 자기가 속한 집단을 편애하고 다른 집단을 폄하하는 편향으로 나타나며, 이는 자기집단의 우월성을 확보하여 자신의 사회적 정체성을 고양하고자 하는 동기가 작동한 것이다(Tajfel, 1970; Tajfel & Turner, 1979). 내집단 편애와 외집단 폄하는 다양한 상황을 고려한 실험 및 관찰 연구에서 반복적으로 입증된 바 있으며, 이 연구는 이와 같은 심리적 성향을 주 성장지역 구분에 기초한 지역주의에 적용한 것이다(내집단 편애 및 외집단 폄하에 대한 정치·사회심리학적 연구 성과 검토는 Kinder & Kam, 2009; Duckitt, 2003 참조).

구체적으로 특정 정당이나 정치인이 유권자에게 주 성장지역, 즉 내집단을 대표하는 것으로 알려져 있거나 받아들여지는 한, 유권자는 이들을 선호할 수밖에 없고 이들을 반대하는 정당과 정치인에 대해서는 폄하할 것으로 기대한다. 같은 맥락에서 내집단 정당과 정치인이 선호하는 것으로 알려지거나 인식된 정치이데올로기에 대해서는 긍정적으로 평가할 것으로 예측한다. 요약하면, 내집단 대표 정당과 정치인의 인지는 그 자체로는 비정치적인 내집단 지역주의의 정치적 활성화(*activation*)를 야기한다.[5]

출신지역과 거주지역의 상호작용변수는 출신지와 다른 지역에 거주하는 경우 지역주의의 압력으로부터 상대적으로 자유로울 것이라는 선행연구의 이론적 예측과 경험적 증거를 검증하는 역할을 한다. 예컨대, 박찬욱 외(2008)는 제17대 대통령선거 분석을 통해, 수도권에 거주하는 영남이나 호남 출신의 유권자가 비수도권에 거주하는 같은 지역 출신보다 지역주의 투표가 약했다고 주장했다. 강원택(2010) 또한 같은 선거의 분석을 통해, 같은 호남, 대구/경북, 부산/울산/경남, 충청지역 출신이라고 해도 거주지역에 따라 관심사와 선호하는 후보가 달라지는 현상을 보여준 바 있다.

또한, 이 연구에서는 지역주의 영향력 분석에서, 민주화 이후 수차례 이합집산과 개명에도 영·호남의 지역정당으로 인식되어온 새누리당과 민주통합당에 초점을 맞추고자 한다. 즉, 내집단 지역주의의 영향력은 양당에 대한 일체감과 양당의 후보, 양당과 결부되어 인식되어온 진보-보수 정치이데올로기, 투표선택에 대한 출신지로서의 영·호남 변수의 영향력과 이 지역이 출신지이면서 거주지인 경우를 반영하는 상호작용변수로 측정한다. 출신지역 변수와 출신지와 거주지역이 같은 경우를 나타내는 출신지거주 변수는 모두 가변수로 측정했다.

통제변수로서 연령은 19세부터 60세 이상까지 10세 단위의 5개 범주로 측정했으며, 성별 변수는 여성=1, 남성=0의 가변수로 측정했다. 또한, 학력은 중졸 이하, 고졸, 전문대 재학 이상 등의 3개의 범주로 측정했으며, 소득 변수는 100만 원 미만부터 1,500만 원 이상까지 100만 원 단위로 6개 범주의 월 가구소득으로 측정했다. 진보-보수 정치이데

---

5 유권자가 어느 정당이 내집단 지역정당인지, 그리고 누가 내집단 지역정당 또는 같은 출신지역 후보인지를 안다는 활성화의 전제 조건은 적어도 1971년 대선 이후 지속해서 나타난 역대 선거결과의 영·호남 지역 몰표 현상에 미루어 판단하건대 현실적인 가정이다.

올로기 변수는 응답자로 하여금 우선 0점(진보)에서 10점(보수)까지 11점 척도로 자기평가(*self-placement*)를 하게 한 후, 5점으로 응답한 경우 다시 '진보-중도-보수' 중 하나를 선택하게 하여 측정했다.

한편, 이 연구의 다단계 분석 모델에서도 밀러와 섄스의 모델과 같이 기본적으로 선행 블록 변수가 후행 블록 변수로부터 영향을 받지 않으며, 같은 블록 내에서는 인과관계가 없다는 가정을 한다. 분석 모델의 타당성을 높이기 위해 각 모델의 경험적 분석에서 필요에 따라 가정의 현실성에 대한 검토 논의를 포함할 것이다. 기본적인 분석 모델로는 종속변수의 특성에 따라 보통최소자승법 다중회귀분석(*Ordinary Least Squares multiple regression analysis*) 또는 로짓분석(*logistic analysis*)을 이용하며, 블록 수와 상호작용변수의 유무에 따라 4개 또는 5개의 모델로 구성될 것이다.

3. 경험적 분석

1) 지역주의와 정당일체감

제18대 대선은 1987년 개헌 후 첫 직선제 시행 이래 최초로 제3정당 후보도 없고, 결국 제3위 득표자가 1%조차도 얻지 못한 양당 구도로 치러졌다. 이 같은 상황은 내집단 지역주의가 상대적으로 쉽게 활성화되는 조건을 산출한다. 즉 어느 정당이 내집단 지역을 대표하는 정당인지 또한 어느 정당이 이 정당과 대립하는 정당인지를, 2개보다 많은 유력 정당이 있는 경우나 한 지역에서 복수의 정당이 지역 정통성을 주장하는 경우보다 쉽게 파악할 수 있을 것이다. 우선, 다른 변수를 통제하지 않은 상황에서 주 성장지역이 정당일체감에 미치는 영향을 무당파를 포함한 경우와 무당파를 제외한 경우로 나누어 측정해 보았다. [6]

무당파를 포함한 〈표 3-1〉에 의하면, 호남에서 주로 성장한 유권자 중 민주통합당에 일체감을 가진 응답자의 비율은 전체 응답자 비율보다 35.6%p 높고, 부산/울산/경남 지역 출신 대비 41.5%p 높으며, 대구/경북 지역 출신 대비 55.9%p 높은 것으로 나타났다. 반면에 오랫동안 박근혜 후보의 지역구가 있었던 대구/경북에서 주로 자란 유권자 중 새누리당에 일체감을 가진 응답자의 비율은 71.9%로 전국 비율보다 31.1%p 높고, 호남지역 출신 대비 59.1%p 높았다.

한편, 문재인 후보의 지역구가 있는 부산/울산/경남 지역 출신자 중 새누리당에 일체감을 갖고 있는 응답자의 비율은 호남지역 출신보다 30.7%p 높았지만, 전국적으로 보면 큰 차이가 없는 것으로 나타났다. 또한, 무당파의 비율은 새누리당과 민주통합당을 내집단 지역정당으로 인식하는 유권자가 많은 영남과 호남지역 출신 응답자들 사이에서 비교적 낮게 나타났지만, 출신지역과 다른 지역 정당의 후보로 출마한 문재인 후보의 연고지인 부산/울산/경남 출신 응답자의 경우, 전체 무당파의 비율보다 약 3%p 높은 것으로 나타났다. 이와 같은 부산/울산/경남 지역 출신자들의 비교적 낮은 새누리당 정당일체감과 비교적 높은 무당파의 비율은 내집단 지역주의가 약화될 수 있는 한 조건 — 이른바 '문재인 효과' — 을 시사한다. 즉, 같은 지역 출신 정치인이 외집단으로 여기는 지역 정당의 후보로 나오면 내집단 지역주의는 상대적으로 약화될 수 있다는 것이다.

---

[6] 정당일체감은 "평소에 지지하는 정당"에 대한 1차 설문 후, 지지하는 정당이 없는 경우 "조금이라도 더 선호하는 정당"을 확인하여 측정했다. 무당파는 후속(follow-up) 설문에서도 선호하는 정당이 없다고 응답한 유권자이다.

무당파를 제외한 경우, 주 성장지역에 따른 정당일체감의 분포는 내집단 지역주의의 영향을 더욱 뚜렷하게 보여준다. 예컨대 〈표 3-2〉에 의하면, 호남에서 주로 성장한 유권자의 민주통합당 지지도 83.4%는 전체 응답자 대비 41.7%p 높고, 대구/경북 출신보다 무려 72.3%p 높은 것으로 나타났다. 이는 또한 부산/울산/경남 지역 출신으로 민주당에 일체감을 가진 유권자보다 48.5%p 높은 수치이다. 반면, 대구/경북에서 주로 성장한 유권자 중 새누리당에 일체감을 갖는 응답자는 88.9%로 전국 비율보다 30.6%p 높고, 부산/울산/경남 지역 출신 중 새누리당

〈표 3-1〉 출신지역과 정당일체감의 교차분석표(무당파 포함)

(단위: 명)

	서울	인천/경기	대전/충북	광주/전남/전북	대구/경북	부산/울산/경남	강원/제주	합계
무당파	80 37.7%	56 30.9%	52 36.4%	47 22.4%	32 19.2%	64 33.2%	20 32.3%	351 30.0%
민주당	60 28.3%	49 27.1%	28 19.6%	136 64.8%	15 8.9%	45 23.3%	8 12.9%	341 29.2%
새누리당	72 34.0%	76 42.0%	63 44.0%	27 12.8%	120 71.9%	84 43.5%	34 54.8%	476 40.8%
합계	212 100.0	181 100.0	143 100.0	210 100.0	167 100.0	193 100.0	62 100.0	1,168 100.0

주 : Pearson Chi-square(자유도 12) = 230.65 Pr = 0.00

〈표 3-2〉 출신지역과 정당일체감의 교차분석표(무당파 제외)

(단위: 명)

	서울	인천/경기	대전/충북	광주/전남/전북	대구/경북	부산/울산/경남	강원/제주	합계
민주당	60 45.4%	49 39.2%	28 30.8%	136 83.4%	15 11.1%	45 34.9%	8 19.1%	341 41.7%
새누리당	72 54.6%	76 60.8%	63 69.2%	27 16.6%	120 88.9%	84 65.1%	34 80.9%	476 58.3%
합계	132 100.0%	125 100.0%	91 100.0%	163 100.0%	135 100.0%	129 100.0%	42 100.0%	817 100.0%

주 : Pearson Chi-square(자유도 6) = 185.59 Pr = 0.00

일체감을 가진 응답자는 65.1%로 전체 응답자 대비 6.8%p 높았다. [7]

　다단계 설명 모델에 의해 주 성장지역으로 측정한 내집단 지역주의가 정당일체감에 미치는 영향력을 살펴보면 다음과 같다. [8] 〈표 3-3〉에 의하면, 호남 출신은 새누리당에 대한 일체감을 가질 가능성을 낮추지만, 대구/경북 출신은 이를 높이는 쪽으로 영향을 미친다. 이는 단계적으로 학력, 소득, 진보-보수 정치이데올로기를 통제해도 일관되게 나타난다. 부산/울산/경남 출신의 영향력은 통계적으로 의미 없는 것으로 나타났는데, 이는 앞서 서술한 바대로 문재인 후보가 타 지역정당 후보로 출마한 사실을 반영한 것으로 보인다.

　출신지와 거주지가 일치하는 때도 부산/울산/경남 지역을 제외하고는 기대했던 대로 통계적으로 의미 있는 수준에서 지역주의의 영향력이 강화되는 것으로 나타났다. 예컨대 모델 4에서 호남지역에서 주로 성장하고 현재 거주하고 있는 유권자는 새누리당에 일체감을 가질 로그 승산비(log odds ratio), 즉 로짓(logit)은 두 로지스틱 회귀계수의 합인 -3.51로 측정되며, 대구/경북지역에서 주로 자라고 현재 거주하고 있는 유권자는 그 합이 2.1로 나타난다. [9]

---

7 두 정당만을 대상으로 한 경우 출신지역 간 비율 차이는 같기 때문에 생략한다. 한편, 무당파를 제외한 경우 전체적으로 새누리당에 일체감을 가진 유권자의 비율이 높게 나타나는데, 이는 대선 사후조사로서 밴드웨건 효과(bandwagon effect)를 어느 정도 반영한 것으로 보인다.

8 정당일체감 개념을 고려하여 무당파를 제외하고, 민주당을 기준범주(base category)로 로짓분석을 실시했다.

9 출신지와 거주지가 같은 경우 내집단 지역주의의 영향력은 두 로지스틱 회귀계수의 합이 0인 가정에 측정 회귀계수의 합 또는 그보다 극단적인 Chi-square 분포 값을 관측할 확률을 측정하여 통계적으로 검정했다. 상호작용변수가 있는 회귀 모델의 한계 효과(marginal effect)에 대한 통계적 검정은 브람보 외(Brambor et al., 2006)와 브로묄러(Braumoeller, 2004) 참고.

〈표 3-3〉 다단계 로짓 모델10 : 지역주의와 정당일체감

종속변수: 새누리당 정당일체감	모델 1 회귀계수 (표준오차)	모델 2 회귀계수 (표준오차)	모델 3 회귀계수 (표준오차)	모델 4 회귀계수 (표준오차)
연령	0.70*** (0.03)	0.62*** (0.04)	0.37*** (0.06)	0.38*** (0.06)
여성	0.17+ (0.10)	0.11 (0.11)	0.06 (0.12)	0.07 (0.12)
호남 출신	-2.74*** (0.43)	-2.80*** (0.40)	-2.64*** (0.48)	-1.87*** (0.38)
대구/경북 출신	1.60*** (0.43)	1.67*** (0.43)	1.64*** (0.32)	0.91** (0.33)
부산/울산/경남 출신	-0.04 (0.33)	-0.04 (0.30)	0.11 (0.35)	0.30 (0.51)
학력		-0.36** (0.11)	-0.43*** (0.10)	-0.45*** (0.10)
소득		0.08 (0.05)	0.09 (0.06)	0.08 (0.06)
정치이데올로기			0.57*** (0.06)	0.58*** (0.06)
출신지거주				-0.08 (0.28)
호남 출신거주				-1.64* (0.72)
대구/경북 출신거주				1.19*** (0.33)
부산/울산/경남 출신거주				-0.20 (0.67)
상수	-1.68*** (0.25)	-0.89* (0.40)	-2.96*** (0.55)	-2.92*** (0.46)
N	819	809	747	747
Log Likelihood	-404.39	-397.18	-314.65	-307.13
Chi-square	822.42	639.46	315.91	1796.35
Pseudo R-square	0.27	0.28	0.38	0.39

주 : +p < 0.10, *p < 0.05, **p < 0.01, ***p < 0.001

---

10 로지스틱 회귀계수의 관측된 유의수준(p-$value$)은 괄호 안에 표시한, 응답자 거주
지 기준 16개 광역자치단체 수준에서 군집화된 표준오차($clustered\ robust\ standard$
$errors$)를 사용하여 측정했다. 이하의 다단계 설명모델에서도 같은 방식으로 표준
오차를 측정했다.

한편, 진보-보수 정치이데올로기 변수는 기대했던 대로 자신을 보수로 평가한 유권자일수록 새누리당에 일체감을 느낄 가능성을 높이는 것으로 나타났다. 또한, 연령 변수는 통계적으로 의미 있는 수준에서, 연령대가 높아질수록 새누리당에 일체감을 갖게 하는 방향으로 일관되게 영향을 미치는 것으로, 여성 변수는 모델 1의 가시적 총효과에서만 통계적으로 의미 있는 수준에서 새누리당에 대한 일체감을 갖게 하는 방향으로 영향을 미치는 것으로 나타났다. 학력 변수는 통계적으로 의미 있는 수준에서 교육수준이 높을수록 새누리당에 대한 일체감을 가질 가능성을 일관되게 낮추는 것으로 나타났지만, 소득 변수는 통계적 의미가 없는 것으로 드러났다. 이와 같은 결과는 상호작용변수를 제외하고 동일한 모델로 분석한 제19대 총선분석의 결과와 유사하다(윤광일, 2012: 75~77).

2) 지역주의와 진보-보수 자기평가

진보와 보수에 대한 역사적 또는 학문적 정의와는 독립적으로, 일반적으로 새누리당은 상대적으로 보수정당으로, 민주통합당은 상대적으로 진보정당으로 알려져 있다. 같은 맥락에서 새누리당 소속의 정치인은 상대적으로 보수적으로, 민주통합당 소속의 정치인은 상대적으로 진보적으로 알려져 있다. 이번 조사에서도 유권자의 평가는 이와 같은 일반적 인식을 뒷받침하는 것으로 나타났다. 〈표 3-4〉에 의하면, 응답자들은 새누리당을 가장 보수적으로 그리고 이명박과 박근혜를 다른 정치인에 비해 보수적으로 평가하는 반면에 민주통합당과 문재인, 안철수를 진보적으로 평가한다. 또한, 응답자들은 통합진보당과 이정희를 가장 진보적으로 평가하여, 적어도 전체적인 차원에서는 주요 정당과 정치인에 대한 이데올로기 평가를 정확하게 하는 것으로 보인다.

〈표 3-4〉 주요 정당 및 정치인에 대한 진보-보수 평가

평가대상	평균	표준편차	N
새누리당	7.19	1.95	1,199
민주통합당	4.14	2.01	1,198
통합진보당	3.33	2.16	1,185
이명박	7.09	1.99	1,199
박근혜	6.91	1.95	1,198
문재인	3.74	1.79	1,196
안철수	3.58	1.77	1,197
이정희	2.64	2.31	1,192

주: 0(진보), 5(중도), 10(보수)의 11점 척도 평가

　　내집단 지역주의는 자신의 내집단 지역을 대표하는 것으로 알려져 있거나 인식된 정당이나 정치인이 옹호하거나 대표하는 것으로 역시 알려져 있거나 인식된, 비교적 일관된 정치적 선호, 즉 진보-보수 정치 이데올로기에 대해서도 긍정적으로 생각할 것이다. 따라서 호남에서 주로 성장한 유권자는 자신을 상대적으로 진보적으로 평가할 것이며, 영남에서 주로 성장한 유권자는 자신을 상대적으로 보수적으로 평가할 것으로 기대한다.

　　〈표 3-5〉에 의하면, 호남지역 출신자들이 자신을 평균적으로 가장 진보적으로 평가했지만, 대구/경북 지역 출신자들은 자신을 가장 보수적으로 평가한 것으로 나타났으며, 이에 대한 양 지역의 표준편차도 큰 차이가 없다. 부산/울산/경남 지역 출신자들도 호남지역 출신자들보다 상대적으로 자신을 보수적으로 평가하고 있으나 여타 지역 출신이나 전체 응답자 평균과 비교해보면 자신을 중도로 생각한다고 볼 수 있다. 이 또한 이른바 '문재인 효과'의 반영으로 보인다.

　　〈표 3-6〉은 내집단 지역주의가 진보-보수 자기평가에 미치는 영향력을 다단계 모델로 측정한 결과를 보여준다. 우선, 출신지역으로서 호남의 영향력이 모델 3을 제외하고는 비교적 일관되게 나타난다. 다른

<표 3-5> 주 성장지역별 진보-보수 정치이데올로기

주 성장지역	평균	표준편차	N
서울	5.31	1.79	196
인천/경기	4.99	1.93	149
대전/충청	5.29	1.80	139
호남	4.55	1.80	210
대구/경북	5.91	1.78	166
부산/울산/경남	5.11	1.80	194
강원/제주	5.53	2.15	60
전체	5.19	1.87	1,114

주 : 0(진보), 5(중도), 10(보수)의 11점 척도의 자기평가.

조건이 같다면, 호남에서 주로 성장한 유권자는 통계적으로 유의미한 수준에서 평균적으로 자신을 더 진보적으로 평가한다. 반면 출신지역으로서 대구/경북의 영향력은 모델 1에서 가시적 총효과로서, 그리고 학력과 소득을 부가적으로 통제한 모델 2에서, 기대하는 방향으로 통계적으로 의미 있는 수준에서 나타났으나 모델 3과 4에서는 통계적인 의미가 사라졌다. 또한, 부산/울산/경남 출신 응답자는 정치이데올로기 자기평가에 관한 한 출신지역의 영향을 받지 않는 것으로 나타났으며, 영·호남 모두 출신지역과 거주지역의 상호작용을 고려한 지역주의 효과 또한 통계적으로 의미가 없는 것으로 드러났다.[11]

이와 같은 결과는 일견, 진보-보수 정치이데올로기 자기평가에서 지역주의의 효과가 예측했던 것보다 약하거나 호남지역 출신에게만 국한해서 나타난다는 해석을 가능하게 한다. 그러나 새누리당이 영남 지역 정당이라는 사실에 동의한다면, 그리고 정치이데올로기 자기평가에 정책적 선호 못지않게 혹은 그 이상 정당선호에 영향을 받는다는 — 예컨

---

11 이하 다중 회귀분석에서 출신지와 거주지가 같은 경우 내집단 지역주의의 영향력은 두 회귀계수의 합이 0인 가정에서 측정 회귀계수의 합 또는 그보다 극단적인 F 분포 값을 관측할 확률을 측정하여 통계적으로 검정했다.

〈표 3-6〉다단계 회귀모델 : 지역주의와 진보-보수 자기평가

종속변수: 진보-보수 자기평가	모델1 회귀계수 (표준오차)	모델2 회귀계수 (표준오차)	모델3 회귀계수 (표준오차)	모델4 회귀계수 (표준오차)
연령	0.54*** (0.05)	0.49*** (0.06)	0.39*** (0.06)	0.39*** (0.06)
여성	0.15 (0.11)	0.13 (0.11)	0.09 (0.11)	0.07 (0.11)
호남 출신	-0.87*** (0.20)	-0.89*** (0.21)	-0.26 (0.24)	-0.43+ (0.22)
대구/경북 출신	0.51* (0.18)	0.50* (0.18)	0.21 (0.17)	0.15 (0.28)
부산/울산/경남 출신	-0.20 (0.14)	-0.21 (0.15)	-0.19 (0.16)	0.30 (0.31)
학력		-0.12+ (0.07)	-0.01 (0.06)	-0.01 (0.06)
소득		-0.02 (0.04)	-0.03 (0.03)	-0.03 (0.03)
민주통합당			-0.66*** (0.11)	-0.66*** (0.11)
새누리당			0.83*** (0.10)	0.83*** (0.11)
출신지거주				-0.07 (0.18)
호남 출신거주				0.27 (0.41)
대구/경북 출신거주				0.08 (0.27)
부산/울산/경남 출신거주				-0.57 (0.34)
상수	3.60*** (0.20)	4.15*** (0.36)	4.00*** (0.28)	4.07*** (0.31)
N	1,116	1,105	1,077	1,077
R-square	0.208	0.209	0.288	0.291

주 : + $p < 0.10$, * $p < 0.05$, ** $p < 0.01$, *** $p < 0.001$

대 '설득효과' — 선행연구 결과를 고려한다면, 자기평가도 지역주의에 따라 상당한 영향을 받고 있다고 해석할 수 있다. 모델 3과 4의 결과는 이 같은 해석을 뒷받침한다. 새누리당과 민주통합당에 대한 정당일체 감은 다른 조건이 같다면, 통계적으로 의미 있는 수준에서 기대했던 방향으로, 즉 전자는 보수적으로 후자는 진보적으로, 자기평가를 하게 하는 효과를 보이고 있다.

한편, 이 연구 조사 방법의 한계상 정치이데올로기 자기평가가 정당 일체감에 영향을 미치는 가능성, 즉 일체감을 느끼는 정당이 자신의 정치이데올로기에 부합한다고 생각하는 '투사효과'(projection effect)나 정치이데올로기에 따른 '지지정당 찾아가기'(party sorting) 등과 같은 그 역의 가능성, 즉 일체감을 가진 정당의 '설득효과'에 의한 자기평가의 변화 가능성과의 비교 평가는 어렵다. 〈표 3-6〉과 앞의 〈표 3-3〉은 두 가능성 모두를 보여준다.

또한, 이 모델에 의하면, 앞에서의 정당일체감에 관한 다단계 모델과 유사하게, 연령의 영향력이 일관되게 통계적으로 유의미하게 나타나지만, 성별, 학력, 소득 변수의 효과는 뚜렷하게 드러나지 않고 있다.

3) 지역주의와 주요 정치인 호감도

내집단 지역주의는 유권자로 하여금 자신의 주 성장지역을 대표하거나 옹호하는 정당의 인물로 알려져 있거나 인지된 정치인이면 선호하는 방향으로, 이에 대립하는 정당의 인물로 알려져 있거나 인지된 정치인이면 호감도를 낮추는 방향으로 영향력을 행사할 것으로 기대된다. 이 같은 기대는 내집단 지역정당의 인물로 판단하기 쉽지 않은 경우에는 지역주의 효과가 상대적으로 약화될 것이라는 예측을 내포한다. 예컨대 대립적 지역정당의 연고지 출신이 내집단 정당의 후보가 되었거나, 내집단 지역정당의 전통적인 정치인과는 다른 사투리를 쓰는 경우, 또는 비교적 최근에 내집단 지역정당에 우호적인 또는 연계된 정치인으로 등장한 경우에는 지역주의가 활성화되기 어렵기 때문이다.

따라서 이 연구에서는 대구/경북 지역에 지역구를 두고 오랫동안 새누리당의 지도적 역할을 해온 박근혜에 대해서는 강한 지역주의 효과를, 그리고 부산 출신으로 사투리를 통해 비호남지역 출신임을 쉽게 알 수 있는 민주통합당 후보 문재인과 비호남 출신 야권 후보로 알려져왔던 안철수에 대해서는 상대적으로 약한 지역주의 효과를 기대한다. 구체적으로 이들에 대한 호감도는 0점에서 100점까지의 '감정 체온계'(feeling thermometer)로 조작적으로 정의되며, 이를 종속변수로 하는 다단계 분석모델을 통해, 내집단 지역주의 효과 가설을 검증한다.

〈표 3-7〉은 지역주의가 박근혜 호감도에 미치는 영향을 다단계 설명모델을 통해 분석한 결과를 보여준다. 우선 주 성장지역으로서의 호남의 효과가 일관되고 명확하게 드러난다. 호남 변수의 가시적 총효과는 다른 조건이 같다면, 통계적으로 의미 있는 수준에서 평균적으로 -13.59점 정도로 추정되며 최종모델에서 측정한 직접효과는 -4.80점 정도로 추정된다. 반면, 모델 1과 2에서 출신지역으로서 대구/경북은 다른 조건이 같다면, 박근혜에 대한 호감도를 통계적으로 의미 있는 수준에서 평균적으로 각각 8.82점, 9.19점 정도 높이는 것으로 나타났다. 이 지역 변수는 모델 3과 4에서 통계적으로 유의미한 효과를 나타내지 못하는 것으로 드러났으나, 대구/경북 출신이 정당일체감에 유의미한 영향을 미치는 것으로 드러난 〈표 3-3〉의 결과를 고려하건대 박근혜 호감도에 대한 지역주의 효과가 호남에 국한해서 나타난다고 주장하기는 어렵다. 또한, 최종모델에서 호남과 대구/경북은 출신지역과 주거지역이 일

〈표 3-7〉 다단계 회귀모델 : 지역주의와 박근혜 호감도

종속변수: 박근혜 호감도	모델1 회귀계수 (표준오차)	모델2 회귀계수 (표준오차)	모델3 회귀계수 (표준오차)	모델4 회귀계수 (표준오차)
연령	5.06*** (0.52)	4.58*** (0.64)	1.77** (0.46)	1.86** (0.47)
여성	2.27+ (1.23)	2.07 (1.35)	1.88* (0.83)	1.76+ (0.85)
호남 출신	-13.59*** (1.95)	-13.84*** (1.85)	-4.32* (1.47)	-4.80* (1.71)
대구/경북 출신	8.82* (3.18)	9.19* (3.19)	3.09 (2.23)	-1.85 (1.73)
부산/울산/경남 출신	0.46 (2.24)	0.59 (2.21)	0.65 (2.09)	5.06* (2.29)
학력		-2.01 (1.36)	-0.30 (1.08)	-0.43 (1.08)
소득		0.36 (0.34)	0.44+ (0.25)	0.56+ (0.27)
민주통합당			-6.23*** (1.45)	-6.20*** (1.43)
새누리당			15.84*** (1.44)	15.62*** (1.53)
정치이데올로기			1.85** (0.56)	1.81** (0.57)
출신지거주				-0.45 (1.52)
호남 출신거주				0.52 (3.47)
대구/경북 출신거주				7.33** (2.08)
부산/울산/경남 출신거주				-5.18 (3.21)
상수	47.74*** (2.90)	52.41*** (7.03)	41.76*** (6.03)	42.00*** (5.58)
N	1,200	1,188	1,077	1,077
R-square	0.193	0.198	0.405	0.410

주 : +p < 0.10, * p < 0.05, ** p < 0.01, *** p < 0.001

치하는 유권자에게는 지역주의가 통계적으로 유의미하게 기대하는 방향으로 강화하는 것으로 나타났다.

한편, 부산/울산/경남 출신지역 변수는 최종모델의 순효과만 통계적으로 유의미한 것으로 드러났고, 출신지와 주거지가 일치함으로써 나타나는 부가적인 효과는 없는 것으로 나타났다. 앞서 본 바와 같이 이 지역변수는 정당일체감에도 통계적으로 의미 있는 영향을 미치지 못한 것으로 나타났기 때문에 순효과의 의미에 대해서는 추후 연구가 더 필요해 보인다.

한 가지 흥미로운 사실은 다른 조건이 같다면 여성이 남성보다 박근혜에 대한 호감도가 비교적 일관되게 높은 것으로 드러난 것이다. 즉, 여성 변수의 가시적 총효과는 2.27점, 최종모델의 순효과는 1.76점으로 나타났다. 추후 여성 후보 호감도와 평가에 대한 일반적인 성별 효과와 박근혜 호감도와 평가에 한정된 성별 효과를 구분해서 분석하는 작업이 필요해 보인다. 한편, 연령대가 높아질수록, 자신을 보수적으로 평가할수록, 통계적으로 유의미한 수준에서 각각 독립적으로 박근혜에 대해 호감도를 느끼게 하는 것으로 추정된다.

앞서 논의한 바대로 문재인에 대한 주 성장지역으로서 지역변수의 효과는 상대적으로 미약할 것으로 기대한다. 다시 말해서, 호남은 호남대로 지역이나 정당의 측면에서 대립적인 지역 출신인 문재인에 대해서 내집단 지역주의가 활성화되기 쉽지 않을 것이고, 영남은 영남대로, 더욱 구체적으로 문재인의 연고지인 부산/울산/경남 지역 출신들에게는 '동향 사람'과 '외집단 정당 후보'라는 상반되는 교차압력으로 호감도가 낮아질 것으로 예측한다.

지역주의가 문재인에 대한 호감도에 미치는 영향을 분석한 결과를 담은 〈표 3-8〉에 의하면, 이와 같은 이론적 예측이 어느 정도 경험적으

〈표 3-8〉 다단계 회귀모델 : 지역주의와 문재인 호감도

종속변수: 문재인 호감도	모델1 회귀계수 (표준오차)	모델2 회귀계수 (표준오차)	모델3 회귀계수 (표준오차)	모델4 회귀계수 (표준오차)
연령	-2.94***	-2.44***	-0.99*	-1.09*
	(0.37)	(0.50)	(0.40)	(0.37)
여성	2.41*	2.50*	2.52*	2.48*
	(1.05)	(0.99)	(0.86)	(0.87)
호남 출신	8.24***	8.40***	-0.32	-5.00+
	(1.40)	(1.31)	(1.49)	(2.66)
대구/경북 출신	-7.77*	-7.26*	-3.47+	0.72
	(2.64)	(2.48)	(1.85)	(1.94)
부산/울산/경남 출신	0.42	0.31	0.17	0.31
	(1.63)	(1.58)	(1.58)	(3.25)
학력		-0.01	-1.22	-1.13
		(1.07)	(1.08)	(1.17)
소득		1.23+	1.28+	1.18+
		(0.67)	(0.62)	(0.62)
민주통합당			11.30***	11.16***
			(1.39)	(1.32)
새누리당			-7.13***	-6.71***
			(1.21)	(1.24)
정치이데올로기			-1.08**	-1.12**
			(0.27)	(0.28)
출신지 거주				-1.21
				(1.77)
호남 출신거주				8.15**
				(2.49)
대구/경북 출신거주				-6.34+
				(3.02)
부산/울산/경남 출신거주				0.03
				(3.65)
상수	64.11***	57.44***	61.74***	63.17***
	(1.80)	(3.56)	(3.30)	(3.53)
N	1,200	1,188	1,077	1,077
R-square	0.105	0.111	0.269	0.280

주 : +p < 0.10, *p < 0.05, **p < 0.01, ***p < 0.001

로 뒷받침되는 것으로 보인다. 앞서 본 박근혜 호감도와 비교할 때, 주성장지역으로서 호남 변수의 영향력은 절대적인 크기도 작고 모델 1과 2에서만 통계적으로 유의미한 것으로 측정되었다. 출신지역으로서 대구/경북 또한 비교적 일관되게 호감도를 낮추는 방향으로 작용하는 것으로 나타났지만, 최종모델에서의 순효과는 통계적으로 의미가 없었다. 또한, 문재인의 연고지인 부산/울산/경남은 출신지역 변수로서 통계적으로 의미 있는 효과가 없었다.

그러나 출신지와 거주지가 같고 다른 조건이 같다면, 통계적으로 의미 있는 수준에서 평균적으로 호남은 3.15점, 대구/경북은 -5.62점 정도로 문재인 호감도에 영향을 미치는 것으로 나타났다. 부산/울산/경남은 통계적으로 의미가 없었다. 또한, 민주통합당과 새누리당에 대한 정당일체감은 기대하는 방향으로 통계적으로 유의미한 수준에서 상대적으로 큰 효과를 보인다. 이처럼 문재인 호감도에 대한 지역주의의 영향은 적어도 호남과 대구/경북에서는 출신지와 동일한 거주지역에 사는 경우, 그리고 지역정당에 대한 일체감에서 나타난다고 볼 수 있다. 부산/울산/경남은 '동향 사람'과 '외집단 정당 후보'의 상반된 교차압력으로 지역주의 효과가 사라진 것으로 해석할 수 있다.

한편, 문재인도 박근혜와 마찬가지로, 다른 변수를 통제한 경우 여성이 남성보다 모델에 따라 평균적으로 2.41점에서 2.52점까지 높게 후보에게 호감을 느끼는 것으로 나타났다. 또한, 연령대가 낮아질수록, 자신을 진보적으로 평가할수록, 통계적으로 유의미한 수준에서 각각 독립적으로 문재인에 대한 호감도를 높이는 것으로 드러났다. 소득은 학력과 달리 통계적으로 유의미한 양적 (positive) 효과를 보였다.

안철수도 문재인의 경우와 유사한 이론적 기대를 할 수 있다. 즉 호남은 호남대로 대립적인 지역 출신인 안철수에 대해서 내집단 지역주의에 기반을 둔 호감도를 느끼기 쉽지 않을 것이며, 영남은 영남대로 보다 구체적으로 안철수의 연고지인 부산/울산/경남 지역 출신들에게는 '동향 사람'과 '외집단 후보'라는 상반되는 교차압력으로 호감도가 낮아질 것으로 예측할 수 있다.

지역주의가 안철수에 대한 호감도에 미치는 영향을 분석한 결과를 담은 〈표 3-9〉에 의하면, 역시 문재인의 경우와 마찬가지로 이 같은 이론적 예측이 어느 정도 경험적으로 뒷받침된다. 즉, 주 성장지역으로서 호남 변수의 영향력은 박근혜 대비 절대적인 크기도 작고 모델 3까지만 통계적으로 유의미한 것으로 측정되었다. 출신지역으로서 대구/경북 또한 비교적 일관되게 호감도를 낮추는 방향으로 작용하는 것으로 나타났지만, 최종모델에서의 순효과는 통계적으로 의미가 없었다. 또한, 안철수의 연고지인 부산/울산/경남은 출신지역 변수로서 모델 3을 제외하고는 통계적으로 의미 있는 효과가 없었다.

한편, 출신지와 거주지가 같고 다른 조건이 같다면, 통계적으로 유의미한 수준에서 평균적으로 호남은 4.19점, 대구/경북은 -2.87점 정도로 안철수 호감도에 영향을 미치는 것으로 나타났다. 부산/울산/경남은 문재인의 경우와 동일하게 통계적으로 의미가 없었다. 또한, 민주통합당과 새누리당에 대한 일체감은 기대하는 방향으로 통계적으로 유의미한 수준에서 상대적으로 큰 효과를 보인다. 이로써 안철수 호감도에 대한 지역주의의 영향은 적어도 호남과 대구/경북에서는 출신지와 동일한 거주지역에 사는 경우, 그리고 지역정당에 대한 일체감에서 나타난다고 볼 수 있다. 부산/울산/경남은 문재인의 경우와 마찬가지로 '동향 사람'과 '외집단 정당 후보'의 상반된 교차압력으로 지역주의 효과가 사라진 것으로 해석할 수 있다.

안철수도 비교적 일관되게 통계적으로 유의미한 독립적인 여성 변수

<표 3-9> 다단계 회귀모델 : 지역주의와 안철수 호감도

종속변수: 안철수 호감도	모델1 회귀계수 (표준오차)	모델2 회귀계수 (표준오차)	모델3 회귀계수 (표준오차)	모델4 회귀계수 (표준오차)
연령	-5.24*** (0.35)	-3.96*** (0.52)	-1.94** (0.58)	-2.03** (0.58)
여성	1.50 (0.91)	1.98+ (0.97)	1.90* (0.88)	1.90* (0.87)
호남 출신	11.19*** (2.40)	11.58*** (2.31)	3.48* (1.44)	2.45 (2.58)
대구/경북 출신	-6.30* (2.73)	-6.08* (2.57)	-1.33 (1.77)	1.76 (2.49)
부산/울산/경남 출신	-2.06 (1.97)	-2.33 (1.72)	-2.27+ (1.29)	-3.30 (4.40)
학력		2.74* (1.05)	1.35 (1.18)	1.41 (1.22)
소득		0.98 (0.83)	1.02 (0.72)	0.93 (0.70)
민주통합당			6.94*** (1.45)	6.91*** (1.45)
새누리당			-11.08*** (1.30)	-10.89*** (1.33)
정치이데올로기			-1.40** (0.38)	-1.40** (0.39)
출신지거주				-0.74 (1.61)
호남 출신거주				1.74 (2.49)
대구/경북 출신거주				-4.63 (3.01)
부산/울산/경남 출신거주				1.35 (4.65)
상수	65.56*** (1.98)	50.98*** (4.40)	58.25*** (4.85)	59.21*** (5.63)
N	1,200	1,188	1,077	1,077
R-square	0.134	0.143	0.248	0.250

주 : + $p < 0.10$, * $p < 0.05$, ** $p < 0.01$, *** $p < 0.001$

효과가 나타나고 있으며, 연령이 낮을수록, 자신을 진보적으로 평가할수록 통계적으로 의미 있는 수준에서 각각 독립적으로 안철수에 대한 호감도를 높이는 것으로 드러났다. 한편, 학력과 소득은 대체로 통계적으로 의미 있는 효과가 나타나지 않았다.

4) 지역주의와 18대 대선 투표[12]

마지막으로 내집단 지역주의가 유권자의 대선 투표선택에 미치는 영향력을 살펴보자. 박근혜에 투표했는지를 종속변수로 한 다단계 로짓모델에 의한 분석 결과를 담은 〈표 3-10〉에 의하면, 무엇보다 호남과 대구/경북 변수의 비교적 일관된 영향력이 두드러진다. 호남변수는 최종모델을 제외하고는 독립적으로 박근혜에 투표할 가능성을 낮추는 것으로 드러났고, 박근혜의 연고지로서 대구/경북 변수는 일관되게 그에게 투표할 가능성을 독립적으로 높이는 것으로 나타났다. 반면에 문재인의 연고지로서 부산/울산/경남은 다소 높은 관측된 유의수준(p < 0.10)에서 최종모델에서의 순효과가 통계적으로 유의미한 것으로 나타난 것을 제외하고는 통계적으로 의미 없는 것으로 드러났다.

또한, 다른 지역변수와 달리 호남변수는 거주지도 호남이면 통계적으로 유의미한 부가효과가 나타났다. 출신지역으로서 호남 변수와 호남 출신으로 호남에 거주하는 유권자를 나타내는 상호작용변수는 개별적으로는 유의수준 0.1에서도 통계적으로 의미가 없으나, 두 값의 합이 0이라는 가정에서 두 값의 합의 추정치는 유의수준 0.05에서 통계적

---

12 여기에서의 다단계 분석모델은 정치적 선호에 대한 지역주의의 영향력에 초점을 맞춘 연구 목적상 투표선택에 영향을 미치는 것으로 알려진 변수 중 비교적 이론의 여지가 적은 지난 정권에 대한 평가, 즉 'MB평가'만을 추가하여 구성했다.

<표 3-10> 다단계 로짓모델 : 지역주의와 18대 대선 투표

종속변수: 박근혜 투표여부	모델1 회귀계수 (표준오차)	모델2 회귀계수 (표준오차)	모델3 회귀계수 (표준오차)	모델4 회귀계수 (표준오차)	모델5 회귀계수 (표준오차)
연령	0.59*** (0.06)	0.53*** (0.08)	0.29** (0.11)	0.30** (0.10)	0.33*** (0.10)
여성	0.20 (0.14)	0.17 (0.15)	0.18 (0.20)	0.15 (0.19)	0.14 (0.19)
호남 출신	-2.13*** (0.32)	-2.15*** (0.31)	-0.95** (0.32)	-0.94** (0.30)	-0.38 (0.49)
대구/경북 출신	1.15** (0.36)	1.19*** (0.34)	0.51* (0.24)	0.45+ (0.25)	0.66* (0.26)
부산/울산/경남 출신	-0.06 (0.26)	-0.05 (0.25)	-0.05 (0.23)	-0.04 (0.24)	0.60+ (0.31)
학력		-0.22* (0.10)	0.08 (0.18)	0.10 (0.18)	0.11 (0.17)
소득		0.03 (0.06)	0.02 (0.08)	0.02 (0.08)	0.02 (0.08)
민주통합당			-1.82*** (0.22)	-1.78*** (0.22)	-1.78*** (0.22)
새누리당			2.66*** (0.35)	2.60*** (0.34)	2.59*** (0.33)
이데올로기			0.15+ (0.09)	0.14 (0.09)	0.14 (0.09)
MB평가				0.11*** (0.03)	0.11*** (0.03)
출신지거주					0.48+ (0.26)
호남 출신거주					-0.91 (0.80)
대구/경북 출신거주					-0.25 (0.38)
부산/울산/경남 출신거주					-0.83*** (0.24)
상수	-1.73*** (0.40)	-1.19+ (0.67)	-2.49* (1.11)	-2.84** (1.08)	-3.30*** (0.94)
N	1,200	1,188	1,077	1,077	1,077
Log Likelihood	-673.61	-665.63	-382.25	-379.28	-377.27
Chi-square	378.67	430.88	691.31	715.57	9958.17
Pseudo R-square	0.19	0.19	0.49	0.49	0.49

주 : + p < 0.10, * p < 0.05, ** p < 0.01, *** p < 0.001

으로 의미가 있는 것으로 나타났다. 최종모델에서 통계적으로 의미 있는 효과를 보였던 출신지로서의 대구/경북과 출신지와 상호작용변수 모두 통계적으로 유의미한 계수로 측정된 부산/울산/경남 변수는 이와 같은 통계적 검정에서 유의미하지 않았다.

대선 투표 선택에서 호남과 대구/경북의 내집단 지역주의 효과는 각 지역연고정당에 대한 일체감을 통해서도 나타난다고 볼 수 있다. 앞에서 본 바와 같이 주 성장지역으로서 양 지역은 각각 민주통합당과 새누리당에 대한 일체감에 통계적으로 의미 있는 독립적인 효과를 보이기 때문이다. 반면에 이번 대선의 투표선택에서는 적어도 출신지역으로서 부산/울산/경남은 새누리당에 대한 일체감이 영향을 미쳤다고 보기 어렵다. 이 또한 앞에서 본 바와 같이, 이 지역변수는 출신지로만 고려하든 그리고 출신지와 거주지의 상호작용변수를 함께 고려하든 새누리당 일체감에 통계적으로 유의미한 영향을 나타내지 않기 때문이다.

투표선택에서 지역주의 효과가 두드러진 것은 진보-보수 정치이데올로기 자기평가가 가시적 총효과를 제외하고는 통계적으로 유의미한 영향을 보이지 않는 데서도 알 수 있다. 이는 투표선택에서 이념의 영향을 지적한 선행연구, 예컨대 강원택(2003), 최준영·조진만(2005), 임성학(2011)과 구분되며 지금까지의 다단계 모델분석과도 차별된다.

한편, 연령대가 높아질수록 박근혜에게 투표할 가능성이 일관되게 높아지는 것으로 드러났고, 그에 대한 호감도를 독립적으로 높이는 것으로 나타났던 여성변수는 투표선택에서는 통계적으로 의미 있는 수준에서 독립적인 영향을 보이지 못했다. 또한, 이명박 정부에 대한 긍정적인 평가는 박근혜에 투표할 가능성을 높이는 것으로 나타났다. 학력은 모델 2에서 통계적으로 의미 있는 영향을 보였으나, 정당일체감을 통제한 모델에서부터는 통계적으로 의미 있는 영향이 없는 것으로 드러났다. 소득 또한 이번 대선에서 투표선택에 의미 있는 영향을 나타내지 못한 것으로 보인다.

4. 나가며

이 연구는 한국 유권자의 정치적 선호 형성과 투표행태에 결정적인 영향을 미쳐온 지역주의에 대하여 18대 대선 설문자료를 이용하여 경험적으로 검증하였다. 구체적으로 이 연구에서는 기존 연구와 달리, 지역주의를 내집단 지역주의, 즉 개인이 지역을 내집단으로 받아들이는 성향으로 개념적 정의를 내리고, 이를 '출신지'(주로 성장한 지역)로 조작화했다. 그리고 정치적 선호와 투표선택에 대한 내집단 지역주의의 영향과 경로를 통계적으로 추정하기 위하여, 변수 간 인과관계에 대한 논리적 정당화로 비시계열적 연구의 한계를 극복한 밀러와 생스의 다단계 설명 모델을 이용했다.

이 연구의 결과를 요약하면 다음과 같다. 첫째, 호남과 대구/경북에서 주로 성장한 유권자는 각각 민주통합당과 새누리당에 대한 일체감을 가질 가능성이 높고, 같은 지역에서 현재 거주하고 있는 경우 이 가능성은 더욱 커진다. 그러나 문재인의 연고지인 부산/울산/경남 지역에서는 이와 같은 지역주의 효과가 나타나지 않았다. 둘째, 호남에서 주로 성장한 유권자는 자신을 비교적 진보적으로 평가하는 것으로 나타났다. 반면, 대구/경북에서 주로 성장한 유권자는 자신을 비교적 보수적으로 평가하는 것으로 보였으나 이 같은 효과는 정당일체감을 통제한 경우 사라졌다. 출신지로서 부산/울산/경남 지역은 진보-보수 정치이데올로기 자기평가에 관한 한 의미 있는 효과가 없었다. 또한, 영

·호남 모두 동일 출신 및 거주지 효과는 없었다. 셋째, 출신지로서 호남과 대구/경북은 지역을 대표하는 것으로 알려져 왔거나 인지된 정당과 연계된 정치인에 대해 대체로 호감도를 높이는 쪽으로 영향을 주는 반면, 대립적 정당, 즉 외집단 정당과 연계된 정치인에 대해서는 대체로 이를 낮추는 쪽으로 영향을 주는 것으로 나타났다. 또한, 내집단 지역 정당과 연계되더라도 이 지역 정당의 전통적인 정치인과 출신지나 사투리 등에서 다른 개인적 특성을 보이는 경우와 같은 지역 출신이라도 다른 지역 정당과 연계되면 지역주의의 효과가 약화되는 것으로 드러났다. 넷째, 투표선택에서 출신지로서 대구/경북은 박근혜에 투표할 가능성을 높이지만, 호남은 이를 낮추는 것으로 나타났다. 또한, 호남에서 성장하여 여전히 거주하고 있는 유권자는 그 가능성이 더 낮아지는 것으로 나타났다. 한편, 출신지로서 부산/울산/경남은 대체로 이와 같은 효과가 없는 것으로 드러났다. 투표선택에서 호남과 대구/경북의 지역주의 효과는 정당일체감을 통해서도 나타난 것으로 보인다. 요컨대, 18대 대선 직후 조사한 설문자료를 분석한 결과, 적어도 호남과 대구/경북의 내집단 지역주의는 그 자체로서, 또는 정당일체감을 통해, 또는 동일 출신지 및 거주지의 상호작용을 통해, 13 통계적으로 의미 있는 수준에서 비교적 일관되게 정치적 선호와 투표선택에 영향을 미치고 있는 것으로 드러났다. 문재인과 안철수는 부산/울산/경남의 이 같은 지역주의의 효과를 약화시켰던 것으로 보인다.

이 연구에서 분석한 지역주의의 효과는 다음과 같은 세 가지 시사점을 제시한다. 첫째, 선행연구에서 주목한 세대와 이념 균열이 아직은

---

13 지역주의의 영향력을 출신지와 거주지를 분리해서 출신지에 거주하는 경우에 주목한 강원택(2010)과 박찬욱 외(2008)의 연구는 이 연구에서 경험적으로 대체로 지지가 된다.

지역균열을 대체한다고 보기 어렵다. 이 연구에서도 비록 연령과 진보-보수 자기평가가 정치적 선호 형성에 대체로 통계적으로 의미 있는 영향을 미치는 것으로 나타났지만, 출생지로서, 출생지 및 거주지로서의 지역 그리고 정당일체감을 통한 지역의 효과보다 크거나 이를 무력화한다고 보기 어렵다. 또한, 세대효과와 이념효과에 주목한 기존 연구는 개인의 심리에 내재한 지역주의를 활성화하는 조건이 상대적으로 미약했던 2002년 16대, 2007년 17대 대선과 2004년 17대 총선, 2010년 5회 지방선거 등에 초점을 맞춘 연구이다. 이들 선거는 지역정당의 유력후보가 내집단 출신이 아니었거나 경제위기, 탄핵과 천안함 등과 같은 돌출변수에 의해 지역주의의 활성화가 억제된 예외적인 상황에서 치러진 것이다. 그럼에도 한국 정치를 설명하는 핵심적 균열변수로 제시된 지역, 세대, 이념의 상대적 영향력과 대체가능성에 대한 후속 연구를 지속해야 하며, 이는 개별적 선거 연구보다는 그동안 축적한 여론조사자료를 포함한 선거자료의 통시적 연구를 통해 진행해야 할 것이다. 둘째, 문재인과 안철수를 둘러싼 영남 지역주의의 분화와 호남 지역주의의 약화는 내집단 지역주의의 변화 조건을 시사한다. 내집단 지역주의의 활성화는 높은 정치적 지식이나 관심도를 전제하지 않는다. 단지 특정 정당이 나의 성장지역을 대표하는 것으로 알려져 왔는지, 특정 정치인이 이 정당의 전통적인 정치인들과 유사한 개인적 특성을 보이는지, 즉 나와 같은 지역 출신인지 정도의 정보만 알면 된다. 지역주의 효과를 약화시키는 조건 중 하나로 이와 같은 정보에 부합하지 않는 정치인의 지속적인 등장이 필요해 보인다. 셋째, 정당이 지역주의의 효과가 지속되는 데 여전히 중요한 역할을 하는 것으로 보인다. 윤광일 (2012)의 19대 총선 연구 결과와 유사하게 이 연구에서도 주 성장지로서의 지역의 효과가 나타나지 않는 경우라도 지역주의의 영향을 받는 정당일체감이 정치적 선호와 투표선택에서 영향을 미치는 중요한 변수로 드러났다. 이는 지역주의의 변화에서 정당의 역할을 새삼 강조하는 경험적 증거로 판단된다.

참고문헌

강원택(2003), 《한국의 선거 정치: 이념, 지역, 세대와 미디어》, 푸른길.
_____(2010), 《한국 선거정치의 변화와 지속: 이념, 이슈, 캠페인과 투표참여》, 나남.
김만흠(1991), "한국의 정치균열에 관한 연구", 서울대학교 대학원 박사학위논문.
_____(1997), 《한국정치의 재인식: 민주주의, 지역주의, 지방자치》, 풀빛.
동아시아연구원(2012), 2012 총선대선패널조사 설문지.
박상훈(2009), 《만들어진 현실: 한국의 지역주의 무엇이 문제이고 무엇이 문제가 아닌가》, 후마니타스.
박찬욱·김경미·이승민(2008), "제 17대 대통령선거에서 유권자의 사회 경제적 특성과 이념정향이 후보 선택에 미친 영향", 박찬욱 편, 《제 17대 대통령선거를 분석한다》, 생각의 나무.
윤광일(2012), "지역주의와 제 19대 총선", 박찬욱·강원택 편, 《2012년 국회의원선거 분석》, 나남.
이갑윤(1997), 《한국의 선거와 지역주의》, 오름.
_____(2002), "지역주의의 정치적 정향과 태도", 〈한국과 국제정치〉 18(2): 155~178.
_____(2011), 《한국인의 투표행태》, 후마니타스.
이수원(1989), "집단 간 고정관념의 형성과 변화과정", 한국심리학회 편, 《심리학에서 본 지역감정》, 성원사.
임성학(2011), "지역주의 분열의 완화 가능성은?", 이내영·임성학 편, 《변화하는 한국유권자 4》, 동아시아연구원.
최장집(1993), 《한국민주주의의 이론》, 한길사.

최준영·조진만(2005), "지역균열의 변화 가능성에 대한 경험적 고찰: 제17대 국회의원선거에서 나타난 이념과 세대 균열의 효과를 중심으로", 〈한국정치학회보〉 39(3): 375~394.

한국사회과학데이터센터(2008), 제18대 국회의원선거 유권자 의식 조사 설문지.

Allport, Gordon(1954/1979), *The Nature of Prejudice*, New York: Basic Books.

Brambor, Thomas, William Roberts Clark, & Matt Golder(2006), "Understanding Interaction Models: Improving Empirical Analyses", *Political Analysis* 14(1): 63~82.

Braumoeller, Bear F. (2004), "Hypothesis Testing and Multiplicative Interaction Terms", *International Organization* 58(4): 807~820.

Campbell, Angus, Philip E. Converse, Warren E. Miller, & Donald E. Stokes(1960/1980), *The American Voter*, New York: John Wiley & Sons.

Duckitt, John(2003), "Prejudice and Intergroup Hostility", In Sears, David O., Leonie Huddy, & Robert Jervis(eds.), *Oxford Handbook of Political Psychology*, New York: Oxford University Press.

Miller, Warren E. & J. Merrill Shanks(1996), *The New American Voter*, Cambridge, Mass.: Harvard University Press.

Kinder, Donald R. & Cindy D. Kam(2009), *Us Against Them: Ethnocentric Foundations of American Opinion*, Chicago: University of Chicago Press.

Tajfel, Henri(1970), "Experiments in Intergroup Discrimination", *Scientific American* 223: 96~102.

Tajfel, Henri & Turner, J. C. (1979), "An Integrative Theory of Intergroup Conflict", In W. G. Austin & S. Worchel(eds.), *The Social Psychology of Intergroup Relations*, pp. 33~47, Monterey, CA: Brooks/Cole.

VandenBos, Gary R. & American Psychological Association(2007), *APA Dictionary of Psychology*, Washington, DC: American Psychological Association.

04 | 사회계층과 투표선택
강원택

1. 들어가며

민주화 이후 한국 선거에서 유권자의 투표 결정에 가장 커다란 영향을 미쳐온 것은 역시 지역주의라고 할 수 있다. 민주화 이후 첫 선거인 1987년 대통령선거와 이어 치러진 1988년 국회의원선거를 통해 경북, 경남, 호남, 충청의 네 지역 간 뚜렷하게 차별되는 정당 지지가 가히 폭발적으로 터져 나왔고 이후 1990년 3당 합당을 거치면서 영남-호남을 축으로 하는 지역주의 정당 구조가 확립되었다. 이와 함께 점차 이념적 요인이 지역주의 영향과 함께 투표에 중요한 영향을 미치기 시작했다. 1997년 대통령선거에서도 유권자의 이념성향이 후보자 선택에 영향을 미친 것으로 확인되었지만(강원택, 2003: 25~61), 경험적으로 정치이념이 선거 결정에 중요한 요인이라고 많은 사람들이 자각하게 된 것은 2002년 대통령선거 이후라고 할 수 있다. 그리고 이러한 이념 요인은 세대 간 정치적 선택의 차이와 맞물리면서 더욱 갈등적인 형태로 나타났다. 이처럼 민주화 이후 지금까지 한국 선거에서 중요한 변인은 지역, 이념, 세대 등이었으며, 이러한 세 변인은 상호 병립하거나 혹은 중첩된 형태로 유권자의 투표 결정에 영향을 미쳤다. 이에 비해 사회계층은 투표 결정에 그다지 뚜렷한 영향을 미치는 요인으로 부각되지 않았다.

그러나 사실 그동안의 선거에서도 계층적 요인의 영향은 결코 완전히 무시될 수 없었다. 예컨대, 소득수준에서 볼 때 상층 유권자가 많이 모여 있다는 서울의 강남구나 서초구에서 보수 정당 후보에 대한 지지가 높게 나타났던 반면, 같은 서울에서도 소득수준이 상대적으로 낮은 구에서는 보수 정당에 대한 지지가 낮게 나타났다. 한 구에서도 부유층, 서민층 밀집 지역에 따라 상이한 투표행태가 발견된다. 예컨대, 2012년 19대 국회의원선거에서 주택 소유를 기준으로 할 때 부촌과 서민층 밀집 지역에 따라 상이한 투표성향이 나타났다는 언론 보도가 있었다(〈경향신문〉, 2012/4/17).[1] 서울 종로의 경우 고급 빌라가 모여 있고 주택 소유율이 76%에 달하는 평창동에서는 새누리당 홍사덕 후보가 앞섰지만, 반대로 서민들이 밀집한 창신 1동, 창신 3동, 명륜 3동에서는 민주통합당 정세균 후보가 앞섰다는 것이다. 이러한 분석은 물론 생태적 오류(ecological fallacy)의 가능성을 지니고 있지만, 그럼에도 불구하고 상대적으로 지역주의 정서가 약한 서울 등의 지역에서는 소득, 직업 등 사회계층적 요인이 투표 결정에 적지 않은 영향을 미쳤다는 것을 시사한다고 볼 수 있다.

이 글은 2012년 대통령선거에서 과연 사회계층이라는 변인이 유권자의 투표 결정에 영향을 미쳤는지 그 여부를 알아보기 위한 것이다. 사회계층에 주목하는 이유는 '월가 점령(Occupy the Wall Street) 운동' 등 세계

---

[1] http://news.khan.co.kr/kh_news/khan_art_view.html?artid=201204162158095 (검색일 2013/1/5).

적인 경제 위기에 따른 계층 간 갈등이 부각되었고, 2012년 선거에서 중요했던 이슈 역시 복지, 일자리, 경제민주화, 중산층 확대 등 사회계층적 요인과 관련되었던 것들이기 때문이다. 계층요인이 만약 영향을 미쳤다면 어떤 특성을 보이는지, 혹은 영향이 없다면 왜 그런 결과가 나타난 것인지 그 원인을 분석할 것이다. 만약 사회계층적 요인의 영향이 확인된다면 이는 한국 선거 정치가 다른 서구 민주주의에서 발견할 수 있듯이 더욱 보편적인 특성으로 변모해가는 것을 의미하며, 그동안 한국 선거를 지배해온 지역주의의 약화, 변화 추세(예컨대, 강원택, 2010: 49~74)가 더욱 심화되어 간다고 볼 수 있을 것이다.

2. 기존 연구 검토

제2차 세계대전 직후 미국을 제외한 대다수 서구 민주주의 국가에서 가장 보편적으로 발견할 수 있는 정치균열은 계급에 의한 것이라고 할 수 있다. 립셋과 록칸(Lipset & Rokkan, 1967)은 국민혁명과 산업혁명에 따라 발생한 네 가지 균열 가운데 계급 균열이 가장 보편적인 형태의 갈등이라고 보았으며 1920년대에 생성된 계급 균열은 그 이후에도 변화하지 않은 채 동결된(freezing) 형태로 남아 있다고 보았다. 사실 1970년대 이전 서유럽 민주주의에서 계급정치는 투표선택에 영향을 미치는 매우 중요한 요인이었다. 영국의 경우, 자주 인용되는 펄저(Pulzer, 1967: 98)의 표현을 빌리면, '계급은 영국 정당 정치의 기반이다. 그리고 그 밖의 것은 모두 다 장식품(embellishment)이거나 사소한 것(detail)'이었다. 즉 투표는 유권자가 속해 있는 사회적 계급에 따라 이뤄졌던 것이다. 노동 계급, 하층 계급은 노동당을, 중산 계급, 상층 계급, 자본가 계급은 보수당을 지지해왔고, 1950년대 영국의 양당제는 바로 이러한 계급정치에 기초했던 것이다. 따라서 영국 선거에 대한 분석을 통해 버틀러와 스토크스(Butler & Stokes, 1971: 102)는, "계급과 정파 성향 간의 연계의 강도에 대한 우리의 발견점은 다른 모든 여론조사나 투표 관련 연구 결과와 대부분 일치한다. 계급의 압도적인 역할은 의심의 여지가 거의 없다"고 주장하기도 했다.

그러나 1970년대를 전후로 서구에서 계급정치는 이전에 비해 약화되는 특성을 보였다. 경제성장과 함께 복지국가가 이뤄지면서 과거 근대 산업사회를 특징지었던 물질적 가치를 둘러싼 계급적 갈등이 약화되었고, 산업 구조 역시 2차 산업 중심에서 금융, 서비스, 통신 등 3차 산업 중심으로 바뀌면서 노동의 특성과 고용구조가 크게 변화했다. 이에 따라 정당이 노동계급 다수의 지지를 기반으로 하는 대중정당보다 폭넓은 지지기반을 추구하는 포괄정당(catch-all party: Kirchheimer, 1966)이나 선거운동 방식의 변화를 도모하는 선거-전문가 정당(electoral-professional party: Panebianco, 1988)으로 변화하고 있다는 연구결과는 모두 계급정치의 약화를 지적한 것이다. 또한, 계급정치의 약화와 함께 정당일체감이 약화되면서 계급과 같은 집단적 정체성이나 소속감 때문이 아니라 선거 이슈나 후보자와 같은 단기적 요인에 의해 투표하는 이들이 늘어나면서 선거의 변동성(volatility)도 증대되었다(Scarrow, Webb, & Farrell, 2000: 129). 서구에서 계급정치의 변화를 어떻게 해석할 것인가에 대해서는 여전히 논쟁적이지만(예컨대 Mair, 1997; Dalton, 2002), 적어도 2차 세계대전 직후의 시기와 비교할 때 그 영향이 약화되었다는 것은 분명해 보인다.

이에 비해서 한국에서 계급정치적인 특성은 잘 나타나지 않았다. 정당 정치의 발전 과정이 서구와는 다른 경로를 거쳤고(강원택, 2011), 특히 한국전쟁과 냉전, 권위주의 지배체제를 거치면서 보수 이외의 정치세력의 형성이 억압되었기 때문이다. 민주화 이후에는 지역주의 정치의 부상과 함께 다른 균열들은 제대로 제도권 정치에 투영될 수 없었다. 따라서 한국 선거를 분석한 기존 연구에서의 결론은 한국 정치에서 계급 혹은 계층이 선거에 미치는 영향이 미미하거나 혹은 그러한 특성이 발견된다고 해도 계층과 정치이념 혹은 지지 정파 간의 관계는 서구 정치에서 나타나는 특성과는 상반된 방향이라는 것이었다. 예컨대 강원택(2003: 37~40)은 1997년 대통령선거 분석을 통해 저소득층이 상대적으로 더욱 '보수적'이며 '변화-안정'에서도 보다 안정 지향적이며 '복지비-국방비'에 대해서도 국방비에 대한 선호가 보다 큰 것으로 나타났다는 점을 지적했다. 이러한 점은 노무직-비노무직이라는 직업군에 대한 분석에서도 유사하게 확인되었는데 노무직이 비노무직 유권자에 비해 보수적, 안정 지향적이며, 국방비 지출을 선호하는 것으로 나타났다. 이러한 특성은 조중빈(1988), 박찬욱(1993), 이갑윤(1997) 등의 연구에서도 유사하게 확인된다. 2007년 대통령선거 분석에서도 박찬욱(2009: 104~105)은 저소득층은 이명박 후보를 더욱 지지하는 것으로 나타났으며, 직업군으로 분석할 때도 계급정치로 부를 만한 뚜렷한 특성을 발견하지 못했다. 또 다른 연구에서는 "계급 문제는 엄연히 존재하는데 민주적인 선거임에도 전반적인 계급 투표 현상이 확인되지 않는다. 선진 민주국가의 정치를 생각하면 이런 계급 문제는 진보적인 정치세력에 유리한 정치지형을 제공하지만 오히려 17대 대선에서는 보수정당의 후보에 유리한 상황이 전개되었다"(박찬욱·김경미·이승민, 2008: 220~221)고 결론 내렸다.

그러나 또 한편으로 한국 선거에서 계층 요인의 중요성을 강조하는 연구 결과도 적지 않았다. 정영태(1993: 176)는 1992년 대선 분석을 통해 "지역투표 성향과 전체 유권자들의 보수성이 계급투표 성향을 질식시킨 것"이라는 평가에 대체로 동의하면서도 "계급(층) 투표의 경향이 계급(층)에 따라서는 부분적으로 그리고 점차로 강화되면서 지역투표 성향을 극복하는 모습도 나타난다는 점과 보수화의 경향도 계급(층)에 따라 다르게 나타난다는 점을 놓쳐서는 안 된다"고 주장한다. 최영진 (2001: 159~162)은 16대 총선을 검토하면서 영호남 간의 지역균열을 지역 간 불평등 발전에서 유래된 만큼 한국 사회의 계급균열과 경계상 대부분 일치한다고 보았다. 그런데 한국 선거에서 계층 요인의 가능성을 인식하기 시작한 것은 2000년 국회의원선거 이후로 보인다. 박찬욱 (2000: 304)은 2000년 총선에서 서울 강남 아파트 지역에서의 한나라당 후보의 당선이나, 울산, 창원 등 공단 지역에서 노동자 후보의 선전 등을 지적하며 계층 혹은 계급 투표의 가능성에 대해서 주목했다. 신광영 (2004: 58~59) 역시 2004년 총선 이후 제한적 의미에서 계급 투표 등장 가능성을 언급했다. '노동자 밀집 지역으로 생활 경험을 공유하고 있고 노동 운동을 통한 노동계급 문화가 형성된 울산과 창원' 그리고 '중간계급과 자본가 밀집 지역으로 노동계급과는 다른 생활 경험을 공유하고 있고 소비와 여가활동에서 차이를 보이는 강남지역'과 같은 '사회적 차원에서 계급 형성이 어느 정도 이뤄진 곳'에서 계급투표가 나타났다고 보았다. 그리고 '지역구 선거에서 나타난 계급 투표 양상은 앞으로 전국적 현상으로 확대될 것'으로 보았다. 이러한 관점은 2004년 총선에서 민주노동당이 지역구에서 2석, 비례대표로 8석 등 모두 10석을 얻으면서 더욱 강화되었다. 그러나 강원택(2010: 145~168)은 2004년 총선 분석을 통해 민주노동당 투표자가 계층, 계급 정치적 특성을 보이지 않는다고 주장했다.

한편, 손낙구(2010: 19~20)는 부동산 계급 사회라는 관점에서 수도권의 주택 소유 여부를 기준으로 계층과 정파적 지지 간의 관계에 대한 방대한 연구를 행했다. 이 연구에서 그는 "서민들이 한나라당을 더 많이 찍는다며 이들을 '존재를 배반한 의식'의 소유자이자 '계급 배반 투표'를 일삼는 존재로 규정"하는 시각에 반대하며 "소득이 아닌 주택을 둘러싼 사람들의 처지, 즉 자산을 중심으로 계층 투표의 가능성"을 살펴본 결과 "계층과 투표행태의 관계는 거의 일차함수 형태의 높은 상관성"을 나타냈으며 "국민들은 자신이 가진 재산 정도에 따라 뚜렷하게 계층투표를 하고 있는 것"이라고 주장했다. 주택소유자와 아파트가 많은 동네일수록 한나라당에 투표하고, 셋방 사는 사람이 많고 아파트 비율이 낮은 동네일수록 민주당에 투표하는 비율이 높게 나타났다는 것이다. 손낙구의 연구는 조기숙(2010)이 지적한 대로, 방법론적으로 생태적 오류를 범할 수 있다는 한계가 있지만, 그럼에도 불구하고 '강남 유권자'의 등장이 상징하는 계층정치의 가능성을 보여주었다고 평가할 수 있다.

한편, 정한울(2011: 18~19)은 서울시의 무상급식 주민투표를 거치면서 계급/계층정치의 등장 가능성을 지적했다. 즉 2005년 노무현 정부 시기 계층별 정당 지지 패턴을 보면 뚜렷한 계급/계층정치의 패턴을 보기 힘들었지만, 2011년 8월 서울시 무상급식 주민투표를 거치면서 최소한 한나라당에 대한 정당 지지가 뚜렷한 계층/계급 간 차이를 나타내게 되었다고 주장했다. 즉 상위 계층일수록 보수적 성향의 한나라당을 지지하고 하위 계층일수록 한나라당 지지가 약화되는 경향이 나타났다는 것이다. 민주당에 대한 태도에서는 계층적 차이가 나타나지 않았는데 이러한 차이가 생겨난 이유는 한나라당의 경우 법인세 인하, 종합부동산세 완화 등 특정계층을 겨냥한 계급/계층정책을 지속적으로 추진하는 반면 민주당의 경우 일반적인 복지정책의 확대 이외에 타깃화된 계층/계급정책을 제시하지 못했기 때문으로 보았다.

이처럼 한국 선거에서 계급 혹은 계층의 영향은 논쟁적이지만 적어도 지역주의, 이념, 세대에 비해서는 뚜렷하고 강한 특성을 보이고 있지는 않다. 더욱이 계층과 지지정당, 계층과 이념 성향의 관계도 반드시 일관된 패턴을 나타내지 못했다. 그러나 2012년 선거에서는 사회 양극화 해결, 계층 간 격차 해소 등이 매우 중요한 이슈로 부각되었다. 과연 사회계층에 따라 상이한 후보 선택, 정파적 지지의 차이가 존재했을까?

3. 분석: 사회계층과 투표선택

1) 소득

계층별 투표행태를 분석하기 위해 우선 가계소득에 따라 계층을 구분해 보았다. 통계청이 밝힌 우리나라 2012년 3분기 평균 가계소득은 414만 2천 원으로 집계되었다.[2] 이 점에 유의하여 가계소득 400~499만 원 집단을 중간으로 보고 그 아래를 하위 계층으로, 그보다 소득이 높은 집단을 상위 계층으로 보고, 하(199만 원 이하), 중하(200~399만 원), 중(400~499만 원), 중상(500~699만 원), 상(700만 원 이상) 등 5개로 소득계층을 구분하였다. 그리고 이러한 구분에 따라 2012년 대선에서 박근혜, 문재인 두 후보에 대한 소득계층별 지지 정도를 살펴보았다. 〈표 4-1〉에서 볼 수 있는 것처럼 흥미로운 결과가 나타났다. 전체적으로 볼 때 하위 계층과 중하위 계층, 그리고 상위 계층에서 박근혜 후보에 대한 지지가 문재인 후보와 큰 격차를 보이며 높게 나타났다.

---

2 http://www.korea.go.kr/ptl/news/category/selectPolicyView.do?todayNewsId
=CNTNTS000631353402018828(검색일 2013/1/18)

〈표 4-1〉 소득 집단별 후보 지지

	소득별 후보 지지			소득별 후보 지지 (60대 이상 제외)		
	박근혜	문재인	n	박근혜	문재인	n
하	65.7	34.3	169	58.9	41.1	56
중하	57.8	42.2	462	51.6	48.4	370
중	47.3	52.7	203	46.5	53.5	187
중상	50.9	49.1	161	50.3	49.7	153
상	57.4	42.6	47	56.8	43.2	44
카이제곱	Pearson chi square = 15.0 p < 0.01			Pearson chi square = 3.6 p = 0.47		

특히 하위 계층에서는 무려 31.4 %의 차이를 보였다. 교차분석 결과도 통계적으로 유의미하게 나타났다.

그런데 소득과 연령별 관계를 살펴본 결과 하위 소득계층 가운데 무려 63%가 60세 이상 집단으로 나타났고 이 연령 집단의 73.5%가 박근혜 후보를 지지한 것으로 조사되었기 때문에3 소득 하위 집단에서 박근혜 후보에 대한 압도적 지지는 소득보다 연령별 선호가 반영된 탓으로 볼 수도 있다. 이런 점을 고려하여 60세 이상 유권자들을 제외하고 다시 소득 집단별로 후보 지지의 비율을 살펴보았다.4 〈표 4-1〉의 왼쪽 표와 비교할 때 오른쪽 표에서는 박근혜 지지의 집중도가 떨어진다는 것을 알 수 있으며 교차분석 결과도 통계적으로 유의미하게 나타나지 않았다. 그럼에도 불구하고 여전히 소득 집단별로 두 후보에 대한 지지의 패턴은 유사하게 나타났다. 중위 집단에서 문재인 후보에 대한 지지가 높았고 중상위 집단은 거의 동일한 비율로 나뉘었으며, 하위, 중하

---

3 이번 조사에서 나타난 주요 두 후보에 대한 연령집단별 지지도는 다음과 같다.

	19~29세	30~39세	40~49세	50~59세	60세 이상
박근혜	34.9	48.1	51.0	65.1	73.5
문재인	65.1	51.9	49.0	34.9	26.5
합계	100.0(152)	100.0(206)	100.0(239)	100.0(215)	100.0(234)

4 이번 조사의 1,200명의 표본 가운데 60대 이상은 245명으로 20.4%에 해당한다.

위, 상위 집단에서는 박근혜가 우세한 것으로 나타났다. 앞서 지적한 대로 사실 하위 소득 집단에서 보수적인 후보나 정당에 투표한다는 점은 이미 기존 연구에서 많이 지적되었던 것이기 때문에 이를 새로운 발견으로 보기는 어렵다. 오히려 여기서 주목할 점은 가장 소득이 높은 집단에서 박근혜 후보에 대한 지지가 높다는 점이다. 이는 계급정치 혹은 계층정치라는 측면에서 부합하는 현상이기 때문이다.

이런 특성을 더욱 자세히 알아보기 위해 이번에는 어떤 정당을 가깝게 생각하는지 소득에 따른 정당일체감을 분석했다. 〈표 4-2〉의 결과는 앞에서 본 후보 지지의 패턴과 매우 유사하다는 것을 알 수 있다. 소득 하위, 중하위 집단에서 새누리당에 대한 일체감이 높게 나타났다. 최상위 소득 집단에서도 새누리당에 대한 일체감이 확인되었다. 중위, 중상위 집단에서는 상대적으로 민주통합당에 대한 일체감이 높았다. 비록 교차분석 결과 통계적 유의미성이 확인되지는 않았지만, 60대 이상 유권자를 제외한 경우에도 유사한 패턴이 확인되었다. 즉 〈표 4-1〉과 〈표 4-2〉는 기존 연구에서 밝혀진 것처럼 저소득층의 보수 정당 지지의 경향을 다시 확인시켜 줄 뿐만 아니라 상위 소득 집단 역시 보수 정당 지지층이라는 사실을 보여준다.

〈표 4-3〉은 정당과 후보자들에 대한 호감도와 주관적 이념성향을 소득 집단별로 정리한 것이다. 우선 새누리당이나 박근혜에 대한 선호도가 소득이 올라갈수록 대체로 낮아지는 패턴을 보인다는 점에서 〈표 4-1〉이나 〈표 4-2〉의 결과와는 다소 상이한 모습을 보인다. 그러나 최상위 소득 집단을 중심으로 볼 때, 민주통합당에 대한 호감도는 중위 집단, 중상위 집단과 비교할 때 뚜렷이 낮으며 이는 문재인, 안철수에 대한 호감도에서도 유사하게 나타난다. 그런데 최상위 소득 집단의 보수성과 관련해서 주목할 점은 통합진보당이나 이정희 후보, 그리고 진

보정의당 등 좌파 정치세력에 대한 태도이다. 예외 없이 최상위 소득 집단에서 이들 좌파 정치세력에 대한 호감도가 매우 낮게 나타났다. 60 대 유권자를 제외한 분석에서 하위 소득 집단에서 이정희 후보에 대한 호감도가 가장 낮았지만, 이를 제외하면 상위 소득 집단에서 이들 정파

〈표 4-2〉 소득 집단별 정당일체감

	소득별 정당일체감			소득별 정당일체감 (60대 이상 제외)		
	새누리당	민주통합당	n	새누리당	민주통합당	n
하	69.3	30.7	150	66.7	33.3	48
중하	62.2	37.8	336	56.5	43.5	262
중	51.0	49.0	153	50.7	49.3	138
중상	52.0	48.0	125	51.7	48.3	118
상	62.2	37.8	37	60.6	39.4	33
카이제곱	Pearson chi square = 14.7 $p < 0.01$			Pearson chi square = 4.8 $p = 0.31$		

〈표 4-3〉 소득 집단별 정당, 정치인 호감도와 주관적 이념성향

		정당 호감도				후보자 호감도				이념 성향
		새누리	민주	진보	정의	박근혜	문재인	안철수	이정희	
A	하	58.9	48.4	30.9	24.5	66.8	51.3	44.3	*20.1*	5.85
	중하	53.2	49.9	33.6	27.9	63.6	55.8	49.7	22.1	5.18
	중	51.0	52.3	35.5	29.7	61.9	60.4	54.5	26.0	4.99
	중상	49.7	53.4	36.0	29.6	59.7	60.6	*57.6*	25.4	4.91
	상	48.4	49.2	*27.8*	*22.5*	58.9	58.4	53.8	*21.8*	*5.17*
	분산 분석	F = 5.4 $p<0.00$	F = 2.8 $p<0.05$	F = 3.1 $p<0.05$	F = 3.3 $p<0.05$	F = 3.3 $p<0.05$	F = 8.8 $p<0.00$	F = 9.1 $p<0.00$	F = 2.5 $p<0.05$	F = 7.6 $p<0.00$
B	하	52.9	47.1	30.5	26.0	62.3	52.8	52.1	*20.7*	5.29
	중하	50.6	50.9	34.9	29.1	60.7	57.3	51.8	23.6	4.89
	중	50.4	52.4	35.5	29.5	61.2	60.4	54.8	25.6	4.92
	중상	49.2	53.4	36.5	30.0	59.0	60.7	*58.7*	26.2	4.89
	상	47.5	49.7	*27.3*	*21.7*	58.2	60.0	55.5	*22.2*	*5.06*
	분산 분석	F = 0.6 $p = 0.69$	F = 2.1 $p<0.1$	F = 2.8 $p<0.05$	F = 2.3 $p<0.1$	F = 0.54 $p = 0.71$	F = 3.6 $p<0.01$	F = 2.8 $p<0.05$	F = 1.1 $p = 0.38$	F = 0.9 $p = 0.49$

A : 전체, B : 60대 이상 유권자 제외
정당, 후보자 호감도 : 0-가장 싫다, 100-가장 좋다
이념성향 : 0-가장 진보, 10-가장 보수

에 대한 거부감이 가장 크게 나타났다. 계층정치적 속성을 고려한다면 소득 상위 집단에서 좌파 계급 정당에 대해 강한 거부감을 갖는다는 것은 충분히 이해할 수 있는 일이다. 또한, 주관적으로 생각하는 본인의 이념성향에 대해서도 상위 소득 집단은 중위 및 중상위 소득 집단에 비교할 때 보수적이라는 사실을 알 수 있다.

〈표 4-4〉는 유권자 자신과 각 정당 및 후보자와의 이념 거리의 평균을 정리한 것이다. 하위 소득 집단은 새누리당과 박근혜 후보와 자신의 이념거리를 매우 가깝게 인식하는 것으로 나타났다. 중하, 중, 중상 집단은 대체로 민주통합당이나 문재인 후보와의 이념 거리를 상대적으로 가깝게 인식하는 것으로 나타났지만, 중위 및 중상위 소득 집단은 특히 안철수 후보와의 이념 거리를 가깝게 인식하는 것으로 드러났다. 상위 소득 집단은 좌파 정치 세력과의 이념적 거리를 매우 멀게 인식하는 것을 알 수 있다. 통합진보당과 이정희 후보와 상위 소득 집단 간의 이념 거리는 예외 없이 매우 큰 값으로 나타났다. 앞에서 본 것처럼 소득 상위 집단이 좌파 정치 세력에 대해 느끼는 적지 않은 거부감을 여기서도 다시 확인할 수 있다.

이제까지의 논의를 통해서 알 수 있는 사실은 소득 구분에 따른 집단별 정치 성향은 기존 대다수 연구 결과와는 달리 이중적인 특성을 지닌다는 것이다. 우선 하위 및 중하위 소득 집단의 보수성향은 이번 조사에서 유사하게 확인되었다. 저소득 유권자는 보수 정당 및 보수 후보에게 투표를 하고 정당일체감을 갖는다는 것이다. 그러나 더욱 흥미로운 사실은 소득 상위 집단 역시 보수적인 정치 성향을 갖고 있다는 점이다. 박근혜 후보나 새누리당에 강한 호감도를 갖는 것은 아니더라도, 이들은 스스로를 보수라고 생각하는 경향이 강하고 새누리당에 정당일체감을 가지며 박근혜 후보에게 표를 던진 이들이 많았다. 무엇보다 이

〈표 4-4〉 소득 집단별 유권자 자신과 각 정당 및 후보자와 이념 거리 평균

		새누리	민주	진보	박근혜	문재인	안철수	이정희
전체	하	2.05	2.45	2.95	1.79	2.68	2.79	3.78
	중하	2.45	2.03	2.50	2.35	2.07	2.19	3.13
	중	2.51	2.00	2.50	2.46	1.86	1.79	3.00
	중상	2.77	1.83	2.13	2.47	1.73	1.75	2.79
	상	2.69	2.53	*3.24*	2.65	2.31	2.07	*3.72*
	분산 분석	$F = 2.7$ $p < 0.05$	$F = 3.4$ $p < 0.01$	$F = 4.5$ $p < 0.01$	$F = 3.8$ $p < 0.01$	$F = 6.8$ $p < 0.00$	$F = 8.9$ $p < 0.00$	$F = 5.3$ $p < 0.00$
60대 이상 제외	하	2.45	2.41	2.54	2.03	2.52	2.59	3.45
	중하	2.68	1.84	2.30	2.56	1.89	1.97	2.87
	중	2.56	2.05	2.56	2.52	1.87	1.75	3.01
	중상	2.80	1.76	2.06	2.52	1.70	1.73	2.74
	상	2.63	2.47	*3.18*	2.63	2.25	1.94	*3.65*
	분산 분석	$F = 0.42$ $p = 0.79$	$F = 3.1$ $p < 0.05$	$F = 3.5$ $p < 0.01$	$F = 0.9$ $p = 0.45$	$F = 3.0$ $p < 0.05$	$F = 3.4$ $p < 0.01$	$F = 2.6$ $p < 0.05$

들은 통합진보당이나 진보정의당 등 좌파 계급 정당에 대한 거부감이 강한 것으로 나타났다. 이는 저소득층 유권자와는 달리 고소득층 유권자의 경우 그들의 계층적 이해관계에 보다 부합하는 정치적 정향을 갖게 되었으며, 전면적이고 폭발적인 형태는 아니더라도, 한국 선거에서 계층 혹은 계급정치가 점차 부상하고 있다는 사실을 보여주는 것이라고 할 수 있다.

그렇다면 이번에는 왜 저소득층 유권자가 진보 정당이나 후보가 아니라 보수 정당 혹은 보수적 후보에게 투표하고 일체감을 느끼는지에 대해서 살펴보기로 한다. 이를 위해 우리 사회에서 이념적 갈등의 요인이 되는 세 가지 차원, 즉 남북관계/대외정책의 반공이데올로기 차원, 시장/효율과 국가/형평의 경제적 차원, 자유지상주의-권위주의의 사회적 차원 등을 나타내는 12개의 이슈에 대한 소득 집단별 응답의 패턴에 대해서 분석했다.5 저소득층의 태도에 주목하기 위해 5개의 소득 집단을 하위/중하위와 중위/중상위/상위의 두 소득 집단으로 재분류하여

두 집단 간 응답의 차이를 보았다. 그 결과가 〈표 4-5〉에 정리되어 있다. 분석 결과 비교적 뚜렷한 경향이 확인되었다. 소득 기준 하/중하 집단과 여타 집단 간에 시각의 차이가 통계적으로 유의미하게 확인된 항목은 한미동맹 강화, 학교 체벌 허용, 집회 · 시위 보장 등 3개였다. 한미동맹 강화는 정치적 차원이며 학교 체벌 허용과 집회 · 시위 보장 등은 사회적 차원의 정책 이슈들이다. 이에 비해서 경제적 차원에서는 통계적으로 유의미한 차이를 보이지 않았다. 사회적 차원의 정책에 대해서 저소득층 유권자들은 학교 체벌 허용에 보다 찬성했고 집회 · 시위의 자유가 최대한 보장되어야 한다는 데 반대 의견이 높았다. 이러한 태도는 저소득층이 사회 질서 유지라는 가치를 중시하는 이들이라는 사실을 알게 해준다.

하이트(Haidt, 2012)는 왜 노동계급 유권자가 보수 정당의 후보에게 투표하는지 그 원인을 분석했다. 미국에서 레이건을 지지한 민주당원 (Reagan Democrats) 혹은 영국에서 보수당을 지지한 노동계급(working class Tory)이 어떻게 나타나는지에 대한 설명을 제시한 것이다. 그의 주장은 보수 정당이 문화적 이슈로 이들을 분노시켜 경제적 이해관계에 따른 투표를 하지 못하게 속인다는 것(the duping hypothesis)이다. 예컨대, 미국의 경우 동성애 이슈나 비영어권 이주자의 증대에 대한 두려움을 자극하는 민족주의 (예컨대, 우리는 반드시 영어를 미국의 공식 언어로 지킬 것이다 등) 등을 활용한다는 것이다. 또한 하이트는 이들에게 정치적 선택은 합리적 선택 이론에서 말하는 것처럼 상이한 정치적 상품 가운데 하나를 선택하는 쇼핑과 같은 것이기보다는 자신이 중요하게 생각하고 믿고 있는 가치를 지키려고 하는 종교와 같은 것이라는 점을 강조한다. 즉

5 이러한 이념 차원 분류에 대해서는 강원택(2010) 제7장을 참조할 것.

정치에서의 선택은 개인 이익이나 특정한 정책적 선호를 드러내는 것보다 애국주의(*patriotism*), 사회 질서(*social order*), 강한 가족(*strong family*), 개인의 책무(*personal responsibility*), 자유기업(*free enterprise*) 등 미국의 전통적 가치를 지켜야 한다는 도덕적 비전으로 간주한다는 것이다. 이러한 가치는 민주당보다 공화당과 같은 보수 정파가 더 잘 행할 수 있는 가치들이다. 따라서 그들은 개인 이익에 배치되는 형태로 투표하는 것이 아니라 자신의 도덕적 이해관계(*moral interest*)에 따라 투표한다는 것

〈표 4-5〉 각 정책 이슈에 대한 소득 집단별 태도

이슈	태도	하/중하	중/중상/상	교차분석
한미동맹 강화	찬성 반대	81.5 18.5	77.1 22.9	$\chi^2 = 3.4$ $p < 0.05$
국가보안법 폐지	찬성 반대	38.6 61.4	39.3 60.7	$\chi^2 = 0.1$ $p = 0.43$
한미 FTA 재협상	찬성 반대	73.3 26.7	76.4 23.6	$\chi^2 = 1.4$ $p = 0.13$
대북지원 확대	찬성 반대	35.3 64.7	35.7 64.3	$\chi^2 = 0.0$ $p = 0.46$
성장보다 복지	찬성 반대	52.2 47.8	50.1 49.9	$\chi^2 = 0.5$ $p = 0.26$
비정규직 기업자율	찬성 반대	40.3 59.7	37.3 62.7	$\chi^2 = 1.0$ $p = 0.17$
고소득자 세금증대	찬성 반대	91.1 8.9	91.6 8.4	$\chi^2 = 0.1$ $p = 0.42$
공기업 민영화	찬성 반대	42.7 57.3	38.1 61.9	$\chi^2 = 2.4$ $p = 0.07$
학교 체벌 허용	찬성 반대	76.6 23.4	69.7 30.3	$\chi^2 = 7.0$ $p < 0.01$
대체복무제 허용	찬성 반대	33.4 66.6	30.0 70.0	$\chi^2 = 1.5$ $p = 0.12$
사형제 폐지	찬성 반대	23.8 76.2	23.0 77.0	$\chi^2 = 0.1$ $p = 0.40$
집회시위 자유보장	찬성 반대	70.9 29.1	80.0 20.0	$\chi^2 = 12.6$ $p < 0.00$

이다. 프랑크(Frank, 2012) 역시 경제적으로 어려운 미국 중서부가 왜 공화당 일색인지에 대한 원인으로 보수 정파가 낙태, 동성애, 진화론, 총기 소유 문제와 같은 종교적, 문화적 이슈에 대한 유권자의 관심을 이끌어내고 있다는 점을 지적했다.

> 그가 공화당으로 전향한 가장 큰 이유는 낙태 문제였다. … 그 지역 주민들은 공화당의 경제 정책 때문에 자신들이 사는 도시의 산업과 노동조합이 황폐해지고 이웃들의 삶이 곤궁해졌는데도 경제 문제는 거들떠보지도 않았다. 엉뚱하게도 문화적 문제들을 비난하고 새삼스레 기독교 윤리를 내세우며 낙태 반대를 주장하는 극우 공화당 의원의 편을 들었다. … 무엇보다 안타까운 것은 경제 상황이 점점 더 악화되면 될수록 주민들은 점점 더 냉소적이 되고 훨씬 더 보수적으로 바뀌어간다는 사실이다(Frank, 2012: 13~14).

이런 설명은 한국 선거에서 저소득층 유권자들의 투표행태와 관련해서도 적용해볼 수 있을 것이다. 설사 진보 정당이 사회적 부의 재분배와 같이 경제적 이해관계에서 저소득층 유권자들에게 보다 유리한 정책을 펼칠 수 있다고 해도 우선적으로 이들이 선거에서 중요하게 생각하는 것은 개인의 이익이나 경제적 이해관계보다 '사회적, 문화적 가치'를 중시하기 때문에 보수 정당이나 후보를 지지하는 것으로 볼 수 있다. 앞의 〈표 4-4〉에서 본 대로 저소득층 유권자들은 한미 동맹의 강화처럼 과거의 반공이데올로기와 관련된 남북관계/대외정책, 그리고 사회적 차원에서 '법과 질서'의 강조와 같은 보수적 태도를 취하고 있다. 그런 점에서 볼 때 이들은 사회적 부의 재분배와 같은 경제적 차원에서의 이해관계보다 강한 안보, 법과 질서의 강조 등의 사안에 관련한 이해관계를 더욱 중시한다고 볼 수 있을 것 같다.

2) 직업

　사회계층에 따른 투표선택의 차이를 소득 이외에 다른 관점에서 살펴보기 위해서 이번에는 직업을 기준으로 2012년 대선에서의 계층별 투표행태에 대해서 분석해보기로 한다. 이를 위해 직업군을 영국의 예를 참조하여6 5개 집단으로 구분했다. '전문가 및 관련 종사자', '임직원 및 관리자'를 A 집단으로 하고, '일반 행정 사무 등 사무 종사자'를 B 집

---

6 영국에서 행하는 사회조사에는 공식적으로 계급 구분을 행하고 있다. 영국에서 현재 사용되는 계급 분류는 다음의 표에서 보는 것과 같다(이하 강원택·정병기, 2006: 14~19). 통계청에서 행하는 공식 조사는 모두 8개의 계급 군으로 나누고 있으며, 보다 일반적으로 통용되는 IPA 구분은 6개의 계급 군으로 나눈다. 표의 왼쪽 부분은 2001년부터 영국 통계청(*Registrar General*)에서 사회경제 인구센서스(NS-SEC)에 사용하고 있는 계급 구분으로, 2001년 이전에는 5개의 계급으로 분류하였다. 오른쪽 분류는 일반적으로 보다 많이 통용되는 계급 구분으로 언론에서도 이 분류를 따른다. 원래는 광고업계에서 소비의 목표 집단을 구분하기 위해 고안된 것으로 the Institute of Practitioners in Advertising(IPA)의 분류로 불린다. 〈표 4-6〉의 IPA 계급 구분에서 일반적으로 Class A, B가 중산계급을 나타내며, Class A, B와 C1까지를 화이트칼라, 즉 비노동 계급으로 구분할 수 있다. 반면 C2, D는 노동계급을 나타낸다.

〈표 4-6〉 영국의 계급 구분

공식 통계용 구분 (2001년 이후)*		IPA 구분**	
Class 1	고위 관리직과 전문직	Class A	고위 관리, 행정, 혹은 전문직
Class 2	하위 관리직과 전문직	Class B	중간 관리, 행정 혹은 전문직
Class 3	중간 직업군	Class C1	감독직, 사무직, 하위 관리직, 행정 혹은 전문직
Class 4	중소자영업자	Class C2	숙련 육체노동자 (*skilled manual workers*)
Class 5	하위 감독직(*supervisory*), 수공업자(*craft*)와 관련 직업군	Class D	준숙련(*semi-skilled*), 미숙련(*unskilled*) 육체노동자
Class 6	준임시직, 준일용직(*semi-routine* 직업군) 가게 점원 등	Class E	기타 소득이 없는 연금 수혜자, 독신, 장기실직자, 임시직 혹은 최하위직 노동자(*casual or lowest grade workers*)
Class 7	임시직, 일용직 (*routine occupations*) 웨이터, 도로 청소부 등		
Class 8	무직, 장기간 실직		

단으로, '서비스 종사자' 및 '판매 종사자'를 C 집단으로, '기능 및 숙련공'을 D 집단으로, 그리고 '단순 노무, 기계조작, 조립'을 E 집단으로 구분했다.7 이들 다섯 집단 중 A-B는 화이트칼라, D-E는 블루칼라, 그리고 C는 중간 집단의 성격을 지닌다고 볼 수 있을 것이다. 실제로 물질주의-탈물질주의 분류를 위한 질문에서도 D, E 집단이 물질주의적 성향이 보다 강하게 나타났다. 경제성장-방위력 증강 대 개인의 참여와 발언권 확대-환경 개선 중 탈물질주의 항목인 후자에 대한 제 1 선호 응답의 비율은 D, E 집단에서 각각 12.9%, 13.0%로 낮게 나타난 반면, A, B, C 집단은 각각 30.0%, 23.3%, 19.5%로 나타났다. 또한 물가/인플레 억제-사회질서 유지 대 언론자유-국민의견 수렴 중 탈물질주의 항목인 후자에 대한 제 1 선호의 비율은 D, E 집단에서 각각 17.2%, 18.8%인 데 비해 A, B, C 집단에서는 26.7%, 28.6%, 27.8%로 차이를 보였다. 그런 점에서 볼 때, D, E 집단을 블루칼라 집단으로 함께 간주하는 것에 큰 무리는 없을 것이다. 이런 분류에 따라 우선 이들 각 직업군에 따른 후보지지 패턴에 대해서 알아보았다.

〈표 4-7〉에서 볼 수 있듯이 직업별로 후보자 지지에 차이가 나타났다. 전문가, 임직원, 관리자 집단의 52.9%가 박근혜 후보를 지지한 반면, 문재인 후보는 47.1%였다. 그러나 화이트칼라, 행정직에서는 문재인 후보가 53.1%로 46.9%의 박근혜 후보 지지보다 높았다. 문재인 후보에 대한 지지는 기능, 숙련공 집단에서 가장 높게 나타났는데, 59.3%가 문재인 후보를 선택한 반면 40.7%만이 박근혜 후보에게 표를 던졌다. 한편, 서비스, 판매종사자의 62.6% 그리고 단순노무, 기계조작조립 집단의 65.1%는 박근혜를 지지한 것으로 나타나 문재인 후보 지지와 큰

---

7 농림어업종사자, 학생, 주부, 기타 등은 제외했다.

<표 4-7> 직업군에 따른 후보 지지

	박근혜	문재인	n	카이제곱
A 전문가, 임직원, 관리자	52.9	47.1	51	
B 화이트칼라, 행정직	46.9	53.1	128	Pearson Chi
C 서비스, 판매종사자	62.6	37.4	377	square = 20.9
D 기능, 숙련공	40.7	59.3	81	p<0.00
E 단순노무, 기계조작조립	65.1	34.9	63	

<표 4-8> 직업군에 따른 정당일체감

	새누리당	민주통합당	n	카이제곱
A 전문가, 임직원, 관리자	60.5	39.5	43	
B 화이트칼라, 행정직	48.9	51.1	90	Pearson Chi
C 서비스, 판매종사자	65.0	35.0	283	square = 10.8
D 기능, 숙련공	49.3	50.7	67	p<0.05
E 단순노무, 기계조작조립	61.8	38.2	55	

차이를 보였다. 흥미로운 점은 화이트칼라에 속한다고 할 수 있는 A, B 집단과 블루칼라로 볼 수 있는 D, E 집단에서의 후보 지지가 각각 상이하게 나타났다는 사실이다. 이런 점을 보다 분명하게 확인하기 위해서 이번에는 직업군에 따른 정당일체감에 대해서 살펴보았다. <표 4-8>에서도 <표 4-7>에서 본 것과 유사한 패턴이 확인된다. A, C, E 집단은 새누리당을 보다 가깝게 느끼는 비율이 높은 반면, B, D 집단은 상대적으로 민주통합당에 대한 정당일체감의 비율이 높았다.

　이러한 분석 결과는 일단 한국 선거 정치에서도 직업군에 따른 정치적 성향과 정파적 선호도의 차이가 존재한다는 것을 보여준다. 그러나 여기서 알 수 있는 보다 중요한 점은 그것이 전통적인 서구의 계급정치의 특성과는 다르며, 화이트칼라 혹은 블루칼라라고 해서 동질적인 정치적 속성을 갖는 하나의 집단으로 볼 수 없다는 것이다. 즉 서구 산업 사회에서 등장한 계급정치적 속성에 따라 한국 선거 정치를 노동자 대

중산층, 혹은 블루칼라 대 화이트칼라와 같은 이분법적인 형태로 간주해서는 안 된다는 점을 〈표 4-7〉과 〈표 4-8〉의 결과에서 확인해볼 수 있다.

그렇다면 이번에는 일반적으로 계급정치에서 중요하게 다뤄지는 정부 예산 지출과 관련된 태도의 차이에 대해서 살펴보기로 한다. 〈표 4-9〉의 8개 항목에 대한 정부의 공공 지출이 확대되면 세금 인상이 불가피하고, 반대로 공공 지출이 축소되면 서비스의 축소가 불가피하다. 8개 중 보건/의료비, 교육, 국방, 복지 네 항목에서 분산분석 결과 통계적으로 유의미한 결과가 나타났다. 그런데 주목할 점은 유사한 계층이라고 해도 각 항목별 응답 방식은 각기 다르게 나타났다는 점이다. A-B 집단을 보면, 교육과 국방에 대해서는 비교적 유사한 응답 패턴을 보였는데 교육에 대해서는 공공 지출 확대를 선호하는 반면, 국방 분야에 대한 지출에는 소극적인 입장을 보였다. 그러나 보건/의료비와 복지에 대해서는 A, B 두 집단 간에 매우 뚜렷한 시각의 차이를 보인다. 전문가/임직원/관리자 집단에서는 보건/의료비와 복지비 지출의 확대를 선호하는 반면, 화이트칼라/행정직 집단에서는 이에 대한 태도가 매우 소극적인 것으로 나타났다. 한편, D, E 집단의 응답 형태도 서로 다르게 나타났다. 전체적으로 단순노무/기계조작조립 집단은 기능/숙련공 집단에 비해 공공 예산 지출의 확대를 더욱 선호하는 것으로 나타났다. 통계적인 유의미성이 확인된 네 항목에서 모두 E 집단의 평균이 D 집단보다 작게 나타났다. E 집단이 사회경제적으로 가장 어려운 입장이라는 점을 감안할 때 이는 수긍할 수 있는 결과라고 할 수 있다. 다만 여기서 지적하고자 하는 것은 물질주의적 속성을 지닌 노동계급으로 함께 분류할 수 있다고 해서 그들 간의 이해관계나 정책적 선호가 반드시 일치하지는 않는다는 점이다. 결국 〈표 4-9〉의 분석은 앞에서 살

<표 4-9> 정부 예산 지출 확대/축소에 대한 직업군에 따른 태도 (평균)

	보건/의료비	교육	실업 급여	국방	노인 연금	기업과 산업	경찰 및 치안	복지
A	2.39	2.31	2.86	2.91	2.63	2.89	2.57	2.44
B	2.73	2.49	3.12	2.80	2.79	3.09	2.58	2.64
C	2.61	2.54	2.97	2.67	2.65	2.95	2.58	2.48
D	2.74	2.74	2.90	2.77	2.74	3.05	2.72	2.49
E	2.55	2.65	2.97	2.58	2.49	3.09	2.53	2.25
분산 분석	$F = 2.4$ $p < 0.05$	$F = 2.9$ $p < 0.05$	$F = 1.5$ $p = 1.9$	$F = 2.3$ $p < 0.1$	$F = 1.8$ $p = 0.13$	$F = 1.3$ $p = 0.26$	$F = 0.8$ $p = 0.52$	$F = 2.5$ $p < 0.05$

1-(세금인상이 있더라도) 지금보다 더 많이 지출해야 한다
2-(세금인상이 있더라도) 지금보다 다소 더 많이 지출해야 한다
3-지금과 동일하게 지출해야 한다
4-지금보다 다소 더 적게 지출해야 한다
5-지금보다 매우 더 적게 지출해야 한다

펴본 것과 마찬가지로 계층 혹은 계급을 이분법적으로 단순화해서 각 집단의 정치적 성향을 구분하려고 하는 것이 적절하지 않다는 사실을 다시 확인시켜 주고 있다.

이상에서의 논의를 토대로 <표 4-10>에서와 같은 이항 로지스틱 분석을 실시하였다. 모두 네 가지 모형을 설정했는데, 모형 1은 기본 모형으로서 그동안 한국 선거에서 중요한 영향을 미쳐 온 연령, 지역, 이념 등 세 범주를 포함했다. 분석 결과, 그동안 연구 결과와 유사하게 연령이 높을수록, 대구/경북 지역에 거주할수록, 이념이 보수적이고 새누리당과 이념거리가 가까울수록 민주당과의 이념거리가 멀수록 박근혜에 대한 지지의 확률이 높아지는 것으로 나타났다. 그러나 부산/경남 지역 거주 여부는 통계적인 유의성이 확인되지 않았다. 모형 2에는 기본 모형에 직업 변수를 포함하였다. 다른 변수들의 영향은 모형 1과 유사하게 나타났고, 이들 변수를 통제한 상황에서도 직업의 차이가 투표행태에 영향을 미치는 것으로 나타났다. 숙련기능/단순노무직, 곧 육체노동자 집단과 비교할 때 서비스 및 판매 직종 종사자들은 박근혜

를 지지할 확률이 상대적으로 높게 나타났다. 모형 3은 기본 모형에 소
득 변수를 포함한 것이다. 여기서도 다른 변수들은 모형 1과 유사하게
나타났고 이들 변수들을 통제한 상황에서 소득별 차이는 부분적으로
투표선택에 영향을 미치는 것으로 나타났다. 고소득층 유권자에 비해
서 중위 소득층 유권자들은 문재인을 선택할 확률이 상대적으로 높은
것으로 확인되었다. 모형 4는 기본 모형에 직업과 소득을 모두 포함한
것이다. 여기서는 직업은 통계적 유의미성이 확인되지 않았지만 소득
에서는 모형 3과 유사한 영향이 발견되었었다. 이상에서 살펴본 대로
소득이나 직업과 같은 계층 요인이 투표선택에 영향을 미친다는 사실
은 〈표 4-10〉의 분석에서도 확인되었다. 다만 그러한 영향은 서구 정
치에서 발견되는 것과 같은 일관된 패턴이나 방향으로 나타나고 있지

〈표 4-10〉 이항 로지스틱 분석

범주	변수	모형 1 (기본)		모형 2 (직업)		모형 3 (소득)		모형 4 (종합)	
		B	Exp(B)	B	Exp(B)	B	Exp(B)	B	Exp(B)
	연령	0.03^1	1.03	0.04^1	1.04	0.03^1	1.03	0.03^1	1.04
지역	부산경남	-0.02	1.02	-0.06	0.94	-0.02	0.99	-0.04	0.96
	대구경북	1.91^1	6.77	1.92^1	6.82	1.94^1	6.99	1.96^1	7.08
	광주호남	-2.44^1	0.09	-2.30^1	0.10	-2.42^1	0.09	-2.28^1	0.10
이념	본인이념	0.23^1	1.25	0.22^1	1.25	0.23^1	1.26	0.22^1	1.25
	새누리이념거리	-0.34^1	0.71	-0.36^1	0.70	-0.34^1	0.71	-0.36^1	0.70
	민주이념거리	0.22^1	1.24	0.18^1	1.20	0.21^1	1.24	0.19^1	1.20
직업	임원/화이트칼라			0.46	1.59			0.42	1.52
	서비스판매			0.55^2	1.74			0.54	1.72
소득	하위					-0.21	0.81	-0.18	0.84
	중위					-0.49^3	0.61	-0.35^3	0.71
상수		-1.87^1				-1.65^1		-2.05^1	
		Nagelkerke R^2 =0.46 분류정확 77.2%		Nagelkerke R^2 =0.46 분류정확 77.6%		Nagelkerke R^2 =0.46 분류정확 77.4%		Nagelkerke R^2 =0.46 분류정확 77.6%	

종속변수: 문재인 0, 박근혜 1
직업 기준 범주는 기능숙련/단순노무직. 소득 기준 범주는 상위(가계소득 500만 원 이상).

는 않다는 사실도 확인할 수 있다. 그럼에도 불구하고 2012년 대선에서 계층적 입장에서 따라 지지후보의 선택이 달라졌다고 하는 사실이 확인된 것은 의미 있는 일이며, 향후 선거에서 어떤 형태로 변화해 나갈지 지켜보아야 할 필요가 있다.

4. 나가며

이 연구는 2012년 대통령선거에서 사회계층에 따라 투표선택에 차이가 존재하는지 그렇다면 어떻게 달라지는지에 대해서 분석했다. 여기서는 사회계층을 소득과 직업의 두 가지 기준에 의해 구분하고 각각의 경우에 대해 살펴보았다. 우선 소득별로 후보 선택과 정당일체감을 분석해본 결과 소득 집단별로 정치적 성향과 투표선택의 차이가 존재한다는 사실이 확인되었는데, 이와 관련하여 크게 두 가지 특성을 지적할 수 있다. 기존 선거 연구에서 반복적으로 지적된 것처럼 저소득층의 보수성은 이번 조사에서도 확인되었다. 소득에 따라 구분한 5개의 집단 가운데 하위, 중하위 소득 집단에서 박근혜 지지, 새누리당에 대한 정당일체감이 더욱 높게 나타난 것이다. 그러나 이와 함께 이 연구에서는 상위 소득 집단의 보수성도 함께 확인했다. 이들 역시 박근혜 지지와 새누리당에 대한 정당일체감이 높게 나타난 것이다. 특히 이들 상위 소득 집단은 통합진보당, 진보정의당, 이정희 후보 등 좌파 계급 정당에 대해 강한 적대감을 나타낸다는 점에서, 계급정치 혹은 계층정치의 경향성을 보여준다. 한편, 하위/중하위 소득계층의 이른바 '계급 배신투표'는 특히 사회질서 이슈와 같은 전통적인 보수 정당의 어젠다에 동의하기 때문으로 나타났다. 하이트(Haidt, 2012)가 말한 대로, 이들은 계층에 따른 경제적 이해관계보다 사회적 질서의 유지와 같은 일종의 도덕적 이해관계(moral interest)를 중시한다고 볼 수 있을 것이다.

한편, 직업별 분류에 의한 분석에서는 서구 정치에서 발견할 수 있는 이분법적인 계급정치의 특성은 우리 선거 정치에는 잘 적용되지 않는다는 점을 확인할 수 있다. 이 연구에서 확인한 주목할 만한 특성은 노동계급에 포함된 집단이라고 해도 그 하위 집단별로 정치 성향이나 정파적 지지에서 차이를 보였으며, 화이트칼라로 규정할 수 있는 직업 군 내에서도 하위 집단별로 서로 상이한 정치적 특성을 보였다는 점이다. 다시 말해 노동 대 자본, 노동 대 중산층, 혹은 블루칼라 대 화이트칼라와 같이 두 개의 경쟁 집단으로 단순화된 유형 구분보다는 우리의 경우에는 더욱 세부적인 직업별 투표 성향의 유형화가 필요한 것이다.

무엇보다 이 연구의 의미는 그동안 '한국 예외주의'처럼 사회계층이라는 변수가 투표행태에 미치는 영향은 '계급 배신'과 같이 역전된 형태로만 다뤄져 온 것에 대해 새로운 변화의 경향을 제시한 데서 찾을 수 있다. 적어도 상위 소득 집단의 경우에는 계급적 조건에 맞는 정치적 선택을 행하고 있음을 볼 수 있었기 때문이다. 이러한 특성을 더욱 분명하게 확인하기 위해서는 소득이나 직업군 등 사회계층을 효과적으로 측정할 수 있는 방법론적 진전이 필요할 것으로 보인다.

참고문헌

강원택(2003), 《한국의 선거정치: 이념, 지역, 세대와 미디어》, 푸른길.

_____(2010), 《한국 선거정치의 변화와 지속: 이념, 이슈, 캠페인과 투표 참여》, 나남.

_____(2011), "한국에서 정치 균열 구조의 역사적 기원: 립셋-록칸 모형의 적용", 〈한국과 국제정치〉 27(3): 99~130.

강원택·정병기(2006), 《이념 갈등과 사회통합: 영국과 독일의 경험을 중심으로》, 한국여성개발원.

박찬욱(1993), "제14대 국회의원 총선거에서의 정당지지 분석", 이남영 편, 《한국의 선거 I》, 67~115쪽, 나남.

_____(2000), "4·13 총선의 정치적 의의", 한국정당정치연구소 편, 《4·13 총선: 캠페인 사례연구와 쟁점 분석》, 295~315쪽, 문형.

_____(2009), "Effects of Social and Ideological Cleavages on Vote Choice in the Korean Presidential Election of December 19, 2007", 〈현대정치연구〉 2(1): 85~121.

박찬욱·김경미·이승민(2008), "제17대 대통령선거에서 유권자의 사회경제적 특성과 이념 정향이 후보 선택에 미친 영향", 박찬욱 편, 《제17대 대통령선거를 분석한다》, 193~250쪽, 생각의 나무.

백준기·조정관·조성대(2003), "이데올로기와 지역주의, 그리고 2002년 대통령선거", 〈국가전략〉 9(4): 139~168.

손낙구(2008), 《부동산 계급사회》, 후마니타스.

_____(2010), 《대한민국 정치사회 지도: 수도권 편》, 후마니타스.

신광영(2004), "한국 진보정치의 존재조건", 〈역사비평〉 가을호, 68: 41~64.

조기숙(2010), "손낙구 씨의 '계급투표' 주장에 대한 또 다른 시각: 한국에서는 계층보다는 의식이 정치 좌우한다", 〈오마이뉴스〉(2010/10/3). http://www.ohmynews.com/NWS_Web/View/at_pg.aspx?CNTN_CD=A0001323729(검색일 2013/1/4).

조중빈(1988), "사회 계층과 정치의식", 〈한국정치학회보〉 22(2): 131~146.

정영태(1993), "계급별 투표행태를 통해 본 14대 대선", 이남영 편, 《한국의 선거 I》, 139~183쪽, 나남.

정한울(2011), "주민투표 이후 복지정국과 계급정치의 부상: 여당지지층의 박근혜 쏠림현상과 문재인 신드롬", EAI 여론브리핑 103. (2011/8/29).
http://www. eai. or. kr/data/bbs/kor_report/2011083117265764. pdf(검
색일 2013/1/6).
최영진(2001), "제 16대 총선과 한국 지역주의 성격", 〈한국정치학회보〉 35(1):
149~165.

Butler, David & Donald Stokes(1971), *Political Change in Britain*, London:
Penguin.
_____(1974), *Political Change in Britain: The Evolution of Electoral Choice*, 2nd
ed., London: Macmillan.
Crewe, Ivor, Bo Särlvik, & James alt. (1977), "Partisan Dealignment in
Britain 1964~1974", *British Journal of Political Science* 7(1): 29~90.
Dalton, Russel(2002), "Political Cleavages, Issues and Electoral Change",
In LeDuc, Niemi & Norris(eds.), *Comparing Democracies 2: New
Challenges in the Study of Elections and Voting*, pp. 189~209, London: Sage
Publications.
Franklin, Mark & Anthony Mughan(1978), "The Decline of Class Voting in
Britain: Problems of Analysis and Interpretation", *American Political
Science Review* 72(2): 523~534.
Haidt, Jonathan(2012), "Why Working-Class Vote Conservative", The
Guardian(2012/6/5).
http://www. guardian. co. uk/society/2012/jun/05/why-working-class-p
eople-vote-conservative(검색일 2013/1/11).
Frank, Thomas(2004), *What's the Matter with Kansas? Middle America's Thirty
Year War with Liberalism*, 김병순 역(2012), 《왜 가난한 사람은 부자를 위해
투표하는가: 캔자스에서 도대체 무슨 일이 있었나》, 갈라파고스.
Franklin, Mark(1985), *The Decline of Class Voting in Britain: Changes in the Basis of
Electoral Choice, 1964~1983*, Oxford: Clarendon Press.
Heath, A. R., Jowell, J. Curtice, G. Evans, J. Field & S. Witherspoon(1991),
Understanding Political Change: The British Voter 1964~1987, Oxford:
Pergamon Press.
Kirchheimer, Otto(1966), "The Transformation of the Western European
Party Systems", In J. LaPalombara & M. Weiner(eds.), *Political*

Parties and Political Development, pp. 177~200, Princeton: Princeton University Press.

Lipset, Samuel & Stein Rokkan (1967), "Cleavage Structures, Party Systems and Voter Alignments: An Introduction", In Lipset & Rokkan (eds.), *Party Systems and Voter Alignments*, pp. 1~64, New York: Macmillan.

Mair, Peter (1997), *Party System Change: Approaches and Interpretations*, Oxford: Oxford University Press.

Panebianco, Angelo (1988), *Political Parties: Organization and Power*, Cambridge: Cambridge University Press.

Pulzer, P. G. (1967), *Political Representation and Elections*, London: Allen & Unwin.

Scarrow, Susan, Paul Webb, & David Farrell (2000), "From Social Integration to Electoral Contestation: The Changing Distribution of Power within Political Parties", In Dalton & Wattenburg (eds.), *Parties without Partisans: Political Change in Advanced Industrial Democracies*, pp. 129~153, Oxford: Oxford University Press.

05 세대균열에 대한 고찰
세대효과인가, 연령효과인가*

노환희 · 송정민

1. 들어가며

　지난 2012년 대통령선거에서 나타난 흥미로운 현상 중 하나는 세대별 투표율에 대한 것이다. 그간 한국 선거 정치에서의 일반적인 상식은 투표율이 전체적으로 높아지면 상대적으로 투표율이 저조했던 젊은 유권자들의 선거 참여가 높아진다는 것이었다. 실제로 2007년 대선, 2008년 총선에서 20~30대 유권자의 기록적인 낮은 투표율은 젊은 층의 정치 전반에 대한 회의감, 무관심을 잘 보여주었다.1 이번 2012년 대통령선거에서는 전체 투표율이 75.8%로 63%였던 2007년 대통령선

---

* 이 논문은 〈한국정당학회보〉 12권 1호에 게재한 논문을 수정·보완한 것입니다.
1 중앙선거관리위원회(2008a; 2008b)의 투표율 분석 자료에 따르면, 전체 평균 투표율이 63.2%였던 2007년 대선에서 20대는 47.2%, 30대는 55.1%의 투표율을 기록하였으며, 2008년 총선에서 전체 평균 투표율은 46.3%, 20대는 28.5%, 30대는 35.5%를 기록하였다.

거에 비해 12.8%나 높아졌지만, 이를 두고 젊은 유권자의 참여 증대의 결과로 보기는 어렵다. 선거 출구 조사에 의하면 50대 유권자의 89.9%가 투표에 참여한 것으로 나타나 전 연령층 가운데 가장 높은 투표율을 기록한 반면, 20대의 투표율은 평균보다 약 10% 낮은 65.2%에 그쳤다(〈오마이뉴스〉, 2012/12/21). 이러한 현상은 한국 선거에서 세대 변수의 영향력에 대해 새롭게 주목하게 하는 계기를 마련했다.

더욱이 이는 연령대별 유권자 비율의 변화와 함께 중요한 의미를 지니게 되었다.2 10년 전 선거와 비교할 때 전체 유권자 중 12.9%에 불과했던 50대 유권자의 비율이 2012년 대선을 앞두고는 약 6.3% 증가한 반면, 20대, 30대 유권자의 비율은 각 5%씩 감소했기 때문이다. 만일 2012년 선거에서 고연령 유권자의 정치적 선택이 2002년 이후 10년이라는 시간의 경과와 함께 '연령효과'에 따라 나이를 먹어가면서 보수화되었다고 본다면, 이미 인구 구성상 다수를 차지하게 된 이들은 향후 선거에서도 큰 영향력을 행사할 수밖에 없다. 따라서 향후 한국 선거가, 서구 정당 정치에 대한 와텐버그(Wattenberg, 2007: 159)의 표현처럼, "나이 많은 사람들의, 나이 많은 사람들에 의한, 나이 많은 사람을 위한 정부"(a government of older people, by older people, and for older people)로 변화할 가능성도 있는 것이다.

---

2 다음의 〈표 5-1〉은 행정안전부가 발표한 각 선거별 선거인수 자료를 참조하여 재구성한 것이다(〈문화일보〉, 2002/12/14; 〈한국경제〉, 2012/11/23).

〈표 5-1〉 16대 대선과 18대 대선에서의 연령대별 유권자 구성 비율

	2002년 16대 대선	2012년 18대 대선
20대	23.2%(810만 명)	18.1%(733만 명)
30대	25.1%(879만 명)	20.1%(815만 명)
40대	22.4%(784만 명)	21.8%(881만 명)
50대	12.9%(452만 명)	19.2%(778만 명)
60대 이상	16.4%(572만 명)	20.8%(842만 명)

그러나 사실 최근 한국 선거 연구에서 세대 변인은 이와 같은 연령효과보다는 세대효과에 주목하거나, 연령효과와 세대효과가 구별되지 않은 채 논의되는 경우가 많았다. 세대 요인에 대한 적지 않은 연구는 왜 2002년 대선 그리고 그 이후의 선거에서 이른바 '386세대'가 어떤 이유에서 고유한 정치적 성향을 보이는지 그 원인을 찾고자 했다. 그러나 특정 세대의 고유한 정치적 성향을 설명하기 위해서는, 무엇보다 한 번의 선거를 대상으로 한 단면적이고 정태적인 분석을 넘어 장기적인 시간의 변화 속에서 세대별 정치적 특성과 차이를 찾아보는 것이 중요하다. 그런 점에서 볼 때 '연령효과'와 '세대효과'의 영향을 시간의 흐름 속에서 그 변화의 추이와 차이에 대해 살펴볼 필요가 있다.

실제로 18대 대선 결과가 나온 이후 이루어진 연령과 세대에 대한 무성한 논의에도 불구하고, 정작 연령/세대의 영향력에 대한 학술적이고 이론적인 분석은 부재하다. 따라서 이 연구는 먼저 연령/세대가 18대 대선에서의 투표행태와 정치적 태도에 미친 영향력을 통계적으로 분석하고, 1997년 15대 대선, 2002년 16대 대선, 2007년 17대 대선, 그리고 2012년 18대 대선에서 나타난 연령/세대별 투표행태와 정치적 태도의 시계열(time-series)적 비교분석을 통해 연령효과와 세대효과의 존재를 추적하고자 한다. 분석에 사용된 자료는 한국사회과학데이터센터의 〈제 15대 대통령선거 조사연구〉, 〈제 16대 대통령선거 조사연구〉, 〈제 17대 대통령선거 조사연구〉와 서울대 한국정치연구소의 '정치와 민주주의에 관한 의식 조사'이다.

2. 기존 문헌 검토

1) 연령효과와 세대효과

일반적인 정치적 담론에서, '연령'과 '세대'는 뚜렷한 의미의 구분 없이 사용되고 있는 것이 사실이다. 연령을 일정한 연령대를 기준으로 집단화할 경우, 예컨대 19세~29세 사이의 연령대의 유권자를 '20대'라는 이름으로 명명할 경우, 일반적인 정치적 담론에서는 마치 그것이 '세대'인 것처럼 해석된다. 이에 따라 이른바 '세대 갈등'이라는 것은 20대와 50~60대라는 연령대 간의 갈등으로 해석되는 것이 보통인데, 학술적인 의미에서 세대균열, 세대 갈등의 개념은 연령효과(age effect)와 세대효과(generation effect)로 분명하게 구분되어 사용된다.

연령효과란 '생의 주기 효과'(life cycle effect)로도 불리는데, 유권자들은 나이가 들어감에 따라 정치적 의식과 행태의 풍화작용(aging effect)을 겪게 된다는 것이다. 여기서는 특정한 기간 동안의 정치적 사건의 영향력보다는 자연 연령의 증가에 따른 유권자의 생물학적 및 사회학적 성숙 과정에 더 큰 의미가 부여된다. 정치적 성향에서 연령효과의 전통적인 가설은 '나이가 들수록 보수적인 사회·정치적 태도를 갖게 된다'(Coale, 1964; Berelson & Steiner, 1964)는 것인데, 그 원인에 대해서는 '물질적 부의 축적'(Binstock & Quadagno, 2001)이나 결혼과 육아 과정에서 나타나는 '권위주의적 성향의 획득'(Altemeyer, 1988; Danigelis & Cutler, 1991) 등이 제시된다. 이와 별개로 연령효과는 '정당일체감'과 '투표율'의 측면에서도 주목되는데, 나이가 들수록 이전의 경험의 축적에 따라 과거에 비해 강한 정당일체감(특히 거대 정당)을 가지게 되고, 높은 투표율을 보인다는 것이다(Crittenden, 1962; Barnes, 1989).

반면 세대를 자연 연령과 별개로 인식하는 시각에서는 한 세대가 공유하게 되는 가치 정향과 태도의 중요성을 강조한다. 특히 세대효과에 주목하는 연구자들은 동일한 세대가 유사하게 경험한 정치사회화 과정을 중시하고 이 기간 동안의 경험이 해당 유권자의 일생에 걸쳐 지속적으로 영향을 미친다고 주장한다(Mannheim, 1952; Hyman, 1959; Ryder, 1965; Keniston, 1969; 1970; Lambert, 1972; Abramson, 1975; Rintala, 1979). 즉, 세대효과는 각 세대가 겪는 독특한 사회적, 문화적, 정치적 경험('정치사회화'의 공유된 경험)으로 생성된 그 세대 특유의 정치적 성향이 일생 동안 지속되는 것을 의미한다(Jennings & Niemi, 1981). 정치적 성향의 세대효과의 대표적인 예로는 1930년대 초반에 젊은 시절을 보낸 미국 '뉴딜 세대'의 친-민주당적 성향의 지속을 들 수 있으며(Miller & Shanks, 1996), 1960년대 중후반, 1970년대 초반 베트남 전쟁 반대 시위 참여자의 세대효과 또한 주목된 바 있다(Jennings, 1987).

2) 한국의 연령/세대 연구

정진민·황아란(1999)이 민주화 이후의 한국 선거 정치에서 세대요인의 중요성을 강조하기도 하였으나, 한국 선거에서의 유권자 투표행태를 설명하는 데 세대요인이 중요한 변수로 부상하기 시작한 것은 2002년의 16대 대통령선거부터였다. 2002년 대선에서 젊은 세대, 특히 386세대는 '노사모' 등의 활동에 적극적으로 참여하며 노무현 후보를 당선시키는 데 결정적인 역할을 하였고(강원택, 2002; 2010: 206), 2004년 국회의원선거에서도 이와 같은 세대효과는 유사하게 확인되었다(Kang, 2008). 이전까지 잠복되어 있었던 세대균열이 2002년 대선에서 정치균열의 표면에 등장한 원인에 대해서 연구자들은 세대요인이 기존의 정치이념적 요인과 결합했다는 사실에 주목하는데(이내영, 2002; 강원택, 2003a), 이후 연구자들은 16대 대선 이후 기존의 지역균열·이념균열과 더불어 세대균열의 영향력이 커지고 있음에 주목한다.

그러나 2002년과 2004년의 두 선거 이후, 세대요인의 영향력은 한동안 '잠복'한 것처럼 보였던 것이 사실이다(박원호, 2012; 이내영, 2011). 2007년의 17대 대통령선거에서 이명박 후보는 전 연령대에서 상당한 선전을 보였으며, 2008년 18대 총선에서도 그 양상이 크게 다르지 않았다(강원택, 2010). 박찬욱·김경미·이승민(2008)은 17대 대선에서 나이가 많은 유권자일수록 이명박 후보를 지지할 가능성이 높았던 것은 사실이나, 2007년 기준으로 세대를 나누어 분석할 경우 모든 정치 세대에서 이명박 후보에 대한 지지율이 월등히 높게 나타나, 17대 대선에 관한 한 정치 세대의 논의가 설명력이 없다고 결론내린 바 있다.[3] 마찬가지로 서현진(2008)은 17대 대선의 후보자 선택에서 세대균열이 나타나지 않았으며, 오히려 세대 요인은 유권자의 투표참여 여부에 영향을 미쳐서 간접적으로 선거 결과에 영향을 미친 것으로 평가한다. 또한 18대 총선에서는 강원택(2009)과 박명호(2009)가 지적하는 것처럼 2002년 대선, 2004년 총선에서 노무현 후보와 열린우리당의 약진을 이끌었던 386세대가 '정치적으로 실종'되면서, 이른바 한국 선거정치의 "세대효과"와 "연령효과"에 대한 시사점이 제기되기도 하였다. 그러나 박찬욱(2009)의 연구에 따르면 18대 총선의 경우, 이념성향이 유사한 정당

---

3 이와 같은 세대 요인의 실종, 즉 젊은 세대에서조차 이명박 후보에 대한 선호도가 높았던 현상에 대해, 박찬욱·김경미·이승민(2008)은 1997년 말 발생한 경제위기 이후 부모세대의 경험으로부터 연유한 사회화, 본인들을 포함한 청년실업, 대학가에서 학생운동의 퇴조, 민주화 이후 거대담론의 영향력 감소, 이념보다는 실용 가치를 강조하는 사고, 노무현 정부의 정책성과에 대한 부정적 평가 등의 요인을 지적한다.

들을 묶어서 보수 진영 (한나라당 + 친박연대 + 자유선진당) – 진보 진영 (통합민주당 + 민주노동당 + 창조한국당)의 정당들에 대한 투표선택을 비교해보면 여전히 연령대에 따라 각 진영에 대한 지지율이 달라지는 것으로 나타나, 세대균열이 주목할 정도로 표출되지는 않았으나 여전히 '잠재'하는 것으로 나타났다.

이처럼 2002년 이후 연령/세대가 후보자 선택에 미치는 영향력에 대해 많은 연구가 축적되었음에도 불구하고, 기존의 세대 연구에서는 신뢰성 있는 자료의 부족과 방법론적인 한계로 인하여 연령효과와 세대효과가 구분되어 연구되지 못하였다. 물론 어수영 (2006)이 지적하는 바와 같이 '연령효과'와 '세대효과'는 서로 배타적인 것도 아니기에, 이들을 엄격하게 구분하여 측정하기 어려운 면이 있는 것도 사실이다. 그러나 기존의 연구들에서는 보통 단일 선거에서의 '연령'의 영향력을 확인하고, 그 영향력을 설명하기 위해서 '세대'가 가지는 정치적, 사회적, 역사적 맥락을 가져와 해석하는 방식을 선택함으로써 당연히 구분되어야 할 두 가지 개념 (연령효과/세대효과)이 혼재되어 사용되는 한계가 있었다.

이와 같은 한계는 세대효과의 개념을 활용하는 연구들조차도 각 세대가 공유하는 성장 경험의 중요성을 충분히 인지하지 않고, 단순 자연연령을 중심으로 세대를 구분하는 데 기인한다 (정진민, 2012: 5). 물론 소수의 연구는 세대에 대한 구분을 단순히 조사 당시의 연령이 아닌 출생연도를 중심으로 나누어 분석하기도 하였다 (강원택, 2003b; 강원택, 2009; 박명호, 2009; 박찬욱·김경미·이승민, 2008; 정진민, 2012). 먼저 강원택 (2009)은 17대 대선과 18대 총선에서의 투표행태를 논의할 때, 출생연도를 기준으로 세대 개념을 활용하여 386 이전, 386, 386 이후라는 세 개의 세대 구획을 제시하여 세대를 이념적인 틀 속에서 논의하였다. 박명호(2009)는 2008년 기준으로 "월드컵 세대, 탈냉전 민주 노동 운동 세대, 386세대, 유신체제 세대, 전후 산업화 세대, 한국전쟁 세대"로 정치 세대를 구분하였으며, 박찬욱·김경미·이승민(2008)은 박명호의 구분틀을 2007년 17대 대선에 적용하여 17대 대선에서는 정치 세대 논의의 설명력이 상실되었음을 보인 바 있다. 정진민(2012) 또한 출생연도를 기준으로 "신세대, 민주화 이후 세대, 민주화 세대, 민주화 이전 세대"를 구분하고 세대효과의 영향력을 분석하고자 하였다. [4]

3) 시계열적 분석의 부재

그러나 국내의 연령효과, 세대효과를 연구하는 데 보다 결정적인 한계점은, 시계열적 분석(time-series analysis)의 부재이다. 이갑윤(2008: 97~98)이 지적하는 바와 같이, 단일 선거에 대한 설문조사와 같은 횡단면적 자료를 통해서는 특정 연령/세대가 이전에 어떤 정치적 태도를 가졌는지 알 수 없기 때문에, 여러 차례의 선거에서의 정치적 태도를 지속적으로 조사한 신뢰할 수 있는 자료가 필요하다. 특히나 국내에서 세대균열이 본격적으로 나타난 것은 2002년 대선이었기 때문에, 이전까지는 시계열적인 비교 연구를 시도한다고 하더라도 연령 혹은 세대효과의 존재를 증명할 수 있는 비교 대상 자체가 부재했던 것이 사실이다. 그러나 앞서 서론에서 언급한 바와 같이 2010년 지방선거, 2011년

---

[4] 그러나 아직 세대를 구분하는 기준들이 연구자들 사이에서 충분히 합의되지 않아, 세대효과를 연구하는 연구자들 사이의 연속성과 연계성을 찾아보기 어렵다는 한계점이 존재한다. 황아란(2009)은 현재 국내의 세대 연구에서 가장 뜨거운 쟁점이 세대 간 경계선의 설정과 청소년기의 정치사회화 시점을 언제부터 언제까지로 설정하는가에 있다고 판단하였으며, 연구자마다 세대를 설정하는 기준이나 범위에 조금씩 편차가 있음을 밝힌 바 있다.

서울시장 보궐선거를 지나 2012년 총선과 대선에서 연령/세대의 영향력이 다시금 주목받고 있고, 이는 10년이라는 짧은 기간이나마 이상의 선거 결과들을 비교해보는 것이 유의미할 수 있음을 의미한다. 다시 말해, 세대균열의 2002~2004년 선거에서의 등장, 2007~2008년 선거에서의 잠복, 2010~2012년 선거에서의 부활 과정을 분석함으로써, 한국 선거에서의 연령효과, 세대효과의 실제를 추적해볼 수 있게 되었다는 것이다.

물론 가장 이상적인 차원에서는 유권자 개인에 대한 장기간 동안의 '패널 데이터'를 축적하여 연령효과와 세대효과를 측정하는 것이 필요하나, 이는 비용의 문제 등으로 현실화되기 어려운 것이 사실인바, 이 연구에서는 1997년 15대 대선, 2002년 16대 대선, 2007년 17대 대선, 2012년 대선의 설문조사 자료를 총합하여 연령효과와 세대효과에 대한 시계열적 분석을 수행하고자 한다. 각 세대의 정치사회화 시기를 기준으로 하여 7개의 세대 집단을 구분하고, 4번의 선거에서의 집단들의 투표행태, 정치적 태도의 변화를 추적하고자 하는 것이다.

장기간의 패널 조사가 불가능한 상황에서, 이와 같은 방법론을 활용한 연령효과/세대효과에 대한 연구는 다수 발견된다. 영국과 서독의 고연령층의 투표행태를 분석한 고에레스(Goerres, 2008)는 서독의 1961년에서 1998년까지의 폴리트바로미터(Politbarometer) 설문조사 결과와 영국의 1964년부터 2001년까지의 영국 선거 조사(British Election Studies) 결과를 총합하여, 영국과 독일의 연령효과와 세대효과의 실제를 비교·분석하고자 하였다. 고에레스는 먼저 각 선거에서의 60대 이상의 투표행태를 시계열적으로 보이는 한편으로, 자신이 구분한 세대 집단의 투표행태를 그들의 성장과정에 따라 추적하는 방식으로 고연령층의 투표행태를 설명하고자 하였다. 마찬가지로 황아란(2009)은 한국의 세대를 1972년 이후 출생한 "신세대", 1967~1971년에 출생한 "민주화 성취 세대", 1958~1966년 출생한 "민주화 투쟁 세대", 1957년 이전에 출생한 "산업화/전쟁 세대"로 구분하고 1997년, 2002년, 2007년 세 차례의 대통령선거 설문조사의 통합자료를 기반으로 하여 세대별 이념성향의 변화를 분석하였다. 황아란의 연구에 따르면 민주화 성취 세대의 "세대효과"(코호트 효과)는 2002년 대선까지는 강하게 유지되었으나 2007년 대선에서는 당시의 보수적 사회 분위기라는 "기간 효과"(period effect)에 의해 진보적 성향을 지닌 유권자의 비율이 절반 수준으로 떨어진 것으로 나타났다.

그러나 한국의 선거와 같이 유권자들의 지지가 짧은 기간 동안에 급변하는 환경에서, '절대적인 값', 예를 들어 해당 선거에서의 보수 진영의 득표율, 유권자들의 자기 이념 평가 점수를 그대로 적용할 경우, 결국 모든 변화는 세대적 특성이나 연령효과에 기인하는 것으로 해석되기보다는 관찰 시점의 정치적 상황이나 사건, 사회적 분위기라는 기간 효과에 기인하는 것으로 해석될 수밖에 없다. 물론 황아란은 16대 대선의 '진보적 사회 분위기'와 17대 대선에서의 '보수적 사회 분위기'라는 기간 효과에도 불구하고, 기간 효과에 의한 이념성향의 변동이 정치세대마다 다른 특징을 보이고 있음을 지적하고 있으나, '기간 효과'의 영향을 통제하지 않은 상태에서의 세대효과·연령효과에 대한 분석은 일정한 한계를 지닐 수밖에 없는 것이 사실이다.

따라서 이 연구는 기간 효과의 영향력을 통제하기 위해, 각 세대별로 해당 선거에서의 절대적 수치를 비교하는 것이 아니라, 해당 선거에서의 세대별 평균값에서 해당 선거에서의 전체 평균값을 뺀 값, 즉 각 세대의 해당 시점에서의 상대적인 위치를 비교한다. 이는 해당 선거에서 각 세대가 다른 세대와 비교하여 상대적으로 어느 지점에 위치하고 있었는지에 주목하고자 하는 것으로, 예를 들어 만약 2012년 선거에서 1988~1993년에 출생한 정치 세대가 70.8%의 투표율을 기록하였고 전체 평균 투표율이 88.7%였다면, 2012년 선거에서 1988~1993년 출생한 세대의 '상대적 투표율'은 -17.9%로 계산되는 것이다. 이처럼 해당 선거 조사에서의 절대적 값이 아닌 '상대적 득표율', '상대적 이념 성향', '상대적 무당파 성향'을 비교함으로써, 이 연구는 비교 가능한 연속적인 자료를 확보하고, 보다 장기적인 관점에서 각 정치 세대의 세대효과와 연령효과의 발현 여부를 분석해보고자 한다.

이 연구의 관심은 어떤 경로를 통해 2012년 대선에서 볼 수 있는 것과 같은 연령 집단별 정치 성향의 차이가 나타나게 되었는가 하는 것이다. 따라서 이 연구는 비교의 준거점으로서 2012년 18대 대선에서 나타난 연령대별 투표율과 투표행태의 모습을 기술하고, 로지스틱 회귀분석 (*logistic regression analysis*)을 통해 연령변수가 후보자 선택이라는 종속변수에 대해 갖는 영향력을 검증하고자 한다. 4절에서는 연령 변수의 영향력이 나타나게 된 원인을 여러 정치적 요인과의 관계 속에서 검토하며, 이 연구의 핵심이라고 할 수 있는 5절에서는 1997년 15대 대선, 2002년 16대 대선, 2007년 17대 대선, 2012년 18대 대선의 설문조사 결과를 바탕으로 연령효과와 세대효과의 실제를 분석한다.

3. 2012년 대선과 연령 : 연령과 투표선택

1) 연령대별 투표율과 후보 선택

2012년 제18대 대통령선거에서 세대와 투표선택에 대해 알아보기 위해, 이 연구는 서울대 한국정치연구소에서 실시한 '정치와 민주주의에 관한 의식 조사'를 통해 수집된 데이터를 사용하여 연령/세대 요인이 유권자들의 투표선택에 미친 영향을 분석하고자 한다.

앞서 기존 문헌에서 검토된 바와 같이, 2002년의 16대 대선은 세대 변수가, 2007년 17대 대선은 이념의 중요성이 매우 부각된 선거로 평가된다(이우진, 2011). 선거 이전에 이루어진 설문조사나 방송 3사의 출구조사 결과를 볼 때 이번 18대 대선에서는 각 후보들에 대한 연령대별 지지율의 차이가 명확하게 드러났다(〈한국일보〉, 2012/12/14; 〈폴리뉴스〉, 2012/12/31). 따라서 선거 당일의 연령대별 투표율과 중간 연령대라고 할 수 있는 40대의 표심이 초미의 관심사가 되었다. 따라서 이 절에서는 먼저 설문조사 결과를 바탕으로 연령대별 투표율을 분석하고, 이어서 연령대별 후보자 선택의 결과를 보도록 한다.[5]

〈표 5-2〉는 18대 대선에서 나타난 각 연령대별 투표율을 보여준다. 전반적으로 이전의 선거에 비해서 높은 투표율을 기록한 가운데, 연령대가 높아질수록 높은 투표율을 기록하는 이전의 경향성은 그대로 유지되었다. 20대의 경우 71.4%로 전체 세대 중 가장 낮은 투표율을 보였으나 역대 선거들에서의 20대 투표율과 비교했을 때는 비교적 높게

---

[5] 이 연구의 핵심적인 독립변수라고 할 수 있는 '연령' 변수의 기술적 통계는 다음과 같다. 전체 표본의 연령 평균은 45.19세, 표준편차는 14.91, 최솟값은 19세, 최댓값은 86세, 중간값은 45세이다.

〈표 5-2〉 2012년 제18대 대통령선거 연령대별 투표율 서베이 결과

	20대	30대	40대	50대	60대 이상	전체
투표율6	71.4%	85.3%	91.3%	96.5%	97.1%	88.7%

나타났다. 이어서 30대는 85.3%, 40대는 91.3%, 50대는 96.5%의 투표율을 나타냈으며, 특히 60대 이상의 연령대에서는 97.1%로 가장 높은 투표율을 보였다.

　이처럼 연령대 간 투표율의 차이가 나타나는 가운데, 다음으로는 이번 18대 대선에서 새누리당의 박근혜 후보와 민주통합당의 문재인 후보의 연령대별 득표율을 분석한다.7 앞서 언급한 바와 같이 박근혜 후보와 문재인 후보는 선거 이전의 여론조사에서부터 연령대별로 지지율의 격차를 보였는데, 이는 대통령선거 결과에서도 그대로 이어졌다. 박근혜 후보의 연령대별 득표율의 경우, 20대 34.9%, 30대 48.1%, 40대 51.0%, 50대 65.3%, 그리고 60대 이상에서는 73.4%를 보였다. 이와 더불어 문재인 후보는 20대 65.1%, 30대 51.9%, 40대 49.0%, 50대 34.7%, 60대 이상에서는 26.6%의 득표율을 나타냈다.

　〈표 5-3〉은 이처럼 각 후보의 연령대별 득표율을 보여주는데, 연령이 높아질수록 문재인 후보에 비해 박근혜 후보에게 투표한 유권자들

---

6 이 연구에서 사용한 데이터는 선거 이후 실시한 서베이 결과에 기반한 것으로, 실제 투표율(75.8%)과는 약 13%의 차이가 있다. 실제로 선거 후 서베이 조사에서 투표율이 높게 나타나는 것은 대부분의 서베이에서 일반적인 현상인데, 따라서 이 연구에서는 서베이 자료를 연령대 간 투표율의 '차이'를 보는 데에 활용하기로 한다.

7 제18대 대통령선거에서는 박근혜 후보, 문재인 후보와 더불어 통합진보당의 이정희 후보, 무소속의 박종선 후보, 김소연 후보, 강지원 후보, 김순자 후보 등 총 7명이 경쟁했다. 그러나 이 연구에서 사용한 데이터에서는 박근혜 후보와 문재인 후보를 제외한 나머지 후보들의 사례수가 너무 적어(박종선 0명, 김소연 0명, 강지원 1명, 김순자 2명) 분석의 편의를 위해 앞선 두 후보만을 분석 대상으로 하였다.

<표 5-3> 연령대별 후보 득표율

	새누리당 박근혜 후보	민주통합당 문재인 후보	빈도수(명)
20대	34.9%	65.1%	152
30대	48.1%	51.9%	206
40대	51.0%	49.0%	239
50대	65.3%	34.7%	216
60대 이상	73.4%	26.6%	233
전체	56.0%	45.5%	1,046

이 많았다. 박근혜 후보는 40대, 50대, 60대에서 각각 2.1%p, 30.6%p, 46.8%p 앞서는 등 40대 이상의 연령층에서 높은 득표율을 보였다. 동시에 문재인 후보는 박근혜 후보보다 20대에서 30.3%p, 30대에서 3.9%p 앞섰으며 선거 이전부터 이어졌던 젊은 세대의 지지가 득표율로 이어졌음을 알 수 있었다. 결국 두 후보 간의 당락을 가른 것은 문재인 후보의 50대, 60대에서의 열세에 비해 박근혜 후보가 20대, 30대에서 상대적으로 선전한 점, 그리고 당초 당락을 좌우할 것이라고 보였던 40대에서 문재인 후보보다 더 득표한 데 기인한 것으로 보이며, 이와 더불어 박근혜 후보의 주된 지지층이라고 할 수 있는 50대와 60대의 투표율이 20대, 30대의 투표율보다 높았던 것도 박근혜 후보에게 유리하게 작용한 것으로 보인다.

2) 연령변수의 영향력에 대한 검증

다음에서는, 2012년 제18대 대통령선거에서 연령 변수의 영향력을 다른 독립변수들 간의 관계 속에서 확인하기 위해 로지스틱 회귀분석을 실시한다. 모델의 종속 변수는 '박근혜 투표'로서, 박근혜 후보에게 투표했을 경우를 1, 문재인 후보에게 투표했을 경우를 0으로 조작화하였다. 독립변수는 기존 투표행태 연구들의 일반적인 구성에 따라 연령 변수와 같은 사회경제적 변수(SES)를 비롯한 지역 변수, 정당일체감 변수 등을 포함하였다. '연령'은 20대, 30대가 아닌 개별 응답자의 현재 나이가 그대로 반영된 연속 변수이며, '성별'의 경우 남성은 1, 여성은 0으로, '대구/경북'과 '전북/전남/광주' 지역 변수는 해당 지역에 거주하는 응답자의 경우 1, 해당 지역을 제외한 나머지 지역 거주자는 0으로 코딩하였다. '교육 수준'은 무학부터 대학원 박사과정까지 8단계로 구분하였으며, '소득 수준'은 100만 원 미만부터 800만 원 이상까지 100만 원 단위로 9단계로 구분하였다. '정당일체감_새누리당'과 '정당일체감_민주통합당' 변수는 각 정당에 가깝게 느낀다고 응답했을 경우 1, 그렇지 않으면 0으로 코딩하였다. '이명박 정부 평가' 변수는 국정운영을 매우 못했다고 평가할 경우 0점, 매우 잘했다고 평가할 때 10점까지의 11점 척도로 코딩하였으며, 자기 이념평가는 스스로를 "매우 진보적"이라고 생각하면 0점, "매우 보수적"이라고 생각하면 10점으로 하여 마찬가지로 11점 척도로 구성하였다.

〈표 5-4〉는 연령 변수의 영향력을 알아보기 위한 로지스틱 회귀분석의 결과이다. 로지스틱 회귀분석의 결과에 따르면, 연령, 자기 이념평가, 대구/경북, 전북/전남/광주, 정당일체감_새누리당, 정당일체감_민주통합당, 이명박 정부 평가 변수가 '박근혜 투표'에 통계적으로 유의미한 영향력을 가지는 것으로 나타났다. 즉, 보수적인 이념의 소유자일수록, 대구/경북 지역 거주자일수록, 새누리당을 가깝게 느낄수록, 이명박 정부를 긍정적으로 평가할수록 박근혜 후보에게 투표할 확률이 높고, 호남 지역 거주자일수록, 민주통합당을 가깝게 느낄수록 문재인 후보에게 투표할 확률이 높았다. 이 연구가 주목하는 연령 변수의 경우, 다른 변수들을 평균값에 고정하였을 때 연령이 1살 증가할수록 박

〈표 5-4〉 연령 변수의 영향력(로지스틱 회귀분석)

변수	β	표준오차	한계효과
연령	0.03*	0.01	0.01
자기 이념 평가	0.36**	0.07	0.08
성별	-0.30	0.20	-0.07
대구/경북	1.44**	0.40	0.26
전북/전남/광주	-1.40*	0.41	-0.34
교육 수준	-0.11	0.10	-0.03
가계수입	0.05	0.06	0.01
정당일체감_새누리당	2.56**	0.31	0.49
정당일체감_민주통합당	-3.04**	0.42	-0.63
이명박 정부 평가	0.19**	0.05	0.04
cons	-3.18	0.81	

N = 957
Log likelihood = -320.09224
LR chi2(10) = 672.16
* $p < 0.05$, ** $p < 0.01$, *** $p < 0.001$

근혜 후보에 투표할 확률이 1% 증가하는 것으로 나타났다. 다른 변수들의 한계효과에 비해 이 1%의 확률은 미미한 것으로 평가할 수 있으나, 연속 변수(continuous variable)의 성격을 가지는 연령 변수의 특성을 고려할 때 10살 증가할 경우 10%의 확률이 증가하는 것으로 해석할 수도 있으므로, 연령 변수의 영향력이 결코 작지 않음을 확인할 수 있다.

후보자 선택에 대한 연령 변수의 영향력을 해석하는 데 중요한 점은, 기존 한국 유권자 투표행태에서 강한 영향력을 미치는 독립변수로서 주목받아 왔던 이념, 정당일체감, 그리고 지역주의 변수의 영향력을 통제한 상태에서도 연령 변수가 여전히 유권자들의 투표행태에 높은 설명력을 보였다는 점이다. 다음 절에서는 이처럼 이번 선거에서 연령 변수가 다시 유의미한 독립변수로 나타난 원인에 대해 이념과 정당일체감, 이전 정부들에 대한 평가, 주요 후보자 호감도, 현재 사회, 체제에 대한 인식, 투표 결정과 이슈 총 다섯 가지로 분류하여 분석해보고자 한다.

4. 왜 연령대별 차이가 나타나는가?

이번 절에서는 연령대별로 후보자 선택에서 뚜렷한 차이가 나타나게
된 원인에 대해서 분석한다. 이와 같은 연령대별 후보자 선택의 차이가
우연한 선택의 결과이거나 단기적인 정치적 흐름에 기인한 것이라면,
이념, 정당일체감과 같은 정치적 태도, 이전 정부들에 대한 평가, 주요
후보자에 대한 호감도, 현재 한국 사회·정치 체제에 대한 인식, 투표
결정시기와 결정적 사건을 바라보는 데 연령대별로 유의미한 차이가
발견되지 않을 것이다. 그러나 반대로 이상의 변수에서 연령대별로 유
의미한 차이가 발견된다면, 현재의 연령대 간 후보자 선택의 차이가 이
른바 '세대균열'이라고 불릴 수 있는 정치적 현상으로서의 자격을 지닌
다고 말할 수 있을 것이다.

1) 정치의식 : 이념, 정당일체감, 정치적 효능감

〈표 5-5〉는 자기 이념 평가의 연령대별 평균값을 보여준다. 자기 이
념 평가는 0을 매우 진보, 10을 매우 보수로 하여 0에서 10까지의 11점
척도로 구성되는데, 전체 평균은 5. 20으로 중도 이념에 수렴하는 것으
로 나타난다. 그러나 연령대별로는 매우 유의미한 차이가 나타나는데,
특히나 20대와 60대의 양극화된 이념성향이 눈에 띄는 부분이다. 20대
는 심지어 40대의 이념 평균과도 유의미한 차이를 보이며 $(p < 0.05)$,
60대는 가장 가까운 연령대인 50대와도 유의미한 차이를 보이며 $(p < 0.05)$ 보수적인 이념 성향을 나타낸다. [8]

---

[8] 통계적 검증을 위해서 다수의 그룹 간 평균을 비교하는 쉐페(*scheffe*) 테스트를 활
용하였다.

〈표 5-5〉 연령대별 자기 이념 평가 비교

	평균	빈도수
20대	4.39	202
30대	4.62	228
40대	4.97	243
50대	5.73	216
60대 이상	6.27	227
전체	5.20	1,116
F = 48.04, Prob＞F: 0		

〈표 5-6〉은 정당일체감(당파심)을 가지고 있는 경우를 1, 정당일체 감을 가지고 있지 않은 무당파를 0으로 코딩하여 연령대별로 정당일체 감을 가지고 있을 확률을 비교한다. 전체 평균은 0.52로, 전체 응답자 중 반수가 넘는 52%가 어떤 정당에라도 일체감을 느끼고 있는 것으로 나타났다. 그러나 정당일체감 또한 이념과 마찬가지로 연령대별로는 매우 유의미한 차이가 나타나는데, 20대에서는 30대와도 구분될 정도 로 무당파의 비율이 높았으며(p < 0.1), 40대와 50대 사이에서도 평균 값에서 유의미한 차이가 나타나(p < 0.05), 50대 이상 유권자들의 저연 령대에 비해 상대적으로 높은 정당일체감이 두드러졌다.

〈표 5-7〉은 정치적 효능감에 대한 연령대별 평균값을 비교한 것이 다. 외적 효능감은 시민의 정치적 요구를 수용하는 정부나 선거제도의 반응성에 대한 믿음(beliefs)을 말하며, 내적 효능감은 개인 스스로 자신 이 정치 과정을 이해하고 적극적으로 참여할 수 있는 능력을 갖고 있는 가에 대한 인식 정도를 말한다(Converse, 1972). 분석 결과 외적 효능감 은 연령대별로 큰 차이가 없는 것으로 나타났으나, 내적 효능감은 60대 이상이 가장 낮았으며, 20대가 그 다음으로 낮은 수치를 기록하였다. 즉, 정치적 효능감은 현재의 연령대 간 대립 구도와는 별 다른 관련성 을 지니지 못하는 것으로 보인다.

〈표 5-6〉 연령대별 정당일체감 비교

	평균	빈도수
20대	0.30	217
30대	0.43	245
40대	0.50	264
50대	0.65	227
60대 이상	0.73	245
전체	0.52	1,198
F = 29.37, Prob＞F: 0		

〈표 5-7〉 연령대별 정치적 효능감 비교

		20대	30대	40대	50대	60대 이상	평균
외적 효능감		2.50	2.47	2.53	2.56	2.39	2.49
		F = 1.29, n.s					
내적 효능감		2.90	3.00	3.00	3.04	2.83	2.95
		F = 5.76, Prob＞F: 0.0001					
빈도수	외적	215	243	263	225	245	1,191
	내적	217	244	263	224	245	1,193

2) 이전 정부들에 대한 평가

이번 선거에서 주된 관심의 대상이 되었던 또 다른 대립구도는, '이명박 정부 심판'과 '노무현 정부 심판'이었다. 정부 여당인 새누리당의 후보로서 이명박 정부에 대한 평가로부터 자유롭지 못한 박근혜 후보, 그리고 과거 노무현 정부의 민정수석이자 노무현 재단의 이사장이었던 문재인 후보에게 이와 같은 대립구도는 지극히 자연스러운 것이었다.

〈표 5-8〉은 연령대별 이명박·노무현 정부에 대한 평가를 비교하고 있다. 각 정부에 대한 평가는 0점에서 10점까지 11점 척도로 구성되는데, 두 정부 모두 연령대에 따라 그 평가에서 유의미한 차이를 보인다.

<표 5-8> 연령대별 이명박·노무현 정부에 대한 평가 비교

	20대	30대	40대	50대	60대 이상	평균
이명박 정부 평가	3.59	3.26	3.35	4.21	4.33	3.74
	F = 13.11, Prob>F: 0					
노무현 정부 평가	5.34	5.30	5.00	4.72	4.49	4.97
	F = 7.96, Prob>F: 0					
빈도수	217	245	265	228	245	1,200

먼저 이명박 정부에 대한 평가는 전체 집단에서 3.74로, 노무현 정부에 대한 평가보다 1.23점 낮았으며, 모든 연령대에서 노무현 정부보다 낮은 평가를 받았다. 연령대별로 나누어서 보면, 20~40대와 50~60대의 평가가 구별되어 나타나는 모습으로, 저연령대에서 낮은 평가를 받았는데, 특히나 30대에서 3.26점으로 가장 낮은 평가를 받았다. 노무현 정부는 저연령대에 비해 상대적으로 고연령대에서 낮은 평가를 받는 것으로 나타났는데, 문재인 후보에 대한 지지율이 가장 낮았던 60대에서 마찬가지로 가장 낮은 평가를 받는 것으로 나타났다.

각 정부에 대한 평가는 연령대별로도 차이를 보이지만, 다음 〈그림 5-1〉의 산점도와 같이 각 연령대를 성별로 나누어서 분석할 경우 흥미로운 결과가 나타난다. 30대의 경우 성별 간의 유의미한 차이가 발견되지 않지만, 20대는 남성은 상대적으로 이명박 정부를 더 긍정적으로 평가하고, 여성은 이명박 정부를 매우 부정적으로 평가함과 동시에 노무현 정부에 대해서도 긍정적으로 평가한다. 40대는 이명박 정부에 대한 평가에서 20대와 달리 남성이 매우 부정적으로 평가하는 것으로 나타나는데, 실제 박근혜 후보에 대한 투표에서도 40대 남성은 40대 여성보다 9% 낮은 수치를 보인다(40대 남성: 46.7%, 40대 여성: 55.5%). 50대와 60대의 경우 여성 응답자들이 두 정부에 대한 평가 모두에서 남성 응답자들보다 긍정적으로 평가하는 것으로 나타난다.

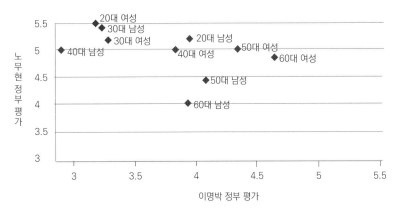

〈그림 5-1〉노무현 정부 · 이명박 정부에 대한 성별/연령대별 산점도

3) 주요 후보자 호감도

18대 대선 결과에 대한 또 다른 중요 변수는 대선 후보 등록 며칠 전까지 문재인 후보와의 치열한 단일화 협상을 벌인 끝에 사퇴한 무소속 안철수 후보와, 3번의 TV토론 중 2번의 TV토론에 출연하여 박근혜 후보와 뚜렷한 대립 구도를 형성한 통합진보당 이정희 후보에 대한 유권자들의 평가였다. 특히나 이정희 후보의 경우, TV토론을 통해 박근혜 후보에 대한 잠재적 지지층의 위기감을 자극, 박근혜 후보 지지층이 결집하게 되는 계기를 제공하였다는 가설적인 주장들이 제기되기도 하였다. 이 연구에서는 각 후보자에 대해 0점에서 100점까지의 '온도계 척도'로서 호감도를 측정하였다.

박근혜 · 문재인 · 안철수 · 이정희 후보에 대한 호감도는 네 후보 모두에서 각 연령대별로 유의미한 차이를 보여준다. 연령대별로 가장 뚜렷한 차이를 보이는 후보는 박근혜 후보로서, 실제 선거에서의 연령대별 득표율과 거의 유사한 형태로 연령대가 높아짐에 따라 호감도도 높

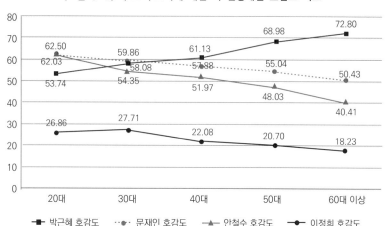

〈그림 5-2〉 주요 후보자에 대한 각 연령대별 호감도 비교

아지는 모습을 보인다. 다음으로 뚜렷한 차이를 보이는 것은 안철수 후
보였는데, 20대에서 62.5점으로 가장 높은 점수를 얻었던 것과 달리,
특히나 60대 이상 연령대에서는 인접한 50대 유권자들과도 유의미한
차이 ($p < 0.05$) 를 보이며 호감도의 하락을 보여준다. 이는 안철수 후보
에 대한 호감도가 상대적으로 낮았던 50대와 60대 이상의 연령대에서
는 문재인 후보와 안철수 후보의 단일화가 별 다른 효과를 거두지 못했
을 가능성이 높다는 것을 의미한다. 문재인 후보와 이정희 후보는 연령
대별로 현격히 큰 차이를 보이지는 않았는데, 문재인 후보는 20~30%
내외의 낮은 득표율을 기록했던 50대와 60대 이상 집단에서도 50점을
상회하는 호감도 점수를 얻었다. 이정희 후보에 대한 호감도는 모든 연
령대에서 20점대 내외의 상당히 낮은 수치를 기록하였으나, 특히 40대
에서 급격하게 낮아지는 모습을 보여주었다.

4) 현재 한국 사회 · 정치 체제에 대한 인식

다음으로 살펴볼 변수는 현재 2012년 한국 사회, 민주주의 체제에 대한 평가 및 인식이다. 실제로 지난 5년 동안 주요 언론사들의 파업과 해고가 빈번했고, 미네르바 사건 등을 겪으며 언론의 자유, 표현의 자유와 같은 민주주의의 기본 원칙에 대한 많은 논쟁이 존재했던 것이 사실이다. 분석 결과를 살펴보면, 현재 우리나라의 민주주의 실현 정도(0점: 거의 실현되고 있지 않다, 10점: 매우 잘 실현되고 있다)에 대한 전체 응답자의 평균 점수는 5.91점인 것으로 나타났으며, 이전에 검토한 다른 변수들의 선형적인 모습과 유사하게 연령대가 높아짐에 따라 민주주의에 대한 평가 점수 또한 상승하는 모습이 나타난다. 연령대별 차이를 살펴보면, 60대 이상 응답자들의 긍정적인 평가가 두드러져 40대 이하 응답자들의 평가와 통계적으로 유의미한 차이를 보였으며($p < 0.05$), 20~29살 연령대에서는 50대, 60대 이상 응답자들과 구별되는($p < 0.01$) 부정적인 평가가 두드러졌다.

다음으로 우리 사회에서 가장 시급하게 해결되어야 할 과제에 대해서는 전 연령대를 기준으로 할 때 "지역 갈등"(29.83%)과 "계층 갈등"(27.58%)이라는 응답자의 비율이 높은 것으로 나타났다. 그러나 구체적인 비율을 살펴보면 연령대별로 상당한 차이가 나타났는데, 20대의 경우 지역 갈등의 문제를 다른 연령대에 비해서 상대적으로 덜 심각하게 받아들이는 한편, 이념 대립 · 세대 갈등을 가장 심각하게 인식하고 있었다. 이와 반대로 60대 이상 응답자들은 기존의 한국의 선거 정치를 규정짓는 갈등이라고 할 수 있는 지역 갈등을 가장 심각하게 받아들이는 한편, 상대적으로 세대 갈등에 대해서는 가장 무심한 태도를 보였다.

이와 같은 결과는 시사하는 바가 큰데, 40대 이상의 연령대에서는 여전히 지역 갈등이 주된 갈등의 축으로 인식되는 반면에, 20대와 30대를 중심으로 계층 갈등, 이념 갈등이 새로운 갈등의 축으로 인식되는 한편, 특히 20대에서는 세대 갈등의 문제가 현 한국 사회의 가장 큰 문제로 지적되었기 때문이다. 다시 말해, 이번 18대 대선에서 나타난 세대 간 갈등의 양상은 현재의 세대 간 갈등이 같은 문제에 대한 세대 간의 입장 차이가 아니라, 각 세대가 중요시하는 문제가 다른 세대에서는 중요하게

〈그림 5-3〉 연령대별 한국 민주주의에 대한 평가

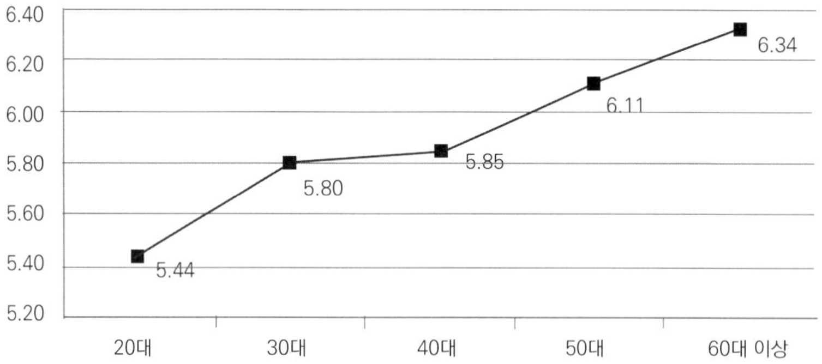

〈표 5-9〉 연령대별 우리 사회에서 가장 시급하게 해결되어야 할 과제

		20대	30대	40대	50대	60대 이상	평균
지역 갈등	비율(%)	20.28	22.86	33.58	32.89	38.37	29.83
	빈도(명)	44	56	89	75	94	358
이념 대립	비율(%)	18.43	17.55	12.83	14.47	15.1	15.58
	빈도(명)	40	43	34	33	37	187
세대 갈등	비율(%)	16.59	11.84	11.7	12.28	10.2	12.42
	빈도(명)	36	29	31	28	25	149
계층 갈등	비율(%)	30.88	31.43	28.68	25.88	21.22	27.58
	빈도(명)	67	77	76	59	52	331
수도권/ 지방 간 격차	비율(%)	11.98	14.69	12.08	13.16	13.88	13.17
	빈도(명)	26	36	32	30	34	158
평균	비율(%)	100.0	100.0	100.0	100.0	100.0	100.0
	빈도(명)	217	245	265	228	245	1,200

인정되지 않는, 보다 근본적인 차원에서의 갈등으로 발전할 위험성을 보여주고 있다.

5) 투표 후보 결정시기와 결정적 이슈

마지막으로 살펴볼 주제는 투표 후보 결정시기와 후보 결정에 미친 결정적 이슈 혹은 사건에 대한 연령별 비교이다. 이 연구는 응답자들의 투표 후보 결정시기를 조사하기 위해 7개의 기간으로 나누어 설문을 시행하였는데, 총선 이전에 결정했다는 응답자의 비율이 약 30%, 주요 세 후보(박근혜, 문재인, 안철수 후보)의 출마 확정 전에 결정했다는 응답자의 비율도 18.63%로, 이미 전체 응답자 중 반수 정도는 9월 이전에 투표 후보를 결정한 것으로 나타났다.

연령대별로 살펴보면, 연령대가 낮을수록 결정시기가 늦었던 것으로 나타난다. 7개의 시기 구분을 1에서 7까지 수치화할 때, 특히 20대의 결정시기는 3.86으로서 3.23을 기록한 30대와도 유의미한 차이를 보이며 늦었는데(p < 0.05), 이는 20대 유권자 중 안철수 후보에 대한 지지자가 많았던 데에 기인하는 것으로 보인다. 그와 달리 50대는 2.64, 60대는 2.25로 저연령대의 응답자들에 비해 상당히 이른 시기에 투표할 후보자를 결정한 것으로 나타났다. 2012년 총선 이전에 후보자로 '사실상' 결정된 후보자는 박근혜 후보밖에 없었다는 점을 생각해볼 때, 50~60대 유권자 중 상당수는 상대적으로 오랜 시간 전부터 박근혜 후보에 대한 투표를 결정한 것으로 보인다.

다음으로 투표 후보 선택에 결정적인 영향을 미친 사항에 대한 설문에서, 모든 연령대 집단에서 가장 높은 비율을 차지한 것은 "TV토론에서 드러난 후보 역량"(40.67%)이었다. 다음으로 "안철수 전 교수의 문

〈표 5-10〉 투표 시기 결정에 대한 응답

총선 (2012.4.11.)	주요 세 후보 출마 확정 (2012.9.19.)	안철수 사퇴 (2012.11.23.)	안철수 선거운동 개시 (2012.12.6.)	여론조사 마지막 공표일 (2012.12.12.)	선거 당일 (2012.12.19.)	
① 29.63%	② 18.63%	③ 13.92%	④ 18.25%	⑤ 11.29%	⑥ 5.83%	⑦ 2.45%

〈그림 5-4〉 연령대별 투표 후보 결정시기 비교

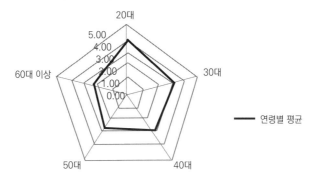

재인 후보 지원"(20. 25%) 과 "여성대통령론"(12. 75%) 이 뒤를 이었는데 연령대별로 뚜렷한 차이가 나타나는 부분이 바로 이 두 가지 응답이었다. 안철수 전 교수의 문재인 후보 지원을 택한 응답자의 비율은 20～40대의 젊은 세대에서 높게 나타나는데, 이는 안철수 후보 사퇴 전까지 안철수 후보를 지지하던 유권자의 비율이 젊은 층에서 높았던 데에 기인하는 것으로 보인다.

"여성대통령론"을 후보자 선택의 결정적 사항으로 응답한 비율은 연령대가 높아질수록 함께 증가하는데, 이는 각 연령대 집단의 성별을 나누어서 분류할 경우 집단 간의 뚜렷한 차이가 발견된다. 남성은 40대 남성에서만 약간 높은 수치가 나타날 뿐 연령대 간의 별 차이가 없는 데 반해, 여성은 연령대가 높아짐에 따라 "여성대통령론"을 결정적 사항으로 응답한 비율이 가파르게 증가한다. 특히나 50대, 60대 여성 응답자들은 22.4%, 27.2%로 상당히 높은 수치를 보여주는데, "여성대통령론"에 대한 선택이 사실상 박근혜 후보에 대한 선택을 의미하는바, 고연령층의 박근혜 후보에 대한 높은 지지율을 일정 부분 설명해준다.

〈그림 5-5〉 여성대통령론에 대한 각 연령대/성별 그래프

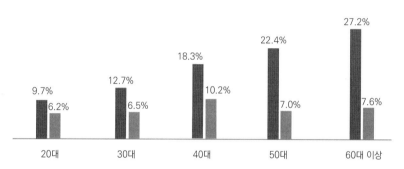

〈표 5-11〉 연령대별 투표 후보 선택에 결정적인 영향을 미친 사항

(단위 : %)

	20대	30대	40대	50대	60대 이상	전체
북한의 장거리 로켓 발사	3.69	3.67	1.51	3.95	6.94	3.92
국정원 여직원 사건	2.3	2.45	4.15	2.63	0.82	2.5
안철수 전 교수의 문재인 후보 지원	30.41	23.27	22.64	12.72	12.65	20.25
이정희 전 대표의 대선 후보 사퇴	3.23	5.31	3.77	7.46	6.12	5.17
노무현 전 대통령의 NLL 관련 발언	2.3	1.63	2.26	5.26	4.9	3.25
여성대통령론	7.83	9.39	13.58	14.04	18.37	12.75
TV토론에서 드러난 후보 역량	39.17	44.08	40.75	41.23	37.96	40.67
SNS 불법선거운동	3.23	1.63	0	0	0	0.92
기타	7.37	6.94	7.17	9.65	10.61	8.33
전체	100	100	100	100	100	100

5. 연령효과인가, 세대효과인가 :
1997~2012년 대선에서의 세대별 정치 성향의 변화

앞에서 분석한 바와 같이, 2012년 대선에서는 저연령대-진보 정파, 고연령대-보수 정파 간의 상대적 관계가 확인되었다. 그렇다면 여기서 갖게 되는 궁금증은 이러한 연령 집단별 정치적 선택의 차이가 장기적인 관점에서 볼 때 무엇을 의미하느냐 하는 것이다. 만약 이런 현상이 연령효과의 결과라면 점차 고령화되는 우리 사회의 인구학적 구성을 고려할 때 '한국 평균 유권자의 전반적인 중도 보수화'라는 주장이 설득력을 가질 수 있을 것이다. 반대로 만약 이것이 세대효과를 반영한 것이라면 현재 젊은 세대의 진보적 성향은 시간이 흐름에도 큰 변화 없이 유지될 수 있을 것이다.

이런 물음에 답하기 위해서 이 연구는 전체 유권자를 〈표 5-12〉와 같이 출생연도에 따라 7개의 집단으로 나누고, 각 집단의 후보자 선택, 이념 성향, 무당파적 성향에 대해 살펴보았다. 만하임 (Mannheim, 1952) 을 비롯한 기존의 연구자들은 '한 개인이 주어진 사물에 대해 의문을 제기하고 자신의 인생과 관련하여 진지하게 성찰하기 시작하는 시기부터 정치의식 형성이 끝나는 시점', 즉 정치사회화 시기를 17세경부터 20대 초반으로 잡고 있다. 그러나 박재홍(2002) 은 만하임의 세대 개념이 사회운동의 함의를 강하게 갖기 때문에 사회 운동과 직접적 관련을 갖지 않는 세대 현상을 분석하는 데 어려움이 따른다고 비판한 바 있다. 박재홍은 만하임의 세대 정의를 다소 완화하여, 세대를 "동일한 역사·문화권에서 비슷한 시기에 출생하여 역사적·문화적 경험을 공유하고, 공유된 경험을 바탕으로 상대적으로 유사한 의식, 태도, 행위양식을 가지며, 자신이 속한 코호트(cohort) 에 대하여 동류의식을 갖는 사

〈표 5-12〉 한국의 정치 세대 : 2013년 기준

출생연도	정치 세대
1988~1993년	촛불 세대
1979~1987년	월드컵 세대
1970~1978년	IMF 세대
1960~1969년	386세대
1952~1959년	유신 세대
1942~1951년	전후 산업화 세대
1942년 이전	한국전쟁 세대

람들의 집합"이라 정의한다. 그러나 박재홍의 세대에 대한 다소 '느슨한' 정의는, 각 세대마다 공유하게 되는 경험의 강도에 차이가 있을 수 있음을 간과하고 있으며, 이는 세대에 따라 차별적으로 발현되는 세대 효과를 설명하는 데 한계를 지닌다. 실제로 같은 사회 내에서도, 세대 효과는 모든 세대에서 발현되는 것이 아니라 특정 세대에 국한되어 나타날 수 있기 때문이다(Jennings, 1987; Miller & Shanks, 1996). 따라서 이 연구에서는 박재홍의 세대 개념을 기반으로 하여 〈표 5-12〉와 같이 세대를 구분함과 동시에, 각 세대마다 공유된 경험의 강도는 다를 수 있다는 것에 주목하여 세대별 정치성향의 변화를 해석한다. 이 연구가 주목하는 정치사회화의 시점은 10대 후반~20대 중반의 경험이다.

가장 젊은 세대인 1988~1993년 출생 세대는 10대 후반~20대 초반에 해당하는 나이에 2008년의 촛불 시위를 경험하였고, 정보화를 기반으로 한 정치인 팬클럽의 활성화, 비인습적 정치참여 형태의 확산 등 정치 환경의 급속한 변화 중에 투표권을 획득하였다는 점에서 이전의 세대와 구분된다. 두 번째로 1979~1987년 출생 세대는 2002년 월드컵을 경험할 당시 10대 후반과 20대 초중반이었던 세대로, 이들은 김대중 정부와 노무현 정부 집권기에 최초로 투표권을 행사하였던 세대이다. 세 번째로 1970~1978년 출생 세대는 IMF 세대인데, 1997년 한국이

IMF 위기를 겪었던 당시 정치사회화를 경험한 세대를 말한다. 네 번째로 1960~1969년 출생 세대는 그간 세대효과 논의의 중심축이었던 이른바 '386세대'에 해당하는 집단이다. 다섯 번째로 1952~1959년 출생 세대는 이른바 '베이비붐 세대'로서, 20대에 해당하는 시기에 유신체제와 군부에 의한 통치를 경험한 세대이며, 2012년 대선 과정에서의 높은 투표율과 박근혜 후보에 대한 높은 지지로 주목받았던 세대이다. 여섯 번째로 1942~1951년 출생 세대는 4·19, 5·16 등의 정치적 격변과 이후의 급속한 산업화 과정을 경험한 전후 산업화 세대에 해당한다. 마지막으로 1942년 이전에 출생한 세대는 더 이전에는 일제 강점기, 1945년의 해방과 1950년 한국전쟁을 경험했던 건국 세대로 한국전쟁 세대라 정의될 수 있다.

그러나 앞서 언급한 바와 같이 각 세대별로 공유한 경험의 강도는 다를 수 있다. 따라서 이 연구에서는 각 세대가 공유한 '경험의 강도'에 따라, 높은 강도의 경험을 공유한 세대에서는 세대효과가 지배적으로 나타날 수 있지만, 상대적으로 낮은 강도의 경험을 공유한 세대에서는 세대효과보다 연령효과가 더욱 우세할 것이라 예측한다. 예를 들어 과거 유럽의 68혁명 세대나 미국의 월남전 반대 운동 세대, 한국의 386세대와 같이 정치적 저항 운동에 함께한 세대에서는 세대효과가 강하게 나타날 수 있지만, 기타 세대에서는 상대적으로 세대효과가 약하게 나타날 수 있다는 것이다.

이 연구는 앞서 언급한 바와 같이 7개 세대를 대상으로 각 선거에서의 세대별 평균값에서 해당 선거의 전체 평균값을 뺀 값을 비교한다. 이는 선거 당시의 단기적 이슈와 사회적 분위기의 영향력을 통제하고, 자료상의 한계로 인해 선거 때마다 설문문항 간의 연속성을 담보할 수 없는 상황에서 설문문항의 편향성 등의 문제를 다소라도 통제하기 위함이다.

1) 후보자 선택

첫 번째로, 각 선거마다 보수 후보에 투표한 유권자들을 세대별로 추적하여 비교해보았다.[9] 1997년 선거의 경우 보수 진영 후보의 득표율은 이회창 후보의 득표율, 진보 진영 후보의 득표율은 김대중 후보의 득표율＋권영길 후보의 득표율로 계산되었고,[10] 2002년 선거의 경우 보수 진영 후보의 득표율은 이회창 후보의 득표율, 진보 진영 후보의 득표율은 노무현 후보의 득표율＋권영길 후보의 득표율이었으며, 2007년은 보수 진영의 경우 이명박 후보와 이회창 후보의 득표율, 진보 진영에는 정동영, 권영길 후보의 득표율에 정동영 후보와 단일화 논의가 있었던 문국현 후보의 득표율을 포함하였다.[11] 마지막 2012년 대선에서는 보수 진영 박근혜 후보, 진보 진영 문재인 후보의 득표율을 기준으로 하였다. 이 연구는 각 세대별로 보수 진영의 후보가 얼마나 득표하였는지를 기준점으로 하여, 지난 4번의 선거에서 나타난 세대별 득표율의 변화상을 검토한다.

이처럼 선거별 보수 후보 투표에 대한 차이를 비교하기 위해, 먼저

---

9 보수 진영 후보에 투표한 유권자를 1, 진보 진영 후보에 투표한 유권자를 0으로 하였으며, 특정 진영에 속한다고 보기 어려운 군소 후보의 사례는 제외하였다.

10 국민신당 이인제 후보의 경우, 신한국당으로부터 탈당하였으나 당시의 관점에서 '보수 진영'으로 정의내리기에는 어려운 점이 있어 분석에서 제외하였다. 이인제 후보는 경남 지역에서 상대적으로 높은 투표율을 기록하였으나, 이인제 후보는 이회창, 김대중보다 진보적인 후보로 평가되었고 한국 사회에서 상대적으로 진보적인 젊고 고학력 유권자의 지지를 받았다(강원택, 2003a: 200~224).

11 이와 같은 2007년 대선에서의 보수-진보 진영에 대한 구분은 박찬욱(2009)의 연구의 2008년 총선에서의 정당 이념 성향에 대한 구분을 따른 것으로, 2008년 총선에서의 보수 진영은 한나라당, 친박연대, 자유선진당으로 구성되었으며, 진보 진영은 통합민주당, 민주노동당, 창조한국당으로 구분된 바 있다.

1997년-2002년-2007년-2012년 대선에서 나타난 각 연령별 '상대적 득표율'(세대별 득표율 평균에서 전체 득표율 평균을 뺀 값)의 차이를 그래프로 나타내었다. 〈그림 5-6〉은 각 해당연도 당시의 연령대를 기준으로 집단을 구분한 것이다. 20대를 예로 들면, 1997년 선거에서는 1968~1977년생, 2002년 선거에서는 1973~1982년생이 20대 집단에 속하게 되고, 2007년은 1978~1988년, 2012년은 1983~1993년에 출생한 집단이 20대가 되는 것이다.

기실 〈그림 5-6〉과 같은 그래프는 이전의 연령/세대 논의에서 흔하게 살펴볼 수 있는 그림이다. 〈그림 5-6〉을 통해, 우리는 선거 당시 각 연령대별 보수 후보 투표율의 차이를 알 수 있지만, 사실 이 그래프에서 마치 '같은 집단'인 것처럼 가정되는 '20대'는, 출생연도를 기준으로 할 때 (일부 겹치기도 하나) 전혀 다른 구성을 갖게 된다. 실제로 1997년 대선의 20대, 2002년 대선의 20대, 2007년 대선의 20대, 2012년 대선의 20대는 서로 다른 집단이라는 것이다. 결국 이 연구가 목표하는 '세대효과', '연령효과'를 측정하기 위해서는 이와 같은 그래프가 아닌, 출생연도를 기준으로 하여 선거마다 해당 출생연도(해당 세대)에 속해 있는 유권자들을 추적해가며 이들의 응답 결과를 비교하는 것이 필요하며, 이것이 세대 연구를 위한 더욱 정확한 방법이 될 것이다.

따라서 이 연구에서는 앞서 언급한 바와 같이 출생연도를 기준으로 하여 7개의 세대로 전체 집단을 구분하여 분석을 시도하였다(〈그림 5-7〉). 분석 결과는 크게 네 가지로 요약될 수 있는데, 첫째, 1997년 대선에서는 평균값을 중심으로 각 세대에서의 보수 진영 후보들의 득표율이 큰 차이를 보이지 않고 밀집해있었던 것과 달리, 2002년 이후로는 세대별 투표행태의 차이가 확대되어 2012년 대선에서 그 차이가 가장 벌어졌다. 특히 가장 젊은 세대인 촛불 세대(1988~1993년 출생)와 가장 나이 든 세대인 한국전쟁 세대(pre1942: 1942년 이전 출생) 간의 격차는 대단히 크다는 것을 알 수 있다.

둘째, '전후 산업화 세대'(1942~1951년 출생)와 '한국전쟁 세대'(1942년 이전 출생) 등 고연령층 유권자 집단에서는 시간이 흐름에 따라 보수후보 지지의 비율이 점차 높아지는 것을 알 수 있는데, 이는 나이가 들수록 보수적 성향이 강화된다는 기존의 연령효과의 가설에 부합하는

〈그림 5-6〉 연령대별 후보자 선택(높을수록 보수후보 선택)의 변화 추세

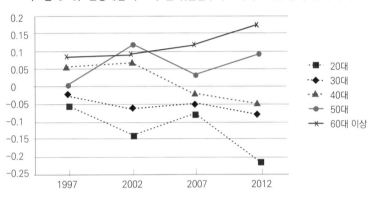

〈그림 5-7〉 세대별 보수 후보 선택 비율의 변화 추이

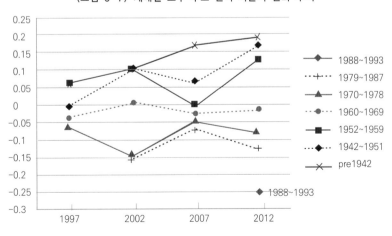

것으로 보인다. 또한 2012년에서 가장 주목받은 연령대인 50대에 해당하는 '유신 세대'(1952~1959년 출생)는, 2007년과 비교하여 보수적 성향이 크게 강화된 것으로 확인되었다.

셋째, 1960~1969년에 출생한 이른바 '386세대'는 네 번의 선거 동안 보수 후보에 대한 지지율 자체에 큰 변화를 보이지 않았다. 이는 연령이 증가함에 따라 보수화된다는 기존의 연령효과의 가설과는 다른 결과로서, 386세대는 네 차례 대선에서 모두 다소나마 진보 후보에 대한 높은 지지율을 유지하는 것으로 나타났다. 즉, 386세대가 사라졌거나 보수화되었다는 기존의 주장(강원택, 2009; 박명호, 2009; 박원호, 2012)과는 달리, 386세대의 정치적 성향은 지속적으로 유지되고 있으며 따라서 386세대에서는 세대효과가 강하게 작용하고 있음을 알 수 있다.

마지막으로 1970~1978년에 출생한 IMF 세대와 1979~1987년에 출생한 월드컵 세대는 지난 선거에서 매우 유사한 변화추세를 보이는데, 조금씩 두 세대 간의 격차가 커져가는 것을 발견할 수 있다. 그리고 1988~1993년에 출생하여 2012년에 최초로 선거권을 행사한 촛불 세대의 경우, 비교할 수 있는 대상은 없지만 이전의 어떤 세대보다 가장 강하게 진보 후보에 대한 지지를 보이는 것으로 확인된다.

2) 이념 성향

이념 성향은 연령효과와 세대효과를 측정하는 데 가장 직접적인 지표라고 할 수 있다. 연령효과라는 것이 기실 '나이를 먹음에 따라 정치적 성향은 보수화된다'는 가설을 담고 있는 것을 생각하면, 결국 그 '보수화' 정도를 가장 잘 보여주는 지표는 응답자 개인의 '자기 이념 평가'라고 볼 수 있기 때문이다. 따라서 이 연구는, '매우 진보'를 뜻하는 0

점, '매우 보수'를 뜻하는 10점을 양극단으로 하여 11점 척도의 자기 이념 평가를 각 세대별로 세 번의 응답 결과를 추적하여 비교·분석한다.[12]

앞서 언급한 바와 같이, 이념 성향에 대한 분석 또한, 절대적 값이 아닌 해당 선거에서의 세대별 평균값에서 전체 평균값을 뺀, '상대적 이념 성향'을 분석 지표로 활용했다. 예를 들어, 386세대(1960~1969년 출생)의 1997년 대선에서의 이념 평균은 4.85점으로, 이 값에서 해당 선거에서의 전체 평균인 5.09점을 빼면 -0.24점이라는 '상대적 이념 성향' 값을 갖게 되는 것이다. 그 값이 플러스인 경우 보수성이 강한 것이고, 마이너스인 경우 진보성이 강한 것이다.

분석 결과, 여기서도 몇 가지 주목할 만한 특성이 확인된다. 첫째, 한국전쟁 세대, 전후 산업화 세대에서는 전반적으로 시간이 흐름에 따라 보수화되는 경향이 확인된다. 이들 두 세대는 특히 2007년을 기점으로 크게 보수화되는 모습을 보였고, 지금의 50대에 해당하는 유신 세대는 2012년 대선에서 보수성이 강화된 것으로 나타났다. 적어도 한국전쟁 세대, 전후 산업화 세대는 앞서 본 〈그림 5-7〉의 결과와 마찬가지의 추세가 확인된다는 점에서 이러한 변화를 연령효과라고 볼 수 있을 것 같다. 여기서 흥미로운 것은 현재의 50대, 즉 1952~1959년 출생에 해당하는 유신 세대의 변화이다. 유신 세대의 2007~2012년 사이의 변화는 이전 두 세대의 2002~2007년 사이의 변화와 매우 유사한데, 유신 세대가 2012년 이후의 선거에서 그들보다 앞선 두 세대의 패턴을 따라

---

[12] 1997년 대선과 2002년 대선 설문조사의 경우 자기 이념 평가가 5점 척도(1~5점)로 코딩되었으나, 동일한 기준에서의 비교를 하기 위해 11점 척도(0~10점)로 재코딩하였다. 자기 이념 평가에서 중도 이념, 1~5점에서의 3점, 0~10점에서의 5점에 응답하는 비율이 높은 점을 감안하여 1~5점에서의 3점은 5점으로 코딩하였고, 1, 2, 4, 5점은 각기 1, 3, 7, 9점으로 재코딩하였다.

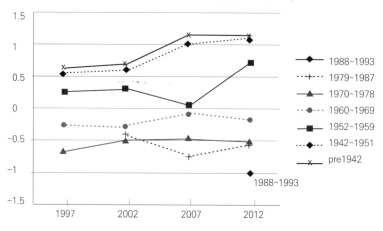

〈그림 5-8〉 세대별 이념성향의 변화 추이

◆	1988~1993
+	1979~1987
▲	1970~1978
●	1960~1969
■	1952~1959
◆	1942~1951
×	pre1942

가게 될 것인지 주목할 필요가 있다.

　둘째, 2012년 현재 40대 중반~50대 초반에 해당하는 386세대의 변화 추이다. 2002년 대선 매우 진보적인 성향을 보였던 386세대는 적어도 외형적으로 볼 때 2007년 대선, 2008년 총선에서는 세대적 특수성이 사라진 모습을 보였다. 실제로 〈그림 5-8〉에서 보듯이 386세대는 2007년 대선에서 그 이전에 비해 다소 보수화된 모습을 보였지만, 2012년 대선에서는 다시금 진보적 성향으로 회귀하는 모습을 나타내었다. 앞서 본 〈그림 5-7〉에서의 결과와 마찬가지로 386세대는 다른 어떤 세대보다 가장 완만한 기울기를 보이며 큰 변화 없이 세대적 정체성이 대체로 유지된다. 즉 386세대의 세대효과는 유지되고 있는 것이다.

　셋째, IMF 세대(1970~1978년 출생), 월드컵 세대(1979~1987년 출생) 등 젊은 유권자들의 진보적 이념 성향 또한 대체로 유지되고 있다. 앞서 후보 선택의 변화에서 큰 변화폭을 보였던 두 세대는 자기 이념 평가를 기반으로 한 이념 성향의 변화에서는 큰 변화 없이 일정한 정도의 이념 성향을 유지하는 세대효과를 보여준다. 시간적으로 조금 더 지켜봐야 할 필요가 있지만 적어도 나이를 먹을수록 보수화된다는 연령효과가 30대까지의 연령대에서는 아직 확인되지 않는다.

3) 무당파적 성향

각 세대의 연령효과/세대효과를 측정하기 위해 다음으로 고려할 변수는 무당파적 성향이다. 이 연구는 "응답자들이 어떤 정당에 일체감을 느끼는가?"에 집중하는 것이 아닌, "어떤 정당에라도 일체감을 느끼는가? 느끼지 않는가?"와 같이 "당파적 성향"과 "무당파적 성향"을 구분하는 데 주목하는데, 이는 젊은 세대를 중심으로 어떤 정당에도 일체감을 느끼지 않는 무당파층의 비율이 증가하고, 고연령층에 비해 현격히 낮은 투표율을 기록하고 있는 현재의 상황에서 시작된 질문이다. 해외의 연구를 살펴보면, 연령이 높아짐에 따라 유권자와 정당 간의 연계성도 강화되고, 그에 따라 투표율이 전반적으로 상승하는 추세가 발견되는 것이 사실이다(Goerres, 2007; Gallergo, 2009; Blais et al., 2004). 만약 무당파적 성향에서의 연령효과가 한국 선거 정치에서도 존재한다면 현재 한국의 젊은 세대의 무당파적 성향과 낮은 투표율은 장기적인 관점에서 볼 때 회복될 것으로 기대할 수도 있겠지만, 이것이 세대효과와 관련된 것이라면 그런 변화를 기대하기는 어려울 것이다. 여기서 플러스 값은 당파적 성향이 강하다는 것을 의미하며 마이너스인 경우에는 무당파적 성향이 강하다는 것을 말한다.

분석 결과, '상대적 무당파 성향'을 기준으로 할 때, 한국전쟁 세대(1942년 이전 출생), 전후 산업화 세대(1942~1951년 출생), 유신 세대(1952~1959년 출생)에서는 다른 세대와 비교하여 보다 강한 정도의 정당일체감을 보여준다. 한편 가장 고연령층인 한국전쟁 세대의 상대적

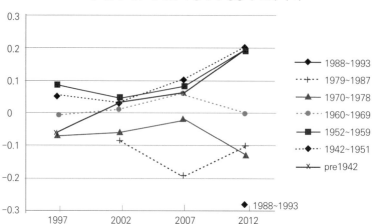

〈그림 5-9〉 세대별 무당파적 성향의 변화 추이

무당파 성향은, 1997년에는 비교적 낮은 정당일체감을 갖고 있는 것으로 나타났으나, 지난 15년 동안 꾸준히 증가하여 2012년 대선에서는 모든 세대를 통틀어서 가장 강한 정당일체감을 갖고 있는 집단으로 나타났다.

반면 '386세대'는 2012년 대선에서 무당파층의 비율이 증가하기는 하였으나 대체로 평균 수준을 유지했으며, 현재의 30대에서 40대 초반에 해당하는 IMF 세대(1970~1978년 출생)는 지난 5년 사이에 가장 무당파적 성향이 강해진 세대인 것으로 나타났다. 즉, 386세대와 IMF 세대에서, 나이가 들수록 정당일체감을 획득하고 높은 투표참여율을 보이게 된다는 연령효과는 존재하지 않는 것으로 보인다.

한편, 가장 젊은 세대인 촛불 세대(1988~1993년 출생)는 2012년 대선에서 지난 15년 동안 가장 낮은 수치의 정당일체감(25.4%)을 가지고 등장한 세대이다. 물론 현재 20대 초중반에 해당하는 촛불 세대가 아직 정당일체감을 형성할 기회를 얻지 못했다는 해석도 가능하지만, 이전 세대의 첫 선거와 비교해볼 때 촛불 세대는 예외적이라고 할 만큼 '극단적인' 무당파적 태도를 보인다. 물론 2012년 대선 국면에서 '안철수 현상'이라는 무소속 후보의 등장이 이와 같은 젊은 층의 무당파적 성향으로 귀결되었을 가능성을 제기할 수 있지만, 장기적으로 볼 때 현재와 같은 세대 간 무당파적 성향의 차이는 세대 간 투표율의 현격한 차이로 발현될 가능성도 적지 않아 보인다.

6. 나가며

이 연구는 2012년 제18대 대통령선거에서 나타난 연령/세대효과의 실제를 분석하기 위해 투표행태와 정치적 태도에 미친 연령 변수의 영향력을 통계적으로 검증하고, 1997년 이후 한국 대통령선거에서의 연령효과와 세대효과의 존재를 추적하였다. 즉 2012년 대선에서 나타난 연령대 간 대립 구도의 정치적 의미를, 연령효과와 세대효과라는 보다 장기적인 관점에서 해석해보고자 한 것이다. 이와 같은 목적에서 이 연구는 1997년-2002년-2007년-2012년 대통령선거를 사례로 하여, 정치사회화 시점(10대 후반~20대 중반)의 정치적 경험을 기준으로 '촛불 세대', '월드컵 세대', 'IMF 세대', '386세대', '유신 세대', '전후 산업화 세대', '한국전쟁 세대' 등 7개의 세대로 구분하고 세대 간 정치적 성향의 차이를 분석함으로써 연령효과와 세대효과에 대해 분석하고자 했다.

분석 결과, 무엇보다 한국 선거 정치에서 연령효과, 세대효과는 모두 확인되었다. 다만 연령 집단별로 상이한 효과가 발견되었다. '전후 산업화 세대'(1942~1951년 출생)와 '한국전쟁 세대'(1942년 이전 출생)에서는 연령의 증가에 따라 보수화되는 연령효과가 확인되었다. 시간이 흐르면서 점차 보수화되는 태도는 이들 두 집단의 후보자의 지지, 이념 성향, 무당파적 성향이라는 세 가지 차원에서 모두 유사한 패턴으로 확인되었다. '유신 세대'(1952~1959년 출생) 또한 현재까지의 자료로 단정 지을 수는 없지만 전후 산업화 세대와 한국전쟁 세대의 지난 변화 추세와 매우 유사한 모습을 보여 장기적으로 볼 때 연령효과가 강화될 가능성이 있는 것으로 나타났다. 이에 비해 '386세대'(1960~1969년 출생)는 시간의 흐름과 무관하게 그 세대의 특수한 정치적 성향을 유지하는 세대효과가 존재하는 것으로 나타났다. 외형적으로 볼 때 2002년과 같은 뚜렷한 지지 패턴이 체감되지는 않았지만, 네 차례 대선 기간 동안 이들의 정치적 성향은 매우 일관된 특성을 보였다. 분석 결과 후보자의 지지에서도 진보 후보에 대한 선호도가 다소 높았고, 이념적으로도 다소 진보적 입장을 유지했으며 당파적 태도에서는 거의 평균 위치에 머물러 있었다. 386의 세대효과가 유지되고 있는 것이다.

386세대 이후의 IMF 세대, 월드컵 세대는 이념 성향에서는 진보적인 성향에서의 지속성을 보였으나, 후보자 선택과 정당일체감의 유무에서는 선거에 따라 상승과 하락을 반복하는 모습을 보였다. 특히 당파적 성향을 두고 볼 때 나이를 먹을수록 정당일체감의 강도가 강해지고 투표율도 상승한다는 기존의 가설과 달리, 오히려 현재의 30대 중반에서 40대 중반에 해당하는 IMF 세대에서는 가장 큰 폭으로 무당파적 성향이 증가하였다. 아직은 조금 더 시간적으로 지켜봐야 하겠지만 정당 정치의 효과적 대응이 뒤따르지 않는다면 이와 같은 젊은 세대의 당파적 무관심이 세대효과로서 유지될 수도 있을 것으로 보인다.

연령효과, 세대효과를 측정할 수 있는 충분한 데이터가 확보되지 않은 탓에 단정적으로 말하기는 어렵겠지만, 이 연구의 결과로부터 추론할 때, 향후 한국 유권자들이 고령화되는 인구 구성의 변화에 따라 '중도 보수화될 것이다'라고 단순하게 결론짓기는 어려울 것 같다. 물론 앞선 3절과 4절에서 살펴본 바와 같이 2012년 대선에서 연령대 집단 간의 정치적 대립 구도가 뚜렷하게 나타났고, 현재의 50대에 해당하는 유신 세대가 지난 5년 전과 비교하여 크게 보수화된 것은 사실이다. 그러나 현재의 40대에 해당하는 386세대의 세대효과는 여전히 유지되고 있으며, 젊은 유권자들 역시 시간의 흐름에 따라 자연스럽게 보수화되는 모습을 보이고 있지는 않다. 또한 386세대와 마찬가지로 '정치적 저항'의 강한 경험을 공유하는 '촛불 세대'의 경우, 지난 15년의 선거사에서 가장 뚜렷하게 다른 세대와 차별되는 정치적 성향을 보여, 장기적으로 볼 때 세대효과의 유지 가능성이 높아 보인다.

앞서 주지했다시피, 이 연구는 현재 한국 유권자 집단에 존재하는 '세대효과'와 '연령효과'의 실제를 분석함으로써, 세대별 유권자 구성비율의 변화로부터 추동되는 한국의 선거구도의 변화를 예측하고자 하였다. 이 연구는 시계열 분석을 통한 세대효과와 연령효과에 대한 경험적 검증이라는 함의 외에도, 386세대 등 민주화 세대에서 나타나는 세대효과에 집중되었던 한국 선거에서의 세대 관련 논의를 민주화 이전과 세대균열 등장 이후의 세대에까지 확장하였다는 함의를 지닌다. 특히 2012년 18대 대선에서는 현재의 50대, 60대 이상에 해당하는 '유신 세대', '전후 산업화 세대', '한국전쟁 세대'들의 높은 투표율과 박근혜 후보에 대한 높은 지지율이 주목되었는데, 이 연구를 통해서 이들 세대의 정치적 정향을 연령효과의 측면에서 조명해볼 수 있게 되었다.

추후의 세대 연구가 답해야 할 질문은, 그렇다면 이와 같이 세대 별로 '분화되어' 나타나는 연령효과와 세대효과의 원인이 무엇인가 하는 점이다. 이 연구가 가설적인 수준에서 제시할 수 있는 답은 각 세대가 10대 후반에서 20대 중반에 이르는 정치사회화 시기에 경험한 정치적 사건의 '강도'이다. 즉 386세대와 같이 정치적 저항 운동에 참여했던 세대에서는 '높은 강도의 경험'으로 인해 일정한 정치적 성향이 유지되었고, 다른 세대에서는 그렇지 못했다는 점이다. 그러나 분화되어 나타나는 연령효과, 세대효과의 원인을 경험적으로 밝히기 위해서는 먼저 연구자마다 각기 상이한 기준에 따르고 있는 '정치 세대 구분'에 대한 연구가 선행되어야 할 것이며, 보다 근본적으로는 한국 유권자들의 '정치사회화' 과정에 대한 더 많은 논의가 필요할 것으로 보인다.

참고문헌

강원택(2002), "세대, 이념과 노무현 현상", 〈계간사상〉 가을호: 80~102.
_____(2003a), 《한국의 선거정치: 이념, 지역, 세대와 미디어》, 푸른길.
_____(2003b), "16대 대선과 세대", 김세균 편, 《16대 대선의 선거과정과 의의》, 서울대학교 출판부.
_____(2009), "386세대는 어디로 갔나?: 2007년 대선과 2008년 총선에서의 이념과 세대", 김민전 · 이내영 공편, 《변화하는 한국유권자 3: 패널조사를 통해 본 18대 국회의원선거》, 69~97쪽, 동아시아연구원.
_____(2010), 《한국 선거정치의 변화와 지속》, 나남.
박명호(2009), "2008 총선에서 나타난 세대효과와 연령효과에 관한 분석: 386세대를 중심으로", 〈한국정당학회보〉 8(1): 65~86.
박원호(2012), "세대균열의 진화: '386세대'의 소멸과 30대 유권자의 부상", 박찬욱 · 김지윤 · 우정엽 공편, 《한국유권자의 '선택 1: 2012 총선》, 아산정책연구원.
박재흥(2002), "세대 개념에 관한 사회학적 고찰", 〈한국사회학비평〉 2: 47~71.
박찬욱(2009), "사회균열과 투표선택: 지역 · 세대 · 이념의 영향", 김민전 · 이내영 공편, 《변화하는 한국유권자 3: 패널조사를 통해 본 18대 국회의원선거》, 181~203쪽, 동아시아연구원.

_____ · 김경미 · 이승민(2008), "제17대 대통령선거에서 유권자의 사회경제적 특성과 이념정향이 후보 선택에 미친 영향", 박찬욱 편, 《제17대 대통령선 거를 분석한다》, 193~250쪽, 생각의 나무.

서울대학교 한국정치연구소(2013), 〈정치와 민주주의에 관한 의식 조사: 2012 년 대선〉.

서현진(2008), "17대 대통령선거의 투표참여와 세대에 관한 연구", 〈의정연구〉 14(2): 117~142.

어수영(2006), "세대와 투표양태", 어수영 편, 《한국의 선거 Ⅴ: 제16대 대통 령선거와 제17대 국회의원선거》, 오름.

이갑윤(2008), "한국 선거에서의 연령과 투표참여", 〈의정연구〉 14(2): 93~115.

이내영(2002), "세대정치와 이념", 〈계간사상〉 가을호: 53~79.

_____(2011), "6·2 지방선거와 세대균열의 부활", 이내영 · 임성학 공편, 《변화 하는 한국유권자 4: 패널조사를 통해 본 2010 지방선거》, 동아시아연구원.

이우진(2011), "6·2 지방선거에서 유권자들은 이념에 얼마나 충실히 투표하였 나?", 이내영 · 임성학 편, 《변화하는 한국 유권자 4: 패널조사를 통해 본 2010 지방선거》, 53~178쪽, 동아시아연구원.

정진민(1992), "한국 선거에서의 세대요인", 〈한국정치학회보〉 26(1): 145~167.

_____(2012), "한국 유권자들의 투표행태와 세대: 2010년 지방선거를 중심으 로", 〈한국정치연구〉 21(2): 1~21.

_____ · 황아란(1999), "민주화 이후 한국의 선거정치", 〈한국정치학회보〉 33(2): 115~134.

중앙선거관리위원회(2008a), 〈제17대 대통령선거 투표율 분석〉, 중앙선거관리 위원회.

_____(2008b), 〈제18대 국회의원선거 투표율 분석〉, 중앙선거관리위원회.

한국사회과학데이터센터(KSDC)(1998), 〈제15대 대통령선거 조사연구〉.

_____(2003), 〈제16대 대통령선거 조사연구〉.

_____(2008), 〈제17대 대통령선거 조사연구〉.

황아란(2009), "정치세대와 이념성향: 민주화 성취세대를 중심으로", 〈국가전 략〉 15(2): 123~151.

Abramson, Paul(1975), *Generational Change in American Politics*, Lexington: Lexington Books.

Abramson, Paul & Ronald Inglehart(1987), "Generational Replacement and the Future of Post-Materialist Values", *The Journal of Politics* 49 (1) : 231 ~241.

Altemeyer, B. (1988), *Enemies of Freedom: Understanding Right-wing Authoritarianism*, San Francisco: Jossey-Bass.

Barnes, S. H. (1989), "Partisanship and Electoral Behavior", In M. K. Jennings & J. W. Van Deth (eds.), *Continuities in Political Action*, Berlin: De Gruyter.

Berelson, Bernard & Gary A. Steiner (1964), *Human Behavior: An Inventory of Scientific Findings*, New York: Harcourt, Brace and World.

Binstock, R. H. & J. Quadagno (2001), "Aging and Politics", In R. H. Binstock & L. K. George (eds.), *Handbook of Aging and the Social Sciences*, San Diego: Academic Press.

Blais, André, Elisabeth Gidengil, Neil Nevitte, & Richard Nadeau (2004), "Where does Turnout Decline Come from?", *European Journal of Political Research* 43: 221~236.

Coale, Ansley (1964), "How a Population Ages or Grows Younger", In Ronald Freedman (ed.), *Population: The Vital Revolution*, New York: Anchor Books.

Converse, P. E. (1972), "Change in the American Electorate", In A. Campbell & P. E. Converse (eds.), *The Human Meaning of Social Change*, New York: Russell Sage.

Crittenden, J. (1962), "Aging and Party Affiliation", *Public Opinion Quarterly* 26: 648~657.

Danigelis, N. L. & S. J. Cutler (1991), "Cohort Trends in Attitudes about Law and Order: Who's Leading the Conservative Wave?", *Public Opinion Quarterly* 55: 24~49.

Gallego, Aina (2009), "Where Else Does Turnout Decline Come from? Education, Age, Generation and Period Effects in Three European Countries", *Scandinavian Political Studies* 31 (1) : 32~44.

Goerres, Achim (2007), "Why are Older People More Likely to Vote? The Impact of Ageing on Electoral Turnout in Europe", *British Journal of Politics and International Relations* 9: 90~121.

_____ (2008), "The Grey Vote: Determinants of Older Voters' Party Choice

In Britain and West Germany", *Electoral Studies* 20: 1~20.

Hyman, Herbert(1959), *Political Socialization*, New York: The Free Press.

Jennings, M. Kent(1987), "Residues of a Movement: The Aging of the American Protest Generation", *The American Political Science Review* 81(2): 367~382.

_____ & Richard G. Niemi(1981), *Generations and Politics: A Panel Study of Young Adults and Their Parents*, Princeton: Princeton University Press.

Kang, Won-Taek(2008), "How Ideology divides Generations? The 2002 and 2004 South Korean elections", *Canadian Journal of Political Science* 41(2): 461~480.

Keniston, Kenneth(1969), "Moral Development, Youthful Activism and Modern Society", *Youth and Society* 1: 110~127.

_____(1970), "Youth: A New Stage of Life", *American Scholar* 39: 631~654.

Lambert, Allen(1972), "Generations and Change: Toward a Theory of Generations as a Force in Historical Process", *Youth and Society* 4: 21~45.

Mannheim, Karl(1952), "The Problem of Generations", In P. Kecskemeti (ed.), *Essays on the Sociology of Knowledge*, New York: Oxford University Press.

Miller, W. E. & J. M. Shanks(1996), *The New American Voter*, Cambridge, MA: Harvard University Press.

Rinrala, Marvin(1979), *The Constitution of Silence: Essays on Generational Themes*, Westport: Greenwood.

Ryder, Norman B. (1965), "The Cohort as a Concept in the Study of Social Change", *American Sociological Review* 30(6): 843~861.

Wattenberg, Martin P. (2007), *Is Voting for Young People?*, New York: Pearson Longman.

문화일보(2012/12/14).

　　http://news. naver. com/main/read. nhn?mode=LSD&mid=sec&sid1=100&oid=021&aid=0000012016 (검색일: 2012. 1. 25.)

오마이뉴스(2012/12/21).

　　http://www. ohmynews. com/NWS_Web/View/at_pg. aspx?CNTN_CD=A0001816928 (검색일: 2012. 1. 25.)

폴리뉴스(2012/12/31).

　　http：//www. polinews. co. kr/news/articleView. html?idxno=165453 　(검
　　색일: 2012. 1. 25.)

한국경제(2012/11/23).

　　http：//www. hankyung. com/news/app/newsview. php?aid=20121123372
　　7i （검색일: 2012. 1. 25.)

한국일보(2012/12/14).

　　http：//news. hankooki. com/lpage/politics/201212/h20121214023645129
　　750. htm （검색일: 2012. 1. 25.)

06 유권자의 이념과 투표선택
보수의 결집과 진보의 분열
오현주 · 길정아

1. 들어가며

민주화 이후, 한국의 선거를 설명하는 가장 결정적인 요인은 지역균열이었다. 특정한 지역에서 절대적인 지지를 받는 정당은 해당 지역에서 편중된 높은 득표율을 점함으로써, 한국 선거는 특히 영남 지역과 호남 지역의 대립으로 나타났다. 한편, 그동안 한국 정치에서 지역균열을 이끌어 왔던 3김이 정치무대에서 퇴진하면서, 지역의 영향력만이 선거의 결과를 설명하는 유일한 변수가 되기 어려운 정치적 환경이 조성되었다. 구체적으로, 그동안에는 유권자의 투표선택에 영향을 미칠 수 있는 이념 및 세대와 같은 요인들이 인식되었음에도 불구하고 지역 요인의 우세한 영향력에 의해 이러한 기타 요인들은 가시적으로 드러나지 못하였으나, 정치적 환경의 변화로 인해 지역균열과 더불어 이념, 세대가 유의미한 정치균열로서 기능하게 된 것이다. 2002년 제 16대 대선에서는 이러한 이념과 세대의 영향력이 본격적으로 드러나게 되었으며(강원택, 2003; 박찬욱, 2009), 특히 유권자의 이념성향은 2007년 17대 대선에서도 투표선택에 유효한 영향력을 미쳤다고 평가된다(박찬욱 외, 2008; 이우진, 2010).

선거기간 동안 언론의 평가에 따르면, 이번 제18대 대선에서도 이러한 이념은 선거의 결과와 관련하여 중요한 영향을 미친 요인 중 하나였다. 보수이념을 대표하는 박근혜 후보와 진보이념을 표방한 문재인 후보 간의 대립이라는 선거구도가 형성되었고, 제3의 후보로서 등장한 안철수와 관련한 선거결과의 예측은 안철수 후보의 존재가 진보이념 진영의 투표선택에 미칠 영향력에 집중되었다(〈중앙일보〉, 2012/09/20). 문재인 후보와 안철수 후보의 단일화를 둘러싼 논의 또한, 두 후보 사이에서 선택을 고심하던 진보진영의 유권자들이 단일화 후보를 얼마나 선택할 것인지, 사퇴한 후보를 지지하던 유권자의 표가 단일화 후보에게 얼마나 "전환"될지에 관한 것이었고 이는 선거기간 동안 최대의 화두였다(〈주간경향〉, 2012/11/03).

이렇듯, 한국의 선거정치에서 이념은 유권자의 투표선택 및 선거의 결과에 영향을 미치는 유의미한 요인이 된다. 과거에 그러했듯이 지역이 선거의 결과를 설명하는 유일한 변수였던 정치적 환경을 벗어나게 되면서, 이러한 이념균열의 존재는 다원화된 정치적 경쟁을 가능하게 할 것이고(박찬욱 외, 2008), 그러한 변화된 정치적 환경에 대한 논의는 한국의 선거정치를 더욱 적확하게 이해하기 위해 반드시 이루어져야 하기에 이념은 한국 선거정치의 중요한 연구주제라고 할 수 있다.

한국 선거에서 이념을 분석하는 기존 연구들 대다수는 이념요인이 투표선택에 독립적인 영향력을 행사한다는 점을 공통적으로 검증해왔다. 즉, 이념과 관련하여 유권자의 투표참여 및 투표선택이 이루어지는 양상에 대한 논의는 상대적으로 주목을 덜 받아 온 것으로 보인다. 유권자의 이념이 반드시 그에 부합하는 대상에 대한 투표로 이어질 것을 담보할 수 없음에도, 각 이념집단에 속한 유권자들이 어느 정도로 투표에 참여하고, 또한 그들이 위치한 이념에 부합하는 투표선택을 하고 있는지에 대한 관찰이 상대적으로 경시되어 온 것이다. 그러나 각 이념진영을 대표하는 정당 및 후보자가 각각의 이념적 지지층을 얼마나 효과적으로 "결집"해내었는지의 여부는 선거의 결과에서 중요한 요인으로 작용할 수 있다. 따라서 투표결정에 대한 이념변수의 독립적인 영향력을 검증하는 것을 넘어 보다 면밀한 관찰과 해석이 필요하다고 판단된다.

이 연구는 18대 대선에서 선거의 결과가 박근혜 후보의 당선으로 귀결된 주된 요인이 무엇인지에 대한 의문에서 출발한다. 그리고 궁극적으로는 투표선택에서 이념이 구체적으로 어떤 영향을 미쳤는지를 살펴보고자 한다. 이번 18대 대선은 보수이념을 대표하는 박근혜 후보와 진보이념을 대표하는 문재인 후보의 양자 간 대립구도가 형성된 가운데, 제3의 후보인 안철수 후보의 행보가 중요한 변수로 작용했던 선거였다. 이러한 선거구도에서, 이 연구는 박근혜 후보의 당선이 가능했던 원인에 대해서 분석적으로 논하고자 한다. 이에 이 연구는 첫째, 18대 대선에서 이념이 투표선택에 유의미한 영향력을 미쳤음을 경험적으로 검증하고, 둘째, 유권자들이 각 이념진영을 중심으로 얼마나 효과적으로 "결집"하였는지를 분석함으로써 이념이 선거의 결과에 미친 영향을 설명하고, 셋째, 나아가 이를 바탕으로 박근혜 후보의 당선 요인을 해석하는 것을 그 목적으로 한다.

이러한 목적에 따라 이 연구는 다음과 같이 진행된다. 먼저, 제2절에서는 투표선택에 미치는 이념의 영향력에 대한 이론적 논의와 한국의 선거를 분석한 기존 연구들을 검토하고, 이 연구의 문제의식과 같이 이념에 따른 유권자의 투표선택이 선거의 결과에 어떻게 작용하는지를 살펴야 할 필요성을 지적한다. 그리고 제3절에서 이념이 투표선택에 미친 영향력을 검증하기 위해 로지스틱 회귀분석을 포함한 경험적 분석을 실시한다. 이후, 제4절에서 보수이념 집단과 진보이념 집단이 각각 얼마나 이념에 부합하는 투표선택을 하였는지, 그것이 선거의 결과에 대해 어떻게 작용하였는지 분석함으로써, 18대 대선의 결과에 대한 이념의 영향력을 설명한다. 마지막으로 결론에서는 이 연구의 결과를 간략히 요약하고, 연구의 함의를 제시한다.

2. 기존 연구의 검토

투표선택에 대한 이념의 영향력을 주장한 연구로는 대표적으로 다운즈(Downs, 1957)를 들 수 있다. 다운즈는 좌-우로 상정된 이념적 스펙트럼을 가정하고, 선거에서 유권자는 자신의 이념적 위치와 가장 근접해 있는 정당 혹은 후보를 선택할 것이라는 근접모델(*proximity model*)을 제시하였다. 구체적으로, 유권자는 정치적 이념의 스펙트럼상에 위치해 있고, 자신의 이념적 위치와 가장 가까운 정당이 집권할 때 자신에게 가장 큰 효용을 가져다 줄 것이므로 그 정당에게 투표한다는 것이다. 유권자의 선호의 분포가 단봉형(*single-peaked*)이고 좌우 대칭인 상황을 가정할 때, 정당들은 중도의 이념적 위치에서 수렴하게 되며, 이에 중위투표자(*median voter*)들의 득표를 극대화하는 전략은 선거의 승리에 결정적 요인이 된다. 이때 이념은 유권자들이 투표결정을 내릴 때 정치적 정보비용을 감축시켜 줄 수 있는 인지적 도구(*cost-saving devices*)로서 기능한다. 각 정당들은 선거에서 승리하기 위해 이념적 스펙트럼상에서 자신에게 유리한 정책적 입장을 설정한다. 이러한 다운즈의 근접모델이 소개된 이래로, 유권자들은 자신의 이념성향과 가까운 정당에게 투표한다는 것을 검증한 경험적 연구들이 다수 이루어지고 있다(Hinich & Pollard, 1981; Enelow & Hinich, 1982; Grofman, 2004 등).

한편, 라비노위츠와 맥도널드(Rabinowitz & Macdonald, 1989)는 이념이 투표선택에 영향을 미치는 요인이 된다는 점에는 동의하나, 이들의 연구는 이념의 방향성(*direction*)과 강도(*intensity*)가 더욱 중요하다고 강조한다. 구체적으로, 이들의 논의는 정당의 이념적 성향이 강할수록 중도를 중심으로 하여 동일한 방향에 위치한 유권자들로부터 더 많은 지지를 얻는다고 주장한다.

궁극적으로, 근접모델과 방향모델(*directional model*)의 주된 차이는 중도라는 이념적 입장에 대해 상이한 관점을 지닌다는 점에 있다. 다운즈의 근접모델의 경우, 중도이념은 좌와 우처럼 실체를 가진 이념성향의 한 지점에 해당한다. 반면, 맥도널드와 라비노위츠의 방향모델의 관점에서 중도이념은 좌와 우의 이념적 선호를 결여한 무차별한 지점을 의미한다. 이 두 이론이 대립하는 가운데, 투표결정에서 이념이 가지는 영향력에 관한 두 이론 중 선거의 결과를 설명하는 데 어느 모델의 설명력이 더 높게 나타나는지를 두고 수많은 연구들이 수행되었다. 조성대와 엔더스비(Cho & Endersby, 2003)는 영국의 선거를 분석한 결과, 근접모델은 여당에 대한 평가를 설명하는 데 적절한 반면, 방향모델은 야당에 대한 평가를 더 잘 설명한다고 주장한다. 메릴과 그로프먼(Merrill & Grofman, 1997)은 인지적 능력이 높은 유권자일수록 자신의 이념적 위치와 정당의 이념적 위치를 더욱 명확하게 인식할 수 있기 때문에 근접성에 따라 투표결정을 내릴 가능성이 높게 나타나는 반면에, 인지적 능

력이 낮은 유권자일수록 정당의 좌-우 위치에 대한 인식만으로 투표선
택을 내릴 가능성이 보다 높기 때문에 방향모델이 더욱 적합할 것임을
주장한 바 있다. 한편, 근접모델과 방향모델의 상대적 영향력을 분석한
결과, 블레이스 외(Blais *et al.*, 2001), 그리고 톰즈와 호웰링(Tomz &
van Houweling, 2008)은 근접모델이 투표를 설명하는 데 더욱 유용함을
경험적으로 검증하였다.

한국의 경우, 민주화 이후 선거의 결과를 결정짓는 가장 지배적인 요
인은 지역균열이었다. 정당들은 각각 특정한 지역에서 절대적인 지지
를 받아, 정당의 대립은 지역을 중심으로 이루어졌으며, 유권자의 투
표선택에서 이러한 지역은 주된 고려사항이 되어 왔다. 이렇게 특정한
정당을 기반으로 한 정당 지지구도가 오랜 기간 동안 유지되어 옴에 따
라, 선거에 영향을 미칠 수 있는 이념, 세대 등의 요인은 거의 주목받지
못하였다. 한편, 지역균열이 유권자의 선거행태에 강한 영향을 미쳤다
고 평가되는 가운데, 한국 선거에 대한 이념이 학문적으로 논의되기 시
작한 것은 1997년 대선을 기점으로 한 시기였다. 강원택(2003)은 1997
년에 치러진 15대 대선에서, 한나라당의 이회창 후보와 새정치국민회
의의 김대중 후보에 대한 지지층이 각각 보수·안정, 진보·변화의 대
조적인 이념적 성향을 나타내었음을 확인하였고, 이에 한국에서도 투
표선택에 영향을 미치는 이념에 대한 논의가 시작되기에 이르렀다.

본격적으로 이념의 영향력이 발현되기 시작한 것은 2002년의 16대
대선이었다. 새천년민주당의 노무현 후보와 한나라당의 이회창 후보는
선거기간 동안 발생한 정치적 사안에 대하여 각각 진보, 보수를 대변하
는 분명한 이념적 입장을 표명하였다. 또한 각 후보에 대한 지지자들
역시 이념적으로 확연한 차이를 드러내었다. 특기할 만한 점은, 16대
대선에서의 이념균열은 세대균열과 맞물려, 세대 간에 정치적, 이념적

차별성이 뚜렷하게 나타났다는 것이다. 한국에서 이념성향은 주로 대북관, 한미관계, 국가보안법 등을 포함한 대북/안보 차원에서 형성되어 있다고 인식되는데, 특히 16대 대선에서는 진보적 이념성향이 반미감정과 강한 연관성을 나타내었다(박찬욱 외, 2008). 구체적으로, 스스로 진보적이라고 규정한 최초의 대선 후보인 노무현 후보, 강한 진보적 성향을 드러낸 386세대, 미군 장갑차에 의한 여중생 사망 사건 등이 얽히며 이념성향은 16대 대선에서 유의미한 영향력을 미쳤다. 궁극적으로, 이 16대 대선에서 지역균열의 영향력이 잔존하는 가운데 이념균열과 세대균열이 가시화되었으며, 이러한 이념균열과 세대균열이 정치적 영향력을 지니게 됨에 따라 노무현 후보의 승리가 가능했던 것으로 평가된다(강원택, 2003; 박찬욱, 2009). 16대 대선은 지역적으로 편중된 지지기반을 가지고 한국 정치에서 중요한 영향력을 행사해왔던 3김이 정치무대에서 퇴진한 이후 치러진 첫 번째 대통령선거였으며, 따라서 과거와 같이 지역균열이 단일한 요인으로서 선거정치를 결정짓는 정치적 환경으로부터 벗어남에 따라 이념균열 및 세대균열이 드러나게 되었다고 할 수 있다.

한편, 2007년에 치러진 17대 대선에서는 세대요인이 16대 대선에서와 같이 강한 영향력을 행사하지 않았다고 확인된다. 모든 세대에서 이명박 후보의 득표율이 정동영 후보의 득표율을 상회하였으며(김민전, 2008), 16대 대선에서 386세대가 드러냈던 현저한 진보성은 17대 대선에 이르러 정치적으로 '실종'되었다(강원택, 2009). 한편, 이념균열은 16대 대선에서 나타났던 만큼 강하게 드러난 것은 아니었을지라도, 17대 대선에서도 유권자의 투표선택에 유효한 요인으로서 작용하였다(박찬욱 외, 2008; 이우진, 2010).

이렇듯, 최근 한국 선거연구의 흐름을 살펴보면, 유권자의 투표선택에 대한 이념의 영향력을 검증해내고 있는 다수의 연구들을 발견할 수 있다. 그리고 이들은 이념과 관련하여 다소 상반된 결과를 제시하는 두 차원의 연구들로 대별된다. 첫째, 지역균열이 여전히 선거에 영향을 미치는 요인이 되는 가운데 이념균열이 새로이 등장함으로써, 이러한 이념균열이 지역균열과 상호 중첩되어 있어 이념균열의 부상으로 인해 지역균열이 약화 혹은 대체될 것임을 전망하는 일군의 연구들이 있다 (강원택, 2003; 이갑윤·이현우, 2008; 조성대, 2004; 최준영·조진만, 2005). 이와는 달리, 이념균열의 부상에도 불구하고 선거에서 지역균열의 영향력은 여전히 건재하다는 대립되는 연구들 또한 발견할 수 있다(김만흠, 2003; 이갑윤, 2011). 둘째, 유권자의 투표선택에 대한 이념의 영향을 설명할 때, 다운즈의 근접모델과 라비노위츠와 맥도널드의 방향모델 중 어느 것이 한국의 선거를 더욱 적실하게 분석해 내는지에 대한 검증을 시도하는 연구들이 발견된다. 강원택(1998; 2010), 이갑윤·이현우(2008), 이내영(2009)은 근접모델의 설명력이 더 높게 나타남을 주장하는 반면, 2002년 대선을 분석한 지병근(Jhee, 2006)은 노무현 후보의 좌파적 이념성향이 뚜렷하게 부각되었기 때문에 노무현 후보가 당선되었다고 설명하며, 방향모델의 설명력이 더 적실하다고 주장한다. 결국, 어느 모델이 더욱 설명력이 높은지 그 유용성에 대해서는 대립되는 결과가 제시되는데, 이는 분석대상이 되는 각 선거마다 유권자의 이념성향의 추세 및 정당의 이념적 위치가 상이했을 수 있기 때문임을 고려해야 할 것이다.

궁극적으로, 이념에 주목한 기존의 연구들은 유권자의 투표선택에서 이념이 유효한 영향력을 미친다는 것을 검증해내고 있다. 1절에서 언급하였듯이, 이념균열의 등장은 다원화된 정치적 경쟁을 가능하게 할 것이며, 이에 한국의 선거정치에 대한 보다 면밀한 분석을 위해서 이러한 이념은 선거연구에서 중요한 연구주제라고 할 수 있다. 그러나 기존의 연구경향을 살펴보면, 기존 연구들은 유권자의 이념성향이 어느 정당 및 후보를 선택할 가능성에 미치는 독립적 영향력을 설명하는 데에만 초점을 맞추고 있다. 유권자의 이념이 유권자의 투표참여와 이념투표로 저절로 연결되는 것은 아니라는 점을 고려하면, 이는 기존 연구의 한계로 지적될 수 있다. 다시 말하면, 각 이념집단에 속한 유권자들의 투표참여 및 투표선택이 그들의 이념에 부합하는 형태로 얼마나 이루어지고 있는지에 대한 논의가 상대적으로 경시되고 있다는 것이다. 각 이념층에 따라 그에 일치하는 투표선택을 고려해야 하는 이유는 다음과 같다. 먼저, 이념이 투표선택에 유의미한 영향을 미치는 가운데 그러한 이념집단의 투표참여율 및 투표선택에 따라 선거의 결과가 달라질 수 있기 때문이다. 또한 이번 18대 대선과 같은 경우를 상정할 때, 안철수와 같은 제3의 후보가 등장함으로 인해 이념에 따른 유권자의 정당 지지구도에 발생한 변화는 선거의 결과에 중대한 영향을 미칠 것이기 때문이다.

한편, 유권자의 이념과 부합하지 않는 정당지지 현상을 지적하는 예외적인 연구로 이내영·정한울(2008)의 연구를 들 수 있다. 이 연구는 17대 대선에서 이명박 후보가 과반수에 육박하는 득표율로 당선될 수 있었던 것은 과거 열린우리당 지지층의 이탈, 다시 말하면 "진보적 한나라당 지지자들"이 결정적인 요인이었다는 점을 지적하며 유권자의 이념성향과 정당지지가 일치하지 않는 현상에 대한 질문을 제기한다. 그러나 이 연구는 이념적 양극화가 이념성향-정당지지 불일치 현상을 약화시킬 것이라는 미국의 연구(Carmines & Berkman, 1994)가 한국의 17대 대선에서 이전보다 양극화된 이념적 스펙트럼에도 불구하고 맞지 않았음을 보이고 있을 뿐이며, 이러한 진보적 한나라당 지지자의 인구

사회학적 특성을 밝히는 데 그치고 있다. 따라서 이 연구는 중요한 문제의식의 제기에도 불구하고, 특정한 이념층의 "결집" 혹은 "분열"의 현상을 분석적으로 보여주고 있다고 하기는 어렵다.

이에 이 연구는 18대 대선에서 투표선택에 미친 이념의 영향력을 확인하고, 나아가 각 이념집단별로 결집 혹은 분열된 양상을 구체적으로 살피고자 한다. 그리고 논의의 마지막에서는 이러한 현상이 이번 18대 대선의 결과에 미친 영향을 해석하고자 한다.

3. 경험적 분석 : 18대 대선에서 이념이 투표선택에 미친 영향

1) 기초 통계분석

앞서 언급했듯이, 정치이념은 1997년 15대 대선에서부터 선거에서의 영향력을 지적받기 시작했으며(강원택, 1998), 이후 한국 선거의 새로운 균열구조로서 기능하고 있다는 데에 다수의 연구들은 의견을 같이하고 있다(박원호, 2012; 강원택, 2009; 이내영, 2009; Kang, 2008; Jhee, 2006). 즉, 정치이념은 유권자가 투표결정을 내리는 데 강하고 유의미한 영향을 미친다. 이에 이 연구는 이번 18대 대선에서도 마찬가지로 이념이 응답자의 투표선택에 영향을 미쳤는지, 또한 그 영향은 어느 정도인지를 분석하고자 한다.

먼저, 18대 대선에서 유권자들이 정당, 정치인 및 자기 자신에 대해 인식하고 있는 주관적 이념의 평균값을 비교하여 살펴본다. 〈그림 6-1〉은 이번 18대 대선에서 나타난 응답자들의 주관적 이념을 나타낸 것

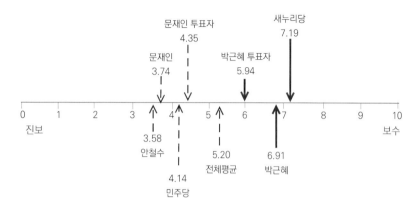

〈그림 6-1〉 18대 대선에서 나타난 응답자의 주관적 이념 인식

이다. 응답자가 인식하는 이념의 값들 중, 문재인 후보의 이념 평균값은 3.74점으로 가장 진보적인 것으로 나타났다. 응답자가 가장 보수적인 이념 점수를 부여한 것은 새누리당으로, 그 평균값은 7.19였다. 이번 18대 대선에서 응답자 전체의 이념 평균값은 5.20으로 중도로 상정되는 5보다 우측에 위치하는 것으로 나타났다. 또한, 응답자들은 민주통합당, 박근혜 후보에 대해서 각각 4.14, 6.91의 이념 값을 부여하였다. 마지막으로, 문재인 후보에 대해 투표한 응답자들의 이념 평균값은 4.35, 박근혜 후보를 선택한 응답자들의 이념 평균값은 5.94인 것을 확인할 수 있다. 이상에서 살펴본 바와 같이, 응답자들은 자신의 이념을 비롯하여, 후보자 및 정당에 대해 이념적인 차별성을 인지하고 있음을 알 수 있다.

다음으로, 〈표 6-1〉은 지지후보에 따른 유권자 집단의 이념 평균값을 t-test를 통해 비교분석한 것이다. 응답자가 선택한 후보에 따라 대별된 두 유권자 집단의 이념 평균값은 각각 5.94, 4.35로 차이가 있었으며, 통계적 검증의 결과 또한 유의미한 것으로 나타났다(t = 14.69,

<표 6-1>　지지후보별 유권자의 이념 평균비교

	박근혜 선택	문재인 선택	t-test
주관적 이념 (평균값)	5.94	4.35	t = 14.69 p = 0.00 diff = 1.59 N = 968

주 : 매우 진보-0, 매우 보수-10

p=0.00). 즉, 응답자의 이념은 이번 18대 대선에서 후보를 선택하는데 유의미한 영향력을 행사한 것으로 판단된다.

응답자의 이념에 따른 투표선택의 패턴을 살펴보면 다음과 같다. 이념이 진보에서 보수로 변화해감에 따른 후보 선택은 <표 6-2>에 제시되어 있다. <표 6-2>는 응답자의 주관적 이념점수를 기준으로 구분된 집단들이 두 후보를 선택한 비율을 정리하여 나타낸 것이다. 가장 진보적인 0에서 4에 이르기까지, 각 이념점수에 속하는 응답자들 중 문재인 후보를 선택한 비율이 보다 높았으며, 그 비율은 이념 값이 0에서 4로 이동할수록 대체적으로 감소하는 경향이 나타난다. 이러한 경향은 중도를 상정하는 5에서 역전되는 것으로 나타난다. 즉, 5에서 가장 보수적인 10에 이르기까지, 각 이념 점수에 속하는 응답자 집단 내에서 문재인 후보보다 박근혜 후보를 선택한 비율이 높은 것을 확인할 수 있다. 그리고 박근혜 후보를 선택한 비율은 이념 값이 5에서 보수적인 10으로 이동할수록 일관되게 증가한다. 따라서 응답자들의 이념적 경향성이 투표선택으로 이어졌을 것임을 추론할 수 있다.

이상에서, 18대 대선에서 유권자들이 투표선택을 내리는 데 이념이 중요한 영향을 미쳤을 가능성을 확인하였다. 이에 이 연구는 이념이 투표선택에 미친 독립적인 영향력을 검증하기 위하여 다음 절에서 로지스틱 회귀분석(logistic regression)을 실시한다.

<표 6-2> 주관적 이념에 따른 후보 선택

(단위: %)

주관적 이념	0 매우 진보	1	2	3	4	5 중도	6	7	8	9	10 매우 보수
박근혜 선택	10.00	27.27	26.92	21.84	29.47	52.75	77.48	83.46	83.82	90.32	91.67
문재인 선택	90.00	72.73	73.08	78.16	70.53	47.25	22.52	16.54	16.18	9.68	8.33
total (N)	100 (10)	100 (11)	100 (52)	100 (87)	100 (95)	100 (192)	100 (86)	100 (106)	100 (57)	100 (28)	100 (12)

2) 데이터 및 변수의 조작화

이 연구는 서울대 한국정치연구소에서 실시한 '정치와 민주주의에 관한 의식 조사'(2012) 데이터를 활용한다. 이 조사는 전국의 만 19세 이상 성인남녀를 대상으로 하여, 2012년 12월 31일에서 2013년 1월 16일까지 실시되었다. 표본추출은 2012년 8월 주민등록인구현황에 따른 성별, 연령별, 지역별 비례할당 후 무작위 추출방식으로 수행되었다. 표집오차는 95% 신뢰수준에서 ±2.8%이며, 표본크기는 1,200명이다.

주요 변수들을 다음과 같이 조작화한다. 종속변수 Y는 '박근혜 후보에게 투표'한 경우를 1, 문재인 후보에게 투표한 경우 0의 값을 부여하여 이항변수로 조작화하였다. 극소수에 그치는 기타 후보 선택과 무응답은 결측 처리하였다.

다음으로 독립변수를 살펴본다. 이 연구의 주된 관심사인 이념과 관련된 변수는 '박근혜와의 이념거리', '문재인과의 이념거리'로서, 이는 응답자 개인의 주관적 이념위치와 각 후보에 대한 주관적 이념 위치의 차이를 절댓값으로 계산한 것이다. 절댓값이 작을수록 응답자와 후보가 이념적으로 가까운 위치에 있음을 의미한다. '새누리당 정당일체감' 및 '민주통합당 정당일체감'은 평소에 어느 정당을 가깝게 느끼는지를 묻는 문항을 통해, 각각 해당 정당을 응답할 경우를 1, 그렇지 않을 경우를 0으로 조작화하였다. '국가경제 회고적 평가'는 지난 5년간 우리나라의 경제 상태에 대한 평가를 묻는 문항을 통해 조작화한다. 매우 나빠졌다 = 1, 다소 나빠졌다 = 2, 특별히 좋아지거나 나빠지지 않았다 = 3, 다소 좋아졌다 = 4, 매우 좋아졌다 = 5로 값을 부여하여, 국가경제에 대한 회고적 평가가 긍정적인 방향으로 갈수록 큰 값으로 코딩하였다. '이명박 정부 평가' 변수는 지난 5년간 이명박 대통령이 대통령으로서 국정운영을 얼마나 잘했다고 생각하는지 묻는 문항을 활용하였고, 매우 못했다고 평가하는 0점에서부터 매우 잘했다고 평가하는 10점에 이르기까지 11점 척도로 조작화하였다. 제시된 모든 독립변수에서 무응답은 결측 처리하였다.

이외에도, 투표선택에 유의미한 영향을 미치는 것으로 평가되어 온 유권자 특성을 통제변수로 포함한다. '연령' 변수는 응답자의 만 나이를 그대로 이용하였으며, 19세에서 86세까지 분포되어 있다. 성별 변수로서 응답자가 '남성'인 경우는 1로, 여성인 경우는 0으로 코딩하였다. '소득' 변수는 가정경제의 소득 정도가 낮은 수준에서 높은 수준으로 갈수록 1에서 9의 값을 부여하여 조작화하였다. '교육수준' 변수는 무학에서 박사과정에 이르기까지 교육수준이 높아질수록 1점부터 8점까지로 코딩하였다. 끝으로, 한국의 정치적 상황에서 특정한 정당에 편중된 투표행태를 보이는 지역으로 평가되는 '대구-경북', '부산-경남', '호남' 지역에 거주하는 응답자들을 각각의 가변수(*dummy variable*)로 조작화한다. 무응답은 결측으로 처리하였다.

이 연구는 18대 대선에서 응답자의 투표선택의 결정요인을 검증하기 위해, 이상에서 조작화한 변수들을 이용하여 다음과 같은 로지스틱 회귀분석 모델을 제시한다.

Logit (p: Y = 박근혜 투표)

= β_0 + β_1*박근혜와의 이념거리 + β_2*문재인과의 이념거리 + β_3*새누리당 정당일체감 + β_4* 민주통합당 정당일체감 + β_5*국가경제 회고적 평가 + β_6*이명박 정부평가 + β_7*연령 + β_8*남성 + β_9*소득 + β_{10}*교육수준 + β_{11}*대구·경북 + β_{12}*부산·경남 + β_{13}*호남

모델의 각 회귀계수는 박근혜 후보에 대한 투표 여부에 미치는 각 변수들의 독립적인 영향력을 나타낸다. 또한, 각 독립변수가 종속변수에 미치는 영향력에 대해 보다 직접적인 해석을 가능하게 하기 위하여 한계효과(marginal effect)를 계산하여 제시한다. 한계효과는 다른 독립변수들이 모두 각각의 평균값(mean)을 취할 때, 각 독립변수가 한 단위 증가했을 때 종속변수에 미치는 영향을 의미한다(Long, 1997).[1]

3) 로지스틱 회귀분석 결과

앞에 제시한 로지스틱 회귀분석 모델의 분석결과는 다음의 〈표 6-3〉에 정리하였다. 분석의 결과, 박근혜와의 이념거리, 문재인과의 이념거리, 새누리당 정당일체감, 민주통합당 정당일체감, 이명박 정부평가, 연령, 대구-경북, 부산-경남, 호남 변수가 통계적인 유의미성을 나타내었다. 통계적으로 유의미한 변수들의 영향력을 각각의 한계효과를 통해 해석한다. 먼저, 이 연구의 주요 독립변수인 이념 변수들을 살펴보면, 다른 변수들을 각 평균값에 고정시켰을 때, 박근혜 후보와의

---

[1] 로지스틱 회귀분석 모델의 한계효과는 다음의 공식으로 구하였다(Long, 1997: 72).
$$\frac{\partial \Pr(y=1|\boldsymbol{X})}{\partial x_k} = \lambda(\boldsymbol{X}\beta)\beta_k = \frac{\exp(\boldsymbol{X}\beta)}{[1+\exp(\boldsymbol{X}\beta)]^2}\beta_k = \Pr(y=1|\boldsymbol{X})[1-\Pr(y=1|\boldsymbol{X})]\beta_k$$

이념거리가 한 단위씩 가까워질수록 박근혜 후보에게 투표할 확률이 7%씩 증가하며, 문재인 후보와의 이념거리가 한 단위씩 가까워질 때 박근혜 후보에게 투표할 확률은 7%씩 감소한다는 것을 확인하였다. 다른 변수들이 평균값을 취할 때, 새누리당에 대해 정당일체감을 지닌 유권자가 박근혜 후보를 선택할 확률은 다른 정당에 대한 일체감을 지니는 유권자 혹은 무당파층인 유권자들에 비해 50% 높게 나타난 반면, 민주당에 대해 정당일체감을 지닌 유권자들은 그렇지 않은 유권자에 비해 박근혜 후보에게 투표할 확률이 62% 낮게 나타났다. 다른 변수들이 평균값을 가질 때, 이명박 정부에 대한 평가가 한 단위씩 긍정적인 방향으로 변화할수록 박근혜 후보를 선택할 확률은 5%씩 증가하였다. 그 외의 통제변수의 경우, 다른 변수들을 평균값에 고정했을 때, 연령

〈표 6-3〉 18대 대선에서 박근혜 후보 선택에 대한 로지스틱 회귀분석

	회귀계수	표준오차	한계효과
박근혜와의 이념거리	-0.32***	0.06	-0.07***
문재인과의 이념거리	0.29***	0.07	0.07***
새누리당 정당일체감	2.68***	0.33	0.50***
민주통합당 정당일체감	-2.94***	0.42	-0.62***
국가경제 회고적 평가	-0.13	0.13	-0.03
이명박 정부 평가	0.21***	0.06	0.05***
연령	0.03**	0.01	0.01**
남성	-0.27	0.21	-0.06
소득	0.08	0.07	0.02
교육수준	-0.13	0.11	-0.03
대구-경북	1.40**	0.42	0.25**
부산-경남	-0.67*	0.27	-0.16*
호남	-1.29**	0.43	-0.31**
상수	-0.92	0.86	-
N = 955			
Pseudo R^2 = 0.5350			

주: * $p < 0.05$, ** $p < 0.01$, *** $p = 0.00$

이 한 살씩 증가할수록, 다른 지역에 비해 대구-경북 지역에 거주하는 응답자일 경우, 박근혜 후보에게 투표할 확률은 각각 1%, 25%씩 증가한 반면, 다른 지역에 비해 부산-경남 지역 및 호남 지역에 거주하는 응답자는 다른 지역의 응답자에 비해 박근혜 후보를 선택할 확률이 각각 16%, 31% 낮게 나타났음을 확인하였다.

궁극적으로, 이상의 분석을 통해 응답자가 인식하는 후보의 이념과 응답자 본인의 이념이 가까울수록 해당 후보에게 투표할 가능성이 크다는 다운즈(Downs, 1957)의 근접모델의 유효함이 확인되었다. 다시 말하면, 응답자의 주관적 이념은 투표선택에 유의미한 영향을 미친다는 것을 알 수 있다. 2 다음 절에서는 이러한 유권자의 이념이 선거의 결과에 미친 영향력을 살펴보기 위해, 각 이념집단에 속한 유권자들이 어떠한 투표선택을 내렸는지를 분석한다.

---

2 한편, 이 연구는 라비노위츠와 맥도널드가 제시한 방향모델 또한 적용하여 이념의 영향력을 분석해보았다. 방향모델에서의 이념 변수는 (후보자의 이념적 위치 - 중도이념의 위치) × (유권자의 이념적 위치 - 중도이념의 위치)로 조작화된다(Rabinowitz & Macdonald, 1989). 분석의 결과, 방향모델의 경우 이념변수들의 신뢰수준은 다소 감소하였으며, 계수값 및 한계효과를 통해 판단한 이념변수의 상대적 영향력의 크기 또한 근접모델의 경우에 비해 현저한 수준으로 감소하였다. 분석결과는 〈표 6-4〉에 제시하며, 분석에 이념변수 이외의 모든 변수들을 근접모델의 경우와 동일하게 포함시켰으나, 이념변수 외의 분석결과는 생략한다.

〈표 6-4〉 18대 대선에서 박근혜 후보 선택에 대한 로지스틱 회귀분석(방향모델)

	회귀계수	표준오차	한계효과
(박근혜 이념-중도이념)x(응답자 이념-중도이념)	0.08**	0.02	0.02**
(문재인 이념-중도이념)x(응답자 이념-중도이념)	-0.08*	0.03	-0.02*
N = 955			
Pseudo R^2 = 0.5173			

* $p < 0.05$, ** $p < 0.01$, *** $p = 0.00$

4. 보수이념 집단의 결집과 진보이념 집단의 분열

유권자의 이념이 투표선택에 유의미한 영향력을 미쳤을 가능성이 확인된 가운데, 이 절에서는 보수이념 집단과 진보이념 집단이 각각 어느 정도로 이념에 부합하는 투표선택을 하였는지 분석하고자 한다. 이 연구에서는 선거의 결과를 결정짓는 것은 각 유권자의 이념에 부합하는 정당 및 후보자에게로의 투표선택이 얼마나 잘 이루어졌는가에 있다고 본다. 구체적으로 18대 대선과 관련하여, 박근혜 후보의 승리는 보수이념 집단의 투표선택이 박근혜 후보로 "결집"했기에 가능했던 반면, 진보이념 집단의 투표선택은 문재인 후보로 결집하지 못하고, "분열"됨으로써 선거에서 불리했음을 보이고자 한다.

이에 이 장에서는 이번 18대 대선에서 각 이념진영을 대표하는 두 정당 및 후보자에 대한 이념적 지지층이 얼마나 이념에 부합하는 투표선택을 하였는지를 분석함으로써, 이념이 선거의 결과에 어떻게 작용하였는지를 구체적으로 살피기로 한다.

1) 투표결정 시기와 이념

18대 대선에서 보수적인 유권자는 박근혜 후보를 선택하는 과정에서 성공적으로 결집했다. 반면, 진보적인 유권자는 그렇지 못하였다. 이러한 사실은 투표결정을 내린 시기별로 유권자들을 대별한 후, 각 집단의 비율과 그에 속한 유권자들의 평균 이념값을 살펴보면 명확하게 드러난다. 〈그림 6-2〉는 이번 18대 대선에서 투표를 한 응답자들을 대상으로 하여, 그들이 투표할 후보를 언제 결정하였는지 그 시기를 조사한 것이다. 박근혜 후보에게 투표할 것을 결정한 응답자들의 비율을 시기

〈그림 6-2〉 투표결정 시기별 지지자 구성비와 이념평균

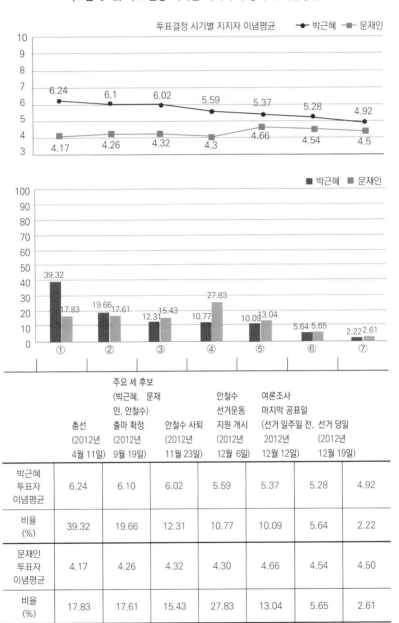

	총선 (2012년 4월 11일)	주요 세 후보 (박근혜, 문재인, 안철수) 출마 확정 (2012년 9월 19일)	안철수 사퇴 (2012년 11월 23일)	안철수 선거운동 지원 개시 (2012년 12월 6일)	여론조사 마지막 공표일 (선거 일주일 전, 2012년 12월 12일)	선거 당일 (2012년 12월 19일)
박근혜 투표자 이념평균	6.24	6.10	6.02	5.59	5.37	5.28	4.92
비율 (%)	39.32	19.66	12.31	10.77	10.09	5.64	2.22
문재인 투표자 이념평균	4.17	4.26	4.32	4.30	4.66	4.54	4.50
비율 (%)	17.83	17.61	15.43	27.83	13.04	5.65	2.61

별로 살펴보면, 가장 많은 비율인 39.32%의 응답자가 지난 19대 총선 이전(시기 ①)에 투표결정을 내린 것을 알 수 있다. 대선을 선거운동이 본격적으로 시작되기도 전에, 심지어 주요 후보 3인의 출마 여부가 확정되기도 전에 이들이 박근혜 후보를 선택할 의사를 결정하였다는 것은, 이러한 의사결정이 이슈나 공약, 혹은 정책에 의한 것이 아니었음을 의미한다. 오히려, 이러한 '이른 결정'은 이념과 연계되어 나타나는 정당일체감, 정당에 대한 호감도, 그리고 후보자에 대한 호감도에서 비롯되었을 가능성이 크다고 판단된다.3 실제로, 박근혜 후보에게 투표하겠다고 결정한 유권자들 중, 19대 총선 이전(시기 ①)에 의사결정을 내린 비율이 39.32%로 가장 많으며, 이후 19.66%로 급락, 뒤이어 12.31% → 10.77% → 10.09% → 5.94% → 2.22%로 선거당일(시기 ⑦)에 다다를 때까지 일관되게 감소하는 경향을 보인다. 이와 대조적으로, 문재인 후보에게 투표하겠다고 결정한 유권자는 안철수 후보의 사퇴 이후(시기 ④)에 27.83%로 가장 많고, 선거 당일에 근접한 시기를 제외하고 나머지의 시기(시기 ①, ②, ③, ⑤)에는 비교적 고르게 분포하고 있음을 알 수 있다. 문재인 후보에 대한 지지는 안철수 후보라는 변수에 지속적으로 영향을 받으며 진행되었다는 방증이다.

각 후보에 대한 투표의사를 결정한 시기별로 대별한 응답자 집단에서 나타나는 이념 평균값 역시 이러한 설명을 뒷받침한다. 박근혜 후보

---

3 라자스펠드 외(Lazarsfeld *et al.*, 1944)에 의하면, 선거기간이 진행됨에 따라 유권자들이 투표할 후보를 결정하는 데 이 기간 동안 행해지는 선거 캠페인의 영향력이 점차 중요해진다. 즉, 선거 캠페인 기간 동안 후보자들이 유권자에게 제공하는 선거 이슈나 개인적인 이미지는 투표결정에서 점차 중요해진다는 것이다. 그러나 박근혜 후보 지지자들 중 상당한 수는 공식적인 선거운동이 시작되기도 전에 박근혜 후보를 선택할 것을 결정했으며, 이들의 이념 평균값이 가장 보수적이라는 점으로 미루어 보아, 보수이념 응답자들은 선거 캠페인과 상관없이 박근혜 후보로의 투표결정을 내렸고, 따라서 보수이념 집단은 강한 결집의 양상을 보여주었다고 판단된다.

에게 투표하겠다고 가장 일찍부터 마음먹은 유권자들(39. 32%)의 이념 평균값은 6. 24로 다른 시기에 비해 가장 보수적인 것으로 나타났다. 특기할 만한 점은, 박근혜 후보를 선택하고자 결정한 응답자 집단의 시기별 이념평균은 선거일에 임박할수록 일관되게 감소하고 있으며, 선거 당일에 가까워서 후보를 결정한 이들의 이념은 중도에 가깝게 나타났다는 사실이다. 박근혜 후보에게 투표하겠다고 결정한 사람들 중 무려 39. 32%가 상대적으로 가장 강한 보수색채를 띠고 있다는 것은 이들이 보수진영의 강력한 대권주자였던 박근혜 후보를 일찍부터 지지했음을, 곧 이들은 이념에 기반을 둔 "확고한 보수 지지자"였음을 의미한다. 한편, 문재인 후보에게 투표하겠다고 한 유권자 중 가장 많은 비율인 27. 83%는 '안철수 후보의 사퇴 후' 시기에 투표결정을 내린 것으로 나타났고, 이들 이념의 평균값은 4. 3인 것으로 나타났다. 이것은 문재인 후보에게 투표한 응답자의 평균인 4. 35보다 다소 진보적인 값이다. 그러나 크게 보았을 때, 문재인 후보를 선택하기로 결정한 응답자 집단들의 이념값에는 특별한 패턴이 나타나지는 않았다. 전반적으로 진보적 이념집단의 투표결정은 '안철수 후보의 등장과 퇴장'이라는 변수에 의해 영향을 받았다. 다시 말해, 진보적 이념집단은 투표결정시기와 후보선호에서 보수적 이념집단과 명확히 구분됨에도, 이들에게는 강력한 이념적 결집이 나타나지 않았다는 것이다.

2) 투표참여, 투표선택과 이념

여기에서는 응답자의 투표참여 여부와 투표선택을 각 이념집단별로 살펴본다. 이를 통해, 응답자의 이념이 선거의 결과에 어떠한 영향을 미쳤는지가 좀더 분명히 확인할 수 있다. 〈표 6-5〉는 응답자가 투표에

〈표 6-5〉 이념별 투표참여와 후보선택

	투표참여 × 박근혜 후보 선택	투표참여 × 문재인 후보 선택	박근혜 후보 지지 × 투표불참	문재인 후보 지지 × 투표불참	합계
진보(0~4)	0.23	*0.66*	0.03	0.08	1.00
중도(5)	0.44	0.39	0.09	0.08	1.00
보수(6~10)	*0.77*	0.16	0.05	0.01	1.00

참여했는지 여부와, 투표에 참여했다면 누구에게 투표했는지, 그리고 투표에 불참했다면 본래 누구에게 투표할 생각이었는지에 대한 의사를 모두 반영하여 그 비율을 계산한 것이다. 예컨대, 보수적 응답자 중에서 투표에 참여하여 박근혜 후보를 선택한 비율은, 스스로를 보수적이라고 응답한 응답자 중 투표에 참여한 응답자의 비율과 이 중 박근혜 후보를 선택한 응답자의 비율을 곱하여 계산하였다. 또한, 보수적 응답자 중에서 투표에 불참하였으나 본래 박근혜 후보에게 투표할 생각이었던 비율은, 보수적 이념을 띤 응답자 중 투표에 불참한 응답자의 비율과 이 중 박근혜 후보에게 투표할 생각이었던 응답자의 비율을 곱하여 계산하였다.

〈표 6-5〉에서 확인할 수 있듯, 투표참여와 투표선택으로 미루어 볼 때도 마찬가지로 이번 선거에서는 '보수층의 결집'이 두드러지게 나타났다. 보수적 응답자 중에서 투표에 참여하였고 박근혜 후보를 선택한 비율은 0.77이었고, 진보적 응답자 중에서 투표에 참여하였고 문재인 후보를 선택한 비율은 박근혜 후보의 경우보다 훨씬 낮은 0.66이었다. 이는 각 이념집단별로 투표참여의 비율이 달랐으며, 이에 더하여 각 이념집단에 부합하는 후보를 선택했던 비율이 달랐기 때문이다. 이념에 따른 투표참여와 투표선택의 비율에서 나타나는 차이를 볼 때, 박근혜 후보에 대한 보수층의 결집이 문재인 후보에 대한 진보층의 결집보다

훨씬 높게 이루어졌음이 명확하게 확인된다. 따라서 보수이념 집단의 지지를 통해 박근혜 후보가 선거에서 문재인 후보보다 유리했음을 알 수 있다.

3) 정당 호감도, 후보자 호감도와 이념

다음에서는 이념집단별로 그에 부합하는 정당 및 후보자에 대한 호감도가 어떻게 나타나고 있는지를 살펴본다. 구체적으로, 두 후보를 중심으로 선거구도가 형성된 상황에서 보수이념 집단과 진보이념 집단이 각각 새누리당과 민주통합당, 그리고 박근혜 후보와 문재인 후보에 대해 어느 정도의 호감도를 표명하는지를 살펴봄으로써, 각 정당 및 후보를 중심으로 한 이념집단의 결집의 정도를 판단하고자 한다.

먼저, 〈그림 6-3〉은 이념집단별로 세 후보에 대한 호감도의 평균을 구한 것을 나타낸 것이다. 보수적 이념집단이 박근혜 후보에 대해 가지고 있는 호감도는 74.42점, 안철수 후보에 대한 호감도는 50.57점, 문재인 후보에 대한 호감도는 42.55점으로 나타났다. 한편, 진보적 이념집단이 문재인 후보에 대해서 가지고 있는 호감도는 64.75점, 안철수 후보에 대한 호감도는 61.35점, 박근혜 후보에 대한 호감도는 50.71점으로 나타났다.

이러한 결과는 다음과 같은 해석을 가능하게 한다. 첫째, 박근혜 후보에 대해 보수층이 지니는 호감도는 74.42점인 반면, 진보층이 문재인 후보에 대해서 나타낸 호감도는 64.75점으로, 두 이념집단이 각각 두 후보에게 표명한 호감도에는 9.67점이라는 비교적 큰 차이가 나타난다. 즉, 진보층에서의 문재인 후보 선호에 비해, 보수층에서의 박근혜 후보 선호가 더욱 확실하게 나타난다. 이는 비록 '호감도'에 한정된

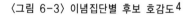

〈그림 6-3〉 이념집단별 후보 호감도[4]

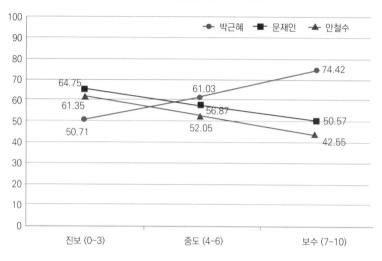

것이지만, 이를 통해 박근혜 후보가 보수층에서 동원해내는 지지는 문재인 후보가 진보층에서 동원해내는 지지보다 더욱 확고한 것이었음을 짐작할 수 있다.

둘째, 진보적 이념집단에서 문재인 후보와 박근혜 후보에 대해 가지는 호감도의 차이는 14. 01점인 데 비하여, 보수적 이념집단에서 박근혜 후보와 문재인 후보에 대해 가지는 호감도의 차이는 23. 85점에 달한다. 즉, 보수적 이념집단이 문재인 후보에 대비하여 박근혜 후보에 대한 보다 확실한 선호를 지니고 있었던 것에 반해, 진보적 이념집단에서는 두 후보에 대한 호감도 차이가 훨씬 작게 나타난다. 이것은 이들이 문재인 후보에 대해 표명한 선호는 덜 확고한 것이었음을 보여준다.

---

[4]　〈표 6-6〉 이념집단별 후보 호감도에 대한 분산분석(ANOVA, Analysis of Variance)

	박근혜	문재인	안철수
ANOVA	F=120.92 p=0.000	F=50.58 p=0.000	F=56.55 p=0.000

셋째, 각 이념집단에서 문재인 후보와 안철수 후보에 대해 표명한 호감도는 동일한 방향으로 변화하였으며, 그 차이 또한 유사하게 나타났다. 특히, 진보층에서 나타난 문재인 후보와 안철수 후보에 대한 호감도는 각각 64. 75점과 61. 35점으로, 그 차이는 3. 40점에 지나지 않았다. 진보진영 유권자가 지지한 두 후보에 대해 진보층이 가지고 있던 호감도가 매우 유사하게 나타났다는 점은 안철수 후보가 진보층 내 유권자의 투표선택에서 분열의 요인으로 작용했을 가능성을 시사한다.

다음으로, 이념과 정당 호감도의 관계를 살펴본다. 만일 이념이 정당을 통해 구조화되고 높은 정도로 고착화되었다면, 유권자의 이념은 선거에서 정당에 대한 선택을 통해 투영될 것인 반면, 그렇지 않은 경우, 유권자의 이념에 부합하는 정당의 선택을 담보할 수 없을 것이다. 이에 이념과 두 정당에 대한 정당일체감이 어느 정도로 유기적인 관계를 가지고 있는지 알아보기 위해 상관관계(correlation)를 측정한다. 분석 결과, 새누리당에 대한 정당일체감과 이념의 피어슨 상관계수는 0. 38(p = 0. 00), 민주통합당에 대한 정당일체감과 이념의 피어슨 상관계수는 0. 18(p = 0. 00)로 나타났다. 이것은 새누리당에 대한 응답자의 정당일체감이 민주통합당의 경우보다 응답자의 이념과 훨씬 더 높은 정도로 연관되어 있음을 의미한다.

이어서, 이념집단별로 두 정당에 대한 호감도의 평균을 계산했다. 〈그림 6-4〉에서 확인할 수 있듯, 보수층이 새누리당과 민주통합당에 가지는 호감도는 각각 65. 13점, 46. 77점으로, 진보층이 민주통합당과 새누리당에 대해 표명한 호감도는 각각 56. 00점, 41. 49점으로 나타났다.

앞서 살펴본 후보 호감도의 경우와 마찬가지로, 두 정당에 대한 각 이념집단의 호감도를 통해 다음과 같은 점을 알 수 있다. 먼저, 새누리당에 대해 보수층이 나타내는 호감도는 65. 13점인 데 비해, 민주통합

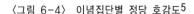

〈그림 6-4〉 이념집단별 정당 호감도[5]

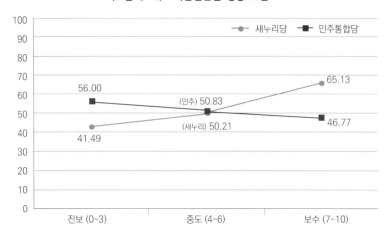

당에 대한 진보층의 호감도는 56. 00점이었다. 두 이념집단이 각각에 부합하는 정당에 대해 표명한 호감도의 차이는 9. 13점에 이르고 있다. 이렇게 진보층에서의 민주통합당 호감도보다 보수층에서의 새누리당 호감도가 더욱 크게 나타나는 것은, 새누리당이 보수층에서 이끌어내고 있는 지지가 민주통합당이 진보층에서 이끌어내고 있는 지지보다 큰 것임을 시사한다.

또한, 민주통합당과 새누리당에 대한 진보층의 호감도의 차이는 14. 51점인 데 비해, 보수층에서 새누리당과 민주통합당에 대해서 지니고 있는 호감도의 차이는 18. 36점이었다. 이 차이는 후보자에 대한 호감도 정도에 비하면 작은 것이나, 보수집단에서 두 정당에 대한 호감도의 차이가 더욱 크게 나타난다는 점에서, 진보층이 민주통합당을 선호하는 정도보다 보수층의 새누리당 선호가 더 확고한 것임을 짐작하게 한다.

---

5   〈표 6-7〉 이념집단별 정당 호감도에 대한 분산분석(ANOVA, Analysis of Variance)

	새누리당	민주통합당
ANOVA	F=115.01 p=0.000	F=24.18 p=0.000

4) 안철수 후보와 이념

앞의 분석결과를 정리하면, 이념과 정당일체감의 높은 상관관계, 그리고 후보자 및 정당에 대한 보다 분명한 호감도를 통해 볼 때, 보수층의 결집이 진보층의 결집보다 강한 것이었음을 알 수 있다. 그렇다면, 진보층의 분열을 초래했던 요인은 무엇인가? 다음에서는 진보이념 집단의 분열을 안철수 후보의 등장과 연관 지어 살펴본다.

1절에서 언급한 바와 같이, 이번 18대 대선에서 안철수 후보의 등장이 진보층의 투표에 어떠한 영향을 미칠 것인지, 또한 안철수 후보의 사퇴 이후에도 안철수 후보를 지지했던 유권자의 표가 문재인 후보로 얼마나 전환될 것인지는 선거의 결과를 결정지을 수 있을 만큼의 중요한 요인 중 하나였다. 그리고 이 연구에서는 앞선 분석을 통해 안철수 후보의 등장이 진보층의 투표선택에 분열을 초래했을 가능성을 지적한 바 있다. 특히 안철수 후보가 중도에 사퇴했음에도 진보층의 투표선택이 분열되었다는 것은, 안철수 후보로 인해 분열되었던 진보층의 지지가 효과적으로 봉합되지 않았다는 증거가 될 수 있다. 만일, 민주통합당의 정당일체감이 진보이념과 유기적으로 연계되어 있었다면, 진보이념을 표명하고 나선 또 다른 후보인 안철수의 등장 및 퇴장이 진보적 유권자의 투표선택에 미치는 영향력은 크지 않았을 것이다. 그러나 앞서 살펴본 바와 같이, 새누리당이 보수이념을 반영하는 정도에 비해 민주통합당이 진보이념을 반영하는 정도는 상당히 낮은 수준이었다. 이러한 상황에서, 안철수 후보의 등장은 진보층의 투표결정에 영향을 미치기에 충분한 것이었다. 또한 정당일체감과 진보이념의 약한 연계는 일단 분열된 이후, 이 분열을 효과적으로 봉합하지 못했다.

그렇다면, 실제로 본래 안철수 후보를 지지했던 응답자들의 이념과

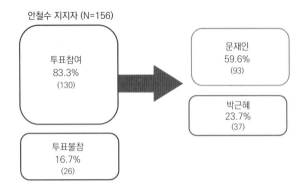

〈그림 6-5〉 안철수 지지자의 투표선택

안철수 지지자 (N=156)

투표참여
83.3%
(130)

투표불참
16.7%
(26)

문재인
59.6%
(93)

박근혜
23.7%
(37)

투표선택은 어떠했는가? 선거 당일에 투표한 후보와, 응답자가 본래 지지하던 후보가 같은 사람인지를 질문한 문항에서, "다르다" 혹은 "투표하지 않았다"고 대답한 응답자 중 54.51%가 원래 지지하던 후보가 안철수 후보였다고 응답하였다. 그리고 이들의 이념의 평균값이 4.57로 나타났다. 문재인 후보를 선택한 응답자의 이념이 4.35, 박근혜 후보를 선택한 응답자의 이념이 5.94였다는 사실을 고려할 때, 안철수 후보의 등장은 주로 진보층에 큰 손실을 안겼을 것이다. 〈그림 6-5〉는 본래 안철수 후보를 지지했던 응답자들의 선택을 나타낸 것이다. 안철수 후보를 지지했던 응답자 중 16.7%는 투표에 불참하며 이탈했다. 한편, 안철수 후보를 지지했던 응답자 중 23.7%는 투표에 참여하였으나 박근혜 후보에게 투표하며 이탈했다. 본래 안철수 후보를 지지했던 응답자 중 59.6%만이 문재인 후보에 대한 선택으로 전환되었다.

이상에서 살펴본 바와 같이, 이번 18대 대선에서 유권자의 이념은 투표선택에 유의미한 영향을 미쳤음이 확인되었다. 그리고 그러한 이념의 효과는 보수층의 결집과 진보층의 분열로 나타남에 따라 박근혜 후보의 당선에 유리한 방향으로 작용하였다. 정리하면, 투표선택에 대한 유권자의 이념이 중요한 요인 중 하나가 되는 가운데, 이념과 관련하여 선거의 결과는 유권자의 이념에 부합하는 투표선택이 각 정당 및 후보에게로 얼마나 잘 이루어지는지에 달려 있다고 할 수 있다.

5. 나가며

18대 대선은 보수 후보와 진보 후보의 양자 간의 대립 구도로 전개되었다. 각 진영을 대표하는 두 후보의 대결이라는 형태로 진행되었던 탓에, 이념은 선거 결과에 중요한 영향을 미칠 것이라고 예상되었다. 이러한 판단을 통해, 이 연구는 이번 18대 대선에서 박근혜 후보가 당선된 원인이 무엇인지에 대한 의문에서 출발했다. 그리고 보수이념을 대표하는 박근혜 후보의 당선을 가능하게 한 원인을 탐색하였다. 이 연구의 주요한 발견점을 요약하면 다음과 같다.

첫째, 유권자들은 이번 18대 대선에서 이념을 중요한 요인으로 고려하였다. 응답자 자신, 후보자, 정당에 대해 인식하는 응답자들의 주관적 이념을 살펴보면 그 값에 인식 가능한 차이가 발견되고 있어, 응답자들은 이념을 인지한다는 것을 알 수 있다. 또한, 응답자의 주관적 이념점수가 가장 진보적인 0에서 가장 보수적인 10으로 이동해갈수록, 문재인 후보에 대한 선택의 비율이 꾸준히 감소하다가 5에서 역전되어 박근혜 후보에 대한 선택의 비율이 일관되게 증가한다는 사실로 미루어 보아, 응답자의 이념성향 및 후보자의 이념성향에 대한 인식이 투표선택에 유효한 요인이었음을 추론할 수 있다.

둘째, 로지스틱 회귀분석의 결과, 응답자가 18대 대선에서 박근혜 후보를 선택할 가능성에 대하여 이념 변수는 통계적으로 유의미하였다. 그리고 그러한 이념 변수는 응답자와 후보자의 이념거리로 측정됨으로써, 자신의 이념적 위치와 근접한 후보를 선택한다는 다운즈의 근접모델이 유효함을 확인하였다.

셋째, 유권자의 이념이 투표선택에 영향력을 미치고 있음이 확인된 가운데, 선거의 결과를 결정짓는 것은 각 이념집단에 속한 유권자들의 투표선택이 그에 부합하는 정당 및 후보에게로 얼마나 잘 이루어졌는지에 있다는 판단 아래, 이 연구는 보수이념 집단과 진보이념 집단이 투표선택에서 나타낸 결집 및 분열의 정도와 그 차이, 그리고 그러한 차이가 선거의 결과에 미친 영향을 분석하였다. 그 결과, 이번 18대 선거에서 "보수의 결집"과 "진보의 분열" 현상이 비교적 명확하게 발견되었으며, 이는 곧 박근혜 후보의 당선에 유리한 요인으로 작용했음을 확인했다.

이 연구는 투표선택에 대한 이념의 유의미한 영향을 확인함과 동시에, 그러한 이념에 부합하는 투표선택의 정도를 고려하여 선거의 결과에 작용한 이념의 효과를 설명하고자 하였다. 그리고 분석을 통해 각 이념집단에 속한 유권자들의 선택이 각 이념진영의 후보 및 정당에 대해서 얼마나 잘 전환되었는지를 포착, 이념투표에 대한 기존의 연구에서 충분히 다루어지지 않은 부분을 보완하고자 했다. 즉 이 연구는 유권자의 이념이 유권자의 투표참여와 이념투표로 저절로 연결되는 것이 아니라 후보 선호 또는 정당정체감과 이념 간 연계를 통해 나타남을 중점적으로 밝히고자 했다. 그리고 이러한 연구는, 선거에 작용하는 이념 요인이 이념집단별로 차별적으로 발현될 수 있고 나아가 이러한 차별성이 선거의 결과까지도 결정지을 수 있는 요인이 된다는 점을 경험적으로 밝히려는 시도였다는 점에서, 그 정치학적 함의가 있다고 본다.

이념적 차별성이 존재한다고 하여 반드시 이념이 투표를 통해 저절로 발현되는 것은 아니다. 오히려 이는 연계를 만들어내는 정당들의 역량에 달려 있는 문제이다. 유권자의 이념적 선호와 요구를 정당들이 얼마나 잘 수용해낼 수 있는지에 따라 선거정치는 다르게 전개될 수 있다. 유권자의 선호에 대한 정당의 반응성이, 바꿔 말해 유권자의 선호에 대해 민감한 반응성을 지닌 정당의 존재가 선거의 경과와 결과, 나아가 정치 전반의 질을 결정지을 수 있는 중요한 요인이 된다. 즉, 선거경쟁은 이러한 '연계 역량'의 승부다.

참고문헌

강원택(1998), "유권자의 이념적 성향과 투표행태", 《한국의 선거 Ⅱ: 제 15대 대통령선거를 중심으로》, 푸른길.
_____(2003), 《한국의 선거 정치: 이념, 지역, 세대와 미디어》, 푸른길.
_____(2009), "386세대는 어디로 갔나?: 2007년 대선과 2008년 총선에서의 이념과 세대", 김민전·이내영 공편, 《변화하는 한국유권자 3: 패널조사를 통해 본 18대 국회의원선거》, 동아시아연구원.
_____(2010), "중도이념 유권자의 정치적 특성과 의미: 2004년 국회의원선거를 중심으로", 《한국 선거정치의 변화와 지속: 이념, 이슈, 캠페인과 투표참여》, 나남.
김만흠(2003), "16대 대선과 지역주의", 김세균 편, 《16대 대선의 선거과정과 의의》, 서울대학교 출판부.
김민전(2008), "2007 대선, 그리고 정치균열의 진화", 이현우·권혁용 공편, 《변화하는 한국유권자 2: 패널조사를 통해 본 2007 대선》, 동아시아연구원.
박명호·김민선(2009), "후보자 요인, 현직 효과 그리고 정치적 경쟁", 〈정치정보연구〉 12(1): 165~179.
박원호(2012), "유권자의 정치이념과 정책선호, 그리고 후보자 선택", 박찬욱·강원택 편, 《2012년 국회의원선거 분석》, 35~26쪽, 나남.
박찬욱(2009), "사회균열과 투표선택: 지역, 세대, 이념의 영향", 김민전·이내영 공편, 《변화하는 한국유권자 3: 패널조사를 통해 본 18대 국회의원선거》, 동아시아연구원.

_____ · 김경미 · 이승민 (2008), "제 17대 대통령선거에서 유권자의 사회경제적 특성과 이념 정향이 후보 선택에 미친 영향", 박찬욱 편, 《제 17대 대통령선 거를 분석한다: 2007년 12월 19일 대한민국 '국민의 선택'》, 생각의 나무.

윤종빈 (2008), "17대 대선과 후보자 요인", 〈현대정치연구〉 1 (1) : 59∼83.

이갑윤 (2011), 《한국인의 투표행태》, 후마니타스.

_____ · 이현우 (2002), "후보자 요인이 득표에 미치는 영향", 진영재 편, 《한국 의 선거 Ⅳ》, 한국사회과학데이터센터.

_____ (2008), "이념투표의 영향력 분석: 이념의 구성, 측정 그리고 의미", 〈현 대정치연구〉 1 (1) : 137∼166.

이내영 (2009), "한국 유권자의 이념성향의 변화와 이념투표", 〈평화연구〉 17 (2) : 42∼72.

_____ · 정한울 (2008), "진보는 왜 한나라당을 지지했나?: 이념, 정당, 지역, 이슈의 역할을 중심으로", 《변화하는 한국 유권자 2: 패널조사를 통해 본 2007 대선》, 동아시아연구원.

이우진 (2010), "6 · 2 지방선거와 세대균열의 부활", 《변화하는 한국 유권자 4: 패널조사를 통해 본 2010 지방선거》, 동아시아연구원.

조성대 (2004), "4 · 15 총선과 한국 정치의 갈등 구조: 지역주의와 갈등의 대 체", 〈의정연구〉 18 (2).

최준영 · 조진만 (2005), "지역균열의 변화 가능성에 대한 경험적 고찰: 제 17대 국회의원선거에서 나타난 이념과 세대균열의 효과를 중심으로", 〈한국정치 학회보〉 39 (3) : 375∼394.

Blais, Andre, Richard Nadeau, Elisabeth Gidengil, & Neil Nevitte (2001), "The Formation of Party Preferences: Testing the Proximity and Directional Models", *European Journal of Political Research* 40 (1).

Cain, Bruce, John Ferejohn, & Morris Fiorina (1987), *The Personal Vote: Constituency Service and Electoral Independence*, Cambridge, Mass. and London: Harvard University Press.

Campbell, Angus, Philip Converse, Warren Miller & Donald Stokes (1960), *The American Voter*, New York: John Willey and Sons.

Carmins, Edward G. & Michael Berkman (1994), "Ethos, Ideology, and Partisanship: Exploring the Paradox of Conservative Democrats", *Political Behavior* 16 (2).

Cho, Sungdai & James W. Endersby(2003), "Issues, the Spatial Theory of Voting, and British General Elections: A Comparison of Proximity and Directional Models", *Public Choice* 114(3).

Downs, Anthony(1957), *An Economic Theory of Democracy*, New York: Harper Collins.

Dunleavy, Patrick(1991), *Democracy, Bureaucracy and Public Choice*, London: Harvester Wheatsheaf.

Enelow, James M. & Melvin J. Hinich(1982), "Ideology, Issues and Spatial Theory of Elections", *American Political Science Review* 76(3).

Grofman, Bernard(2004), "Downs and Two-Party Convergence", *Annual Reviews of Political Science* 7.

Hinich, Melvin J. & Walker Pollard(1981), "A New Approach to the Spatial Theory of Electoral Competition", *American Journal of Political Science* 25(2).

Jhee, Byong-Kuen(2006), "Ideology and Voter Choice in Korea: An Empirical Test of the Viability of Three Ideological Voting Models", *Korean Political Science Review* 40(4).

Kang, Won-Taek(2008), "How Ideology divides Generations? The 2002 and 2004 South Korean Elections", *Canadian Journal of Political Science* 41(2).

Merrill, Samuel Ⅲ. & Bernard Grofman(1997), "Directional and Proximiry Models of Voter Utility and Choice: A New Synthesis and an Illustrative Test of Competing Models", *Journal of Theoretical Politics* 9.

Rabinowitz, George & Stuart Elaine Macdonald(1989), "A Directional Theory of Issue Voting", *America Political Science Review* 83(1).

Tomz, Michael & Robert P. van Houweling(2008), "Candidate Positioning and Voter Choice", *American Political Science Review* 102(3).

주간경향(2012/11/03), "문재인-안철수 단일화 때 지지층 10%가량 이탈".
중앙일보(2012/09/20), "'진보' 유권자, 안철수-문재인 중 누구 선호?".
한겨레(2004/01/05), "2002대선, 진정 진보의 승리인가".
    http://news. naver. com/main/read. nhn?mode=LSD&mid=sec&sid1=110&oid=028&aid=0000039996

07 | 쟁점 투표와 정치지식
경제민주화 이슈를 중심으로*

장승진

1. 들어가며

제 18대 대통령선거가 박근혜 후보의 승리로 마무리되었다. 이번 선거의 과정과 결과를 두고 다양한 사후평가가 이루어지고 있지만, 이들이 공통적으로 지적하는 제 18대 대선의 중요한 특징 중 하나는 바로 쟁점이 실종된 선거였다는 점이다. 안철수 후보의 사퇴 이후로 유력한 제 3후보가 존재하지 않는 상황에서 보수와 진보 진영이 총결집하여 양자 대결을 벌였고 결과적으로 정책·공약보다는 이념과 세력 대결 위주로 선거가 흘러갔다. 특히 야권은 안철수 후보와의 단일화 논의에 묻혀 MB심판론을 제외하고는 효과적으로 박근혜 후보 및 새누리당과 대립 구도를 형성할 수 있는 쟁점을 개발하여 유권자에게 제시하는 데 실패

---

* 이 논문은 2013년 〈한국정당학회보〉 12집 1호에 같은 제목으로 게재된 바 있다.

했다는 평가가 대부분이다. 더구나 박근혜와 문재인 두 후보 모두 선거일을 불과 10여 일 앞두고서야 대선공약집을 발표함으로써 구체적인 정책·공약에 대한 검증과 토론보다는 네거티브 공방이 선거운동 기간 내내 언론을 도배했다.

그렇다고 해서 제18대 대선 기간 동안 유권자의 관심을 끈 쟁점이 전혀 존재하지 않았던 것은 아니다. 특히 2010년 지방선거 이후 유권자 사이에서 복지 확충 및 경제적 양극화 해소에 대한 요구가 광범위하게 공감을 얻어옴에 따라 많은 사람들이 경제민주화가 제18대 대선의 핵심적인 정책 쟁점이 될 것이라고 예상했다.[1] 물론 새누리당이 김종인 선거대책위원장을 중심으로 그동안 야권에서 주장해온 경제민주화 관련 정책들의 대부분을—표면적으로는—수용함에 따라 여야 간의 차별성이 상당히 희석되었다는 것을 부인하기 어렵다. 그러나 경제민주화라는 방향성에서는 주요 정치세력들이 수렴했다 하더라도, 이를 달성하기 위한 구체적인 정책 대안에서는 여전히 여야 간의 유의미한 차이가 있었던 것도 사실이다. 예를 들어 재벌기업 지배구조 개혁의 핵심으로 떠오른 순환출자규제 및 출자총액제한 문제와 관련하여 박근혜 후보는 기존의 순환출자는 인정하되 신규 순환출자를 금지하겠다고 공약한 반면에 문재인 후보는 신규 순환출자를 금지할 뿐만 아니라 기존의 출자분에 대해서도 3년간 유예기간을 두고 전부 해소하는 한편 출총제를 부활시켜야 한다고 주장했다. 또한 박근혜와 문재인 두 후보 모두

---

1 이러한 예상을 반영이라도 하듯이 민주통합당은 2011년 12월 출범과 함께 제정한 강령의 제1조로 경제민주화 실현을 들고 있으며, 새누리당 역시 2012년 2월에 당명변경과 함께 "국민과의 약속"이라는 이름으로 전면 개정한 강령에서 경제민주화 실현을 명확한 정책 목표로 제시하고 있다. 또한 경제민주화가 이번 대선의 화두이자 시대정신이라는 표현은 선거운동기간 내내, 혹은 그 훨씬 이전부터 대부분의 언론에서 지속적으로 등장했다.

전면 무상보육, 건강보험 보장 비율 확대, 저소득층 지원 확대 등 복지 확충을 내세웠지만 그 대상의 폭과 속도, 그리고 재원 조달 방식에서는 상당한 차이가 존재했다.

이 글은 제18대 대선이 "쟁점이 실종된 선거"였다는 인상평가를 넘어서서 과연 경제민주화 쟁점에 대한 유권자의 태도가 그들의 투표선택에 실제로 영향을 끼쳤는지 경험적으로 검증하는 것을 목적으로 한다. 물론 일반 유권자들이 경제민주화에 대한 명확하고 일관된 입장을 가지고 있다거나 혹은 주요 후보들이 경제민주화와 관련하여 제시한 다양한 정책과 공약들을 정확하게 파악하고 이해했기를 기대하기는 어렵다. 그러나 선거운동 기간 내내 대부분의 주요 언론에서 각 후보가 제시한 정책과 공약을 비교·분석하는 기획보도를 경쟁적으로 쏟아내었으며, 경제민주화 또한 이러한 보도에서 빠지지 않고 다루어졌던 쟁점이었다.[2] 따라서 유권자들이 최소한 대략적으로나마 어느 후보가 제시한 정책과 공약이 더 바람직하다거나 스스로의 평소 정치적 성향과 더 부합한다는 정도의 평가는 내릴 수 있었다고 보아도 큰 무리는 아닐 것이다. 이러한 전제에서 이 글은 유권자들이 경제민주화라는 특정한 쟁

---

[2] 예를 들어 "대선 공약 검증"이라는 제목으로 KBS 〈9시 뉴스〉에서 2012년 11월 30일부터 12월 15일까지 16회에 걸쳐 각 후보의 정책과 공약을 비교·분석하는 보도를 기획하여 방송하였으며, 〈동아일보〉의 "선택 2012 대선 매니페스토 정책검증" 시리즈와 같이 주요 일간지에서도 비슷한 성격의 특집 기사가 다수 기획·보도되었다. 그리고 이러한 특집 기사 이외에도 그때그때의 사안별 단발성 보도까지를 포함하면 제18대 대선 과정에서 유권자들이 경제민주화를 포함한 주요 후보들의 정책과 공약에 노출될 기회는 상당했다고 추측할 수 있다. 물론 이는 정황증거에 불과하며, 보다 엄밀한 분석을 위해서는 실제로 어떤 유권자들이 어느 정도로 경제민주화 관련 주요 후보들의 정책과 공약에 노출되었는가를 고려해야 할 것이다. 그러나 이 글에서 사용하는 데이터에서는 경제민주화 관련 정책과 공약에 대한 응답자의 노출 정도, 혹은 이해도를 직접적으로 측정하는 변수가 존재하지 않으며, 이 부분이 이 글의 가장 중요한 한계라고 할 수 있다.

점과 관련하여 내린 양대 후보에 대한 평가가 — 이념성향이나 정당일체감과 같은 전통적인 투표결정요인들을 통제한 이후에도 — 제18대 대선에서의 선택에 유의미한 영향을 끼쳤는지 분석하고자 한다.

　비록 제18대 대선에서 나타난 경제민주화 쟁점의 영향력이라는 특수한 사례를 다루고는 있지만 이 글의 분석은 보다 일반적인 차원에서 한국 선거를 이해하기 위한 더욱 이론적인 함의를 제공한다. 대의제 민주주의가 제대로 작동하기 위한 조건 중의 하나는 유권자들이 주요 정책들에 대한 선호를 가지고 자신의 선호와 가장 가까운 공약을 제시하는 후보에게 투표하는 한편, 후보 및 정당은 선거에서 승리하기 위해 다수의 유권자들의 선호를 반영하는 공약을 제시하고 집행하는 것이다 (Downs, 1957; Hinich & Enelow, 1984). 따라서 구체적인 쟁점에 기반한 유권자들의 선택이야말로 정부가 유권자의 선호에 지속적으로 반응하는 동시에 집권 기간 동안의 공약 실천 결과에 의거하여 다음 선거에서 유권자들의 심판을 받음으로써 대의제 민주주의의 선순환이 이루어지기 위한 전제조건이라고 볼 수 있다. 또한 규범적인 차원에서도 쟁점에 기반한 투표선택, 즉 쟁점 투표(issue voting) 혹은 정책투표(policy voting)는 지역주의나 정당일체감과 같은 심리적 태도에 의해 좌지우지되지 않는 "합리적" 선택을 가능하게 한다는 주장을 어렵지 않게 찾아볼 수 있다. 그렇다면 과연 제18대 대선에서 나타난 한국 유권자의 선택은 이러한 대의제 민주주의의 이론적·규범적 조건에 얼마나 부합하는가?

2. 쟁점 투표 : 이론적 논의

쟁점 투표의 이론적 · 규범적 중요성에도 불구하고 현실 정치에서 유권자들이 구체적인 쟁점에 기반하여 후보를 평가하고 투표에 나서기를 기대하기는 어렵다. 무엇보다도 대부분의 유권자들은 미약한 정치적 관심과 낮은 수준의 정치지식으로 인해 중요한 정치적 · 사회적 쟁점에 대해 제대로 이해하거나 그에 대한 일관된 선호를 구성하지 못하고 있다(Campbell *et al.*, 1960; Converse, 1964; Delli Carpini & Keeter 1997). 또한 정당일체감이 투표선택에 끼치는 압도적 영향력에서도 잘 드러나듯이(Campbell *et al.*, 1960; Miller & Shanks, 1996) 대부분의 유권자들은 후보가 제시한 정책과 공약에 대한 꼼꼼한 비교와 평가보다는 다분히 정서적 · 심리적인 차원에서 형성된 정치인과 정당에 대한 이미지에 기반하여 투표하는 경향이 있다. 설사 중요한 쟁점에 대한 후보들의 입장을 비교 · 평가하여 투표에 나서는 경우에도 해당 쟁점에 대한 유권자 스스로의 선호를 — 쟁점과는 상관없는 이유로 — 지지하는 후보의 입장으로 투사(*projection*) 하거나 혹은 지지하는 후보의 입장에 따라 스스로의 선호를 변경(*persuasion*) 하는 등의 합리화(*rationalization*) 가 일어날 가능성이 존재한다(Brody & Page, 1972).

그러나 이러한 현실적인 어려움에도 불구하고 쟁점 투표는 여전히 가능하며 실제로 상당한 수준으로 이루어지고 있다. 즉 정당일체감이나 후보의 개인적 특성에 대한 평가를 통제한 이후에도 쟁점에 대한 선호(*issue preferences*) 가 여전히 투표선택에 중요한 영향을 끼치고 있다(Abramowitz, 1995; Page & Jones, 1979; Wright & Berkman, 1985). 또한 최근의 연구에 따르면 유권자들이 쟁점에 대해 가지고 있는 선호는 전통적으로 생각해오던 것보다 훨씬 더 일관되고 안정적인 것으로 나타났다(Ansolabehere, Rodden, & Snyder, 2008).

물론 쟁점 투표가 모든 선거에서 동일한 정도로 나타나는 보편적인 현상이라고는 할 수 없다. 우선 선거 과정에서 중요하게 대두되는 쟁점의 종류에 따라, 즉 해당 쟁점이 쉬운(easy) 쟁점인가 아니면 어려운(hard) 쟁점인가에 따라 쟁점 투표의 수준은 다르게 나타날 수 있다(Carmines & Stimson, 1980). 또한 선거운동이 진행되는 맥락(context)도 유권자들 사이에서 나타나는 쟁점 투표에 차이를 가져올 수 있다. 예를 들어 특정한 쟁점이 선거운동 과정에서 중요하게(salient) 대두될수록, 해당 쟁점에 대한 후보들 사이의 입장 차이가 증가할수록, 그리고 각 후보의 정책 입장과 공약에 대한 정보가 유권자들에게 보다 많이 제공될수록 쟁점 투표의 중요성이 증가하기 마련이다(Highton, 2004; 2010).

쟁점의 중요성에 대한 인식과 더불어 유권자 차원에서 쟁점 투표 여부를 가리는 핵심적인 변수는 유권자의 정치적 세련도(sophistication) 혹은 정치지식(political knowledge) 수준이라고 할 수 있다. 정치적으로 세련된, 즉 정치지식 수준이 높은 유권자일수록 주요 쟁점에 대한 각 후보의 입장을 보다 정확히 파악하고 그에 의거하여 지지후보 및 정당을 결정할 수 있다(Alvarez, 2001; Goren, 1997). 경제투표(economic voting)와 관련해서도 정치지식 수준이 낮은 유권자는 주로 국가의 경제상황에 의거한 투표행태(sociotropic voting)를 보이는 반면에, 정치지식 수준이 높은 유권자일수록 오히려 스스로의 경제적 부침을 정부의 경제정책과 더욱 잘 연결 지을 수 있기 때문에 개인적 경제상황에 의거한 투표행태(pocketbook voting)에 나서는 모습을 보이는 경향이 존재한다(Gomez & Wilson, 2001; 2006). 또한 정치적 정보를 많이 가진 사람일수록 미디어를 통해 전달되는 엘리트의 담론에 더욱 깊은 관심을 가지며(Zaller, 1992), 일관적인 이념적 틀에 의거하여 자신의 정치적 선호와 행위를 결정하는 경향이 있다(Jacoby, 1986; 1991. 이에 대한 반론으로는 Goren, 2001; 2004). 반면에 정치지식 수준이 낮은 유권자의 경우 쟁점에 대한 선호 및 후보의 정책보다는 인종이나 성별과 같은 후보의 개인적 배경에 더욱 초점을 맞추어 투표하는 경향이 관찰되었다(Matsubayashi & Ueda, 2011; McDermott, 1997).

쟁점 투표와 관련한 다양한 이론적·경험적 연구가 축적된 미국과는 달리 한국의 선거에서는 민주화 이후 상당한 기간 동안 지속된 지역주의의 압도적인 영향력으로 인해 구체적인 쟁점의 영향력에 대한 관심이 상대적으로 소홀했던 것이 사실이다. 그러나 2000년대 이후 선거에서 지역주의의 영향력이 상대적으로 감소한 반면 세대 및 이념에 따라 다르게 나타나는 정치적 태도가 중요한 요인으로 대두됨에 따라(강원택, 2003) 그동안 지역정당체제에 의해 억압되었던 쟁점 투표가 영향력을 발휘하는 것이 가능해졌다. 실제로 이현우(2006)는 2002년 제16대 대선에서 촛불시위나 행정수도 이전 등과 같은 구체적인 쟁점이 선거결과에 상당한 영향을 끼쳤다는 것을 보여주었다. 또한 2007년의 제17대 대선에서는 무엇보다도 경제와 관련한 쟁점이 크게 부각되었으며 이에 따라 경제 문제에 대한 유권자의 태도와 각 후보의 경제정책에 대한 인식이 투표선택에 매우 중요하게 작용했다는 사실을 몇몇 연구들이 보여준다(강원택, 2008; 권혁용, 2008; 이재철, 2008).

그러나 제16대 대선에서의 촛불시위나 행정수도 이전, 그리고 제17대 대선에서의 경제 문제는 모두 위치쟁점(*position issues*)이라기보다는 합의쟁점(*valence issues*)에 가까운 것이었다는 한계가 존재한다. 이러한 의미에서 제18대 대선에서 제기된 경제민주화는 본격적인 의미에서 한국 선거에서 나타나는 쟁점 투표의 영향력을 검증하기 위한 좋은 시금석을 제공해준다고 할 수 있다.

또한 단순히 경제민주화 쟁점에 대한 유권자 태도가 제 18대 대선에서의 투표선택에 유의미한 영향력을 끼쳤는지 확인하는 것을 넘어서서 이 글에서는 정치지식 수준이 쟁점 투표의 영향력을 어떻게 매개하는지 분석한다. 유권자가 보유한 정치지식의 수준은 그들의 정치적 태도 및 행태에 상당히 중요한 영향을 끼침에도 불구하고 한국 정치에 대한 그동안의 연구에서 거의 다루어지지 않았다(류재성, 2010). 예외적으로, 류재성(2012)과 이소영(2011) 정도만이 한국 유권자들 사이에서 정치지식 및 정보의 불균등한 분포가 중요한 정치적 결과를 가져온다는 사실을 실증적으로 보여주었을 뿐이다. 이러한 의미에서 이 글의 분석은 서구 민주주의 국가에서 관찰된 바와 같이 높은 수준의 정치지식을 가진 유권자일수록 쟁점에 대한 태도 및 후보의 정책·공약에 기반하여 투표한다는 일반적인 패턴이 한국 선거에서도 마찬가지로 적용되는지 검증함으로써 한국 유권자의 투표선택의 새로운 측면을 드러내고 있다.

3. 데이터와 변수조작화

경제민주화와 관련한 쟁점이 제 18대 대선에서 유권자의 투표선택에 끼친 영향력을 경험적으로 살펴보기 위해서 이 글은 서울대 한국정치연구소와 한국리서치가 대선 직후 실시한 '정치와 민주주의에 관한 의식조사'를 사용한다. 이 조사는 제 18대 대선이 실시된 후 2012년 12월 31일부터 2013년 1월 16일까지의 기간 동안 전국의 만 19세 이상 성인남녀를 대상으로 성별, 연령별, 지역별 비례할당을 통해 추출된 1,200명의 응답자에 대한 대면면접조사를 통해 이루어졌다.

경제민주화에 대한 유권자의 태도를 측정하기 위하여 이 글에서는 제 18대 대선 과정에서 경제민주화와 관련하여 제시된 정책 가운데 박근혜와 문재인 양 후보 중 누구의 공약이 더 바람직하다고 생각하는가라는 질문에 대한 응답을 사용하였다. 물론 보다 이상적인 방법은 경제민주화와 관련한 구체적인 정책들에 대해 유권자가 각 후보의 입장이 어떠하다고 인식하는지 묻고 그러한 인식과 유권자 스스로의 선호 사이의 차이를 측정하는 것이겠지만, 자료의 한계로 인하여 이와 같은 엄밀한 조작화는 불가능했다. 더구나 경제민주화라는 것이 순환출자 해소나 출자총액제한제도와 같은 매우 구체적인 정책으로부터 재벌과 중소기업 간의 상생 및 서민경제 활성화라는 추상적인 정치적 수사까지 포괄하는 극히 막연한 개념이라는 점에서 한두 개의 정책에 대한 설문을 통해 경제민주화라고 통칭되는 쟁점에 대한 유권자의 태도를 정확하게 측정할 수 있을지도 의문이다. 따라서 특정한 쟁점에 대한 태도가 유권자의 투표선택에 영향을 끼치는 것은 궁극적으로 해당 쟁점과 관련하여 각 후보가 제시한 공약의 상대적 우월성에 대한 종합적인 인식이라는 점에서 여러 가지 한계에도 불구하고 주어진 문항을 사용하였다.3 이 문항에 대해 38.28%의 응답자가 박근혜의 공약이, 23.69%의 응답자가 문재인의 공약이 더 바람직하다고 대답하였으며, 두 후보 사이에 별로 차이가 없다고 대답한 비율은 38.03%로 나타났다. 실제 분

---

3 경제민주화라는 특정 쟁점이 제 18대 대선에서 유권자 선택에 영향을 끼쳤는가를 검증한다는 측면에서 이 글이 갖는 또 하나의 한계는 대북정책이나 정치개혁과 같이 경제민주화 이외의 다른 중요한 쟁점들의 영향을 함께 고려하지 못했다는 점이다. 이 글이 사용하는 조사에서 경제민주화를 제외한 다른 쟁점들에 대해서 설문이 이루어지지 않았거나, 설문이 이루어진 경우에도 응답자 본인의 선호를 물어보았을 뿐 각 후보의 정책과 공약에 대한 유권자의 인식 혹은 평가에 대한 문항은 포함되지 않았다.

석에서 활용한 변수는 별로 차이가 없다는 대답을 중간값으로 하여 값이 커질수록 박근혜의 공약이 상대적으로 더 우월하다는 평가를 나타내는 3점 척도로 코딩하였다.

경제민주화 쟁점에 대한 태도와 실제 투표선택 사이를 매개하는 변수로 경제민주화의 중요성에 대한 인식과 응답자의 정치지식 수준 두 가지를 고려하였다. 우선 경제민주화의 중요성과 관련하여서는 한국사회가 직면한 다양한 과제 중에서 차기 대통령이 가장 시급하게 해결해야 할 과제가 무엇이라고 생각하는가에 대한 응답자의 대답을 사용하였다. 사회통합, 경제성장, 정치개혁 등을 비롯하여 다양하게 제시된 과제 중에서 경제민주화를 가장 시급한 과제로 선택한 응답자를 1로 기타 다른 과제를 선택한 응답자를 0으로 코딩하였다.[4]

정치지식의 수준은 응답자가 한국 정치와 관련한 구체적인 사실(factual knowledge)을 얼마나 정확하게 알고 있는가를 통해 측정하였다. 이와 같이 공적인 사안에 대한 인지 여부를 통해 직접적인 방법으로 유권자의 정치지식 수준을 측정하는 것은 교육수준이나 정치적 관심도(political interest)를 통해 간접적으로 측정하는 것에 비해 주관적인 개입이나 왜곡의 가능성이 적다는 점에서 더욱 객관적이라고 할 수 있다(류재성, 2010: 54~55). 구체적인 설문문항은 대선 당시 한국의 국무총리와 국회의장의 이름, 그리고 2012년 정부 예산의 대략적인 규모를 묻는 4지선다형 문항들이었으며, 각각에 대해 정확하게 대답한 개수를 통해 응답자의 정치지식 수준을 측정하였다. 응답자의 약 53%가 한 문항도 맞추지 못했으며, 세 문항 모두에 대해 정확한 답을 한 응답자의 비율은 5.6%에 그쳤다.

---

4 구체적으로 설문문항에 포함된 과제에 대해서는 〈표 7-1〉을 참조할 것.

경제민주화에 대한 태도 이외에도 제 18대 대선의 투표선택에 영향을 끼쳤을 것이라고 예상되는 다양한 변수들 또한 통계모형에 포함되었다. 우선 일반적인 정치적 성향을 나타내는 변수로서 응답자의 이념성향과 정당일체감(*party identification*), 그리고 이명박 대통령의 국정운영에 대한 평가를 고려하였다. 이념성향은 높은 값일수록 보다 보수적인 성향을 나타내는 11점 척도를 통해 측정하였다. 정당일체감은 민주통합당과 새누리당 사이에서 어느 정당을 더 가깝게 느끼는가, 즉 어느 정당에 대해 심리적 애착을 가지는가를 통해 측정하였다.[5] 더욱 구체적으로 "우리나라에 있는 정당 중 가깝게 느끼는 정당이 있습니까?"라는 질문에 대해 민주통합당을 선택한 응답자를 1로 새누리당을 선택한 응답자를 5로 코딩하고, 이후 가깝게 느끼는 정당이 없다고 대답한 응답자들을 대상으로 "그래도 다른 정당에 비해 조금이라도 더 가깝게 느끼는 정당이 있습니까?"라고 재차 질문을 던져서 민주통합당과 새누리당을 선택한 사람들을 각기 2와 4로 코딩하였다. 두 번에 걸친 질문에 대해 일관되게 가깝게 느끼는 정당이 없다고 대답한 응답자들을 무당파로 간주하여 중간값인 3으로 코딩하였다. 결과적으로 정당일체감은 민주통합당에 대한 강한 애착으로부터 민주통합당에 대한 약한 애착과 무당파를 거쳐 새누리당에 대한 약한 애착과 강한 애착으로 이어지는 5점 척도로 측정되었다. 새누리당과 민주통합당 이외의 다른 정당을 가

---

5 많은 경우 한국 유권자의 정당일체감을 "지지하는 정당"을 통해 측정하지만 이는 장기적인 심리적 귀속감(*psychological attachment*)을 핵심으로 하는 전통적인 정당일체감의 개념보다는 단기적인 차원의 인지적(*cognitive*), 평가적(*evaluative*) 측면을 부각시킬 수 있다. 특히 이 글에서 사용하는 자료와 같이 선거 직후에 실시된 설문조사의 경우 지지정당을 묻는 것은 실제 선거에서 어떤 후보 및 정당에 투표했는가와 분석적으로 구분하기 어렵다는 점에서 "지지하는 정당"보다는 "가깝게 느끼는 정당"을 사용하여 정당일체감을 측정하였다.

깝게 느끼는 응답자들은 그 사례수가 미미할 뿐만 아니라 제18대 대선이 새누리당의 박근혜 후보와 민주통합당의 문재인 후보 사이의 양자 대결 구도로 치러졌다는 점에서 분석에서 제외되었다.6 이명박 대통령의 국정운영에 대한 평가는 높은 값일수록 긍정적인 평가를 나타내는 11점 척도를 사용하여 측정하였다.

경제 상황에 대한 인식이 투표선택에 끼친 영향력을 통제하기 위해 지난 5년간의 가계살림(pocketbook) 및 국가경제(sociotropic)에 대한 회고적 평가를 포함하였다. 또한 경제민주화가 기본적으로 경제적 강자와 경제적 약자 사이의 격차와 갈등을 완화하기 위한 것이라는 점에서 지난 5년간 한국 사회의 경제적 불평등이 얼마나 악화되었다고 생각하는가에 대한 응답자의 인식을 포함하였다. 더욱 구체적으로 5년 전과 비교하여 한국 사회에서 고소득자와 저소득자 간의 소득격차가 증가했다고 생각하는지 혹은 감소했다고 생각하는지에 대한 5점 척도와 마찬가지로 5년 전과 비교하여 한국 사회에서 고소득자와 저소득자 간의 갈등이 증가했다고 생각하는지 혹은 감소했다고 생각하는지에 대한 5점 척도 사이의 평균값을 계산했으며, 값이 커질수록 한국 사회의 경제적 불평등이 더욱 심각해졌다는 인식을 나타낸다.

마지막으로 응답자의 다양한 인구통계학적 특성이 통제되었다. 우선 2000년 이후 한국 선거에서 중요한 정치적 균열로 등장하였으며, 제18대 대선에서도 박근혜와 문재인 사이의 선택에 중요한 영향을 끼쳤다고 평가되는 세대 변수를 통제하기 위해 40대를 기준으로 20대와 30대, 50대와 60대 이상을 나타내는 가변인(dummy variables)을 포함하였다. 그리고 고졸 미만을 기준으로 고등학교 졸업과 대학교 재학 이상을

---

6 기타 정당을 가깝게 느끼는 응답자들에게 무당파와 함께 중간값을 부여하여 재분석했을 때에도 이하의 결과에는 아무런 차이가 발견되지 않았다.

나타내는 가변인을 사용하여 응답자의 교육수준을 통제하였으며, 월평균 가구소득이 200만 원에서 400만 원 사이인 중산층을 기준으로 그 이하의 저소득층과 그 이상의 고소득층을 나타내는 가변인을 통해 소득수준을 통제하였다. 응답자의 취업여부와 결혼여부, 성별, 거주지역 또한 통계모형에 포함되었다.

4. 분석 결과

비록 경제민주화가 제 18대 대선을 앞두고 중요한 쟁점으로 떠올랐으며 양 후보가 경쟁적으로 이와 관련된 공약을 발표하기는 했지만 그렇다고 해서 모든 유권자들이 동일하게 경제민주화 문제를 제 18대 대선의 핵심적인 쟁점으로 인식했다고 보기는 어렵다. 따라서 양 후보가 내세운 경제민주화 관련 공약에 대한 유권자의 평가가 실제로 그들의 투표선택에 유의미한 영향을 끼쳤는지 분석하기 이전에 먼저 얼마나 많은 유권자들이 경제민주화를 제 18대 대선의 핵심적 쟁점으로 인식하였으며 어떠한 유권자 특성이 이러한 인식에 영향을 주었는지 살펴보고자 한다.

〈표 7-1〉에서는 한국 사회가 직면한 다양한 과제 중에서 차기 대통령이 가장 시급하게 해결해야 할 과제가 무엇이라고 생각하는가에 대한 응답이 제시되어 있다. 비록 제 18대 대선 과정에서 경제민주화가 중요한 쟁점으로 언론과 정치권에서 제기되기는 했지만 실제로 경제민주화가 차기 대통령의 가장 시급한 과제라고 생각하는 응답자의 비율은 10%에 그친다. 오히려 과반수에 달하는 54%의 응답자들은 경제성장이 여전히 가장 중요한 과제라고 인식하는 것으로 나타났으며, 복지확

<표 7-1> 제18대 대선의 가장 중요한 쟁점에 대한 유권자 인식

	응답자 비율 (%)
사회통합	9.42
경제성장	54.08
복지확대	9.58
경제민주화	10.00
정치개혁	9.25
남북관계	2.67
외교안보	0.75
교육정책	3.08
기타/모름/무응답	1.17

대, 사회통합, 정치개혁 등을 가장 시급한 과제로 꼽은 비율 또한 9~10%에 달했다.

그렇다면 경제민주화를 차기 대통령의 가장 시급한 과제로 꼽은 10%의 유권자들은 나머지 다른 유권자들과 비교했을 때 어떠한 차별적 특성을 보이는가? 이를 알아보기 위해 경제민주화를 차기 대통령의 가장 시급한 과제로 꼽았는가의 여부를 종속변수로 한 일련의 통계분석을 실시하였다. 종속변수가 이분형변수(dichotomous variable)임에 고려하여 로짓모형을 사용하였으며, <표 7-2>에 결과가 제시되었다.

<표 7-2>에 따르면 몇 가지 유권자 특성이 경제민주화가 시급한 과제라고 인식하는가 여부에 영향을 끼친다는 것이 드러났다. 우선 기본적인 인구통계학적 변수들만을 포함한 첫 번째 모형에 따르면 다른 세대에 비해 60대 이상인 유권자 중에서 경제민주화가 중요한 과제라고 인식할 확률이 유의미하게 낮게 나타났다. 또한 남성에 비해 여성 유권자 사이에서, 그리고 미취업자 및 실업자에 비해 기취업자들 사이에서 경제민주화 쟁점의 중요성에 대한 인식이 유의미하게 하락하였다. 흥미롭게도 고졸 미만 학력자에 비해 고등학교 졸업 학력을 가진 유권자들 사이에서는 경제민주화 쟁점의 중요성에 대한 인식이 유의미하게 하락

한 반면에 대학교 재학 이상의 학력을 가진 유권자들 사이에서는 오히려 하락폭이 작을 뿐만 아니라 고졸 미만 학력자와의 차이가 통계적으로 유의미하지 않게 나타남으로써 교육수준과 경제민주화의 중요성 인식 간에 비선형(non-linear) 관계가 관찰되었다.

이어서 두 번째와 세 번째 모형에서는 정치적 성향과 관계된 변수들과 경제적 인식을 나타내는 변수들이 순차적으로 포함되었다. 우선 정당일체감의 영향력이 $p < 0.1$ 수준에서 확인되어 민주통합당에 비해 새누리당에 보다 강한 애착을 가질수록 경제민주화를 가장 시급한 과제로 꼽을 확률이 하락하는 것으로 나타났다. 그러나 〈표 7-2〉에 따르면

〈표 7-2〉 경제민주화 쟁점의 중요성에 대한 인식의 결정 요인(Logit models)

	Coefficients (Standard Errors)		
	Model 1	Model 2	Model 3
이념성향		0.02 (0.06)	0.02 (0.06)
정당일체감		-0.13*(0.08)	-0.15*(0.08)
이명박 지지도		-0.07 (0.05)	-0.05 (0.05)
경제적 불평등의 심각성			0.36**(0.17)
국가경제 평가			-0.01 (0.14)
가계살림 평가			-0.05 (0.15)
20대 (19세 포함)	0.17 (0.40)	0.07 (0.41)	0.14 (0.41)
30대	-0.21 (0.32)	-0.19 (0.32)	-0.12 (0.33)
50대	0.12 (0.30)	0.21 (0.31)	0.17 (0.32)
60대 이상	-0.78**(0.40)	-0.70* (0.42)	-0.70 (0.43)
고등학교 졸업	-0.66**(0.34)	-0.66* (0.35)	-0.73**(0.36)
대학교 재학 이상	-0.56 (0.35)	-0.58 (0.37)	-0.65* (0.37)
저소득층	-0.20 (0.33)	-0.19 (0.33)	-0.17 (0.34)
고소득층	-0.26 (0.22)	-0.34 (0.23)	-0.28 (0.23)
취업 여부 (취업=1)	-0.49**(0.23)	-0.45* (0.25)	-0.53**(0.25)
결혼 여부 (기혼=1)	0.03 (0.31)	0.06 (0.31)	0.09 (0.32)
성별 (여성=1)	-0.50**(0.21)	-0.45**(0.22)	-0.50**(0.22)
Constant	-0.91* (0.51)	-0.35 (0.63)	-1.67 (1.05)
Pseudo R^2	0.025	0.031	0.040
N	1,188	1,098	1,097

주: $p^{**} < 0.05$; $p^* < 0.1$

무엇보다도 경제민주화 쟁점의 중요성 인식에 가장 큰 영향을 끼치는 요인은 한국 사회의 경제적 불평등이 얼마나 심각하다고 인식하는가이다. 경제적 불평등의 심각성에 대한 인식이 끼치는 영향력은 통계적으로 유의미할 뿐만 아니라 실질적인 차원에서도 가장 커서 변수값을 최소에서 최대로 변화시킴에 따라 경제민주화가 가장 시급한 과제라고 대답할 확률이 10% 이상 증가하였다.

경제민주화 쟁점의 중요성에 대한 인식과는 별개로 과연 어떠한 요인이 경제민주화 관련 정책에 대해 박근혜와 문재인 두 후보가 제시한 공약에 대한 유권자의 평가에 영향을 끼쳤는지 알아보기 위한 통계분석을 실시하였다. 〈표 7-3〉의 분석에서는 앞에서 설명한 것과 같이 박근혜와 문재인 두 후보의 경제민주화 정책에 별로 차이가 없다는 대답을 중간값으로 하여 값이 커질수록 박근혜의 공약이 상대적으로 더 우월하다는 평가를 나타내는 3점 척도를 종속변수로 사용하였다. 분석결과에 따르면 경제민주화 관련 양 후보의 공약에 대한 평가는 매우 정치적인 성격을 띤다는 점을 알 수 있다. 이념적으로 보수적일수록 그리고 새누리당에 대해 상대적으로 강한 일체감을 가질수록 박근혜 후보의 경제민주화 관련 공약이 더 바람직하다고 평가하고 있으며 진보적 성향이나 민주통합당을 더 가깝게 느끼는 유권자들 사이에서는 문재인 후보의 공약에 대한 긍정적인 평가가 유의미하게 높게 나타난다. 이념 성향과 정당일체감에 따라 각 후보의 정책에 대한 평가가 크게 달라진다는 사실은 경제민주화 쟁점에 대한 유권자의 태도가 한국 사회의 사회·경제적 현실에 대한 객관적인 인식에 기반한다기보다는 기존의 정치적 성향(predisposition)을 반영하는 측면이 강하다는 추론을 가능케 한다. 반면에 한국 사회의 경제상황에 대한 평가는 각 후보의 경제민주화 관련 공약에 대한 유권자 평가에 전혀 영향을 주지 않는 것으로 나타났다. 특히 앞에서 경제민주화 쟁점의 중요성 인식에 매우 강력한 영향력을 끼쳤던 경제적 불평등의 심각성은 정작 어느 후보의 경제민주화 관련 공약이 더 바람직하다고 생각하는가에 대해서는 전혀 영향을 끼치지 않고 있다.

〈표 7-3〉 경제민주화 관련 후보별 공약 평가의
결정 요인 (Ordered logit models)

	Coefficients (Standard Errors)		
	Model 1	Model 2	Model 3
이념성향		0.18**(0.04)	0.18**(0.04)
정당일체감		1.01**(0.06)	1.01**(0.06)
이명박 지지도		0.05 (0.03)	0.05 (0.04)
경제적 불평등의 심각성			0.11 (0.11)
국가경제 평가			0.06 (0.09)
가계살림 평가			-0.06 (0.10)
20대 (19세 포함)	-0.37 (0.23)	-0.51* (0.26)	-0.49* (0.26)
30대	-0.11 (0.17)	-0.18 (0.20)	-0.15 (0.20)
50대	0.62**(0.18)	0.12 (0.21)	0.13 (0.21)
60대 이상	0.86**(0.22)	0.22 (0.26)	0.23 (0.26)
고등학교 졸업	0.24 (0.20)	0.48**(0.24)	0.50**(0.24)
대학교 재학 이상	-0.10 (0.21)	0.20 (0.25)	0.20 (0.25)
저소득층	0.05 (0.19)	-0.00 (0.22)	-0.01 (0.22)
고소득층	-0.02 (0.13)	0.03 (0.15)	0.04 (0.15)
취업 여부 (취업=1)	0.06 (0.14)	0.11 (0.16)	0.11 (0.16)
결혼 여부 (기혼=1)	0.14 (0.17)	-0.08 (0.20)	-0.07 (0.20)
성별 (여성=1)	0.24**(0.12)	0.33**(0.14)	0.34**(0.14)
인천/경기	0.46**(0.16)	0.30 (0.19)	0.28 (0.19)
대전/충북/충남	0.30 (0.22)	0.40 (0.24)	0.42* (0.24)
광주/전북/전남	-0.69**(0.21)	0.65**(0.24)	0.70**(0.24)
대구/경북	1.52**(0.23)	0.74**(0.26)	0.73**(0.26)
부산/울산/경남	0.22 (0.18)	-0.04 (0.20)	-0.04 (0.21)
강원/제주	0.55* (0.31)	0.55 (0.34)	0.52 (0.35)
Cutpoint 1	-0.54	3.30	3.78
Cutpoint 2	1.33	5.95	6.44
Pseudo R^2	0.073	0.267	0.269
N	1,187	1,097	1,096

주: $p^{**} < 0.05$; $p^* < 0.1$

그렇다면 과연 경제민주화 관련 후보의 공약에 대한 평가는 실제 투표선택에도 유의미한 영향력을 행사하였는가? 이를 위해 〈표 7-4〉에는 제 18대 대선에서 박근혜와 문재인 두 후보에게 투표한 응답자들을 대상으로 과연 어떠한 요인들이 두 후보 사이의 선택에 영향을 주었는가에 대한 통계분석이 제시되어 있다. 분석에 따르면 이념성향과 정당

〈표 7-4〉 박근혜에 대한 투표의 결정 요인 (Logit models)

	Coefficients (Standard Errors)	
	Model 1	Model 2
경제민주화 공약 평가		2.04**(0.22)
이념성향	0.33**(0.07)	0.29**(0.08)
정당일체감	1.52**(0.12)	1.16**(0.13)
이명박 지지도	0.19**(0.06)	0.16**(0.07)
경제적 불평등의 심각성	0.09 (0.20)	-0.18 (0.23)
국가경제 평가	0.07 (0.15)	0.03 (0.17)
가계살림 평가	-0.12 (0.16)	0.01 (0.19)
20대 (19세 포함)	-1.02**(0.47)	-0.88* (0.53)
30대	-0.30 (0.33)	-0.18 (0.37)
50대	0.06 (0.35)	-0.07 (0.40)
60대 이상	1.46**(0.47)	1.34**(0.54)
고등학교 졸업	1.05**(0.46)	0.66 (0.53)
대학교 재학 이상	0.59 (0.46)	0.21 (0.55)
저소득층	-0.20 (0.40)	-0.29 (0.45)
고소득층	0.32 (0.25)	0.33 (0.29)
취업 여부 (취업=1)	0.60**(0.27)	0.54* (0.31)
결혼 여부 (기혼=1)	-0.56 (0.36)	-0.56 (0.41)
성별 (여성=1)	0.45* (0.23)	0.22 (0.27)
인천/경기	1.08**(0.33)	1.15**(0.37)
대전/충북/충남	1.40**(0.39)	1.40**(0.46)
광주/전북/전남	-0.40 (0.48)	-1.12**(0.54)
대구/경북	1.99**(0.48)	1.95**(0.57)
부산/울산/경남	0.17 (0.35)	0.12 (0.39)
강원/제주	1.34**(0.67)	1.11 (0.86)
Constant	-8.75**(1.36)	-5.94**(1.53)
Pseudo R^2	0.582	0.670
N	950	949

주 : $p^{**} < 0.05$; $p^* < 0.1$

일체감, 이명박 대통령의 국정운영에 대한 평가 등과 같은 요인들이 제18대 대선에서 유권자의 투표선택에 예측한 대로의 영향력을 행사하였지만, 이와 더불어 각 후보의 경제민주화 관련 공약을 어떻게 평가하는가 또한 제18대 대선에서의 투표선택에 유의미한 영향을 끼쳤다는 것이 확인되었다. 비록 〈표 7-3〉에서 확인한 것과 같이 경제민주화 관련 후보 평가가 응답자의 정치적 성향에 의해 크게 영향받는 것은 사실이지만, 이념성향과 정당일체감, 이명박 대통령의 국정운영에 대한 평가 등을 명시적으로 통제한 이후에도 경제민주화 쟁점에 대한 후보 평가가 여전히 독자적인 영향력을 행사한다.[7]

경제민주화 관련 공약 평가가 투표선택에 끼친 영향력은 단순히 통계적 유의미성에 그치는 것이 아니라 실질적 차원에서도 상당한 것으로 확인되었다. 〈그림 7-1〉에서는 〈표 7-4〉의 두 번째 모형에 기반하여 다른 모든 변수들을 중위값(median)에 고정시킨 상태에서 이념성향, 정당일체감, 이명박 대통령 지지도, 그리고 경제민주화 관련 후보 평가 등 네 변수 각각의 값에 따라 박근혜 후보에게 투표할 확률이 어떻게 변화하는지 보여준다. 그림을 통해서 드러나듯이 경제민주화 관련 공

---

[7] 물론 〈표 7-4〉에 대해 제기될 수 있는 비판은 경제민주화 쟁점에 대한 공약 평가가 단순히 후보 자체에 대한 평가 내지는 선호의 대리변수(proxy)일 수 있다는 점이다. 즉 비록 박근혜와 문재인 두 후보의 경제민주화 관련 공약에 대한 상대적 평가가 통계적으로는 투표선택에 유의미한 영향력을 끼쳤다하더라도 이것이 쟁점 투표의 증거라기보다는 단순히 특정 후보에 대한 일반적인 선호 및 지지를 반영하는 것일 수 있다는 것이다. 이러한 가능성을 검증하기 위해 〈표 7-4〉의 두 번째 모형을 박근혜와 문재인 두 후보에 대한 호감도를 통제하고 다시 분석하였다. 두 후보에 대한 호감도를 각각 통제하든 혹은 두 후보의 호감도 간의 차이를 통제하든 어떤 경우에도 경제민주화 쟁점에 대한 공약 평가는 여전히 응답자의 투표선택에 유의미한 영향을 끼치는 것으로 나타났다. 다시 말해서 경제민주화에 대한 두 후보의 공약에 대한 평가는 후보 자체에 대한 선호를 통제한 이후에도 여전히 독립적인 영향을 끼친다는 점에서 쟁점 투표의 증거로 받아들일 수 있다.

〈그림 7-1〉 정치적 성향과 경제민주화 관련 공약 평가에 따른 박근혜 투표 확률

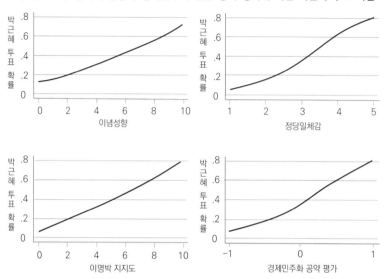

약 평가에 따라 박근혜에 투표할 확률이 변화하는 정도는 거의 정당일체감에 따른 변화와 비슷할 정도로 크게 나타나고 있으며, 이념성향이나 이명박 대통령의 국정운영에 대한 평가에 따른 변화의 폭보다도 오히려 더 크게 나타난다.

〈표 7-4〉와 〈그림 7-1〉에서 경제민주화와 관련한 각 후보의 정책에 대한 평가가 실제 투표선택에 중요한 영향력을 행사한다는, 즉 한국 유권자들 사이에서도 상당한 정도의 쟁점 투표가 존재한다는 것을 확인한 것에 이어서 〈표 7-5〉에서는 경제민주화 쟁점의 중요성에 대한 인식(saliency)과 유권자의 정치적 세련도(sophistication)에 따라 쟁점 투표의 정도가 다르게 나타날 가능성을 살펴보았다. 우선 경제민주화 관련 공약 평가와 경제민주화 쟁점의 중요성에 대한 인식 사이의 상호작용항은 $p < 0.1$ 수준에서 통계적으로 유의미하게 나타났으며, 결과적으

로 경제민주화 쟁점이 시급한 과제라고 생각하는 유권자일수록 경제민
주화 관련 공약 평가가 제18대 대선의 투표선택에 보다 커다란 영향력
을 행사한 것으로 나타났다. 특정한 쟁점이 중요하다고 인식할수록

〈표 7-5〉 경제민주화 쟁점의 중요성 인식과
정치지식에 따른 쟁점 투표 (Logit models)

	Coefficients (Standard Errors)
이념성향	0.31**(0.08)
정당일체감	1.21**(0.14)
이명박 지지도	0.17**(0.07)
경제적 불평등의 심각성	−0.15 (0.23)
국가경제 평가	0.02 (0.18)
가계살림 평가	−0.02 (0.19)
경제민주화 공약 평가	2.27**(0.31)
경제민주화 중요성 인식	0.23 (0.48)
경제민주화 공약 평가 × 중요성 인식	2.00* (1.09)
정치지식	−0.27*(0.16)
경제민주화 공약 평가 × 정치지식	−0.51**(0.25)
20대 (19세 포함)	−1.01*(0.55)
30대	−0.18 (0.38)
50대	0.03 (0.41)
60대 이상	1.33**(0.55)
고등학교 졸업	0.72 (0.54)
대학교 재학 이상	0.32 (0.55)
저소득층	−0.25 (0.47)
고소득층	0.42 (0.29)
취업 여부 (취업=1)	0.52 (0.32)
결혼 여부 (기혼=1)	−0.50 (0.43)
성별 (여성=1)	0.09 (0.28)
인천/경기	1.17**(0.39)
대전/충북/충남	1.54**(0.47)
광주/전북/전남	−0.92* (0.55)
대구/경북	1.95**(0.59)
부산/울산/경남	0.10 (0.40)
강원/제주	1.27 (0.91)
Constant	−6.16**(1.56)
Pseudo R^2	0.681
N	949

주: $p^{**} < 0.05$; $p^* < 0.1$

해당 쟁점에 기반한 쟁점 투표에 보다 적극적으로 나선다는 것은 쟁점 투표에 대한 기존 연구에서도 공통적으로 지적되는 부분이다.

그러나 무엇보다도 눈에 띄는 점은 경제민주화 관련 공약 평가와 정치지식 사이의 상호작용 역시 통계적으로 유의미하기는 하지만 일반적인 예상과는 반대 방향의 부호를 가지고 있다는 점이다. 음의 부호가 의미하는 것은 정치지식 수준이 높은 유권자일수록 경제민주화 관련 공약 평가가 제18대 대선의 투표선택에 끼친 영향력이 하락한다는 것이다. 이는 정치적 세련도가 높은 유권자일수록 더욱 적극적으로 쟁점 투표에 나선다는 서구 민주주의 국가에서의 연구결과와는 정반대의 발견이라고 할 수 있다.

이와 같이 제18대 대선에서 정치지식 수준의 역할이 일반적인 쟁점 투표와는 다른 양상을 보인 이유는 분명하지 않다. 한 가지 추측할 수 있는 것은 한국 유권자의 경우 정치적으로 세련되고 정치지식 수준이 높을수록 선거운동 과정에서 각 후보가 내세운 정책과 공약에 대해 비판적이며 표면적으로 내세우는 것과는 달리 실질적인 후보 간 차별성이 크지 않다고 생각할 가능성이 있다.[8] 즉 한국의 주요 정치세력들 사이의 정책적 차별성이 그리 크지 않으며 또한 지금까지 선거에서 승리한 후보가 집권 후 기존의 공약을 뒤집는 경우가 잦았다는 역사적으로 축적된 경험이 오히려 정치지식 수준이 높은 유권자들 사이에서 특정한 쟁점에 기반한 투표선택을 억누르는 효과를 가져왔다는 것이다. 따라서 오히려 정치지식 수준이 높은 유권자일수록 특정한 쟁점에 대한

---

[8] 실제로 이 글에서 사용된 데이터에 따르면 정치지식 수준이 낮은 응답자(0 또는 1) 사이에서는 박근혜와 문재인 후보의 경제민주화 정책에 별 차이가 없다는 대답이 36.88%인 데 반해 정치지식 수준이 높은 응답자(2 또는 3) 사이에서는 별 차이가 없다는 대답이 42.25%로 증가하였다.

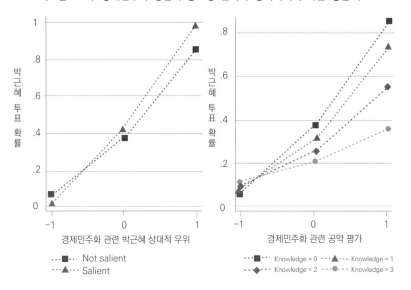

〈그림 7-2〉 경제민주화 쟁점의 중요성 인식과 정치지식에 따른 쟁점 투표

태도 및 후보의 정책과 공약보다는 정당에 대한 태도나 이념성향과 같이 보다 일반적인 정치적 태도와 선호에 의해 지지후보를 결정할 가능성이 있다. 물론 이러한 해석은 아직까지 경험적 자료에 의해 확인되지 않은 추측이며, 따라서 〈표 7-5〉에서 나타난 정치지식과 경제민주화 관련 후보 평가 사이의 상호작용이 제18대 대선 혹은 경제민주화라는 특정 쟁점에만 국한된 독특한 현상인지 아니면 한국 유권자 사이에서 나타나는 쟁점 투표의 일반적인 양상인지에 대해서는 지속적인 후속연구에 의해 검증되어야 할 것이다.

〈그림 7-2〉는 〈표 7-5〉의 결과에 기반하여 다른 모든 변수들을 중위값(median)에 고정시킨 상태에서 경제민주화 관련 후보 평가가 박근혜에게 투표할 확률에 끼치는 영향력의 크기가 경제민주화 쟁점의 중요성 인식 여부와 정치지식 수준에 따라 어떻게 변화하는지 보여준다. 그

림을 통해서 드러나듯이 경제민주화 쟁점이 중요하다고 인식하는 사람일수록 경제민주화 관련 쟁점 투표의 영향력이 증가하는 반면에 정치지식 수준이 상승할수록 오히려 경제민주화 관련 쟁점 투표의 영향력이 감소한다.

5. 나가며

이 글은 제 18대 대선 과정에서 핵심적인 쟁점으로 제기되었던 경제민주화를 사례로 과연 한국 선거에서 특정한 쟁점에 대한 태도가 유권자의 투표선택에 중요한 영향력을 발휘하는지 경험적으로 검증하였다. 분석결과에 따르면 박근혜와 문재인 두 후보의 경제민주화 관련 정책을 어떻게 평가하는가가 제 18대 대선의 투표선택에 통계적으로나 실질적으로나 중요한 영향을 끼침으로써 한국 유권자들 사이에서도 상당한 정도의 쟁점 투표가 나타난다는 점이 확인되었다. 비록 각 후보의 경제민주화 관련 정책에 대한 평가가 이념성향과 정당일체감과 같은 기존의 정치적 성향을 반영하는 측면이 강한 것은 사실이지만, 이러한 일반적인 정치적 성향을 통제한 이후에도 경제민주화 관련 후보들의 공약 평가는 한국 유권자의 투표선택에 여전히 유의미한 영향력을 발휘하였다.

그러나 이 글의 분석은 쟁점 투표의 영향력을 확인하는 것과 동시에 한국 유권자들이 보이는 쟁점 투표의 독특한 양상 또한 드러내고 있다. 경제민주화가 중요한 쟁점이라고 인식할수록 쟁점 투표의 영향력이 보다 강화된다는 것은 서구 민주주의 국가를 대상으로 한 기존의 연구와 일치하는 바이지만, 정치지식 수준과 관련해서는 기존의 쟁점 투표 양상과는 정반대의 결과가 발견되었다. 즉 정치지식 수준이 높은 유권자일수록 오히려 경제민주화 관련 후보들의 공약 평가가 투표선택에 끼치는 영향력이 약화되는 것이다. 이러한 예상과 다른 발견은 주요 정당들 사이에서 나타나는 정책적 차별성이 그리 크지 않으며 지금까지 선거에서 승리한 후보가 집권 후 기존의 공약을 뒤집는 경우가 잦았다는 한국 정치의 현실을 반영하는 것으로 판단된다. 즉 정치적으로 세련된 ― 따라서 한국 정치의 현실에 대해 비판적인 ― 유권자일수록 선거운동 과정에서 각 정당 및 후보가 제시하는 공약을 득표를 위한 정치적 수사로 간주하고 정작 투표에서 지지후보를 결정하기 위한 기준으로는 크게 고려하지 않았다는 것이다.

그럼에도 불구하고 제18대 대선에서 확인된 한국 유권자들의 쟁점투표는 여전히 고무적이라고 할 수 있다. 민주화 이후 한국 유권자의 투표선택에 대한 일반적인 평가는 지역주의에 의한 일방적인 지지라든가, 지역주의의 영향력이 약화된 이후에는 세대 및 이념성향에 따른 양극화로 특징지어져 왔다. 따라서 중요한 정치적·사회적 쟁점에 대한 유권자의 선호나 이러한 쟁점과 관련하여 선거운동 과정에서 각 정당 및 후보가 제시하는 정책·공약에 대한 유권자의 인식과 태도에 대한 관심은 상대적으로 소홀했던 것이 사실이다. 그러나 쟁점이 실종된 진영대결이었다는 평가를 받는 제18대 대선에서도 상당한 정도의 쟁점투표가 발견된다는 사실은 한국 유권자의 투표선택에 대한 학술적 연구의 측면에서나 혹은 선거운동 전략과 관련한 실천적인 차원에서나 매우 중요한 함의를 갖는다고 할 수 있다.

참고문헌

강원택(2003), 《한국의 선거정치: 이념, 지역, 세대와 미디어》, 푸른길.

_____(2008), "2007년 대통령선거와 이슈: 회고적 평가 혹은 전망적 기대?" 〈의정연구〉 14(1) : 31~59.

권혁용(2008), "2007년 대통령선거에서 나타난 경제투표", 이현우·권혁용 편, 《변화하는 한국 유권자 2: 패널조사를 통해 본 2007 대선》, EAI.

류재성(2010), "한국 유권자의 정치지식(Political Knowledge)에 관한 연구 현황 과 과제", 〈한국정치연구〉 19(1) : 45~70.

_____(2012), "정치이념의 정책선호 결정에 있어 정치지식의 역할", 〈한국정치 연구〉 21(2) : 53~86.

이재철(2008), "17대 대통령선거에서의 경제투표: 유권자의 경제인식과 투표결 정", 〈현대정치연구〉 1(1) : 111~136.

이소영(2011), "정치적 태도와 선택에 있어서 정치적 정보의 영향: 18대 총선 유권자를 중심으로", 〈현대정치연구〉 4(1) : 39~71.

이현우(2006), "16대 대통령선거에서 나타난 이슈와 후보자 전략", 어수영 편, 《한국의 선거 V: 제16대 대통령선거와 제17대 국회의원선거》, 오름.

Abramowitz, Alan I. (1995), "It's Abortion Stupid: Policy Voting in the 1992 Presidential Elections", *Journal of Politics* 57(1) : 176~186.

Alvarez, R. Michael(2001), *Information and Elections*, Ann Arbor: University of Michigan Press.

Ansolabehere, Stephen, Jonathan Rodden, & James M. Snyder, Jr. (2008), "The Strength of Issues: Using Multiple Measures to Gauge Preference Stability, Ideological Constraint, and Issue Voting", *American Political Science Review* 102(2) : 215~232.

Brody, Richard A. & Benjamin I. Page(1972), "The Assessment of Policy Voting", *American Political Science Review* 66(2) : 450~458.

Campbell, Angus, Philip E. Converse, Warren E. Miller, & Donald E. Stokes(1960), *The American Voter*, New York: John Willey & Sons.

Carmines, Edward G. & James A. Stimson(1980), "The Two Faces of Issue Voting", *American Political Science Review* 74(1) : 78~91.

Converse, Philip E. (1964), "The Nature of Belief Systems in Mass Publics", In David Apter(ed.), *Ideology and Discontent*, New York: Free.

Delli Carpini, Michael X., & Scott Keeter(1997), *What Americans Know About Politics and Why It Matters*, New Haven: Yale University Press.

Downs, Anthony(1957), *An Economic Theory of Democracy*, New York: Harper and Row.

Gomez, Brad T. & J. Matthew Wilson(2001), "Political Sophistication and Economic Voting in the American Electorate: A Theory of Heterogeneous Attribution", *American Journal of Political Science* 45(4): 899~914.

Gomez, Brad T. & J. Matthew Wilson(2006), "Cognitive Heterogeneity and Economic Voting: A Comparative Analysis of Four Democratic Electorates", *American Journal of Political Science* 50(1): 127~145.

Goren, Paul(1997), "Political Expertise and Issue Voting in Presidential Elections", *Political Research Quarterly* 50(2): 387~412.

_____(2001), "Core Principles and Policy Reasoning in Mass Publics: A Test of Two Theories", *British Journal of Political Science* 31(1): 159~177.

_____(2004), "Political Sophistication and Policy Reasoning: A Reconsideration", *American Journal of Political Science* 48(3): 462~478.

Highton, Benjamin(2004), "Policy Voting in Senate Elections: The Case of Abortion", *Political Behavior* 26(2): 181~200.

_____(2010), "The Contextual Causes of Issue and Party Voting in American Presidential Elections", *Political Behavior* 32(4): 453~471.

Hinich, Melvin J. & James Enelow(1984), *The Spatial Theory of Voting: An Introduction*, Cambridge: Cambridge University Press.

Jacoby, William G. (1986), "Levels of Conceptualization and Reliance on the Liberal-Conservative Continuum", *Journal of Politics* 48(2): 423~432.

_____(1991), "Ideological Identification and Issue Attitudes", *American Journal of Political Science* 35(1): 178~205.

Matsubayashi, Tetsuya & Michiko Ueda(2011), "Political Knowledge and the Use of Candidate Race as a Voting Cue", *American Politics Research* 39(2): 380~413.

McDermott, Monika L. (1997), "Voting Cues in Low-Information Elections: Candidate Gender as a Social Information Variable in Contemporary

United States Elections", *American Journal of Political Science* 41 (1) : 270~283.

Miller, Warren E. & J. Merrill Shanks (1996), *The New American Voter*, Cambridge: Harvard University Press.

Page, Benjamin I. & Calvin C. Jones (1979), "Reciprocal Effects of Policy Preferences, Party Loyalties and the Vote", *American Political Science Review* 73 (4) : 1071~1089.

Wright, Gerald C. & Michael B. Berkman (1985), "Candidates and Policy in United States Senate Elections", *American Political Science Review* 80 (2) : 567~588.

Zaller, John R. (1992), *The Nature and Origins of Mass Opinion*, New York: Cambridge University Press.

08 | 유권자의 정치사회화와 지지후보 결정의 안정성
한정훈

1. 들어가며

2012년 12월 19일 열린 제 18대 대통령선거는 박근혜 후보가 유효투표수의 51.55%를 획득하며 48.02%의 득표에 머문 문재인 후보를 따돌리고 당선되었다. 선거운동 기간 내내 많은 전문가들이 초박빙의 승부를 예상하였으나 110만 표 정도의 상대적으로 적지 않은 표차를 낳은 결과였다. 예상을 벗어난 이러한 결과는 새누리당1이 여타 경쟁정당들

---

1 새누리당은 2012년 2월 제 19대 총선을 2개월 정도 남겨둔 상황에서 한나라당에서 당명을 개정한 것이다. 따라서 이 연구에서는 기존 한나라당 지지유권자들을 새누리당 지지유권자와 동일하게 간주하고자 한다. 이렇게 한나라당과 새누리당 사이의 연속성에 대한 가정의 신뢰성은 다음과 같은 두 가지 점에서 확보되는 것으로 보인다. 첫째, 조직구성원의 변화가 크지 않았다는 점이다. 한나라당으로부터 새누리당으로 바뀌는 과정에서 한나라당 구성원의 이탈이 없었으며 오히려 당명 개정 이전인 2012년 2월 2일 이전의 한나라당 소속 구성원으로 간주되었던 미래희망연대 소속 구성원과의 합당이 있었다. 둘째, 당헌 및 당규를 통해 정당의 이념적 지향을 유지하였다. 새누리당으로 당명을 개정하면서 이루어진 당헌, 당규의 개정은

에 비해 누리고 있는 상대적으로 높은 비율의 안정적 지지층을 고려할 때 그리 놀랄 만한 것은 아니다. 오히려 문재인 후보가 비대칭적 지지층 비율로 인한 약세를 극복할 수 있을 정도의 충분한 유권자를 동원 (*mobilization*) 하는 데 실패한 결과라 할 수 있다.

제18대 대선에서 더욱 흥미로운 현상은 아마 박근혜 후보가 전라도 지역에서, 문재인 후보가 경남지역에서 획득한 득표율일 것이다. 박근혜 후보는 1987년 민주화 이후 전라도 지역을 지지기반으로 하지 않는 정당이 추천한 대통령 후보로서는 처음으로 전라도 지역에서 평균 10%의 득표율을 넘어섰고, 문재인 후보 역시 새누리당의 텃밭이라고 간주되는 부산과 경남 지역에서 평균 38.24%라는 높은 득표율을 기록한 것이다. 2 특히 2007년 제17대 대선 당시 한나라당 출신의 이명박 대통령은 전국적으로 높은 득표율을 올렸음에도 불구하고 전라도 지역에서 평균 8.95%의 득표율에 머물렀으며, 민주당의 정동영 후보 역시 부산 경남 지역에서 평균 13.15%의 득표율에 그쳤던 사실을 떠올릴 때3

경제민주화 및 복지확대조항의 삽입, 선진화 표현의 삭제 등을 담고 있어 기존과는 다른 내용적 수정이 이루어진 것도 사실이다. 그럼에도 불구하고 한나라당과 새누리당 사이에 보수적 이념 지향이 유지되고 있다는 평가가 지배적이다. 예를 들어 새누리당 비상대책위원회 위원이었던 김종인 위원의 경우, "실질적으로 보수라고 하는 곳은 다 새누리당에 집결된 상황"이라고 묘사한다(데일리안 2012/02/26, http://www. dailian. co. kr/news/news_view. htm?id=276422&sc=naver&kind= menu_code&keys=1 방문일시 2013/01/11).

2 중앙선거관리위원회 제18대 대통령선거 개표결과.
   http://info. nec. go. kr/electioninfo/electionInfo_report. xhtml?electionId=002012
   1219&requestURI=%2Felectioninfo%2F0020121219%2Fvc%2Fvccp09. jsp&top
   MenuId=VC&secondMenuId=VCCP&menuId=VCCP09&statementId=VCCP09_
   %231&electionCode=1&cityCode=0&x=42&y=5 (방문일시 2013/01/11)
3 중앙선거관리위원회 역대 대통령선거 개표결과.
   http://info. nec. go. kr/electioninfo/electionInfo_report. xhtml?electionId=000000
   0000&requestURI=%2Felectioninfo%2F0000000000%2Fvc%2Fvccp09. jsp&top

전라도와 경상남도에 거주하는 상당수의 유권자가 기존의 지지정당으로부터의 이탈한 것은 매우 흥미로운 현상인 것이다.

그러나 각 지역 유권자들이 전통적 지지정당으로부터 이탈한 것은 새로운 현상은 아니다. 이미 2002년 제16대 대통령선거를 기점으로 한국 유권자의 지역중심적 투표행태에 변화가 일기 시작하였다는 지적이 제기되었으며, 다수의 학자들에 의해 세대 및 이념, 유권자의 합리적 선택 등이 선거결과에 영향을 미치는 새로운 요인으로 주목받고 있다 (최준영·조진만, 2005; 김민전, 2008; 강원택, 2008; 2009a; 2009b; 지병근, 2006; 박찬욱 외, 2008; 박찬욱, 2009; 한정훈·강현구, 2009). 또한 출신지역에 따른 정당과의 연계성이 약화되면서 무당파(independent) 층이 증가하는 데에 대한 관심 역시 증대되고 있는 실정이다(이현출, 2001; 박원호·송정민, 2012; 조원빈, 2012). 최근에는 지역이라는 요인뿐만 아니라 한국의 각 정당이 지도자와 정책 및 정강과 같은 '정당내적요인'이 내용적으로 차별적인 경쟁구조를 형성하고, 그에 따라 정당에 대한 일체감 또한 호감도의 강도가 달라지고 있다는 주장 역시 제기되고 있다 (한정훈, 2012a; 2012b). 제18대 대선 결과는 이러한 변화추세를 반영할 뿐 아니라 영남과 호남 각 지역의 유권자가 내부적으로 분열을 보인다는 특징이 있다. 호남지역 내에서는 전북 유권자가 전남 유권자에 비해 3% 정도 박근혜 후보를 더 지지하고 있으며, 영남지역 내에서는 부산, 경남지역 유권자가 경북지역 유권자에 비해 약 20% 정도 문재인 후보를 더 지지하였던 것이다. 그러면, 지역중심적 투표행태가 전반적으로

MenuId=VC&secondMenuId=VCCP&menuId=VCCP09&statementId=VCCP02_
%231&oldElectionType=1&electionType=1&electionName=20071219&election
Code=1&cityCode=0&townCode=-1&sggCityCode=-1&x=39&y=9   (방문일시
2013/1/11)

약화되는 가운데 영남과 호남 각 지역 내에서 경남과 경북, 전남과 전북 지역 유권자 사이에 지역중심적 투표행태로부터 이탈한 강도가 상이한 이유를 어떻게 설명할 수 있을까?

이 연구는 미국 정당연구에서 활용된 정치사회화(*political socialization*) 개념을 중심으로 이에 대한 해답을 제시해보고자 한다. 1960년대와 1970년대 정치, 사회적 현상 및 교육 문제에 대한 이해를 위해 활발히 활용되었던 정치사회화 개념은 다양한 의미를 내포한 포괄적 개념에 해당한다(Sears, 1975). 정치학에서는 특히 '부모의 정치적 태도가 자식에게로 전승(*transmission*)'되는 과정을 정치사회화의 핵심적 측면으로 간주한다(Campbell *et al.*, 1960). 그러나 이러한 과정은 부모세대가 특정 정당에 대하여 일관된 태도를 지니고 있다는 것을 가정한다는 점에서 정당 정치가 발전한 서구 사회의 역사적 경험을 배경으로 한 것이다. 반면, 한국의 정당들은 조직뿐만 아니라 유권자의 동원 및 정부 구성에의 참여와 같은 다양한 기능을 실질적으로 수행하기 시작한 시기가 짧을 뿐만 아니라 그 결과 자식에게 전승이 가능할 정도로 특정 정당에 대해 일관된 정치적 태도를 형성한 부모 세대의 존재를 가정하기 힘들다. 따라서 미국 사회의 정당 연구에서 발전한 정치사회화 개념을 그대로 한국 정당정치 연구에 적용하기에는 무리가 따른다.

이 연구는 이러한 인식을 바탕으로 정치사회화 개념이 내포하는 다양한 내용 가운데 한국 정당정치를 분석하는 데 활용가능성이 높은 내용을 중심으로 논의를 진행하고자 한다. 이를 위해 세 가지 측면을 중심으로 정치사회화 개념을 재규정하고자 한다. 우선 '부모의 정치적 태도'가 아닌 '준거집단(*reference group*)의 정치적 태도'를 유권자의 정치사회화 내용으로 간주한다. 둘째, 정치적 태도의 형성과정으로는 '자식으로의 전승' 과정보다는 '정치적 의사소통'(*political communication*)에 주목한다. 셋째, 준거집단과의 정치적 의사소통을 통한 정치사회화 과정을 통해 개별 유권자가 지속성을 지닌 확고한 정치적 태도를 지닐 뿐 아니라 정치적 의사소통 과정을 통해 정치적 태도가 변화가능하다는 점을 고려한다. 이러한 정치사회화 개념의 재규정은 정치사회화가 어린 시절에 끝나거나 정지하는 것이 아니라 상당한 나이에 이르기까지 점진적으로 이루어지며, 또한 정치적 태도를 전승하는 주체인 부모가 지닌 정치적 태도의 일관성과 선명성(clarity)에 따라 정치사회화의 강도가 달라질 수 있다는 주장(Sears, 1975)을 반영한 것이다. 따라서 이 연구는 '정치적 의사소통을 통한 준거집단의 정치적 태도의 습득'을 정치사회화 과정으로 개념화하고자 하고 이를 통해 지지후보 결정의 안정성이 개별유권자마다 상이한 이유를 모색하고자 한다.

　이러한 분석 전략에 기초하여 이 연구는 두 측면에서 개별유권자들의 정치사회화가 제17대와 제18대 대통령선거에서 투표한 후보자의 안정성에 미치는 영향력을 보인다. 첫째, 정치적 의사소통을 나누는 준거집단이 유사한 정치적 선호를 지닌 이들로 구성될수록 제17대와 제18대 대통령선거에서 동일한 정당이 추천한 후보에게 투표할 가능성이 높다. 문재인 후보와 같이 민주당의 추천을 받은 경남지역 출신 후보의 등장은 다른 지역 유권자들에 비해 경남지역 유권자들에게 서로 다른 후보를 지지하는 주변 사람들과 정치적 의견을 나눌 가능성을 높인 것이라 할 수 있다. 따라서 이 연구 결과는 경남지역 유권자들의 특수성이 지지후보의 안정성에 미치는 효과를 통제한 이후 정치사회화의 영향력을 검증하고자 하는 것이다. 둘째, 정치참여 빈도가 높은 유권자일수록 동일한 정당 후보를 지속적으로 지지하는 경향이 강할 것이다. 일반적으로 정치사회화를 통해 정치적 태도의 일관성이 강하게 형성된 유권자일수록 정치적 토론 및 의견 표출과 같은 정치적 참여의 빈도가 강한 것으로 알려졌다(Almond & Verba, 1963). 이는 정치참여 빈도가 높을수록 일관된 정치적 태도를 형성할 가능성이 높고 그 결과 동일한 정당 후보를 지속적으로 지지하는 경향이 나타날 것임을 의미한다.

이 글의 구성은 다음과 같다. 우선 정치사회화에 관한 이론적 논의를 검토함으로써 한국 유권자의 투표행태를 분석하는 데 활용하기 위한 개념적 변용을 논의한다. 다음으로 정치사회화와 유권자의 투표행태의 안정성에 관한 경험적 가설을 수립하고 설문조사 자료를 이용하여 가설을 검증한다. 이 연구에 이용된 자료는 서울대 한국정치연구소와 한국리서치가 공동주관하고 전국 만 19세 이상 1,200명의 성인남녀를 대상으로 대선 직후인 2012년 12월 31일부터 2013년 1월 16일까지 17일 동안 대면면접 방법으로 이루어진 '정치와 민주주의에 관한 의식 조사'이다. 마지막으로 결론을 제시한다.

2. 정치사회화와 후보자 지지결정의 안정성

정치사회화는 특정 사회가 자신들의 정치문화(*political culture*)를 세대를 통해 전승하는 것으로 정의된다(Langton, 1967: 4). 이러한 정의는 정치문화라는 개념이 지닌 내용적 포괄성을 고려할 때 정치사회화 역시 다양한 측면을 중심으로 논의가 가능함을 함의한다. 정치학 영역에서는 특히 정치사회화를 당파성(*partisanship*)의 전승에 초점을 두고 논의를 진행해왔다. 1960년대 캠벨과 그의 동료들(Campbell *et al.*, 1960)이 유권자의 정당일체감은 부모의 정치적 태도가 자식에게로 전승되는 정치사회화 과정을 통해 형성, 발전된다는 주장을 제기한 이래 정치사회화 과정은 성인 이후 정치적 태도를 결정하는 중요한 개념으로 간주되고 있다.

개별 유권자의 당파성 형성과 관련된 이와 같은 정치사회화 개념을 한국 유권자의 투표행태 분석에 활용하기 위해 세 가지 측면을 중심으로 논의를 세분화하도록 하겠다. 첫째, 정치사회화가 이루어지는 과정이다. 캠벨과 그의 동료들(Campbell et al., 1960)의 논의에서 알 수 있듯이 정치사회화는 부모로부터 자식에게로 정치적 태도가 전승되는 과정에 주목한다. 성인이 된 이후 개별유권자가 지니게 되는 정치적 태도는 어린 시절 부모의 정치적 태도가 전승된 것이라는 주장이다. 이러한 주장은 사실 자식에게로 전승이 가능할 정도로 부모가 확고한 정치적 태도를 지니고 있다는 가정에 근거한다. 그리고 이러한 가정은 성숙한 정당정치가 발전한 서구 사회에서는 논리적으로 무리가 없어 보인다. 그러나 한국 사회의 정당정치 발전 역사를 고려할 때 이와 같은 가정에 따라 논의를 진전하기 어려워 보인다. 한국 정당들이 성숙된 조직을 지니고 유권자를 동원할 뿐 아니라 국정에 참여함으로써 자신의 정책적 입장을 공공정책으로 실현하는 것과 같은 정당 본연의 기능을 수행한 역사가 상대적으로 짧은 것이다. 1987년 민주화 이후 각 정당들이 정책적 대안으로서 기능하기 시작하였음을 고려할 때 1980년대 후반에 부모세대였던 이들이 특정 정당의 정책적 태도를 이해할 뿐 아니라 그에 대해 확고한 유대감을 지녔을 것으로 보기 힘든 것이다. 따라서 한국 유권자들의 당파성 형성에 기여한 정치사회화는 부모의 일관된 정책적 태도가 자식에게로 전승되는 과정을 중심으로 논의하기 어려울 것으로 보인다. 이와 관련하여 정치사회화를 통한 당파성 형성은 부모 이외에도 가정, 동세대의 경험, 이웃뿐만 아니라 정규교육과정을 통해서도 이루어진다는 주장에 주목할 필요가 있다(Miller & Shanks, 1996; Niemi & Junn, 1998; Gimpel et al., 2003; Campbell, 2006). 시어스(Sears, 1975:

125)는 이를 부모나 가족 이외의 인물 및 집단이 정치사회화 과정에 미치는 영향력(*extrafamilial influence*)으로 개념화한다. 그에 따르면 이러한 가족 외적 영향력에 따른 정치사회화 과정은 집단규범(*group norm*) 및 사회집단에 대한 정체성과 관련된 의사소통이 중심을 이룬다(Sears, 1975). 다시 말해 준거집단(*reference group*)과의 의사소통이 정치사회화 과정의 핵심인 것이다.

둘째, 정치사회화의 시기에 관한 논의다. 일반적으로 정치사회화는 어린 시절에 이루어진다는 데 동의가 있다. 예를 들어 미국을 포함하여 영국, 독일 등 서구 선진국의 정치사회화에 관한 다수의 연구는 개별 유권자의 당파성 형성이 12살 이전에 이루어짐을 보여준다(Greenstein, 1965: 73, Inglehart, 1971). 그러나 다른 한편으로는 정치사회화가 어린 시절에 끝나는 것이 아니라는 주장도 제기된다. 예를 들어 프랑스나 이탈리아와 같이 정당이 내적으로 분열되었을 뿐 아니라 다수의 정당이 경합하는 사회에서는 다른 나라에 비해 당파성의 형성이 늦다는 결과가 존재한다(Abramson & Inglehart, 1970). 성숙한 정당정치의 경험이 짧은 한국 사회 역시 어린 시기에 일관된 당파성을 형성할 수 있는 정치사회화를 경험했다고 보기 힘들다. 정당들이 서로 차별성을 드러낼 정도로 정책적 입장을 마련한 시기도 길지 않을 뿐 아니라 창당과 분당 및 해체를 반복하면서 장기간에 걸친 유대감을 발전시키기 힘들었던 것이다. 따라서 한국 유권자들은 미국이나 영국 등의 사례와 달리 정치사회화가 어린 시절에 이루어지고 끝나는 것이 아니라 나이가 들어가면서도 지속적으로 이루어질 가능성이 높다고 이해하는 것이 타당할 것 같다.

셋째, 정치사회화에 따른 당파성의 지속성과 변화가능성에 대한 논의다. 부모로부터 전승된 당파성이 지속적이라는 것은 부모와 자식 사이에 유사한 당파성을 관찰할 수 있음을 의미한다. 루이스벡과 그의 동료들은(Lewis-Beck *et al.*, 2009) 최근 연구를 통해 50년 전에 목격되던 부모와 자식 사이의 당파적 유사성이 현재 미국 사회에서도 목격된다는 결과를 보여준다. 이는 유권자의 당파성 또는 정당일체감은 어린 시절에 형성되기 시작할 뿐 아니라 상당히 지속성이 있다는 주장(Jennings & Niemi, 1974)이 여전히 지지되고 있음을 의미한다. 그러나 부모와 자식 사이에 관찰되는 당파적 유사성도 정치사회화 과정에 따라 달라질 수 있다. 부모가 일관되지 못한 당파적 암시(*mixed partisan cues*)를 전달하는 경우 특정 정당에 대한 당파성을 지니기보다는 무당파로 남을 가능성이 높다(Lewis-Beck *et al.*, 2009: 139). 니에미(Niemi, 1973; 1974) 역시 부모로부터 정치적 태도를 전승받은 경우에도 성인이 된 후 전적으로 부모와 유사한 당파성을 유지하는 것은 아니라는 주장을 제기한다. 따라서 어린 시절 형성된 개별 유권자의 당파성은 지속적인 경우도 있으나 인생 전체에 걸쳐 몇 차례 중요한 시점에서 변화할 수 있다는 것이다(Sears, 1975: 96). 한국 유권자는 특히 부모세대의 당파적 일관성이 낮기 때문에 그만큼 성인 이후에도 무당파로 남아있거나 특정 정당에 대한 당파성을 형성하기 위한 정치사회화 과정이 장기간에 걸쳐 이루어질 가능성이 높다고 볼 수 있다.

위와 같은 이론적 논의에 따를 때, 이 연구는 정치사회화를 '부모의 정치적 태도가 자식에게로 전승되는 과정'이 아니라 '준거집단과의 정치적 의사소통' 과정으로 정의하고자 한다. 이는 한국의 정당들이 정책적 대안으로 기능하기 시작한 경험이 짧기 때문에 일관된 정치적 태도를 자식에게 전승할 정도로 특정 정당에 대해 충분한 정치적 유대감을 형성한 부모세대를 가정하기 어렵다는 점을 고려한 것이다. 또한 지역 중심적 투표행태가 지배적이었던 경험을 생각할 때 한국 유권자의 당파성은 부모 이외에도 동일한 지역 내에 거주하는 주변 사람들의 정치적 선호가 중요한 영향을 미쳤을 가능성을 내포한다. 흥미로운 점은 개별유권자 사이에 관찰되는 준거집단과의 정치적 의사소통의 상이성이다. 예를 들어 일부 유권자는 유사한 정치적 선호를 지닌 구성원으로 이루어진 준거집단을 지닐 수 있는 반면 또 다른 유권자는 준거집단의 구성원이 서로 상이한 정치적 선호를 지닐 수도 있다. 이 경우 전자의 유권자 집단은 유사한 정치적 선호의 축적을 경험하게 되는 반면, 후자의 유권자 집단은 상이한 정치적 선호에 노출되면서 특정한 정당에 대한 지지를 유지하기보다는 기존의 지지정당에 대해 의심을 품거나 그 지지의 강도가 낮아질 가능성이 높은 것이다. 따라서 정치적 의견을 교환하는 준거집단의 구성 유형에 따라 특정 정당 후보에 대한 지지의 안정성이 달라질 것으로 보인다. 이러한 논의는 다음과 같은 경험적 가설이 가능함을 의미한다.

> H1(정치사회화와 지지후보 결정의 안정성) : 개별 유권자를 비교할 때, 정치적 선호가 동질적인 주변사람들과 정치, 사회적 이슈에 대해 의견을 교환하는 유권자는 그렇지 않은 유권자에 비해 지지정당을 변경하지 않는 경향이 강할 것이다.

정치적 의사소통을 통한 정치사회화에 대한 논의는 의사소통의 경험이 정치참여로 확대될 수 있다는 점을 고려할 필요가 있다. 알몬드와 버바(Almond & Verba, 1963)에 따르면, 성인 이전의 시기에 정치, 사회적 주제를 가지고 이루어진 토론과 토의를 기억하는 이들은 성인이 되어서도 높은 수준의 정치적 효능감(political efficacy)을 지닐 뿐 아니라 어린 시절 습득된 토론기술로 인해 학교 이외의 장(場)에서 발생하는 정치적 토론에 기꺼이 참여하는 경향이 강함을 보여준다. 코노버와 시어

링 (Conover & Searing, 2000) 역시 정치적 토론과 같은 적극적인 습득과정은 정보의 이전 (*transmission of information*) 을 가능하게 하며 그 결과 학생들의 정치지식에 대한 이해도를 높일 수 있다고 주장한다. 이러한 논의는 정치사회화의 경험과 정치참여 사이에 긍정적인 연관성이 존재함을 의미한다. 따라서 정치참여의 빈도가 높은 유권자는 강한 정치사회화 과정을 경험했을 가능성이 높다는 점을 의미하며 그에 따라 특정 정당의 후보를 지지하는 안정성이 높을 것이라 예상할 수 있다. 이에 근거하여 다음과 같은 경험적 가설을 수립할 수 있다.

H2 (정치참여와 지지후보 결정의 안정성) : 개별 유권자를 비교할 때, 정치적 의견 표출과 같은 형태의 정치적 참여도가 높을수록 그렇지 않은 유권자에 비해 지지정당을 변경하지 않는 경향이 강할 것이다.

3. 경험적 분석 : 대선 지지후보 결정의 안정성

1) 데이터와 변수

앞에서 제시된 두 가지 가설을 검증하기 위해 이 연구는 서울대 한국정치연구소와 한국리서치가 공동주관하고 전국 만 19세 이상 성인남녀를 대상으로 '정치와 민주주의에 관한 의식 조사'를 대면면접조사 방법을 사용하여 2012년 12월 31일부터 2013년 1월 16일까지 17일 동안에 걸쳐 시행된 설문조사 자료를 이용하였다.4 설문조사 자료에 따르면

---

4 2012년 8월 주민등록인구현황에 따라 성별, 연령별, 지역별 비례할당 후 무작위표본추출 기법을 이용한 본 설문조사의 유효표본 수효는 1,200명에 해당하였으며 표준오차는 95% 신뢰수준에서 ±2.8%였다.

2012년 대선에서 박근혜 후보를 찍은 유권자는 586명(55.1%), 문재인 후보를 찍은 유권자는 460명(43.2%)이었다. 이는 대선 직후 중앙선관 위의 각 후보별 득표율 보도 자료와 비교할 때, 박근혜 후보를 찍었다 는 유권자가 약 3.5% 과다대표되고 있으며, 문재인 후보를 찍은 유권 자가 4.8%정도 과소대표되고 있는 것이다.[5] 그러나 후보자들의 실제 득표율과 설문조사 결과 사이의 수치상의 차이가 크지 않을 뿐 아니라 실제 당선결과와도 부합한다는 점에서 설문조사 자료를 분석함으로써 제18대 대선결과를 추론할 경우 심각한 오류가 발생하지 않을 것으로 생각된다.

　이 연구의 종속변수는 개별유권자가 2007년 대선과 2012년 대선에서 후보자를 추천한 정당에 대한 지지를 변경하였는가의 여부다. 이와 같 은 유권자의 후보자 추천 정당에 대한 지지변경 여부를 측정하기 위해 두 가지 대안적인 지표를 생각해볼 수 있다. 하나는 2007년 대선에서 투표한 후보자 추천 정당과 2012년 대선에서 투표한 후보자 추천 정당 을 비교하는 것이다. 이러한 비교는 동일한 선거제도를 통해 동일한 직 위에 대한 투표행태를 시기적으로 비교할 수 있다는 점에서 장점을 지 닌다. 그러나 한편으로는 한국 정당정치의 미성숙, 정당조직의 불연속 성 등을 고려할 때 과연 5년이라는 상대적으로 긴 시간 동안 한국 유권 자들이 두 선거시기의 정당을 동일한 정당으로 간주한다고 볼 수 있는

---

5 중앙선거관리위원회의 보도자료에 따르면 제18대 대선의 최종투표율은 전체 선거인 4,500만 7,842명 가운데 3,072만 1,459이 투표하여 75.8%를 기록했으며, 박근 혜 당선자은 1,577만 3,128표를 득표하여 51.55%의 최종득표율을 기록했고, 문재 인 후보는 1,469만 2,632표를 득표하여 최종득표율은 48.02%를 기록했다. 그 밖에 무소속 강지원 후보 0.17%(5만 3,303표), 무소속 김순자 후보 0.15%(4만 6,017 표), 무소속 김소연 후보 0.05%(1만 6,687표), 무소속 박종선 후보는 0.04%(1만 2,854표) 순으로 득표했다. (중앙선관위 12월 20일 자 보도자료: http://www.nec. go.kr/nec_new2009/BoardCotBySeq.do 방문일시: 2013년 1월 4일)

가라는 문제점이 있다. 특히 새누리당은 2012년 2월 기존의 당명을 개정하였을 뿐 아니라 제18대 대선과정 내내 이명박 대통령과의 거리를 유지하고자 하였다는 점에서 더욱 그러하다. 또한 앞에서 논의하였듯이 어린 시절 부모로부터의 전승을 통해 지속적인 성격을 지닌 정치적 태도의 형성이라기보다 준거집단(reference group)에 속하는 주변사람들을 통해 일관된 정치적 태도를 형성해가고 있는 양상을 통해 한국 사회의 정치사회화 과정을 이해한다는 점에서 5년이라는 장기간 동안 일정한 정치적 태도를 유지하고 있는지를 검증하는 것이 타당할 것인가의 문제점 역시 제기될 수 있다.

다른 하나의 방식은 2012년 4월 총선에서 비례대표정당에 대한 투표와 2012년 12월 대선에서 투표한 후보자를 추천한 정당과의 연속성을 비교할 수 있다. 1년이 되지 않는 비교적 짧은 시간으로 인해 총선과 대선에서 경쟁한 정당들이 두 선거를 통해 동일하게 간주된다는 점에서 유권자의 지지정당 또는 후보의 안정성을 측정하기에 유용한 지표라 할 수 있다. 그러나 총선의 경우 유권자가 지역구 후보뿐만 아니라 비례대표정당에게 두 표를 행사하는 과정에서 전략적 투표의 가능성이 존재한다. 만일 2012년 총선에서 이러한 전략적 투표가 상당한 비중을 차지한다면 두 선거에 걸쳐 동일한 정당에게 투표가 이루어졌다고 할지라도 그러한 행태가 유권자의 진정선호(sincere preference)에 따른 것이라고 보기 힘들 뿐만 아니라 그 결과 유권자의 지지후보 결정의 안정성을 검증하는 데 용이하지 않을 것으로 보인다.

두 가지 측정 지표가 지닌 이러한 장단점을 고려할 때, 이 연구에서는 첫 번째 지표를 이용하고자 한다. 우선, 이 연구의 초점이 정치사회화가 개별유권자의 지지후보 결정에 미치는 안정성이라는 점에서 상대적으로 장기간에 걸친 유권자의 행태를 비교하는 것이 더욱 타당할 것으로 보이기 때문이다. 만일 한국 유권자들이 준거집단을 통해 겪는 정치사회화가 장기간에 걸친 정치적 태도의 안정성에 기여하는 경우 정치사회화를 한국 유권자의 투표행태 변화에 영향을 미치는 또 하나의 요인으로 제시하고자 하는 이 연구의 목적에 더욱 부합할 것으로 보인다. 둘째, 2012년 4월 총선과 12월 대선을 비교하면 2012년 4월 총선의 지지정당에 대하여 응답한 유권자가 너무 적어 신뢰할 만한 분석을 하기 힘들었다. 2007년과 2012년 두 차례의 대선을 비교하면 설문조사에 응답한 총 1,200명의 유권자 가운데 두 차례의 대선을 통해 새누리당 또는 민주당이 추천한 대통령 후보 가운데 한 명의 후보에게 두 차례 모두 투표한 유권자는 총 672명이었다. 나머지 528명은 두 선거에서 제3당의 후보나 무소속 후보에게 투표하였다. 이에 반해 2012년 4월 총선과 2012년 12월 대선을 비교하면 두 차례의 선거에서 새누리당 또는 민주당이나 후보에게 두 차례 모두 투표한 유권자는 322명에 지나지 않았다. 특히 2012년 4월 총선에서 투표하지 않았거나 어느 정당에 투표했는지 기억나지 않는다고 대답한 응답자가 전체 1,200명 가운데 34%인 412명에 달하였다. 이와 같은 두 가지 측면에서 이 연구는 유권자의 지지정당에 대한 안정성을 측정하기 위해 제17대 대선과 제18대 대선에서의 투표기록을 이용하기로 한다.

두 차례의 대선을 비교할 때 새누리당과 민주당이 추천한 후보에게 투표한 672명 가운데 2007년 대선과 2012년 대선에서 동일한 정당이 추천한 후보에게 투표한 유권자는 554명(82. 4%)이었으며, 나머지 118명 (17. 6%)은 두 차례의 대선에서 서로 다른 정당이 추천한 후보에게 투표하였다. 이 연구의 종속변수는 두 번의 대선에서 동일한 정당이 추천한 후보에게 투표한 유권자를 1로, 서로 다른 정당이 추천한 후보에게 투표한 유권자를 0으로 코딩한 이항변수(binary variable)를 사용하였다.

이 연구의 핵심 독립변수는 개별유권자들의 정치사회화의 강도를 측정한 지표다. 이 연구는 한국 정당정치의 역사를 고려함으로써 정치사회화를 '부모로부터 자식으로의 전승'이라는 측면보다는 '준거집단과의 의사소통'에서 찾고자 하였음을 이미 설명하였다. 여기서는 한국 유권자들의 정치사회화를 '준거집단(reference group)과의 의사소통'을 통해 측정하기 위해 두 단계의 절차를 따르기로 한다. 우선, 한국 유권자가 준거집단을 통한 정치사회화가 이루어지기 위한 조건이 마련되어 있는가를 살펴본다. 이는 준거집단을 통한 정치사회화를 위해서는 선행조건으로서 평소 정치, 사회적 안건에 대해 이야기를 자주 나눌 수 있는 사람들이 주변에 있어야 할 필요성이 제기되기 때문이다. 이를 위해 이 연구에서는 평소에 정치, 사회적 사안에 대해 이야기를 나누는 사람들이 누구인지, 그리고 얼마나 빈번히 이야기를 나누는지를 살펴보았다. 우선 〈표 8-1〉은 응답자가 대선에 관해 이야기를 나눈 네 명의 사람들과 어떤 관계에 놓여있는지를 보여준다. 한국 유권자들은 대선에 관해 친구 또는 동창과 이야기를 나눈 비율이 가장 높았으며, 이웃, 직장동료, 배우자가 순차적으로 높은 비율을 차지하였다. 이는 서구의 정치사회화 논리와 달리 부모와 자녀에 의한 정치사회화가 이루어지기보다는 자신의 준거집단(reference group)과의 정치적 사안에 대한 의견을 교환하면서 정치사회화가 이루어지는 경향이 있음을 보여준다.

다음으로 〈그림 8-1〉은 평소 정치적 사안에 대해 주변 사람들과 이야기를 나누는 빈도에 관한 응답자 분포를 보여준다.6 〈그림 8-1〉은 주위사람들과 정치와 사회적 이슈에 대해 전혀 이야기를 나누지 않는

---

6 이를 위해 설문조사 자료의 문항 5에 해당하는 "귀하께서는 일반적으로 선거나 정치적 사안에 대해 주위 사람들과 얼마나 자주 이야기하십니까?"라는 문항에 대한 응답자 분포를 이용하였다.

다고 응답한 유권자는 24%이고, 나머지 76%에 해당하는 유권자는 가끔씩이라도 주위사람들과 정치, 사회적 이슈에 대해 이야기를 나누고 있음을 보여준다.

다음으로 제18대 대선과 관련한 이야기를 나눈 주변 사람들의 수효를 살펴보면,[7] 누구와도 대선에 관한 이야기를 나눈 적이 없다고 응답한 사람은 84명으로 전체 7% 정도만을 차지했다. 반면, 4명 이상의 사

〈표 8-1〉 응답자와 대선에 관해 이야기를 나눈 주변사람들과의 관계

(단위: %)

관계	배우자	부모	형제/자매	자녀	친척	직장동료	교회/친목회	이웃	친구/동창
비율	13.4	6.7	6.8	4.1	3.1	15.6	3.2	17.7	29.3

〈그림 8-1〉 정치적 사안에 대해 이야기하는 빈도

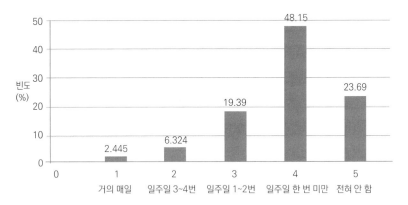

---

7 이를 위해 설문조사 자료의 문항 34에 해당하는 "귀하는 지난 6개월 동안 이번 대통령선거와 관련해 주로 이야기를 나눈 사람이 있습니까? 있다면 몇 명이나 되십니까?"라는 문항에 대한 응답자 분포를 이용하였다.

람들과 대통령선거와 관련해 이야기를 나누었다고 응답한 사람들도 74%에 해당하였다. 이는 대통령선거라는 정치적 장(場)이 형성되면서 평소에 정치적 이슈에 대해 이야기를 나누지 않던 사람들도 정치현상에 좀더 관심을 기울이게 됨을 함의하는 것으로 보인다. 앞에서와 같이 두 가지 지표의 응답자 분포를 고려할 때 이번 대통령선거와 관련해서뿐만 아니라 평소에도 정치, 사회적 이슈에 관해 주변 사람과 빈번히 이야기를 나누는 한국 유권자의 비율은 대략 74%에서 76% 정도라고 추정해볼 수 있겠다. 이는 한국 유권자들이 평소 준거집단(reference group)을 통해 정치적 선호를 형성해갈 수 있는 환경이 조성되어 있음을 보여주는 것이라 하겠다.

이와 같이 정치, 사회적 안건에 대해 주변 사람들과 이야기를 나누는 현상이 관찰되는 조건에서 두 번째 단계에서는 의사소통의 내용적 측면을 중심으로 정치사회화 지표를 마련하는 것이다. 개별유권자의 정치사회화는 주변사람과 빈번히 정치, 사회적 사안에 대해 이야기를 나누는 것만으로 도움이 되지 않는다. 오히려 유사한 정치적 선호를 공유하는 이들과 그러한 의견 교환이 이루어졌는가에 따라 정치사회화의 강도는 달라질 것으로 볼 수 있다. 다시 말해 유사한 정치적 선호를 지닌 이들과 더 빈번한 의견 교류과정을 지닌 유권자일수록 안정적이고 지속적인 정치적 성향을 지닐 수 있는 것이다. 따라서 이 연구는 주요 독립변수 가운데 하나인 정치사회화 지표를 만들기 위해 "지난 6개월 동안 대선에 관해 이야기를 나눈 네 명의 상대까지의 대상에 대해 그들이 이번 대선에서 선택하였을 것으로 예상하는 후보가 누구라고 생각하십니까?"라는 설문문항을 이용하였다. 이는 대선에 관해 이야기를 나눈 사람들이 동일한 후보를 선택했을수록 유사한 정치적 의견을 공유하는 이들과의 관계가 지속되었다는 가정 아래 대선에 관해 이야기를 나눈 네 명의 사람들 가운데 동일한 후보를 선택한 사람들의 수효를 통해 정치사회화 지표를 구성하기 위한 것이다. 따라서 정치사회화의 강도가 가장 강한 경우는 의견을 나눈 네 명의 사람들이 모두 동일한 후보를 선택한 경우로 2로 코딩하였고, 세 명이 동일한 후보를 선택한 경우를 그 다음인 1로 코딩하였으며, 마지막으로 두 명이 동일한 후보를 선택한 경우를 0으로 코딩하였다. 대화를 나눈 네 명의 사람들이 정확히 반반으로 갈린 경우를 정치사회화 강도가 가장 낮은 수준을 대표하도록 표준화(standardization)한 지표이다. 이와 같은 측정과정은 네 명 이상과 대선에 관해 이야기를 나눈 669명의 응답자 가운데 0으로 코딩된 가장 낮은 수준의 정치사회화는 117명의 응답자, 1로 코딩된 중간 수준의 정치사회화는 251명의 응답자, 2로 코딩된 높은 수준의 정치사회화는 301명의 응답자의 분포를 보였다.

〈표 8-2〉는 앞에서와 같이 측정된 정치사회화의 수준과 응답자의 수효가 매우 적은 제주 지역을 제외한 지역별 교차분석을 시도한 것이다. 〈표 8-2〉의 결과는 서울과 충청 및 강원 지역의 유권자의 정치사회화 수준이 다른 지역에 비해 낮은 것을 보여준다. 또한 제 18대 대선 결과에서 부산, 경남 지역에서의 문재인 후보 지지가 많았던 점을 고려할 때, 부산, 경남 지역이 다른 지역에 비해 정치사회화 수준이 가장 강한 유권자의 비율이 41%에 그치면서 서울과 충청, 강원을 제외하고는 전국적으로 가장 낮은 수준에 해당함을 보여준다. 그만큼 이번 대선에서 부산, 경남 지역 유권자들은 주변사람들로부터 서로 다른 성향의 정치적 태도를 접한 경험이 강하였음을 보여주는 것이다.

이 연구의 두 번째 가설을 검증하기 위한 정치활동을 측정하기 위하여 설문조사 자료에 총 9가지 유형의 정치활동에 대해 직접 경험한 적이 있는지를 묻는 설문문항을 이용하였다. 9가지 정치활동의 유형으로

<표 8-2> 정치사회화 수준에 따른 지역별 응답자 분포, 수효

(단위: %)

	정치사회화 수준			총합
	0	1	2	
서울	42 (26.1)	67 (41.6)	52 (32.3)	161 (100)
인천/경기	29 (16.6)	73 (41.7)	73 (41.7)	175 (100)
광주/전라	4 (7.6)	10 (18.9)	39 (73.6)	53 (100)
대구/경북	3 (3.8)	5 (6.3)	71 (89.9)	79 (100)
부산/울산/경남	18 (14.8)	54 (44.3)	50 (41.0)	122 (100)
대전/충청/강원	20 (27.4)	37 (50.7)	16 (21.9)	73 (100)
총합	116 (17.5)	246 (37.1)	301 (45.4)	663 (100)

는 '후보자나 정당의 홈페이지를 방문', '선거와 관련된 글, 사진, 동영상, 오디오 등을 인터넷으로 공유하거나 SNS로 리트윗한 경험', '블로그, 게시판, SNS 등을 통해 선거나 정치에 대한 토론에 참여', '인터넷에서 실시되는 여론조사나 투표, 서명운동, 기타 집단행동(온라인 리본/배너 달기, 추모, 관련 글 올리기 등)에 참여', '후보자 펀드나 선거비용 모금에 참여하거나 기부', '정당 행사나 정당의 후보자 경선 과정에 직접 참여하거나 모바일 투표에 참여', '민원이나 국회의원 접촉', '청원, 불매운동, 파업, 보이콧, 파업 동조 등에 참가', '집회나 시위에 참가'한 경험이 이용되었다. <표 8-3>은 이와 같은 9가지 정치활동에 참여한 빈도에 따른 유권자의 비율을 보여준다.

<표 8-3>에 따르면, 응답자의 75% 정도에 해당하는 891명이 단 한 유형의 정치활동에도 참여한 적이 없음을 보여준다. 한국 유권자들은 정치적 사안에 대한 의사소통을 통한 정치사회화 가능성이 상당히 높은 반면, 정치활동에 직접적으로 참여한 경험을 지닌 유권자는 상대적으로 낮음을 보여준다. 이 연구에 이용된 정치활동지표는 이러한 9가지 정치활동에 참여한 횟수를 합하여 9로 나눈 표준화지표를 이용하였다. 따라서 0부터 1 사이의 값에서 그 수치가 커질수록 정치활동에 적

<표 8-3> 정치활동 참여빈도 분포, 수효

(단위: %)

참여경험 빈도	0	1	2	3	4	5	6	7	8	9	총합
유권자수 (전체)	891 (74.6)	154 (12.9)	73 (6.1)	39 (3.3)	18 (1.5)	6 (0.5)	8 (0.7)	2 (0.2)	1 (0.1)	2 (0.2)	1,194 (100)
유권자수 (회귀분석)	323 (77.1)	49 (11.7)	23 (6.1)	11 (2.6)	5 (1.2)	2 (0.5)	4 (1.0)	1 (0.2)	1 (0.2)	0 (0.0)	419 (100)

극적으로 참여한 것을 의미한다.

이 연구의 두 가지 핵심가설과 관련된 위와 같은 독립변수 이외에 이 연구에서는 유권자들의 지지후보 결정의 안정성에 영향을 미칠 것으로 예상되는 몇 가지 인구통계학적 요인과 유권자의 이념, 유권자의 후보자 결정시기 등을 통제하였다. 인구통계학적 요인으로는 유권자의 성별, 나이, 소득수준, 거주지의 도시화 정도 및 거주지역을 통제하였다. 거주지의 도시화 정도를 나타내는 지표는 읍면단위를 1, 중소도시를 2, 대도시를 3으로 코딩하여 수치가 커질수록 도시화가 진행된 지역에 거주하고 있음을 의미한다. 일반적으로 여촌야도의 성향이 있었던 점을 고려할 때 거주지의 도시화 수준이 유권자의 투표행태의 안정성에 미칠 영향력을 통제한 것이다. 또한 다른 한편으로 정치사회화가 친구, 동창, 직장동료 등을 중심으로 이루어진다는 점을 고려할 때 이러한 도시화의 지표는 이들과의 관계형성을 위한 지리적 맥락을 제공할 것으로 보인다. 교차분석(cross tab) 결과 대도시에 거주할수록 높은 수준의 정치사회화가 이루어진 유권자의 비율이 높고, 읍면단위에 거주할수록 낮은 수준의 정치사회화가 이루어진 유권자의 비율이 높다는 유의미한 연관성(association)을 발견할 수 있었다.[8] 그러나 실질적으로

---

[8] 피어슨 카이제곱 검증 결과 유의확률 0.05하에서 통계학적으로 유의미한 연관성(association)이 관찰되었다.

도시화가 정치사회화에 긍정적 영향을 미칠지 아니면 부정적 영향을 미칠지는 명확하지 않다. 대도시에서 생활하면 친구나 동창을 만날 여유가 부족할 가능성이 높은 반면, 읍면단위의 소도시에서는 직장동료보다는 친구, 동창과 어울릴 가능성이 높기 때문이다. 따라서 이 연구에서는 도시화와 정치사회화 사이의 교호관계(interaction)의 효과를 검증하지는 않는다.

거주지역의 경우 강원, 충청, 제주지역을 비교기준(baseline)으로 삼고, 서울, 경기, 전라, 경남, 경북에 거주하는 유권자들의 영향력을 살펴보았다. 이는 전통적으로 지역이 유권자의 투표행태에 미치는 영향력을 통제하기 위한 것이다. 유권자의 이념적 성향은 진보를 대표하는 0부터 보수를 대표하는 10 사이의 연속변수로 측정되어 있는 것을 이념성향의 강약을 보여주는 지표로 만들기 위하여 중도를 대표하는 5를 기준으로 5에서부터 멀어질수록 이념적 성향이 강한 것으로 간주하였다. 이에 따라 중도를 0으로 하고 자신의 이념성향을 4 또는 6이라고 응답한 사람을 1, 3 또는 7이라고 응답한 사람을 2와 같은 방식으로 코딩하여 이념성향이 가장 강한 경우를 5로 재코딩하였다. 이러한 방식으로 재코딩한 이유는 진보와 보수의 구분과는 상관없이 이념적 성향이 강할수록 지지후보를 잘 변경하지 않을 것으로 예상되기 때문이다. 유권자의 후보자 결정시기를 통제한 이유 역시 유권자가 후보를 일찍 결정했을수록 후보자를 변경하지 않을 가능성이 높을 것으로 보이기 때문이다. 다시 말해 특정 정당을 안정적으로 지지해온 유권자일수록 선거일에 가까워지면서 각 후보진영이 제시하는 정책이나 기타 선거국면과 관련된 여러 요인들에 의해 영향을 받지 않고 기존의 정치적 성향에 따라 투표했을 가능성이 높은 것이다. 〈그림 8-2〉는 제 18대 대선과정에서 지지후보를 결정한 시기를 보여준다. 이번 대선에서 50%가 넘는 유

〈그림 8-2〉 제18대 대선과정에서 지지후보 결정시기

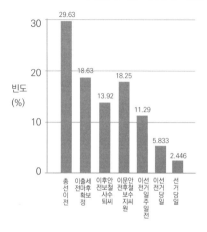
전체 응답자 분포 : 1,113명

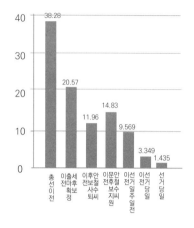
분석대상 응답자 분포 : 387명

권자들이 안철수 씨가 후보등록을 하지 않기로 결정한 11월 23일 이전에 지지후보를 이미 결정하였음을 보여준다. 회귀분석 대상에 포함된 응답자의 분포도 전체 응답자 분포와 매우 유사함을 알 수 있다. 단지 중위수에 해당하는 응답자가 세 후보의 출마가 확정되기 이전에 위치해 있어 전체 응답자의 분포와 비교할 때 총선 이전과 세 후보의 출마가 확정되기 이전에 지지후보를 결정했다는 응답자의 비율이 약간 과장되고 있으나 분석의 신뢰성을 저해할 정도로 큰 차이를 보이지는 않는다.

마지막으로 분석에 앞서 회귀분석의 대상 수효가 전체 설문대상 가운데 분석에 이용된 변수의 결측값으로 인해 800명 정도가 제외되는 과정에서 일정한 편향(bias)이 발생했을 가능성을 점검할 필요가 있다. 결측값의 발생에 분석자의 의도가 개입되지 않았음에도 불구하고 분석에 사용된 특정 변수의 응답자 분포가 지나치게 설문조사 응답자 전체의 분포와 불일치하는 경우 신뢰할 만한 추론 결과를 도출하기 힘들 것이

<표 8-4> 전체응답자와 분석대상의 변수별 분포상황 비교

변수	전체응답자	분석대상자
연령	평균: 45.2, 표준편차: 14.9	평균: 51.7, 표준편차: 12.2
성별	남녀비: 49.9 대 50.1	남녀비: 51.6 대 48.4
소득	평균: 4.04, 표준편차: 1.5	평균: 4.02, 표준편차: 1.5
도시화정도	평균: 2.3, 표준편차: 0.7	평균: 2.4, 표준편차: 0.7
서울거주자	20.7%	23.9%
경기거주자	28.8%	25.1%
전라거주자	10.3%	8.9%
경북거주자	10.4%	12.4%
경남거주자	15.9%	17.9%
이념강도	평균: 4.03, 표준편차: 0.98	평균: 3.92, 표준편차: 0.98

다. 이는 전체 응답자의 분포와 회귀분석에 이용된 변수의 응답자의 분포를 비교 검토할 필요성을 제기한다. 분석과정에서 가장 많은 결측값이 발생한 원인은 우선 이 연구가 지난 2007년 대선과 2012년 대선 모두에서 새누리당과 민주당이 추천한 후보 가운데 한 명의 후보에게 투표한 응답자만을 대상으로 하였기 때문이다. 이 과정에서 전체 응답자의 44%가 분석에서 제외되었다. 또한 정치사회화 지표를 구성하는 과정에서 또 다시 21%에 해당하는 253명의 응답자가 분석에서 제외되었다. 그 결과 최종적으로 분석에 고려된 모두 변수에 응답한 유권자의 수효는 387명만이 남게 되었다. <표 8-4>는 회귀분석에 이용된 변수를 중심으로 전체 응답자의 분포와 분석에 이용된 분포가 크게 다르지 않음을 보여준다. 따라서 약간의 차이에도 불구하고 분석 결과에 따른 추론에 큰 문제가 발생하지 않을 것으로 예상된다.

2) 분석결과

　〈표 8-5〉는 네 가지 모형에 대한 로지스틱 회귀분석 모형 분석결과를 보여준다. 첫 번째 모형은 인구통계학적 변수와 지지후보 결정시기 및 이념강도만을 중심으로 제 17대 대선과 제 18대 대선에서 후보자 추천 정당에 대한 지지변경 여부를 분석한 기본모형이다. 두 번째 모형은 가설 2에서 제시된 정치활동의 영향력을 검증하였으며, 세 번째 모형은 가설 1에서 제시된 정치사회화의 영향력을 검증하였다. 마지막 모형은 정치활동과 정치사회화의 영향력을 동시에 검증한 것이다. 분석대상의 수효가 총 응답자에 비해 상당히 낮은 387명으로 제한된 이유는 제 17대와 제 18대 두 차례의 대선에 걸쳐 새누리당 또는 민주당에게 투표한 유권자를 대상으로 할 뿐 아니라 정치사회화 지수를 구성하는 와중에 발생한 결측값(missing observation) 등으로 인한 것이다. 앞의 분석자료에 대한 설명에서 보였듯이 상대적으로 적은 수효의 분석대상임에도 불구하고 설문자료가 지닌 대표성을 상당히 유지한다는 점에서 분석결과를 통한 추론의 신뢰성에는 문제가 없을 것으로 보인다.

　〈표 8-5〉의 결과는 우선 전체적으로 기본모형에 비해 정치활동모형이나 정치사회화모형 각각이 제 17대 대선과 제 18대 대선에서 새누리당이나 민주당 추천 후보에게 투표한 유권자들의 후보자 추천 정당에 대한 지지변경 여부를 설명하는 데 통계학적으로 유의한 향상이 있었음을 보여준다. 기본모형과 정치활동모형의 설명력에 대한 로그우도비 검정(log-likelihood ratio test)을 시행한 결과 로그우도비 검정값(test statistic)[9] 4. 76은 자유도 1에서 유의수준 0. 05에 해당하는 카이제곱 검

---

[9] 로그우도비 검정값은 다음과 같이 계산된다. −2(기본모형의 로그우도값) + 2(대안모형

<표 8-5> 정치사회화와 지지후보 결정의 안정성에 관한 로짓모형 분석

지지후보 (변경=0, 유지=1)	기본모형		정치활동모형		정치사회화모형		통합모형	
	회귀계수	승산비	회귀계수	승산비	회귀계수	승산비	회귀계수	승산비
연령	0.07 (0.02)**	1.07	0.07 (0.02)**	1.07	0.07 (0.02)**	1.07	0.07 (0.02)**	1.08
성별	0.28 (0.30)	1.32	0.26 (0.31)	1.30	0.32 (0.31)	1.37	0.30 (0.31)	1.35
소득	0.13 (0.13)	1.13	0.11 (0.13)	1.12	0.16 (0.13)	1.18	0.15 (0.14)	1.16
도시화정도	0.73 (0.28)**	2.08	0.74 (0.28)**	2.10	0.78 (0.29)**	2.17	0.80 (0.29)**	2.22
후보결정시기	−0.30 (0.09)**	0.74	−0.33 (0.10)**	0.72	−0.27 (0.10)**	0.77	−0.30 (0.10)**	0.74
서울	−1.27 (0.61)**	0.28	−1.23 (0.62)**	0.29	−1.40 (0.62)**	0.25	−1.37 (0.63)**	0.26
인천/경기	−0.70 (0.55)	0.50	−0.86 (0.57)	0.42	−0.75 (0.56)	0.47	−0.91 (0.58)	0.40
광주/전라	−0.60 (0.65)	0.55	−0.60 (0.66)	0.55	−0.95 (0.67)	0.39	−0.96 (0.69)	0.38
대구/경북	0.91 (0.90)	2.49	0.80 (0.90)	2.21	0.32 (0.93)	1.37	0.18 (0.93)	1.20
부산/울산/경남	−1.34 (0.56)**	0.26	−1.46 (0.57)**	0.23	−1.63 (0.58)**	0.20	−1.76 (0.59)**	0.17
이념	0.18 (0.13)	1.20	0.18 (0.14)	1.20	0.18 (0.14)	1.19	0.17 (0.14)	1.19
정치참여지수			3.22 (1.64)*	24.91			3.51 (1.74)**	33.55
정치사회화지수					0.66 (0.23)**	1.93	0.68 (0.23)**	1.97
상수	−2.56 (1.39)*		−2.74 (1.42)*		−3.65 (1.47)**		−3.88 (1.51)**	
분석대상 로그우도	387 −145.65		387 −143.27		387 −141.33		387 −138.74	

주 : * $p < 0.1$, ** $p < 0.05$

의 로그우도값) = -2* (−145.65) + 2* (−143.27) = 4.76

정값(*critical value*)은 3.84보다 큰 값으로 통계학적으로 유의미한 설명력의 향상이 있음을 보여주었다. 유사하게 기본모형과 정치사회화 모형의 설명력을 비교한 경우에도 로그우도비 검정값은 8.64로 정치사회화 모형의 설명력이 높음을 보여주었으며, 정치사회화모형과 통합모형을 비교했을 때도 로그우도비 검정값 5.18은 통합모형의 설명력이 높음을 보여주었다.

〈표 8-5〉는 또한 이 연구의 두 가지 가설을 지지하는 결과를 보여준다. 우선 가설 2의 정치참여활동이 대선 후보자 추천 정당에 대한 지지 변경에 영향을 미쳤는가를 검증한 정치활동모형을 살펴보자. 정치활동모형 분석 결과는 기본모형에서 유권자의 인구통계학적 변수 및 이념, 후보자 결정시기가 지닌 통계학적 유의미성을 유지한 채 9가지 유형의 정치활동에 참여한 빈도로 구성된 정치참여지수가 통계학적 유의한 영향력을 지니고 있음을 보여준다. 정치참여지수가 지닌 정(+)의 회귀계수 값은 정치참여의 빈도가 증가할수록 제17대 대선과 제18대 대선에서 후보자를 추천한 정당에 대한 지지를 변경하지 않을 가능성이 높음을 보여준다. 유년시절의 정치사회화의 경험이 정치참여로 이어질 뿐 아니라 적극적인 정치참여가 이루어질수록 특정 정당에 대한 지지가 안정적으로 이루어진다는 점을 의미한다. 정치참여의 빈도가 유권자의 투표행태에 미치는 이와 같은 영향력은 통합모형에서 정치사회화가 유권자의 투표행태에 미치는 영향력을 고려할 때도 유의미한 것을 보여준다.

가설 1에서 제시한 정치사회화가 유권자의 투표행태에 미치는 영향을 살펴보면, 〈표 8-5〉의 정치사회화모형에서 정치사회화지수는 통계학적으로 유의미한 정(+)의 영향력을 지님을 알 수 있다. 이는 유권자가 경험한 정치사회화의 강도가 강할수록 제17대 대선과 제18대 대선에서 후보자를 추천한 정당에 대한 지지를 변경하지 않을 가능성이 높음을 의미한다. 앞에서 언급하였듯이 정치사회화의 강도를 측정하기 위해 이 연구는 지난 6개월 동안 대선에 대해 이야기를 나눈 사람들 가운데 동일한 후보를 선택한 사람들의 수효를 이용하였다. 따라서 이번 대선에서 동일한 정치적 선호를 지닌 더 많은 사람들과 이야기를 나누었을수록 두 차례의 대선과정에서 후보자 추천 정당에 대한 지지를 변경하지 않는 경향이 강하였음을 의미한다. 이러한 결과는 한국 사회의 정치사회화 과정이 특정 정당에 대한 안정적 지지를 이끌어내는 데 순기능을 하고 있음을 함의하는 것이다.

두 가지 핵심가설과 관련된 앞에서와 같은 분석결과 이외에도 이 연구결과는 연령이 증가함에 따라 두 차례에 걸친 대선과정에서 후보자 추천 정당에 대한 지지를 변경하지 않는 경향이 강하다는 사실을 보여준다. 이는 연령에 따라 지지후보나 정당을 변경하지 않는 보수적 성향이 강화된다는 일반적 주장을 뒷받침한다. 또한 도시화 정도의 경우 정 (+)의 회귀계수는 도시화가 진행된 지역에 거주할수록 지지후보를 변경하지 않는 경향이 강함을 보여준다. 인구수를 기준으로 읍·면 지역과 중소도시, 대도시로 구분한 이러한 지표가 보이는 영향력에 대해서는 명확한 논리를 제시하기 힘들다. 특히 농촌 지역의 유권자들이 지난 시절 집권여당에 대한 지속적이고 안정적인 지지를 보냈던 점을 감안할 때 유권자 거주지역의 도시화 수준이 후보에 대한 지지안정화에 긍정적인 기여를 하고 있다는 이와 같은 결과는 오히려 예상치 못한 결과라 할 수 있다. 따라서 추후 유권자 거주지의 도시화 수준을 이 연구에서와 같이 응답자의 응답에 기초한 주관적 지표가 아닌 응답자의 거주지 주소와 같은 객관적인 정보를 이용하여 추가적으로 검증해볼 필요가 있을 것으로 보인다.

마지막으로 또 다른 통제변수인 후보자 결정시기가 보이는 영향력도 예측에 부합하였다. 대선과정에서 일찍 후보자를 결정한 유권자일수록 두 선거에 걸쳐 후보자 추천 정당에 대한 지지를 변경하지 않을 가능성이 높음을 보여주는 것이다. 이는 특정 정당에 대한 지지가 강한 유권자일수록 선거 시기 단기간에 이루어지는 캠페인이 미칠 영향력이 적다는 것을 보여준다. 마지막으로 유권자의 출신지역을 통제한 변수 가운데 경남지역 유권자의 정 (+) 의 회귀계수는 제 18대 대선과정에 두드러진 경남지역 유권자들이 그렇지 않은 유권자에 비해 지지후보를 변경했을 가능성이 높음을 보여준다. 그러나 이와 관련하여 다시 한 번 주의를 기울여야 할 결과는 제 17대 대선과 제 18대 대선 과정에서 나타난 경남지역 유권자들의 이와 같은 유의미한 행태를 통제한 이후에도 정치사회화와 정치참여가 유권자의 지지후보 결정의 안정성에 미치는 영향력은 유의미했다는 점이다.

로짓모형 분석 결과인 〈표 8-5〉의 결과에 대한 해석은 각 변수가 후보지지 결정의 안정성에 미치는 영향력을 지지를 변경하지 않을 확률과 변경할 확률 사이의 승산비 (*odds ratio*) 에 의존할 수밖에 없기 때문에 구체적으로 각 변수가 미치는 영향력을 설명하기는 힘들다. 따라서 몇 가지 조건을 통제한 후 정치사회화 수준이 지지후보를 변경하지 않을 확률에 어떤 변화를 가져오는지를 정치사회화의 수준이 연속적 (*continuous*) 으로 변화할 수 있다는 가정 아래 살펴보았다. 즉, 서울에 거주하며 비교적 선거일에 근접한 선거 일주일 이전에 후보를 결정한 월 평균 300∼400만 원 사이를 버는 약한 이념적 지향을 지녔으며 한 번 정도의 정치참여활동을 한 적이 있는 30세와 55세 남성을 상정하였다. 이는 제 18대 대선을 통해 2030세대와 50대 이상의 세대의 투표행태의 차이 및 중도적 성향의 유권자, 후보자를 일찍 결정하지 않은 유권자 등에 대한 관심을 반영한 것이다. 〈그림 8-3〉은 이들 가상의 30세와 55세 남성이 정치사

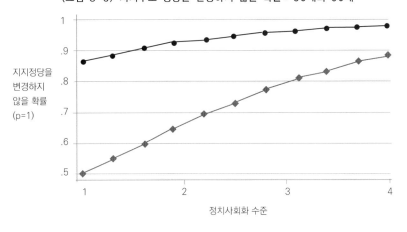
〈그림 8-3〉 지지후보 정당을 변경하지 않을 확률 : 30대와 50대

회화에 따라 후보지지를 변경하지 않을 확률의 변화를 보여준다.

〈그림 8-3〉에서 마름모 모양의 점을 이은 아래쪽 선은 정치사회화가 이루어지면서 30세의 남성이 제 17대와 제 18대 대선에서 지지한 후보의 정당을 변경하지 않았을 확률의 변화를 보여준다. 위쪽 선은 55세의 남성이 동일한 조건에서 지지한 후보의 정당을 변경하지 않았을 확률의 변화를 보여준다. 〈그림 8-3〉을 통해 알 수 있듯이 정치사회화의 수준이 아주 낮은 수준에서 30대와 50대 사이에 동일한 정당의 후보를 안정적으로 지지하는 데 큰 차이가 목격된다. 정치사회화 수준이 1일 때 30대의 남성이 동일한 정당의 후보를 연속 지지하였을 확률은 0.49였으며, 50대의 남성이 그랬을 확률은 0.86으로 상당한 차이를 보였다. 그러나 정치사회화의 강도가 강한 4의 경우는 30대의 남성이 0.88, 50대의 남성이 0.98로 그 확률의 차이가 크지 않음을 알 수 있었다. 이러한 결과는 연령대가 높을수록 준거집단에 속한 사람들과의 의사소통 형식을 빌은 정치사회화가 투표행태에 영향을 미치는 강도는 낮은 반면, 연령대가 낮을수록 그 영향이 크다는 것을 보여준다. 다시 말해 연

령대가 낮을수록 유사한 정치적 태도를 지닌 사람들과 정치, 사회적 안건에 대해 이야기를 나눌수록 특정 정당 후보를 지속적으로 지지하는 반면, 정치, 사회적 안건에 대해 이야기를 나눈 주변 사람들의 정치적 태도가 상이했을수록 지지정당을 쉽게 바꿀 가능성이 높다는 것이다.

4. 나가며

이 연구는 제 18대 대통령선거에서 기존과는 두드러진 차별성을 드러낸 경남과 호남 지역 유권자의 투표행태가 한국 선거에 새로운 정치적 대결 지형을 형성하는 것을 의미하는가라는 문제의식에서 출발하였다. 일반적으로 영남은 새누리당 지지기반, 호남은 민주당 지지기반으로 알려져 있던 것과는 예외적으로 이번 선거에서 경북 유권자의 40%에 근접한 수효가 문재인 후보를 선택하였으며, 전북 유권자의 13% 이상이 박근혜 당선자를 선택하였던 것이다. 이와 같이 영남과 호남 각 지역 내부에서 나타난 기존과는 차별적인 투표행태는 향후 지속적인 성격을 띨 것인가? 좀더 일반적으로 동일한 정당의 후보를 지속적으로 지지하는 유권자와 그렇지 않은 유권자가 관찰되는 이유는 무엇인가?

이 연구는 이러한 질문에 답하기 위해 정당일체감 형성과 밀접한 관련이 있는 것으로 알려진 정치사회화 개념을 활용하고자 하였다. 어린 시절 부모의 정치적 태도가 전승되면서 이루어진 특정 정당에 대한 유대감이 성인이 된 이후에도 쉽게 변하지 않는 특성을 보인다는 주장이 한국 유권자들의 투표행태에 대해 지닌 설명력을 검증하고자 한 것이다. 그동안 한국 사회의 선거에 대한 연구는 정치사회화에 따른 유권자의 지지후보나 정당의 결정이 이루어진다는 논의는 거의 찾아보기 힘들다. 오히려 한국 유권자들의 지배적인 투표행태가 출신지역에 따라 좌우되면서 지역을 유럽식 정당정치 발전의 밑바탕이 되었던 사회적 균열의 일종으로 간주하고 그에 따른 투표행태의 지속성을 보이고자 하는 경향이 강하였던 것이다. 그러나 2002년 제16대 대선을 계기로 이러한 지역과 정당과의 연계성이 약화되면서 유권자의 투표행태에 영향을 미치는 요인에 대한 활발한 논의가 전개되었다. 이 연구 역시 이러한 논의의 일부로서 정치사회화가 한국 유권자의 투표행태를 결정하는 요인 가운데 하나일 수 있음을 보이고자 한 것이다.

　정치사회화에 따른 정당일체감의 형성에 관한 서구적 논의는 사실 성숙한 정당정치의 역사가 짧은 한국 사회에 그대로 활용하기 힘들다. 2013년 현재 20대와 30대 유권자들이 50대와 60대 유권자들이 특정 정당에 대해 지닌 유대감을 대체적으로 전승받았다고 보기 힘들기 때문이다. 자식들에게 자신들이 지닌 특정 정당에 대한 유대감을 전승해야 할 주체인 50대와 60대가 조직적으로, 운영 면에서 성숙하지 못했던 정당정치를 경험하였고, 3김으로 대표되던 정치지도자에 의해 정당의 운명이 좌우되던 시기를 살았다는 점을 고려할 때 이들이 특정 정당과 안정적이고 지속적인 유대감을 형성하고 있을 가능성이 높지 않은 것이다. 또한 오랜 기간에 걸쳐 영남과 호남의 지역 간 대결이 이루어진 상황에서 정당보다는 지역의 영향을 통해 특정한 정치적 태도를 형성해 왔을 가능성 역시 배재하기 힘들다.

　이러한 한국적 특수성으로부터 이 연구는 정치사회화에 대한 논의를 '부모로부터 자식으로의 전승'에 국한할 것이 아니라 '준거집단과의 의사소통'으로 확대할 필요가 있음을 지적하였다. 동질적인 정치적 선호를 지닌 주변사람들과의 정치, 사회적 사안에 대한 의견교환은 그러한 의견교환 집단에 참여한 모두에게 일관된 정치적 선호를 축적할 기회를 제공하고 그 결과 지지후보나 정당을 쉽게 변경하지 않을 가능성을 높일 수 있는 것이다. 반면, 주변사람과의 의견교환 과정에서 이질적인 정치적 선호에 노출될수록 그만큼 특정 정당이나 후보에 대한 지지를 유지하기보다는 무당파로 남거나 쉽게 지지를 변경할 가능성이 높은 것이다. 또한 정치적 사안에 의견을 표출하는 방식의 정치적 참여는 정치사회화 과정을 통해 일관되고 명확한 정치적 태도를 확립한 사람일 것으로 예상되며 그 결과 정치적 의견 표출을 위해 일정한 유형의 정치참여를 시도할수록 특정 정당이나 후보에 대한 지지를 변경하지 않을 것으로 생각할 수 있다. 이 연구는 정치사회화로부터 예상되는 이와 같은 두 가지 가설을 제 17대와 제 18대 두 차례의 대선과정에서 나타난 유권자의 투표행태를 통해 검증할 수 있었다.

이 연구를 통해 한국 유권자들의 투표행태에 유의미한 영향력을 미치는 것으로 드러난 정치사회화 과정은 한국 유권자들의 정당일체감 형성에 기여할 것이라고 예상해볼 수 있다. 한국 유권자는 정치, 사회적 사안에 대해 의견을 나눈 사람들 가운데 유사한 정치적 선호를 공유하는 사람들이 많은 환경에 놓였을수록 두 차례의 대선과정에서 동일한 정당의 후보에게 투표하였다. 이러한 결과는 제 18대 대선에서 상당한 수효의 경남지역 유권자들이 문재인 후보를 지지한 행태에도 시사하는 바가 크다. 경남지역 출신 민주당 후보라는 기존의 지역적 대립구도를 벗어난 유형의 후보가 등장하면서 다수의 경남지역 유권자들은 준거집단의 구성원인 주변인들로부터 이질적인 정치적 선호를 접할 기회가 많았으며 그 결과 지지후보자에 대한 안정성이 낮았던 것으로 평가할 수 있다. 그러나 이러한 지역적 특성이 지닌 영향력을 통제한 이후에도 준거집단을 통한 정치사회화는 한국 유권자들이 특정 정당의 후보를 안정적으로 지지하는 데 기여하였다. 이는 두 차례의 대선과정에서 준거집단과의 의사소통은 동일한 정치적 선호를 교환, 축적하게 하였을 뿐 아니라 동일한 정당 후보를 지지하게 하는 동력으로 작용하였음을 함의하는 것이다. 결과적으로 한국 유권자는 출신지역에 따라 특정 정당과 형성해온 유대감과는 별개로 준거집단과의 의사소통이라는 정치사회화 과정을 통한 유대감을 발전시키고 있는 것으로 보인다.

참고문헌

강원택(2008), "지역주의는 변화했을까?", 이현우·권혁용 편, 《변화하는 한국의 유권자 2: 패널조사를 통해 본 2007년 대선》, 67~96쪽, 동아시아연구원.
_____(2009a), "2007년 대통령선거와 네거티브 캠페인의 효과", 〈한국정치학회보〉 43 (2): 131~146.
_____(2009b), "386세대는 어디로 갔나? 2007년 대선과 2008년 총선에서의 이념과 세대", 김민전·이내영 공편, 《변화하는 한국의 유권자 3》, 69~98쪽, 동아시아연구원.
김민전(2008), "2007 대선, 그리고 정치균열의 진화", 이현우·권혁용 편, 《변화하는 한국의 유권자 2: 패널조사를 통해 본 2007년 대선》, 39~66쪽, 동아시아연구원.
김영태(2009), "지역주의와 정당, 그리고 인물: 전남 목포", 한국정당학회 편, 《제 18대 총선 현장 리포트: 18인 정치학자의 참여관찰》, 254~282쪽, 푸른길.
김 욱(2004), "한국 지역주의의 지역별 특성과 변화가능성: 대전, 충청 지역을 중심으로", 〈21세기 정치학회보〉 41 (1): 83~105.
박원호·송정민(2012), "정당은 유권자에게 얼마나 유의미한가? 한국의 무당파 층과 국회의원선거", 〈한국정치연구〉 21 (2): 115~143.
박찬욱(2009), "사회균열과 투표선택: 지역·세대·이념의 영향." 김민전·이내영 편, 《변화하는 한국유권자 3》, 181~204쪽, 동아시아연구원.
_____·김경미·이승민(2008), "제 17대 대통령선거에서 유권자의 사회경제적 특성과 이념정향이 후보 선택에 미친 영향", 박찬욱 편, 《제 17대 대통령선

거를 분석한다》, 193~250쪽, 생각의 나무.

이현출(2001), "무당파층의 투표행태", 〈한국정치학회보〉 36(3) : 137~160.

장　훈(1999), "민주화와 시민-정당-정부의 민주적 연계", 〈한국정치학회보〉 32(4) : 389~398.

조원빈(2012), "무당파의 선택은?", 박찬욱·김지윤·우정엽 편, 《한국유권자의 선택 1》, 149~182쪽, 아산정책연구원.

지병근(2006), "Ideology and Voter Choice", 〈한국정치학회보〉 40(4) : 61~83.

최준영·조진만(2005), "지역균열의 변화가능성에 대한 경험적 고찰", 〈한국정 치학회보〉 39(3) : 375~394.

한정훈(2012a), "한국 유권자의 정당호감도 결정요인과 그 효과", 박찬욱·김지 윤·우정엽 편, 《한국유권자의 선택 1》, 87~124쪽, 아산정책연구원.

_____(2012b), "정당일체감 형성요인 분석: 정강, 정당지도자 및 정당활동가", 〈한국과 국제정치〉 28(3) : 93~128.

_____·강현구(2009), "유권자의 합리적 선택과 정치엘리트의 전략적 행위가 투표율 변화에 미치는 영향: 제18대 국회의원선거 사례분석", 〈한국정치 연구〉 18(1) : 51~82.

Abramson, Paul R. & Ronald E. Inglehart(1970), "The Development of Systemic Support in Four Western Democracies", *Comparative Political Studies* 2, pp. 419~442, London: Sage.

Achen, Christopher(2002), "Parental Socialization and Rational Party Iden-tification", *Political Behavior* 24(2) : 151~170.

Almond, G. A. & Sieney Verba(1963), *The Civic Culture: Political Attitude and Democracy in Five Nations*, Princeton: Princeton University Press.

Barber, James D. (1968), "Classifying and Predicting Presidential Styles: Two Weak Presidents", *Journal of Social Issues* 24: 51~80.

Campbell, Angus, Phillip Converse, Warren Miller & Donald Stokes(1960), *The American Voter*, New York: Wiley.

Campbell, D. E. (2006), *Why We Vote: How Schools and Communities Shape Our Civic Life*, Princeton, NJ: Princeton Univ. Press.

Conover, P. & D. D. Searing(2000), "A Political Socialization Perspective", In L. M. McDonnell, P. M. Timpane, & R. Benjamin(eds.), *Redis-covering the Democratic Purposes of Education*, pp. 91~127, Lawrence: University of Kansas Press.

Gimpel, J. G., J. C. Lay, & J. E. Schuknecht(2003), *Cultivating Democracy: Civic Environments and Political Socialization in America*, The Brookings Institution, Washington, DC.

Greenstein, Fred I. (1965), *Children and Politics*, New Haven: Yale Univ. Press.

Inglehart, Ronald F. (1971), "The Silent Revolution in Europe: Intergenerational Change in Post-Industrial Society", *American Political Science Review* 65: 991~1017.

Jennings, M. Kent & Richard Niemi(1968), "The Transmission of Political Values from Parent to Children", *American Political Science Review* 62: 169~184.

Langton, Kenneth P. (1967), "Peer Group and School and the Political Socialization Process", *American Political Science Review* 61: 751~758.

Lewis-Beck, Michael S., William G. Jacoby, Helmut Norpoth, & Herbert F. Weisberg(2009), *The American Voter Revisited*, Michigan: The University of Michigan Press.

Lipset, S. M. & S. Rokkan(1967), "Cleavage Structures, Party Systems and Voter Alignments: An Introduction", In S. M. Lipset & S. Rokkan (eds.), *Party Systems and Voter Alignments: Cross-National Perspectives*, New York: Free Press.

Miller, W. E. & J. M. Shanks(1996), *The New American Voter*, Cambridge: Harvard Univ. Press.

Niemi, R. G. (1973), "Political Socialization", In Jeanne Knuston(ed.), *Handbook of Political Psychology*, San Francisco: Jossey-Bass.

_____(1974), *How Family Members Perceive Each Other*, New Haven: Yale University Press.

Niemi, R. G. & J. Junn(1998), *Civic Education: What Makes Students Learn*, New Haven: Yale Univ. Press.

Sears, D. O. (1975), "Political Socialization", In F. I. Greenstein & N. W. Polsby(eds.), *Handbook of Political Science*, Vol. 2, pp. 99~153, MA: Addison Wesley.

09 | 안철수 지지자의 선택
류재성

1. 들어가며

2012년 대통령선거는 새누리당 박근혜 후보의 승리로 끝났다. 박근혜 당선인은 51.6%의 득표율로 민주당 문재인 후보의 48.0% 득표율을 3.6%p 차이로 따돌리고 승리했다. 전체 득표수로는 108만 여 유권자의 선택을 더 받은 결과다. 박빙으로 진행된 선거 결과를 결정한 가장 큰 변수는 75.8%의 높은 투표율과 문재인-안철수 후보 간 단일화 효과라고 할 수 있다. 이번 대선에서의 투표율은 17대 63.0%, 16대 70.8%를 상당한 차이로 상회한다. 총 40,507,842명의 유권자 중 30,721,459명이 투표한 결과다. 정당 지지자를 중심으로 한 핵심 지지자(base voters)를 기반으로 어느 후보가 더 많은 유권자를 동원했는가가 승패를 가르는 중요 요인이었다.

더불어 문재인-안철수 사이의 후보단일화 과정과 결과 역시 투표 결과에 영향을 미친 요인이다. 안철수 지지자는 투표참여(혹은 불참) 결정과 더불어 문재인 혹은 박근혜 후보 사이의 결정을 하였고, 이들의 지지후보 결정이 선거 결과에 미친 영향 역시 매우 컸다고 할 수 있다.

이 연구에서는 이번 대선 결과에 결정적 변수로 작용한 안철수 지지자의 특성을 살펴보고, 안철수 지지자가 문재인 혹은 박근혜 후보를 선택한 원인에 대해 분석한다. 안철수 지지자의 특성과 관련하여, 이들이 사회경제적 지위나 정치 정향의 차원에서 여타 유권자 집단과 구별되는 특징을 가질 수 있다. 그러나 더욱 중요하게는 이들이 하나의 동질적 집단이냐의 문제이다. 이들이 동질적 유권자 집단이고 명확한 방향의 정치적 지향을 갖는다면, 안철수 후보의 사퇴 혹은 문재인 후보와의 단일화 효과는, 이들에게 어떤 전략적 투표선택(strategic voting)을 하도록 했을 가능성이 크다. 그러나 이들이 이질적 성향을 갖는 유권자들의 단순 합이라면 이들의 투표선택은 전략적이기보다는 자신들의 기본적인 정치적 정향 혹은 정치이념적 신념에 따른 투표선택(sincere voting)이 되었을 것이다. 이 질문과 관련한 경험적 검증이 이 연구의 주요 목표다.

문재인 후보의 캠페인 슬로건은 '정권 교체냐 정권 연장이냐'였다. 이 슬로건은 핵심 지지자의 동원뿐만 아니라, 안철수 지지자에게 정권 교체를 위한 전략 투표를 유도하기 위한 것으로 보인다. 말하자면 이명박 정권을 박근혜 후보에 긴박시키고, 정권 교체를 원하는 무당파 및 중도 성향의 안철수 지지 유권자를 문재인 후보 투표로 연결하기 위한 계획이었다. 결과적으로 이러한 전략은 실패했다. 실패의 주요한 원인은 안철수 지지자들의 특성에 대한 '오해'로 보인다. 즉 안철수 지지자들은, 예컨대 정권 교체와 같은 일정한 정치적 지향을 갖거나 정치이념적으로 문재인 지지자들과 비슷한 정도의 진보 성향을 갖는 집단이 아니라는 것이다. 안철수 지지자가 '평균적'으로 무당파와 중도 성향 유권자들인 것은 분명하지만, 이들 내부에는 진보 혹은 보수성향의 유권자가 혼재하며, 새누리당 혹은 민주당을 약하게나마 지지하는 정당 선호(혹은 지지) 성향 역시 혼재해 있었던 것으로 보인다. 요컨대 안철수 지지자들은 사회경제적 지위나 정치이념, 정책 선호 등에서 기존 정당 및 그 후보 지지자와 구별되는 특징을 갖는 '동질적 집단'은 아니다.

따라서 안철수 지지자들의 선택은 자신의 정치이념적 성향과 사회경제적 배경에 근거하는 투표에 의해 분화되었다. 달리 말하면 이들은 자신들의 정치이념적 신념에 따른 투표선택을 했으며, 그 선택에 따른 지지의 분화가 박근혜 대 문재인에 대한 투표 비율로 이어졌다.

이 글은 다음의 순서로 진행한다. 먼저 안철수 지지자를 경험적으로 분석하기 위한 조작적 정의를 제시하고 그에 따라 다양한 유권자 집단을 안철수 지지자 집단의 특성과 비교한다. 다음은 안철수 지지자의 후보 선택/투표에서의 분화를 설명한다. 안철수 지지자 중 박근혜 투표자와 문재인 투표자로 분화된 유권자들을 비교 분석하고, 이들의 선택을 설명하는 통계적 모델을 제시하고 분석한다.

분석에 이용된 설문조사는 서울대 한국정치연구소가 실시한 '정치와 민주주의에 관한 의식 조사'이다.

한 가지 밝혀둘 것은, 이 글은 '이론적' 질문을 제기하고 그에 대한 인과분석을 시도하지 않으며, 그렇다고 경쟁하는 이론들을 경험적으로 검증하는 것도 아니고, 기존 이론이 설명하지 못하는 이론적 비정상 현상(anomaly)에 대한 새로운 이론적 설명을 추구하지도 않는다. 논문의 대부분은 선거 후 여론조사 결과에 나타난 안철수 지지자들의 투표선택에 대한 서술적 통계(descriptive statistics)에 기초한다. 따라서 이 글의 주제와 관련한 이론적 리뷰나 관련된 기존 문헌의 인용은 생략한다.

2. 안철수 지지자의 특성

안철수 지지자는 다음 박스의 설문문항을 통해 분류했다. 이 글에서
분석한 안철수 지지자는, 설문 7에서 투표한 후보와 원래 지지하던 후
보가 다르다고 응답한 유권자 중에서, 설문 7-1에서 원래 지지하던 후
보가 안철수라고 답한 응답자들이다. 다른 한편, 박근혜 지지/투표자
와 문재인 지지/투표자는 설문 6-3에서 박근혜 혹은 문재인을 선택하
고 설문 7에서 투표한 후보와 원래 지지하던 후보가 같다고 응답한 유
권자들이다. 이렇게 분류된 박근혜 지지/투표자, 문재인 지지/투표자,
안철수 지지자는 투표에 참여했다고 응답한 전체 응답자 1,044명[1] 중,
각각 524명(50.2%), 339명(32.5%), 130명(12.4%)이다.

분석결과는 〈표 9-1〉에 제시되었다. 안철수 지지자들은 고학력 고
소득의 젊은 층 유권자가 중심이다. 이들은 문재인, 박근혜 지지자에
비해 더 젊고(문재인 대 안철수, $t = 4.754$, $p = .001$, 박근혜 대 안철수, $t =$
11.244, $p < .000$), 더 많이 배웠으며(문재인 대 안철수, $t = -3.487$, $p <$
$.000$, 박근혜 대 안철수, $t = -7.248$, $p < .000$), 더 많이 버는(문재인 대 안
철수, $t = -1.975$, $p = .049$, 박근혜 대 안철수, $t = -4.506$, $p < .000$) 유권자
들이다. 안철수 지지자 집단 대 문재인 및 박근혜 지지/투표자 집단들
사이의 연령, 학력, 소득에서의 이들 각각의 차이는 모두 통계적으로
유의미하다.

안철수 지지자들이 높은 사회경제적 지위를 가졌음에도 불구하고 이
들의 (정치/)사회적 참여는 다른 집단에 비해 저조한 것으로 조사되었
다. 이들은 사회적 집단이나 단체[2]에 가장 낮은 비율로 참여한다. 안철

---

1 여기에는 박근혜를 지지했지만 문재인에게 투표한 27명(2.6%) 및 문재인을 지지
했지만 박근혜에게 투표한 24명(2.3%)이 포함된다.

7. 12월 19일에 투표한 후보와, 선생님께서 원래 지지하던 후보가 같은 사람입니까?
    ① 같다(☞ *문 8로*)   ② 다르다(☞ *문 7-1로*)   ③ 투표하지 않았다(☞ *문 7-1로*)

7-1. 그렇다면, 선생님께서는 원래 누구를 지지하고 계셨습니까?
    ① 박근혜   ② 문재인   ③ 안철수
    ④ 이정희   ⑤ 심상정   ⑥ 기타(   )

6-3. (투표한 사람만) 귀하께서는 어떤 후보자에게 투표하셨습니까? (*응답 후 문 6-4로*)
    ①박근혜   ②문재인   ③박종선
    ④김소연   ⑤강지원   ⑥김순자

수 지지자들은 평균 1.18개의 사회 집단이나 단체에 가입한 반면, 박근혜 지지/투표자는 1.55개, 문재인 지지/투표자의 1.26개의 사회 집단이나 단체에 가입한 것으로 나타났다. 안철수 지지자들과 박근혜 지지/투표자의 사회적 집단/단체 가입 비율은 통계적으로 유의미하게 차이가 있는 것으로 나타났다($t = 2.694$, $p = .007$).

안철수 지지자들은 정치이념적으로 중도 성향의 무당파 유권자들이다. 안철수 지지자 중 무당파 유권자는 79.0%에 이른다. 박근혜 지지/투표자의 무당파 비율 39.5%나 문재인 지지/투표자의 53.4%를 크게 상회한다. 안철수 지지자의 압도적인 무당파 비율은 박근혜 지지/투표자($t = -9.192$, $p < .000$)나 문재인 지지/투표자($t = -5.606$, $p < .000$) 모두와 통계적으로 유의미하게 구별되는 특징이다.

정치이념적으로 박근혜 지지/투표자는 0(진보) ~5(중도) ~10(보수)의 척도에서 6.01로 보수적 성향을 갖는 반면, 문재인 지지/투표자들은 4.33으로 진보적 성향을 갖는다. 안철수 지지자들은 4.57의 정치이

---

2 이들 사회집단이나 단체는 다음과 같다: 시민운동단체, 노조, 사업자 단체 또는 직업 조합, 교회, 절 등 종교모임이나 단체, 스포츠, 레저 모임 등 문화 단체, 동창 모임, 향우회, 친목단체, 기타 모임이나 단체.

념 평균을 갖는데, 이것은 이념적 중도(5.0)에 매우 근접한 수치다. 안철수 지지자들의 정치이념적 성향은, 문재인 지지/투표자와 유사하며 이들 집단 사이의 정치이념상의 차이는 통계적으로 유의미하지 않다(t = -1.439, p = .151). 박근혜 지지/투표자와는 통계적으로 유의한 차이를 보인다(t = 9.299, p < .000).

〈표 9-1〉 유권자 집단별 특성

		박근혜 지지 및 투표자 (원래 지지하며 실제 투표)	문재인 지지 및 투표자 (원래 지지하며 실제 투표)	안철수 지지자 (원래 지지하나 다른 후보에게 투표)
사회경제지표	연령	50.71	43.38	37.11
	학력(1~8)	4.39	4.83	5.25
	가구소득(1~3)	3.8	4.14	4.41
정치태도	정치지식(0~3)	0.75	0.81	0.81
	참여모임수(0~8)	1.55	1.26	1.18
	정치대화빈도(1~5)	2.19	2.19	2.13
정당 지지 및 정치이념	무당파%	39.5	53.4	79.0
	이념평균(0~10)	6.01	4.33	4.57
경제투표 (5=매우 좋다, 3,1=매우 나쁘다)	회고국가	3.12	2.98	2.72
	회고가정	3.43	3.40	3.34
	전망가정	3.94	3.79	3.79
	전망국가	3.96	3.78	3.79
투표행태 (투표참여 %)	2007년 대선	78.82	68.14	59.86
	2012년 총선	87.40	87.61	84.71
정책선호 (찬성 %)	한미 동맹관계 강화	89.87	67.26	76.43
	국가보안법 폐지	29.94	50.89	46.50
	한미 FTA 재협상	66.92	81.07	83.97
	대북지원 확대	24.28	51.62	43.95
	경제성장보다는 복지	45.12	57.52	52.87
	비정규직 노동자 문제는 기업 자율	44.64	34.52	34.39
	고소득자 증세	92.73	88.20	96.18
	철도 등 공기업 민영화 추진	43.27	39.29	35.67
	학교 체벌 허용	75.38	74.63	69.43
	개인 신념에 따른 대제복무제 허용	30.08	34.02	33.12
	사형제 폐지	18.62	29.20	27.39
	집회 및 시위의 자유 보장	65.52	83.73	85.35

<표 9-2> 지지자 유형별 정치이념 분포

	박근혜 지지/투표자	문재인 지지/투표자	안철수 지지자
0 = 매우진보	0.2%	2.3%	1.4%
1	0.2%	2.3%	2.0%
2	2.5%	10.3%	4.8%
3	3.3%	15.5%	13.6%
4	4.9%	15.5%	15.0%
5 = 중도	34.0%	39.0%	46.9%
6	16.3%	5.2%	8.8%
7	20.0%	5.5%	4.8%
8	11.3%	3.5%	1.4%
9	5.3%	0.6%	0.7%
10 = 매우보수	2.1%	0.3%	0.7%
	100.0%	100.0%	100.0%

　<표 9-2>에 따르면 박근혜 지지/투표자들의 이념적 응집도는 세 집단 중 가장 높다. 박근혜 지지/투표자는 중도 성향을 가진 유권자들이 가장 작은 규모일 뿐 아니라 진보 성향을 갖는, 즉 지지후보와 자신의 정치이념이 조응하지 않는 유권자는 11.1%에 불과하다. 반면 문재인 지지/투표자는 45.8%가 진보 성향을 갖지만, 15.2%가 보수성향 유권자들이다. 박근혜 지지자에 비해 이념적 응집도가 떨어진다. 안철수 지지자의 정치이념 분포도 문재인 지지/투표자의 그것과 크게 다르지 않다. 즉, 정치이념적 응집도가 낮은 가운데 16.3%의 보수성향 유권자들이 포진하고 있다.

　안철수 지지자들은 정치참여에도 덜 열성적이다. 이들 중 59.86%만이 2007년 대통령선거에 참여하였다. 반면 박근혜 지지/참여자의 78.8%, 문재인 지지/투표자의 68.14%가 2007년 대통령선거에 참여했다고 응답했다. 2007년 대선에서의 실제 투표율 63%를 기준으로 하고, 일반적으로 설문 응답에서 투표 여부와 같은 질문에 사회적으로 바람직한 방향(social desirability)으로 과대 응답되는 것을 고려한다면, 안철수

지지자들의 2007년 투표율 59. 86%는 상당히 낮은 수준이며, 실제로 이보다 더 낮을 수 있다. 말하자면 이들이 습관적 투표 불참자(habitual non-voters)일 가능성이 크다. 그런데, 안철수 지지자들의 상대적으로 높은 교육 및 소득 수준을 고려한다면, 이들의 습관적 투표불참이 투표 참여에 따른 효용을 낮게 인식하거나, 그에 따르는 비용을 감당할 수 없기 때문은 아닐 것이다. 달리 말하면 이들은 투표참여를 위한 충분한 사회적 자본을 갖고 있음에도 불구하고 스스로를 기존 정당 체제 및 선거 정치로부터 배제해온 유권자들이라고 볼 수 있다.

사회적 이슈에 대한 안철수 지지자들의 선호/입장의 분포는 문재인 지지/투표자의 그것과 유사하거나, 박근혜 지지/투표자의 정책 선호/입장의 분포와 문재인 지지/투표자의 정책 선호/입장의 분포 사이의 중간 분포를 보인다. 달리 말하면, 안철수 지지자들이 사회적 이슈에 대한 정책 선호/입장에서 다른 두 집단과 구별되는 뚜렷한 특징을 갖지 않으며, 두 집단 사이의 중간 위치를 점하고 있다.

이상을 요약하면 다음과 같다. 안철수 지지자들은 높은 사회경제적 지위를 가진 유권자들로서 대체로 중도 성향을 갖는 무당파 유권자들이다. 이들은 높은 사회경제적 지위에도 불구하고 사회적 및 정치적 참여에는 소극적이다. 이들의 이러한 특징은 정치 일반 및 정당정치에 대한 부정적 태도로부터 연유하는 것으로 보이며, 일반적인 정치 불참자들에게서 나타나는 정치 일반 및 선거에 대한 무관심과는 구별된다. 다른 한편, 안철수 지지자들이 중도 성향을 갖는 유권자가 다수를 이루고 있음은 분명하지만, 이들 중에는 진보-보수의 이질적 정치이념 성향을 가진 유권자자 다수 분포하면서 이념적으로 동질적이지 않은 유권자들로 구성되어 있음이 확인되었다.

3. 안철수 지지자의 선택

2012년 선거에서는 안철수가 동원한 새로운 유권자가 상당한 규모로 존재했다. 75.8%의 높은 투표율이 그 반증이라고 할 수 있다. 안철수 지지자들로서는 안철수 후보가 사퇴한 11월 23일을 기점으로 두 가지 선택에 직면했다. 첫째는 투표참여 여부이며, 둘째는 투표에 참여한다면 어떤 후보를 지지할 것인가의 결정이다.

1) 투표참여 선택

새롭게 선거정치에 동원된 유권자들은 안철수의 사퇴로 인해 지지의 출구를 상실했으며, 따라서 당연히 일차적으로 투표 '참여'와 '포기'를 고민했을 것이다. 안철수 지지자들은 '안철수'를 통해 정치에 대한 무관심 혹은 기존 정당에 대한 부정적 입장을 극복, 상쇄할 수 있는 대안적 정치의 가능성을 인지했던 유권자들이다. 그런 측면에서 안철수의 대통령 경선 포기가 투표불참 결정으로 이어졌을 가능성이 크다. 그러나 다른 한편, 이들은 안철수 지지를 통해 상당한 정도 대통령 경선 과정에 인지적, 정서적으로 관여된 유권자들이며, 지지의 대상이 소멸했음에도 불구하고, 이미 스스로가 관여된 선거에 불참을 선택하는 것 역시 쉽지 않은 결정이었을 가능성 역시 크다. 그렇다면 문제는 과연 어느 정도의 안철수 지지자가 투표참여를 포기했거나 혹은 투표에 실제로 참여했는가다.

다음 박스의 설문 6-3을 통해 조사된 박근혜 및 문재인 후보에게 투표했다고 응답한 유권자는 각각 586명 및 460명이다. 설문 6-2를 통해 투표하지 않았지만 투표했다면 박근혜 및 문재인 후보에게 할 생각이 었다는 응답자는 각각 54명과 71명이었다. 다른 한편, 설문 7-1을 통해

6-2. (투표를 하지 않은 분만) 만약 투표하셨으면 누구에게 투표할 생각이었습니까? *(응답 후 문 7로)*
   ①박근혜(54)   ②문재인(71)   ③박종선
   ④김소연   ⑤강지원   ⑥김순자

6-3. (투표한 사람만) 귀하께서는 어떤 후보자에게 투표하셨습니까? *(응답 후 문 6-4로)*
   ①박근혜(586)   ②문재인(460)   ③박종선
   ④김소연   ⑤강지원   ⑥김순자

7-1. 그렇다면, 선생님께서는 원래 누구를 지지하고 계셨습니까?
   ① 박근혜   ② 문재인   ③ 안철수(157)
   ④ 이정희   ⑤ 심상정   ⑥ 기타(   )

6. 귀하께서는 지난 12월 19일의 제 18대 대통령선거에서 투표하셨습니까?
   ① 투표하지 않았다(20)   (☞ *문6-1로*)
   ② 이번에는 투표하려 했지만 하지 못했다(5)   (☞ *문6-1로*)
   ③ 늘 투표하지만 이번에는 사정상 하지 못했다(1) (☞ *문6-1로*)
   ④ 투표했다   (☞ *문6-3으로*)

안철수를 지지했다고 응답한 유권자 157명 가운데, 설문 6에 나타난 투표 불참자는 26명이다.

이상을 근거로 계산하면, 박근혜 지지자 중 586명이 투표에 참여하고 54명이 투표에 불참했고(투표 불참률 8.4%), 문재인 지지자 중 460명이 투표에 참여하고 71명이 투표에 불참했으며(투표 불참률 13.4%), 안철수 지지자 157명 중 26명이 투표에 불참한 것으로 추정된다(투표 불참률 16.6%). 안철수, 문재인, 박근혜 지지자의 순으로 투표 불참률이 높다. 즉, 박근혜 후보가 문재인 후보에 비해 지지의 동원을 투표로 연결하는 데 더욱 성공적이었으며, 안철수 지지자가 가장 높은 비율로 투표참여를 포기한 것으로 조사되었다.

이상의 조사 결과로만 판단한다면, 박근혜 후보의 승리는 일차적으로 문재인 후보에 비해 지지자의 높은 비율의 투표참여로부터 기인했으며, 안철수 지지자의 높은 투표불참으로부터도 일정한 반사 이득을 얻은 것으로 추정할 수 있다.

2) 투표 후보 결정 시점

　〈그림 9-1〉은 다음 박스의 설문문항 6-4를 근거로 각 유권자 집단의 투표 후보 결정 시점을 나타낸 것이다. 박근혜 지지/투표자의 경우 투표 결정 시점 평균이 2.33으로 주요 세 후보의 출마가 확정된 9월 19일을 전후한 시점에 지지후보를 결정했고, 문재인 지지/투표자의 경우 투표 결정 시점 평균은 2.88로 주요 세 후보의 출마 확정이후 11월 23일 안철수 사퇴 이전 시점에 지지후보를 결정한 것으로 나타났다.

　안철수 지지자들의 투표 결정 시점은 박근혜 투표자의 경우 4.51, 문재인 투표자의 경우 4.35로, 안철수 후보의 사퇴 시점인 11월 23일 이후로부터 안철수 전 후보의 선거운동 지원 개시일인 12월 6일 사이에 집중적으로 지지후보를 결정한 것으로 나타났다. 문재인 후보 지지에서 박근혜 후보 투표로 지지를 전환한 유권자의 선택이 가장 늦게, 즉 선거 일주일 전 즈음에 이루어진 것으로 나타났다.

　주목할 점은 안철수 지지자의 투표선택 시점인데, 대체로 안철수의 후보 사퇴 이후, 선거운동 개시 여부와 관계없이, 지지후보를 결정한 것으로 보인다. 문재인 후보에 대한 지지 결정이 박근혜 후보에 대한 지지 결정보다 조금 이른 시점에 이루어졌지만, 두 집단 사이의 결정 시점에서의 차이는 크지 않다.

　안철수 지지자가 안철수의 후보 사퇴 이후 비교적 빠른 시간에 박근혜-문재인 후보 중 1인으로 지지후보를 결정했다는 것은 이들이 박근혜-문재인-안철수 후보 들 사이의 선호 순위를 공고히 형성하고 있었으며, 그 선호 순위에 따른 2차 선호 후보로 '쉬운' 결정을 했다고 보인다. 〈표 9-3〉은 각 후보에 대한 선호의 정도3를 0에서 100으로 응답한 값을 안철수를 지지했던 응답자들의 실제 투표자에 따라 분류한 것이

6-4. (투표한 사람만) 그렇다면 귀하께서는 투표할 후보자를 언제 결정하셨습니까? (응답 후 문 6-5로)

<그림 9-1> 유권자 집단 별 투표 결정 시점

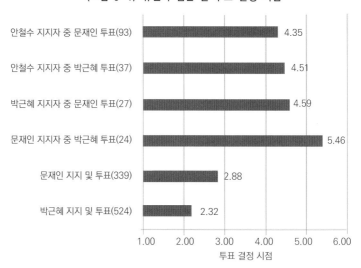

주 : 괄호 안 숫자는 응답자 수.

---

3 설문문항은 다음과 같다: 귀하께서는 우리나라의 주요 정치인들에 대해 어떻게 생각하십니까? 다음 각 정치인에 대해 얼마나 좋아하거나 싫어하는지 점수 평가 예를 참조하여 0에서 100까지의 숫자로 말씀해주십시오.

<표 9-3> 안철수 지지자의 후보별 선호도

원래 지지자 → 실제 투표자		후보 선호도		
		박근혜	문재인	안철수
안 → 박	평균	64.11	51.76	69.19
	N	37	37	37
안 → 문	평균	47.63	62.17	74.84
	N	93	93	93

다. 조사 결과에 따르면, 안철수 지지자 중 박근혜 투표자는, 안철수에 대한 선호도 69. 19를 최고로, 박근혜 64. 11, 문재인 51. 76의 순서로 분포하고, 안철수 지지자 중 문재인 투표자는 안철수에 대한 선호도 74. 84를 최고로, 문재인 62. 17, 박근혜 47. 63의 순서로 분포한다. 안철수 지지자들의 후보별 선호도는 안철수에 대한 선호가 가장 높지만, 박근혜 및 문재인을 2순위로 하는 유권자 집단이 혼재해 있었던 것이다.

대체로 쉬운 결정은 개별적 정보 처리를 숙고해서 처리하는 통제된 정보처리 과정 (controlled information processing) 이기보다는 정치이념 등과 같은 일종의 스키마(schema) 혹은 정치 정향에서의 원칙에 따른 자동적 정보처리 과정 (automatic information processing) 을 통해 이루어진다. 안철수 지지자의 다수가 기존 정당에 대해 (중립적이기보다는) 부정적 태도를 가진 무당파 유권자임을 고려한다면, 이들의 자동적 정보 처리 과정을 지배하는 스키마는 '정치이념'이었을 가능성이 크다. 전술한 바와 같이, 안철수 지지자 중 중도 성향 정치이념을 갖는 유권자의 비율은 46. 9%에 이르지만, 이들 중 순수하게 '중도'인 유권자는 이들(46. 9%)의 63. 8%이며, 36. 2%의 유권자는 보수 혹은 진보 성향을 갖는다. 전체적으로, 안철수 지지자 중 완전한 중도 성향 유권자는 30% 정도이며, 나머지 70%의 유권자는 진보와 보수성향을 갖는 유권자들이었다. 이들은 자신들의, 강하진 않지만 경향적으로 갖고 있는, 보수와 진보의 정치이념을 기준으로, 일종의 자동적인 정보처리 과정을 통해 박근혜 혹은 문재인 후보 지지를 결정한 것으로 판단된다.

3) 후보 선택

비단 이번 한국 대선뿐만 아니라 거의 모든 선거에서의 승리 전략은 핵심 지지층의 결집을 기본으로 하고 그로부터 외연의 확장, 즉 새로운 유권자의 개발 및 동원, 부동층 유권자에 대한 설득으로 나아간다. 박근혜, 문재인 후보의 선거전략 역시 큰 틀에서 이와 다르지 않았다. 다만 문재인 후보는 핵심 지지층 세력이 박근혜 후보보다 약세이므로 새로운 유권자 개발 및 동원과 부동층 유권자의 설득이 더욱 절실한 과제일 수밖에 없었다. 결국 문재인 후보의 입장에서는 기존 안철수 지지자들이 얼마만큼 기권 없이 투표에 참여할 것인가, 그리고 이들 중 어느 정도를 자신의 지지로 설득해낼 것인가가 선거 승리의 관건이라고 판단했을 것이다.

그러나 이 연구에서의 분석이 보여주듯이, 안철수 지지자들은 하나의 동질적인 집단이 아니다. 이들이 박근혜 및 문재인 지지/투표자와 일정하게 구별되는 특징을 가졌지만, 그러한 특징은 경향상의 특성, 즉 '평균'의 특성일 뿐이다. 예컨대 안철수 지지자들이 가장 중도적(4.57)인 성향을 가진 것으로 나타났지만, 이러한 결과는 스스로를 중도라고 인식하는 응답자가 상대적으로 많기 때문인 동시에, 스스로를 비슷한 강도의 보수와 진보로 인식하는 응답자가 대등한 분포를 이루고 있기 때문에 나타난 것이기도 하다. 말하자면 안철수 지지자의 후보 선택에서의 문재인-박근혜로의 분화는, 이들이 동질적 집단이 아닌 이상, 자연스러운 것이다. 우리의 관심은 그 분화의 비율이다.

〈표 9-4〉 후보별 지지/득표의 구성

		전체 투표자 내 %	후보별 투표자 내 %	빈도*
박근혜 투표자	원래 지지자	47.41	83.19	495
	문재인 지지에서 전환자	2.87	5.04	30
	안철수 지지자	5.74	10.08	60
	계	56.02	100.0	585
문재인 투표자	원래 지지자	32.28	75.06	337
	박근혜 지지에서 전환자	2.78	6.46	29
	안철수 지지자	8.91	20.71	93
	계	43.97	100.0	459
총계		100.0	200.0	1,044

주 : * 여기서의 빈도는 지역, 성별, 연령에 따른 가중치가 적용된 수치다.

〈표 9-4〉는 설문조사 결과에 나타난 후보별 지지/득표의 구성 분포를 보여준다. 박근혜 후보 투표자는 56.02%; 문재인 후보 투표자는 43.97%로 조사되었는데, 설문조사 결과에 따른 두 후보의 득표율의 이러한 차이(11.05%p)는 실제 투표 결과에서의 차이(3.6%p)와는 상이하다. 선거 후 조사인 만큼 승자로 편향된 응답이 상대적으로 다수를 차지한 결과다.

따라서 다음에서는 후보별 투표자 내에서의 지지자 유형별 분포를 중심으로 분석하기로 한다. 즉 박근혜 투표자는 원래 박근혜 지지자, 문재인 지지에서의 전환자, 안철수 지지자 중 박근혜 투표자로 구분할 수 있다. 문재인 투표자 역시 같은 분류가 가능하다. 이에 따르면 박근혜 투표자 가운데 원래의 박근혜 지지자는 83.19%에 이른다. 문재인은 75.06%로 나타났다. 8.13%p의 차이다. 박근혜 지지의 공고함을 보여주는 것이고, 다르게는 문재인 후보가 승리하기 위해서는 안철수 지지자의 투표가 필요했음을 방증하는 결과다.

안철수 지지자로 스스로를 규정한 유권자 153명 중 60명은 박근혜 후보에게 투표했고, 93명은 문재인 후보에게 투표한 것으로 보고되었다.

박근혜 후보 대 문재인 후보로 39 대 61의 비율로 분화된 것으로 나타났다. 안철수 지지자의 이러한 분화는 안철수 후보 사퇴 후 조사된 여론조사 결과와 크게 다르지 않다. 통상적인 예상과는 달리 문재인 후보로의 일방적 쏠림이 없었다. 결과적으로 후보별 투표자 내에서 안철수 지지자가 차지하는 비중은 박근혜 후보가 10.08%, 문재인 후보가 20.71%로 나타났다. 이러한 분화는, 다시 한 번, 안철수 지지자가 동질의 집단이라기보다는 이질적 유권자들로 구성된, 특정한 정치적 지향을 갖지 않는 집단이었음을 보여주는 것이다.

이러한 분석 결과는 〈표 9-5〉에서도 확인할 수 있다. 〈표 9-5〉는 안철수 지지자 중 박근혜 후보 혹은 문재인 후보에게 투표한 유권자의 특성을 보여준다. 박근혜 후보 투표자와 문재인 후보 투표자 사이에 통계적 유의미성을 갖는 변수는 사회단체 및 집단 가입 수, 정치이념, 국가 경제에 대한 회고 평가 등이고 사회적 이슈에서는 한미동맹 강화, 대북지원 확대, 개인 신념에 따른 대체복무제 허용 여부이며, 투표선택 기준으로는 후보자의 도덕성이었다.

보다 구체적으로 더 많은 사회단체 및 집단에 가입했을수록, 보수적일수록, 지난 5년간의 국가 경제를 긍정적으로 평가할수록, 한미동맹 강화에 찬성하고 대북지원에 확대에 반대할수록, 개인 신념에 따른 대체복무 허용에 찬성할수록,4 후보자의 도덕성을 덜 고려할수록 박근혜 후보에게 투표할 가능성이 큰 것으로 나타났다. 주목할 점은 정치이념

---

4 개인 신념에 따른 대체복무 허용 여부를 묻는 설문문항은 "종교 등 개인의 신념에 따른 대체복무제를 허용해야 한다"로 워딩되어 있다. 추정컨대 이 설문에 대한 응답에서 "대체복무"보다는 "종교"가 일종의 큐잉(cuing) 효과를 가져옴으로써 종교적 태도가 설문응답 결과에 주요하게 작용한 것으로 보인다. 그 결과 종교적 태도를 가진 보수성향의 응답자가 대체복무 허용에 더 높은 비율로 찬성하고, 이들이 박근혜 후보 투표에 더 적극적이었던 것으로 보인다.

과 더불어 한미동맹, 대북지원의 이슈가 두드러진 투표 분화 요인으로 작용했다는 점이다. 이번 선거가 보수와 진보의 이념 대결로 치러진 선거였다는 일반적 분석을 뒷받침하는 결과라고 해석할 수 있겠다.

〈표 9-5〉 요인별 안철수 지지자의 분화

		안철수 지지자 중	
		박근혜 투표자	문재인 투표자
사회경제지표	연령	38.05	38.39
	학력(1~8)	5.49	5.21
	가구소득(1~3)	4.78	4.40
정치태도	정치지식(0~3)	.68	.94
	참여모임수(0~8)*	1.73	1.16
	정치대화빈도(1~5)	2.19	2.28
정당 지지 및 정치이념	무당파	81.08	75.27
	정치이념(0~10)*	5.26	4.37
경제투표 (5=매우 좋다, 3, 1=매우 나쁘다)	회고국가(1~5)*	3.16	2.68
	회고가정	3.43	3.32
	전망가정	3.89	3.73
	전망국가	3.86	3.76
투표행태 (투표참여 %)	2007년 대선 투표	67.57	61.29
	2012년 총선 투표	89.19	84.95
정책선호 (찬성 %)	한미 동맹관계 강화*	94.59	73.12
	국가보안법 폐지	37.84	50.54
	한미 FTA 재협상	83.33	82.80
	대북지원 확대*	29.73	49.46
	경제성장보다는 복지	48.65	52.69
	비정규직 노동자 문제는 기업 자율	37.84	32.26
	고소득자 증세	94.59	97.85
	철도 등 공기업 민영화 추진	40.54	33.33
	학교 체벌 허용	72.97	64.52
	개인 신념에 따른 대체복무제 허용*	45.95	27.96
	사형제 폐지	32.43	27.96
	집회 및 시위의 자유 보장	75.68	87.10
투표선택 기준의 중요성 (0~10)	소속 정당	4.86	5.20
	정책과 공약	7.22	7.16
	당선 가능성	6.65	6.47
	국정운영 능력	7.14	7.23
	도덕성*	6.70	7.47

주: * 은 p < .05 수준에서의 통계적 유의미성을 의미한다.

4) 로짓 회귀분석 결과

이상의 결과를 바탕으로 안철수 지지자의 박근혜-문재인 후보로의 투표선택 분화를 설명하는 회귀분석 모델을 구성했다. 종속변수는 안철수 지지자 중 문재인 투표자(= 1)와 박근혜 투표자(= 0)이며, 독립변수는 모델의 적합성보다는 예측의 정확도를 높이기 위해 가능한 모든 변수를 망라했다. 구성된 모델은 다음과 같다.

문재인 후보 투표자(= 1)
= F〔연령, 학력, 가구소득, 정치지식, 참여모임 수, 정치대화 빈도, 정치이념, 본인과 박근혜 이념 거리, 본인과 문재인 이념 거리, 회고국가, 회고가정, 전망가정, 전망국가, 이명박 평가, 노무현 평가, 사회적 이슈 선호(한미동맹 강화, 국가보안법 폐지, 대북지원 확대, 경제성장보다는 복지, 비정규직 노동자 문제의 기업 자율 해결, 고소득자 증세, 철도 등 공기업 민영화, 학교 체벌 허용, 사형제 폐지, 집회 및 시위의 자유 보장), 후보 평가 기준(소속 정당, 정책과 공약, 당선 가능성, 국정운영 능력, 도덕성)〕

〈표 9-6〉에 보고된 로짓 회귀분석 결과, 통계적 유의미성을 획득한 독립변수는 학력, 정치이념, 본인과 박근혜 이념 거리, 본인과 문재인 이념 거리, 전망적 가정 경제 평가, 이명박 평가, 후보 선택 기준으로서의 정책과 공약, 국정운영 능력이다. 더욱 구체적으로, 학력이 낮을수록, 정치이념이 진보적일수록, 본인과 박근혜의 이념거리가 클수록, 본인과 문재인의 이념거리가 작을수록, 가정경제를 비관적으로 전망할수록, 이명박 대통령에 대해 부정적으로 평가할수록, 정책과 공약을 후보 선택기준으로 중시할수록, 국정운영 능력을 후보 선택기준으로

<표 9-6> 로짓 회귀분석 결과

		B	S.E.	Wald	유의확률
사회경제적 지위	연령	-.032	.074	.186	.666
	학력(1~8)	-2.932	1.499	3.824	.051
	가구소득(1~3)	.122	.647	.036	.850
정치적 정향	정치지식(0~3)	1.162	.951	1.491	.222
	참여모임수(0~10)	-.891	.547	2.654	.103
	정치대화빈도(1~5)	2.013	1.229	2.684	.101
	정치이념(0~10)	-3.589	1.611	4.964	.026
	본인과 박근혜 이념거리	2.755	1.010	7.448	.006
	본인과 문재인 이념거리	-5.087	2.374	4.592	.032
경제투표 성향	회고국가	2.179	1.685	1.673	.196
	회고가정	-1.107	1.537	.519	.471
	전망가정	-6.698	3.465	3.738	.053
	전망국가	4.799	2.710	3.137	.077
역대 정권 평가	이명박 평가(0~100)	-2.390	1.010	5.595	.018
	노무현 평가(0~100)	1.204	.724	2.764	.096
정책 선호	한미 동맹관계 강화	-4.234	2.668	2.518	.113
	국가보안법 폐지	-.337	1.353	.062	.803
	한미 FTA 재협상	-1.620	1.844	.772	.379
	대북지원 확대	3.454	2.493	1.921	.166
	경제성장보다는 복지	-.067	1.400	.002	.962
	비정규직 노동자 문제는 기업 자율	3.772	2.749	1.882	.170
	고소득자 증세	-5.642	16.421	.118	.731
	철도 등 공기업 민영화 추진	-5.030	2.987	2.836	.092
	학교 체벌 허용	-.381	1.394	.075	.785
	개인 신념에 따른 대체복무제 허용	-2.997	1.932	2.406	.121
	사형제 폐지	-4.303	2.295	3.516	.061
	집회 및 시위의 자유 보장	.661	1.850	.128	.721
후보 선택 기준	소속 정당	.982	.560	3.075	.080
	정책과 공약	2.189	1.106	3.915	.048
	당선 가능성	-1.033	.576	3.217	.073
	국정운영 능력	-2.091	1.080	3.747	.053
	도덕성	.773	.662	1.364	.243
상수항		5.441	20.664	.069	.792
-2 Log 우도		45.082			
Nagelkerke R-제곱		.789			
N		117			

중시하지 않을수록, 문재인 후보에게 투표하는 안철수 지지자가 증가한다는 것이다.

이상의 결과를 다음의 몇 가지 점에서 논의하도록 한다. 첫째, 가장 두드러진 특징은 안철수 지지자의 박근혜-문재인 후보 투표로의 지지 분화를 결정짓는 변수로서의 정치이념의 역할이다. 응답자 본인의 정치이념 및 응답자 본인과 박근혜, 문재인 후보에 대한 정치이념 평가에 기초한 본인과의 정치이념 거리 모두가 통계적 유의미성을 획득했기 때문이다. 박근혜 지지/투표자의 정치이념 평균은 6.01이고 문재인 지지/투표자의 정치이념 평균은 4.33인 한편, 안철수 지지자의 정치이념 평균은 4.57이다. 안철수 지지자는 정치이념의 산술적 평균, 즉 중도인 5.0에 매우 근접해 있다. 즉 중도 성향으로 보인다. 다른 한편, 안철수 지지자 중 박근혜 투표자의 정치이념 평균은 5.26이고 이들 중 문재인 투표자의 정치이념 평균은 4.37로 나타났다. 중도보다는 각각 보수 및 진보의 방향으로 이동했다. 다르게 표현하면 안철수 지지자는 5.26 정도의 보수성향 유권자와 4.37 정도의 진보 성향 유권자의 집합체다. 이들이 안철수 지지자로 묶여 있다가, 안철수의 후보 사퇴 이후 후보 선택 시점에서 각각의 정치이념 성향에 따라 박근혜-문재인 지지로 분화된 것이다.

다른 한편, 박근혜 지지/투표자들의 본인과 박근혜 후보와의 이념 거리는 1.5226이고, 문재인 지지/투표자들의 본인과 문재인 후보와의 이념 거리는 1.4531이다. 안철수 지지자 중 박근혜 투표자로 분화된 유권자의 본인과 박근혜 후보와의 이념 거리는 1.6705, 본인과 문재인 후보와의 이념 거리는 2.5588이며, 문재인 투표자로 분화된 유권자의 본인과 문재인 후보와의 이념 거리는 1.4483, 본인과 박근혜 후보와의 이념 거리는 3.3908이다. 회귀 분석 결과에 따르면 안철수 지지자들은 본인과 박근혜 후보와의 정치이념 거리가 작을수록, 문재인 후보와의 정치이념 거리가 클수록 박근혜 후보에게 투표하고, 그 반대이면 문재인 후보에게 투표했다.

정치이념과 더불어 후보자와의 정치이념 거리 모두가 통계적 유의미성을 획득한 것은 그만큼 이번 선거에서, 특히 안철수 지지자의 후보 선택에서, 정치이념이 중요 변수였음을 보여주는 것이다.

둘째, 이명박 대통령에 대한 평가와 가정 경제에 대한 전망 평가가 통계적 유의미성을 획득한 것 역시 중요하다. 안철수 지지자의 후보 선택에서 이명박 정부에 대한 평가적 요소와 미래의 가정 경제에 대한 전망적 평가 모두가 중요했다는 것이다. 회고와 전망 모두가 후보 선택의 주요 준거였다는 것이다. 이명박 정부에 대해 부정적으로 평가할수록 문재인 후보를 선택하는 한편, 가정 경제를 긍정적으로 전망할수록 박근혜 후보를 선택했다. 이번 선거가 야당이 원하는 것처럼 이명박 정부에 대한 회고적 평가에 따라서만 이루어진 것이 아니라, 가정 경제에 대한 전망적 평가 역시 유권자의 중요한 고려 사항이었으며, 후자의 측면에서 박근혜 후보가 긍정적으로 평가되었다.

셋째, 정책과 공약을 후보 선택의 기준으로 중요하게 인식할수록, 국정운영 능력을 후보 선택의 기준으로 보지 않을수록, 문재인 후보를 선택했을 가능성이 높은 것으로 나타났다. 정책과 공약 및 후보자의 국정운영 능력을 후보자 판단의 기준으로 여하히 중요하게 생각하느냐가 안철수 지지자의 문재인-박근혜 후보 지지의 분화를 가져왔다는 결과는 일정한 '해석' 혹은 더욱 면밀한 분석이 필요한 부분이다. 안철수 지지자 중 박근혜 후보 투표자가 후보의 국정운영 능력을 더 중요하게 생각했다는 것은 박근혜 후보가 이 기준에서 문재인 후보에 비해 비교 우위에 있었음을 보여주는 것이다. 다른 한편 정책과 공약에서 두 후보 사이의 뚜렷한 차이가 부각되지 않았음을 고려하더라도, 안철수 지지자 중 문재인 후보를 선택한 유권자가 정책과 공약을 중요한 후보 선택 기준으로 인식했다는 결과는 적어도 박근혜 후보의 승리가 정책과 공약에서의 우위 때문은 아니라는 것이다.

넷째, 양변인 분석에서 통계적으로 유의미했던 한미동맹 강화, 대북지원 확대 변수가 로짓 회귀분석에서는 통계적 유의미성을 상실했다. 이것은 한미동맹 강화나 대북지원 확대 이슈의 영향력이 정치이념 및 정치이념 거리 변수의 영향력에 흡수된 결과로 보인다. 주지하듯이, 한국 유권자들에게 미국과 북한 변수는 보수와 진보의 정치이념을 규정하는 주요한 '차원'을 구성한다. 따라서 한미동맹과 대북지원이라는 개별적 정책 이슈들이 그것들을 종합하는 정치이념 및 본인과 후보자와의 이념 거리로 흡수되어 반영된 것으로 보인다.

4. 나가며

2012년 한국의 대선은 박근혜 후보의 승리로 끝났다. 40~50대 보수 성향 유권자의 결집 및 투표참여의 결과이며, 더불어 기존 정치 및 정당에 대한 부정적 태도로 인해 기존 정당에 대한 지지를 철회하고 안철수를 지지했던, 보수성향 유권자의 박근혜로의 회귀 때문이기도 하다. 안철수 지지자의 40% 정도가 자신들의 정치이념에 근거해 박근혜 후보를 지지한 결과다.

더욱 구체적으로, 이 연구에서의 분석 결과를 다음처럼 요약할 수 있겠다. 첫째, 안철수 지지자들은 높은 사회경제적 지위를 가진 유권자들로서 대체로 중도 성향을 갖는 무당파 유권자들이다. 이들은 높은 사회경제적 지위에도 불구하고 사회적 및 정치적 참여에는 소극적이다. 이들의 이러한 특징은 정치 일반 및 정당정치에 대한 부정적 태도로부터 연유하는 것으로 보이며, 일반적인 정치 불참자들에게서 나타나는 정치 일반에 대한 무관심과는 구별된다. 다른 한편, 안철수 지지자들이 중도 성향을 갖는 유권자가 다수를 이루고 있음은 분명하지만, 이들 중에는 진보-보수의 이질적 정치이념 성향을 가진 유권자가 다수 분포하면서 이념적으로 동질적이지 않은 유권자들로 구성되어 있었음이 확인되었다. 전체적으로 안철수 지지자들은 탈동원된, 혹은 기존 정당으로부터 스스로를 배제한 유권자들이다. 이들은 동질의 정체성을 갖는 '집단'이 아니라, 분산된 '개인'들의 단순 집합이다. 이러한 종류의 유권자 개인들이 기존 정당 체제에서 배제된 채로, 혹은 스스로를 배제한 채로 존재하다가, 안철수의 등장으로 일종의 집합의 구심점을 발견한 것이다. 그러나 그 구심을 위한 정치적 '내용'이 적극적으로 제시되지 못했으며(예컨대 안철수가 주장하는 새로운 정치의 내용은 무엇인가?), 그 결과 정치적 세력 혹은 집단으로 존립하지 못하고 안철수의 후보 사퇴와 더불어 분화, 소멸했다.

둘째, 이번 선거에서 결정적 역할을 했던 안철수 지지자의 선택은 39 대 61의 비율로 박근혜 및 문재인 후보를 선택했지만, 이러한 비율의 선택으로는 후보단일화의 효과가 선거 결과를 지배할 수는 없었다. 안철수 지지자의 후보별 선택의 분화의 가장 큰 요인은 정치이념이었다. 앞서 언급한 바와 같이, 안철수 지지자는 정치이념적으로 이질적인 집단이며, 이들이 안철수 후보의 사퇴로 인한 후보 선택의 과정에서 자신의 정치이념을 주요한 준거로 후보들과의 정치이념 거리를 계산하고 그 이념거리의 근접성에 따라 자신의 후보 선택을 결정한 것으로 보인다. 기존의 박근혜 지지/투표자 및 문재인 지지/투표자의 선택과 더불어 안철수 지지자 역시 정치이념을 준거로 지지후보를 선택함으로써, 전체적으로 이번 선거는 정치이념이 주요한 선택의 기준이었다고 보인다.

  셋째, 박근혜 지지자의 투표 불참률이 8.4%인 반면, 문재인 지지자의 투표 불참률은 13.4%, 안철수 지지자의 투표 불참률은 16.6%인 것으로 나타났다. 안철수, 문재인, 박근혜 지지자의 순으로 투표 불참률이 높다. 즉, 박근혜 후보가 문재인 후보에 비해 지지의 동원을 투표로 연결하는 데 더욱 성공적이었으며, 안철수 지지자가 가장 높은 비율로 투표에 불참한 것으로 보인다. 박근혜 후보의 승리는 일차적으로 문재인 후보에 비해 지지자의 높은 비율의 투표참여로부터 기인했으며, 동시에 안철수 지지자의 상대적으로 높은 투표불참으로부터도 일정한 반사 이득을 얻은 것으로 추정할 수 있겠다.

10 | 투표할 것인가?
누구에게 투표할 것인가?

강신구

1. 들어가며

근래의 한국 선거에서 투표율은 선거의 대상을 불문하고, 즉 대통령
선거인지, 국회의원선거인지, 지방 자치단체장 및 의회 선거인지를 불
문하고 뜨거운 관심의 대상이 되고 있다. 지난 2012년 12월 19일에 실
시된 제 18대 대통령선거 역시 예외는 아니었다. 여야를 포함한 정치
권, 학계, 언론계 등 선거에 관심을 둔 모든 계층과 부문들이 과연 투표
율이 얼마나 나올 것인지에 대해서 관심을 집중하였다. 민주화 이후에
지속적으로 낮아지고 있는 투표율이 선출된 공직자의 정당성을 약화시
키고 결국에는 대의 민주주의의 위기를 불러올 수도 있다는 우려가 있
는 것이 사실이다. 그러나 투표율에 대한 최근의 뜨거운 관심의 이면에
는 이와 같은 우려보다는 높고 낮은 투표율이 선거의 승패에 미치는 영
향, 즉 투표율의 정당편향성 (*partisan bias*) 에 대한 믿음 혹은 신화가 자

리 잡고 있는 것으로 보인다. 이러한 평가는 비록 주관적 인상에 기초하지만, 선거초반 '투표시간 연장'을 둘러싸고 진행된 공방에서 발견되는 여야의 상반된 입장을 통해서 뒷받침될 수 있다.

한국 선거의 맥락에서 투표율의 정당편향성에 대한 주장은 구체적으로 '투표율이 상승하면 상대적으로 진보적인 성격을 가지고 있는 (현재의) 야당에게 유리한 결과를 가져온다'는 방향성을 담고 있다. 즉 이미 상대적으로 높은 투표성향을 보이는 보수층의 지지를 받는 현재의 여당은 상승된 투표율에 의한 지지의 상승이 제한적이다. 반면, 야당을 주로 지지하는 것으로 알려진 진보적인 성향의 유권자들은 선거의 특성에 따라 투표율의 변동폭이 상대적으로 커서, 투표율이 상승하였다는 것은 이들 유권자들이 (낮은 투표율을 보인 선거에서보다) 더 많은 비중으로 참여하였다는 것을 의미하며 이는 결과적으로 야당에게 유리한 결과로 연결된다. 이와 같은 투표율의 정당편향성에 대한 믿음 혹은 신화에 따라 야당은 '투표시간 연장'과 같은 투표율을 제고하기 위한 노력에 적극적이었던 반면, 여당은 상대적으로 소극적인 입장을 취했음을 부인하기는 어려울 것이다.

투표율의 정당편향성에 대한 주장이 대단히 중요한 정치적 함의를 갖고 있고, 이러한 주장이 주로 정치권과 언론을 중심으로 확산된 반면, 학계의 엄격한 학문적·경험적 검증은 아직 많이 부족하다는 점에서,[1] 이는 상당히 흥미로운 동시에 중요한 연구주제라는 데 동의하지만, 이 글에서 다루고자 하는 문제는 아니다. 그럼에도 불구하고 투표

---

[1] 지병근(2012)은 투표율의 정당편향성에 대한 연구의 동향 소개와 함께, 2012년 4월의 제19대 국회의원 총선거에서 나타난 투표율과 선거결과의 관계를 분석한다. 지병근은 이 연구를 통해서 투표율의 상승이 민주통합당에게 유리하다는 주장이 경험적 근거가 빈약한 신화에 가까운 것이라고 지적한다.

율의 정당편향성에 대한 주장과 관심에 대한 소개로 글을 시작하게 된 것은, 이 주장이 기반하고 있는 '투표에 참여할 것인가'라는 투표참여의 문제와 '누구에게 투표할 것인가'라는 투표선택의 문제 사이의 관계에 이 연구의 핵심적인 문제의식이 놓여있기 때문이다.

앞에서 간략하게 살펴본 바와 같이, 투표율의 정당편향성에 대한 주장의 기저에는 투표에 참여하지 않았던 유권자라도 투표에 참여하였더라면 어떠한 선택, 즉 누구에게 투표하였을 것이라는 가정과 예측이 자리 잡고 있다. 이는 개별 유권자의 관점에서 투표참여와 투표선택의 문제가 서로 독립되어 있는 개별적인 선택의 문제가 아니라 서로 밀접히 연결되어 있는, 보는 시각에 따라서는, 하나의 선택행위로서 이해될 수 있음을 의미한다. 즉 개별유권자에게 선거에서의 투표는 먼저 투표할지 안할지를 결정하고, 투표할 것이 결정된 다음에 경쟁하는 후보자 중에서 누구에게 투표할지를 결정하는 과정으로 이루어지는 것이 아니라, 경쟁하는 후보자 중에서 더 선호하는 후보에게 투표할지와 아예 투표에 참여하지 않고 기권할지 사이의 결정으로 이해될 수 있다. 이번 대선에서 보여준 각 정당, 특히 민주통합당의 선거운동은 그 전략가들이 이와 같은 인식, 즉 유권자 수준에서 투표참여와 투표선택이 동시적으로 이루어진다는 판단을 하고 있음을 잘 보여준다고 생각된다. 익히 알려진 바와 같이, 이번 선거에서 민주통합당의 (뿐만 아니라 여당인 새누리당 역시) 선거전략은 정책개발을 통하여 투표에 참여를 결정한 유권자들 중에 누구를 얼마나 더 많이 끌어모으느냐보다는 잠재적인 지지자들을 얼마나 더 많이 투표장으로 이끄는가라는 투표참여 캠페인에 더 많은 공을 들인 것으로 보인다. 이는 투표참여와 투표선택이라는 결정의 동시성을 가정하지 않으면 이해하기 어려운 현상이다.

투표율의 정당편향성에 대한 주장은 경험적으로도, 그리고 이론적으로도 많은 한계와 문제점을 가지는 것으로 보인다. 예를 들어 투표율의 상승이 특정정당에게 유리하게 작용할 수 있다는 단순논리는 이에 대응하여 핵심지지층을 결집하여 동원하는 정당의 전략적인 노력의 효과를 고려하지 못한다. 이는 이번 대선에서도, 그리고 지난 2012년 4월의 총선에서도 야당의 승리로 이어지게 될 것이라는 예상투표율을 웃도는 혹은 그에 버금가는 투표율로 새누리당과 박근혜 후보가 낙승을 거둔 것에서 여실히 드러난다고 생각된다. 그러나 이 주장이 기반하고 있는 투표참여와 투표선택의 관계, 즉 두 선택의 결정이 별개로, 독립적으로 이루어지는 것이 아니라, 결합된 하나의 선택행위로 이해될 수 있다는 인식(perception)에는 특별한 주의가 기울여져야 한다고 생각된다. 이 인식이 허무맹랑한 것이었다면, 특별한 경험적 근거가 제시되지 않았음에도 불구하고, 투표율의 정당편향성에 대한 주장이 이처럼 광범위한 관심을 받지 못했을 것이다. 아울러 앞에서 살펴본 바와 같은 이번 제18대 대통령선거에서 보여준 정당들의 선거운동 전략의 특성을 이해하는 것도 쉽지 않을 것이다. 또한 우리는 익히 잘 알려져 있는 한국 선거의 특징과 관련한 다음과 같은 질문을 통해서 그 가정의 정당성을 확인할 수 있다. 예를 들어 우리는 한국의 선거에서 호남거주민이 민주통합당에 높은 지지를 보내는 것을 안다. 만약 이 유권자가 다른 결정요인, 예를 들면 자신과 문재인 후보와의 이념적 거리차이가 크다는 것을 인식하고 다른 선택을 고려하게 된다면, 이 유권자에게 박근혜 후보에게 투표하는 것과 기권 중에서 무엇이 더 매력적인 대안이 될 것인가?

선거와 투표행태의 연구자로서 우리는 이론적·통계적 모형을 이용하여 실제의 투표행태를 분석한다. 모형은 실제의 복사판일 필요는 없지만, 실제가 가지는 중요한 특징들을 가감 없이 반영할 수 있어야 한다. 그러나 투표와 선거에 대한 기존의 분석모형은 앞에서 제기하는 투표참여와 투표선택에서 결정의 동시성을 고려하지 못하고 있다. 모형과 현실의 심각한 간극이 존재하는 것이다.

이 연구의 목적은 이러한 모형과 현실의 간극을 새로운 분석모형의 소개를 통해서 줄여보고자 하는 것이다. 이 연구에서 제시하는 분석모형은 3개 이상의 값을 갖는 범주변수(categorical variable)를 종속변수로 갖는 경우에 일반적으로 사용되는 다항로짓모형(multinomial logit model)이다. 다항로짓모형 자체는 다항프로빗모형과 함께 3개 이상의 대안들 중에서 선택이 이루어지는 결정의 상황을 분석할 때 드물지 않게 사용되어 온 일반적인 분석기법이라고 할 수 있다. 예를 들면 미국의 1992년, 1996년의 대선에서 공화당과 민주당의 후보와 함께 페로(Ross Perot)가 제3의 후보로서 등장했을 때나(Alvarez & Nagler, 1995; 1998), 서유럽과 같은 다당제 상황에서 유권자의 선택을 연구할 때 사용되었던 분석기법이다(Whitten & Palmer, 1996; Quinn, Martin, & Whitford, 1999). 2 그러나 이 연구에서 소개하는 분석기법의 차이는 기존의 다항로짓모형을 활용한 분석에서 선택의 대상을 유력한 정당이나 후보자로 제한하였던 것과는 달리 '기권'이라는 다른 형태의 '투표행위'를 선택의 대상으로 포함하는 것이다. 3 이 연구는 이러한 분석모형이 투표의 순간 유권자가 맞이하는 선택의 구조를 더욱 적절히 대표한다고 판단한다.

이러한 분석모형의 효용성을 보이기 위한 목적으로, 우리는 이 연구에서 대선 직후인 2012년 12월 31일부터 2013년 1월 16일 사이에, 서울대 한국정치연구소가 한국리서치에 의뢰해서 한국의 전체 유권자를 대표하

---

2 다항로짓모형을 이용하여 투표행태를 분석한 최근의 국내 연구로는 제19대 총선을 분석한 장승진(2012) 등이 있다.

3 이처럼 기권을 선택되어지는 대안의 하나로 분석한 선행연구로 이 글이 사용하는 다항로짓모형이 아닌 다항프로빗모형을 활용하여 1992년의 미국 대선을 분석한 래이시와 버든(Lacy & Burden, 1999)의 연구가 있다.

는 1, 200명의 유권자를 대상으로 대인면접조사 방식으로 실시한 '정치와 민주주의에 관한 의식 조사' 자료를 활용하여 제18대 대통령선거의 투표 행위를 분석하고, 그 결과를 전통적인 이항로짓모형(binomial logit model)과 비교하여 제시한다. 특히 모형의 결과비교에서 우리는 투표참여와 투표선택에 동시에 영향을 미치는 변수로서 유권자가 스스로 인식하는 자신과 주요 후보자 사이의 '이념적 거리'(ideological distance)에 주목하였다. 이러한 비교를 통해서 우리는 전통적인 이항로짓모형이 다항로짓모형보다 이념의 영향을 훨씬 제한적으로, 그러하기에 잘못된 결론과 예측으로 이끌게 될 수 있음을 시뮬레이션 기법을 활용하여 보여준다. 다음에서는 투표참여와 투표선택을 동시적으로 고려하는 분석모형의 필요성에 대한 이론적 배경과 함께 분석모형에서 주목하고자 하는 독립변인으로서 '이념'이 갖는 이론적 함의에 대한 논의로 글을 시작하고자 한다.

2. 투표참여와 투표선택의 통합모형 : 이론적 배경

투표할 것인가? 누구에게 투표할 것인가? 이 두 개의 질문이 선거연구에서 가장 오랜 역사를 가지면서도, 현재에도 여전히 가장 심도 있게, 활발히 연구가 진행되고 있는 두 개의 연구분야를 구성하는 핵심질문으로 존재해왔다는 주장에 대해 이의를 제기할 연구자는 거의 없을 것이다. 이 두 개의 질문에 대한 그간 축적된 연구의 결과를 온전히 소개하는 것조차 매우 힘들뿐만 아니라, 이 연구의 초점에서도 벗어난다. 다만 한 가지 이 연구에서 제기하고자 하는 문제와 관련하여 지적하고 싶은 부분은 그동안 이루어진 그 방대한 선거연구에서 이 두 개의 질문이 서로 독립적으로 다루어졌다는 점이다. 단적인 예로서 그동안 이루어져 온 선거에 대한 일반적인 연구의 양상을 생각해보자. 대부분의 경험적 선거연구에서는 먼저 전체 유권자를 대상으로 구성된 표본을 가지고, '왜 투표하는가'라는 질문을 가지는 연구자는 전체 표본을 대상으로 한 투표참여 분석을 수행하고, '누구에게 투표하는가'에 관심을 가지는 연구자는 다시 이 표본에서 '기권자'를 제외하고 '투표자'들로만 구성된 표본을 가지고 투표선택에 대한 분석을 수행하지 않는가?[4] 이처럼 많은 경우, 아니 거의 대부분의 기존 연구에서 투표참여에 대한 연구와 투표선택에 대한 연구는 서로 독립적으로 이루어졌다. 물론 한 연구자가 투표참여에 대한 연구와 투표선택에 대한 연구를 수행하는 일은 매우 흔하다. 한 연구에서 투표참여에 대한 연구와 투표선택에 대한 연구가 함께 이루어지는 경우 또한 흔하다. 그러나 이때에도 투표참여와 투표선택은 서로 독립적인 단계로 구성되는 경우가 대부분이다. 즉, 선거의 과정에서 유권자 개인이 마주할 수 있는 하나의 선택의 상황으로 이를 분석한 연구는 거의 찾아보기 힘들다. 투표참여와 투표선택에 대한 그간의 많은 연구들이 그 결정에 영향을 미치는 독립변수들을 상당히 많이 공유해왔다는 점을 생각하면(이에 대해서는 후술), 이와 같은 독립적 연구의 전통은 상당히 아이러니컬하다.

투표참여와 투표선택이 독립적으로 이루어져 왔다는 것은 연구자의 시각에서 선거의 국면에서 유권자 개인이 투표를 할 것인가, 말 것인가에 대한 선택을 수행하고, 투표를 한다고 선택했다면, 누구에게 투표를 할 것인가를 결정하는 상황을 가정하는 것을 의미한다. 그러나 이와 같은 단계적 선택의 상황은 일반 유권자의 시각과는 상당한 거리를 가지고 있는 것으로 보인다. 즉, 일반적인 유권자들은 투표를 할 것인가,

---

4 이처럼 투표선택의 경험적 연구에서 표본에서 '기권자'를 제외함으로써 수반되는 정보의 손실과 모형추정의 오류가능성에 대해서는 후술하겠다.

말 것인가를 먼저 결정하고, 투표를 한다고 결정한 후에, 누구를 선택할 것인가를 결정하는 것이 아니라, 선택할 대상이 되는 후보자 혹은 정당과 함께 '기권'을 선택가능한 대안의 하나로 고려한다는 것이 더욱 현실에 부합하는 가정일 것이다. 많은 경우 실질적 선택은 더 나은 후보자와 덜 나은 후보자 사이에 이루어지는 것이 아니라, 더 나은 후보자와 기권 사이에 이루어지지 않는가?5

최소한 투표참여에 대한 선택을 할 때, 이미 누구에게 투표할 것이며, 그로 인해 얻을 수 있는 효용과 비용에 대한 전망적 판단이 이루어져 있다고 가정할 수 있다. 이러한 전망적 판단이 이루어진다면, 더 이상 투표참여와 투표선택은 서로 별개의 독립적인 사건(event)이라고 보기 어렵다. 예를 들어 내가 누구에게 표를 던지던 간에 그 후보에 의해서 기대되는 정책적 입장이나, 경쟁하는 다른 후보에 의해서 기대되는 정책적 입장에 대해서 내가 큰 효용의 차이를 느끼지 못한다면, 나는 투표를 않는 것이 합리적일 수 있다. 이 경우 경쟁하는 후보들 간의 정책적 차이가 투표선택뿐 아니라, 나의 투표참여 여부에 영향을 미친다. 이는 결국 투표참여와 투표선택이 (시간적 간격을 두고) 독립적으로 이루어지는 결정이 아니라 동시에 이루어지는 하나의 선택의 상황을 의

---

5 라이커와 오데슉에 의해 정리된 '투표의 산술 함수'(*Calculus of Voting*)는 잘 알려져 있는 투표참여의 이론적 모형이다(Riker & Ordeshook, 1968). R=pB−C+D > 0으로 흔히 표현되는 이 식은 실상 (모형이 가정하는 경쟁하는 두 후보 중) 더 선호하는 후보에게 투표하는 행위로부터 기대되는 효용(*expected utility*)과 기권으로부터 기대되는 효용을 비교하는 것이다. 이 식에서 p는 개인이 선호하는 후보에게 투표함으로써 그 후보의 당선에 결정적인(*pivotal*) 영향을 미칠 수 있는 확률을 의미하는 것이기 때문이다. 이러한 투표의 산술함수에서 흔히 간과되는 내용 중의 하나는 투표참여에 따르는 비용(C)이 시민적 의무로 개인이 얻게 되는 만족감(D)보다 크면 기권을 선택하는 것이 덜 선호하는 후보에게 투표하는 것보다 언제나 더 합리적이라는 것이다.

미하는 것으로 이해할 수 있다.

이런 통합적 시각에서 본다면 '기권'은 유권자의 입장에서 선택 가능한 유효한 정치적 의사표현의 한 형태로서 이해될 수 있다. 투표선택의 연구에서 기권자를 제외하는 일반적인 관행은 이런 의사표현을 행한 유권자들을 분석에서 누락한다는 의미이며, 그러하기에 그 분석의 결론 또한 심각한 오류의 가능성으로부터 자유롭지 못하다. 예를 들어, 어떤 연구자가 경제투표의 양상을 보기 위하여 과거의 국가경제상황에 대한 평가가 현직자와 도전자 사이의 선택에 미친 영향을 투표자들만을 대상으로 하여 분석한 결과, 과거의 국가경제상황에 대해 부정적 평가를 내리는 유권자가 도전자에게 표를 던진 경우가 많은 것을 발견하였다고 가정해보자. 그런데 만약 기권자들 중에 이런 부정적 평가를 공유하는 유권자가 더 많았다고 한다면, 이 연구자는 부정적 평가의 영향을 과소평가하게 될 가능성이 커지게 되며, 거꾸로 기권자들 중에는 긍정적 평가를 내리는 유권자가 더 많았다고 한다면 영향을 과대평가하게 될 가능성이 커지는 것이다. 어느 경우이든 오류의 가능성으로부터 자유롭지 못하다. [6]

투표참여와 투표선택의 문제를 통합적으로 고려해야 하며, 기권을 유권자가 선택할 수 있는 대안의 하나로서 인정해야 한다는 데에 동의할 수 있다면, 남은 문제는 과연 '어떻게' 이를 통합하느냐의 문제이다. 이에 대해서는 크게 두 가지의 대안을 고려할 수 있다. 그 첫째는 투표참여와 투표선택이 단계적으로 이루어진다고 가정하되, 그 둘을 각각

---

[6] 통계학적으로 이는 선택의 오류(selection bias)에 해당하는 것이다. 선택의 오류에 대해서는 킹, 코헤인, 버바(King, Keohane, & Verba, 1994, 특히 pp. 129~137) 참조. 이론적으로 투표참여의 분석에서 후보들 간의 경쟁의 양상을 고려하지 않는 것 또한 오류의 가능성을 안고 있지만, 이와 같은 선택의 오류를 고려하면, 투표선택의 분석에서 기권을 제외하는 것이 더 큰 오류의 가능성을 안고 있는 것으로 보인다.

개별적으로 분석하는 것이 아니라, 하나의 모형으로 분석하는 것이다. 즉 투표선택의 결정을 투표참여의 결정 속에 포함시키는 구조(nested structure)를 가지는 것으로 모형을 구성하는 것이다. 7 다른 대안은 '기권'을 다른 경쟁하는 후보자와 함께 유권자가 선택할 수 있는 대상의 하나로 편입하는 모형을 구성하는 것이다. 이러한 두 개의 경쟁적인 모형화 전략 중에서 어떤 것을 선택하는 것이 일반적으로 더 나은지에 대해서 아직 확실한 결론은 내려지지 않았다. 결국 어떤 모형화 전략을 선택할지는 여전히 많은 부분 어떤 모형이 유권자가 맞이하는 선택의 상황을 더 잘 반영하는지에 대한 연구자의 판단에 맡겨져 있다.

이 연구에서는 두 개의 경쟁하는 모형화 전략 중 후자의 방법을 택하고자 한다. 그 이유는 무엇보다도 기존의 선거와 투표연구에서 제시되어 온 투표참여와 투표선택을 설명하는 설명변수(explanatory variables)가 상당부분 일치하기 때문이다. 즉 기존의 연구를 살펴보면 우리는 대체적으로 유사하거나 동일한 변수들이 투표참여를 설명하기 위해서, 또 투표선택을 설명하기 위해서 도입되어 온 것을 알 수 있다.

투표참여와 투표선택을 연구해 온 기존의 연구들은 대체적으로 크게 세 개의 접근방법으로 분류될 수 있으며, 이들 접근방법들은 각기 주목하는 변수의 성격과 관련하여 다음과 같은 차이를 가지는 것으로 일반적으로 평가된다. 라자스펠드와 베렐슨 등 컬럼비아 학파의 영향을 받은 인구통계학적·사회학적 입장은 유권자의 연령, 성별, 교육, 소득수준, 직업, 거주지, 종교 등과 같은 속성의 영향에 주목하였다(e. g.,

---

7 그러나 반드시 이러한 구조를 따를 필요는 없다. 유권자가 먼저 현직자에게 투표할 것인지 아닌지를 결정하고, 현직자에게 투표하지 않는 것으로 결정한다면 이후에 도전자에게 투표할지 아니면 기권할지를 결정하는 모형을 구성하는 것도 가능하다. 예를 들면 도밍게즈와 맥켄(Domingues & McCann, 1996).

Lazarsfeld *et al.*, 1944; Berelson *et al.*, 1954). 미시간 학파에 의해 주도되어 온 심리학적 입장은 부모로부터의 사회화 과정을 통하여 형성된 정당일체감(*party identification*)과 같은 정당에 대한 심리적 귀속감이나 애착, 호감도 등과 같은 개인의 심리적 속성에 주목하여 왔다(Campbell *et al.*, 1960). 이러한 입장들에 비하여 비교적 나중에 등장하였지만, 이제는 확고한 하나의 접근방법으로 자리 잡은 합리적 선택이론의 입장은 앞서의 접근방법들이 장기적이고 구조적인 속성을 가지는 변수들에 주목하는 것에 반하여, 선거운동의 쟁점, 쟁점에 대한 후보자와 유권자의 입장 차이, 거시경제적 환경과 후보자의 능력과 같은 비교적 단기적 성격을 가지는 변수들에 주목하였다(Downs, 1957; Riker & Ordeshook, 1968; Davis, Hinich, & Ordeshook, 1970; Jacobson, 1990; Cox & Munger, 1989; 문우진, 2009 등). 8 흥미로운 사실은 이들 접근방법들이 서로 다른 성격을 갖는 변수들에 주목하여 왔지만, 이들 변수들은 각각의 접근방법 내에서 투표참여를 설명하는 동시에 투표선택을 설명하는 변수로 존재하여 왔다는 것이다.

이와 같은 투표참여와 투표참여를 설명하는 변수들의 동일성 내지는 유사성은 그만큼 이러한 결정이 통합적으로 분석되어야 한다는 필요성을 상기시키는 한편, 이를 단계적으로 구분한다는 것이 쉽지 않을 뿐 아니라 무의미한 것일 수 있음을 의미한다고 판단된다. 이런 이유에서 이 연구에서는 '기권'을 종속변수의 한 값으로 포함하는, 즉 유권자가 투표 당일 선택할 수 있는 대안의 하나로 가정하는 다항로짓모형을 사용하여 이번 제 18대 대선의 투표참여와 투표선택의 행태를 분석하고

---

8 투표참여와 관련한 접근방법 및 변수의 차이, 그리고 이를 활용한 국내 연구의 동향에 대해서는 문우진(2009), 조성대(2006) 등 참조. 투표선택과 관련해서는 박찬욱·김경미·이승민(2008) 등 참조.

자 한다. 다항로짓모형은 '무관한 대안으로부터의 독립성'(*independence of irrelevant alternatives*, IIA)이라는 다소 현실성이 떨어지는 가정에 기반한다는 한계를 가지고 있지만, 대안들 사이의 유사성이 충분히 낮다면 오히려 더 효율적인 분석을 가능하게 하는 것으로 평가된다. 이 연구의 이하의 분석에서 사용될 박근혜 후보에 대한 투표, 문재인 후보에 대한 투표, 그리고 기권이라는 종속변수의 세 값은 모형의 설명변인에 의해 설명되고 남은 부분이 크게 연관되어 있으리라고 생각되지 않는바, 이는 크게 문제가 되지 않으리라 생각된다.[9]

끝으로 이하의 다항로짓모형에 포함될 설명변인에 대한 간략한 이론적 입장을 밝히고 분석으로 넘어가고자 한다. 이 연구의 목적이 새로운 분석모형의 소개에 더 큰 주안점을 두고 있는 만큼, 다음의 분석에서는 기존의 선거연구에서 투표참여와 투표선택의 설명변인으로서 제시되어 온 변수들을 사용할 것이다. 그러나 이 중에서도 특히 유권자가 스스로 인식하는 자신과 후보자의 '이념적 거리'(*ideological distance*)에 우리는 분석의 초점을 맞추고자 한다. '좋은 사회가 무엇이며 아울러 그러한 사회를 건설하기 위한 주요 수단이 무엇인가에 대하여 언어로 표현된 이미지'로 정의될 수 있는 '이념'(Downs, 1957; 박찬욱·김경미·이승민, 2008, 198쪽에서 재인용)은 앞에서 소개하였던 접근방법 중 주로 합리적 선택이론에 따른 연구에서 주목하였던 변수이다. 이 입장에서 '좌-우' 혹은 한국적 맥락에서 '진보-보수'로 대표되는 이념정향은 불확실성의 세계에서 광범한 정책쟁점에 대해 평가를 내려야 하는 유권자가

---

9 IIA 가정을 완화하여, 모형의 잔차항(*disturbance terms*)의 상관관계를 함께 추정하는 모형은 다항프로빗모형이다. 그러나 퀸과 그의 동료들의 연구(Quinn, Martin, & Whitford, 1999)는 다항프로빗모형이 다항로짓모형보다 항상적으로 더 나은 결과를 제시하는 것은 아니고, 둘 중의 무엇을 선택하는가의 문제는 데이터의 성격에 의존하는 바가 크다고 밝힌다.

필요한 정보를 얻는 첩경(*informational cue*)으로서 의존하는 것이며, 또한 이를 알고 있는 정당들이 유권자의 선택을 받기 위하여 적극적으로 만들어가는 것이기도 하다. 합리적 선택이론은 유권자가 자신과 후보자의 이념적 근접성(*ideological proximity*)에 근거하여 최단거리의 선택을 하는 것을 합리적이라고 평가한다.

이 연구에서 우리가 '이념'에 주목하고자 하는 이유는 먼저 민주화 이후 치러진 일련의 한국 선거에서 초기의 지역주의의 강력한 영향이 서서히 약화되는 경향을 보이는 반면, '이념'적 요인의 영향이 점차 증대된다는 경험적 증거가 최근의 선거연구를 통해서 제시되고 있기 때문이다(박찬욱·김경미·이승민, 2008; 이지호, 2009; 강원택, 2003; 2010; 장승진, 2012 등). 그러나 우리가 '이념'에 주목하는 진정한 이유는 이보다는 이 변수가 기존 연구에서 제시되어 온 다른 변수들과 달리 '변화'가 상대적으로 용이하다는 것이다. 즉 정당의 전략과 노력에 의하여 변화가 가능하다는 것이다. 물론 이는 다른 변수들과의 상대적인 측면에서 그렇다는 점에서 주의를 요한다. 유권자가 정당의 이념에 대해 가지는 인식과 평가는 정당의 정강정책(*manifesto*)과 그 실천의 양상에 대한 오랜 기간에 걸친 관찰의 결과 형성되는 것이기에 쉽게 변하기 어렵지만 그렇다고 불변의 것도 아니다. 1990년대 말 2000년대 초반 이른바 '제3의 길'을 주창하며, 온건한 성격의 중도좌파로의 변신을 꾀한 영국의 노동당과 독일의 사회민주당의 선거에서의 성적표는 이러한 가능성을 보여준다. 이런 측면에서 유권자가 평가하는 정당의 이념은 정당의 선거운동전략과 밀접한 관련을 갖는다. 선거운동을 통하여 정당이 유권자들에게 어떤 이미지를 심어줌으로써 경쟁하는 다른 후보와 자신, 그리고 기권 사이에서 갈등하는 유권자로 하여금 자신에게 표를 던지게 할 수 있는가에 분석의 초점을 맞추고자 하는 것이다.

3. 데이터 및 변수의 소개와 기초 분석

이제부터 우리는 투표참여와 기권의 결정이 누구에게 투표하는가라는 결정과 함께 동시적으로 이루어진다는 가정에 기초하여, 제18대 대통령선거에서 보인 유권자의 투표행태를 경험적으로 분석한 결과를 제시하고자 한다. 이 절에서는 다항로짓모형에 의한 분석결과를 제시하기에 앞서, 분석에 사용되는 데이터와 변수의 조작화, 그리고 몇몇 중요 변수에 대한 기초분석(Preliminary Analysis)의 결과를 소개하고자 한다. 이 연구에는 서울대 한국정치연구소가 한국 리서치에 의뢰해서 대선 직후인 2012년 12월 31일부터 2013년 1월 16일 사이에 한국의 전체 유권자층을 성별, 연령별, 지역별 차원에서 대표하는 1,200명의 유권자를 대상으로 대인면접조사 방식으로 실시된 '정치와 민주주의에 관한 의식 조사' 자료가 사용되었다. 투표참여의 여부를 투표선택과 동시적으로 고려하는 연구의 성격에 따라, 분석의 대상이 되는 종속변수는 기권(0의 값으로 코딩), 박근혜 후보에게 투표(1), 문재인 후보에게 투표(2)라는 세 개의 값을 갖는 **투표선택**이라는 변수가 구성되었다. 다음의 〈표 10-1〉은 제18대 총선의 실제 투표결과와 이 연구에 사용된 표본의 투표결과를 보여준다. (마지막 열은 이후에 제시되는 다항로짓모형의 결과에 의한 추정치를 보여준다. 이에 대해서는 본문에 해당하는 부분에서 다시 언급하도록 할 것이다.)

이미 알고 있는 바와 같이 제18대 대통령선거는 75.8%의 유권자가 투표에 참여하여 박근혜 후보가 유효투표의 51.6%를 얻어서 당선되고, 유효투표의 48%를 얻은 문재인 후보는 낙선하였다. 〈표 10-1〉의 내용은 이와는 다른 방식으로 구성된 통계로 박종선, 김소연, 강지원, 김순자 후보에 대한 투표를 제외하고, 기권, 박근혜 후보, 문재인 후보

〈표 10-1〉제18대 대통령선거 실제 투표행태와 표본 투표행태 비교

	실제		표본		모형추정
	(명)	(%)	(명)	(%)	(%)
기권	9,786,383	24.3	136	11.5	5.2
박근혜 투표	15,773,128	39.2	586	49.6	55.5
문재인 투표	14,692,632	36.5	460	38.9	39.4
계	40,252,143	100.0	1,182	100.0	100.0

주 : 백분율은 기권, 박근혜 투표자, 문재인 투표자의 합을 분모로 하여 산출되었다.

가 획득한 표를 분모로 하여 산출된 비율을 보여주며, 표본의 비율도 같은 방식으로 계산되었다. 우선 언급할 수 있는 부분은 비록 박근혜 후보가 유효투표의 과반수를 얻었지만, 전체 유권자를 기준으로 보면 39.2%에 약간 못 미치는 득표로 당선되었음을 확인할 수 있다. 이는 약 24%에 해당하는 기권자들이 투표에 참여하였더라면 결과는 달라질 수도 있었다는 것을 의미한다. 다음으로 표에서 표본의 투표율이 실제보다 훨씬 과대하게 나타난다는 점과 승자의 득표율이 실제득표율보다 훨씬 더 크게 보고되는 것을 발견할 수 있다. 이는 선거 후 조사에서 매우 일반적으로 발견되는 현상으로, 이하의 결과분석에서 이러한 체계적인 오류(systematic error)가 있음에 유의해야 한다는 것을 시사한다.

다음으로 이 연구에 이용되는 독립변수들은 크게 인구통계학적 변수군, 정치적 변수군, 경제투표변수군, 그리고 이념변수군으로 구성되어 있다. 인구통계학적 변수군에는 여성(1의 값을 갖도록 코딩; 남성은 0), 연령, 소득(가계소득 수준이 199만 원 이하는 1; 299만 원 이하는 2; 399만 원 이하는 3; 499만 원 이하는 4; 500만 원 이상은 5), 교육수준(중졸 이하 1; 고졸 2; 전문대 3; 4년제 대학 졸업 이상 4), 광주/전북/전남 거주자(1; 다른 지역 0), 대구/경북 거주자(1; 다른 지역 0)의 변수가 포함되어 있다. 연령의 경우, 특히 이번 대통령선거에서 20대, 30대의 투표행태가 관심

의 초점이 되었기에, 이를 별도로 이항변수(*dummy variable*)화한 젊은유권자 변수(19세 이상 39세 이하)를 구성하여 분석에 포함하였다.

기권과 투표선택의 관계를 보다 통합적이고 동시적인 시각에서 분석해야 할 필요성을 다음과 같은 그림을 통해서 다시 확인할 수 있는 것으로 판단된다. 〈그림 10-1〉은 응답자를 연령에 따라 19세에서 39세까지 (n=462), 40세에서 49세까지(n=265), 그리고 50세 이상(n=473)의 세 집단으로 구분하고, 각 집단별로 투표선택의 분포양상을 보여준다.

〈그림 10-1〉에서 주목할 수 있는 부분은 각 연령집단별로 박근혜 후보와 문재인 후보에 대한 투표선택에서 매우 확연한 차이가 발견된다는 점과 함께, 투표참여/기권의 비율 또한 매우 큰 차이를 보인다는 점이다. 결국 이는 20대, 30대 유권자들이 50대 이상의 유권자들과 비슷한 양상의 투표율을 보였다면, 투표자 집단 사이의 선택비율을 고려할 때, 결과는 사뭇 다른 양상이 전개되었을 가능성이 있었다는 것을 의미하며, 과연 어떠한 요인들이 이들 젊은 유권자들로 하여금 기권을 선택하게 하였으며, 이들이 투표하였더라면 어떤 선택을 하였을까를 체계적으로 분석하는 것이 매우 중요함을 시사한다.

독립변수 중 정치적 변수군에는 정치관심도, 정당일체감(새누리당/민주통합당), 안철수 지지, 정치효능감 변수가 포함된다. 이 연구에 사용된 설문조사에서는 "귀하께서는 일반적으로 선거나 정치적 사안에 대해 주위 사람들과 얼마나 자주 이야기하십니까?"라는 질문을 하고, 응답자로 하여금 전혀 하지 않는다(1), 일주일에 한 번 미만(2), 일주일에 1~2번(3), 일주일에 3~4번(4), 거의 매일(5) 중에서 선택하게 하였다. 이를 바탕으로 정치관심도 변수를 구성하였다. 다음으로 정당일체감은 "선생님께서는 우리나라에 있는 정당 중 가깝게 느끼는 정당이 있습니까?", "그렇다면 그 정당은 무엇입니까?", "(가깝게 느끼는 정당

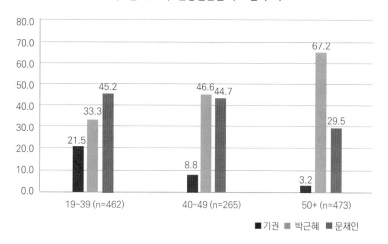

〈그림 10-1〉 연령집단별 투표선택 비교

이 없다면) 그래도 다른 정당에 비해 조금이라도 더 가깝게 느끼는 정당이 있습니까?", "그렇다면, 그 정당은 어느 정당입니까?"라는 네 개의 연속된 질문에 대한 대답을 토대로 새누리당 정당일체감(1/0), 민주통합당 정당일체감(1/0)이라는 두 개의 이항 변수를 구성하였다.10 정치효능감은 내적·외적 효능감을 묻는 4개의 연속된 질문11에 대한 동의의 강도에 기초하여 낮은 효능감(1)/중간 정도의 효능감(2)/높은 효능감(3)의 세 개의 값을 가지는 서열변수(ordinal variable)로 구성하였다. 정치적 변수군 중 마지막으로 이번 대통령선거에서 안철수 전 예비후보가 불러일으킨 영향을 고려하여 안철수 지지(1/0)라는 이항 변수를 구성하였

---

10 처음의 질문에서 가깝게 느끼는 정당이 없다고 대답했지만, 이어지는 질문에서 조금이라도 더 가깝게 느끼는 정당이 있다고 대답한 응답자는 그 해당 정당에 대한 일체감을 보인 것으로 코딩하였다.

11 4개의 질문은 다음과 같다: "나 같은 사람은 정부가 하는 일에 대해 어떤 영향도 주기 어렵다", "정부는 나 같은 사람들의 의견에 관심이 없다", "나는 한국이 당면하고 있는 중요한 정치문제를 잘 이해하고 있다(이 질문의 경우 치환이 필요)", "대부분의 한국 사람은 정치나 행정에 대해 나보다 잘 알고 있다"

다.12 다음의 〈그림 10-2〉는 앞서의 〈그림 10-1〉과 마찬가지의 방식으로 정당일체감을 표현한 집단과 무당파, 그리고 안철수 지지를 표명했던 유권자 집단들의 투표선택의 분포를 보여준다. 다만 유의할 점은 전자의 집단과 후자의 안철수 지지를 표명했던 유권자 집단은 서로 다른 문항에 기초하여 구성된 것이기에 각 집단의 합이 표본의 크기와 일치하지 않는다는 점이다.13 이를 통해서 다시 확인할 수 있는 것은 정당일체감을 표명한 유권자 집단과 그렇지 않은 유권자 또는 후보사퇴 이전 안철수 전 예비후보를 지지했던 유권자 집단 사이에 기권자의 비율이 큰 차이를 보인다는 점이다.

독립변수 중 경제투표와 관련한 변수군에는 "지난 5년간 우리나라의 경제상태가 좋아졌다고 생각하십니까 아니면 나빠졌다고 생각하십니까?", "지난 5년간 귀하의 가정 형편이 좋아졌다고 생각하십니까 아니면 나빠졌다고 생각하십니까?"라는 두 개의 질문을 토대로 구성한 과거 국가경제상황(retrospective-sociotropic voting), 과거 가정경제상황(retrospectivepocketbook voting)이라는 두 개의 서열척도[5점: 매우 나빠졌다(1)/매우 좋아졌다(5)]를 포함하였다.14

독립변수 중 이념변수군에 포함되는 변수를 구성하기 위해서 이 연구에서는 매우 진보(0)에서 매우 보수(10)의 11점으로 구성되는 이념척도(ideological scale) 상에서, 유권자 본인이 스스로 판단하는 자신의 위

---

12 이 설문조사에서는 12월 19일에 투표한 후보와 응답자가 원래 지지하던 후보가 동일인인지의 여부를 묻고, 다른 경우 원래 누구를 지지하고 있었는지를 질문하였다. 이 이항변수는 이에 대한 대답을 통하여 구성하였다.

13 더욱 구체적으로 안철수 지지를 표명했던 157명은 정당일체감을 표명하지 않았던 무당파(351명)의 일부를 구성한다.

14 설문에는 향후 5년간의 경제상황을 전망하는(prospective) 문항이 포함되어 있지만, 통계분석에서 유의미하지 않은 것으로 나타남에 따라 제외하였다.

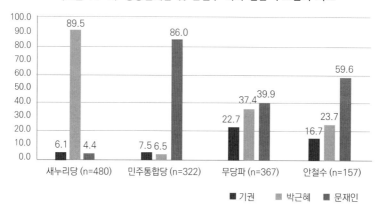

〈그림 10-2〉 정당일체감 및 안철수 지지 집단 투표선택 비교

■ 기권 ■ 박근혜 ■ 문재인

치, 그리고 역시 유권자가 주관적으로 판단하는 박근혜, 문재인 두 후보의 이념적 위치를 묻는 세 개의 문항을 사용하였다. 다음의 〈그림 10-3〉은 이들 세 개의 변수값들이 보여주는 커널 덴시티(*kernel density*)와 각 변수의 평균값을 보여준다. 이를 통해서 유권자들은 스스로를 중도에 가깝게(평균값 = 5.204), 그리고 박근혜 후보는 상대적으로 보수적으로(평균값 = 6.913), 문재인 후보는 상대적으로 진보적인 것으로(평균값 = 3.744) 인식하고 있음을 알 수 있다. 그리고 이어지는 〈그림 10-4〉는 앞서의 그림들과 같이 유권자 본인의 이념위치에 기반하여 이를 보수(≥6), 중도(5), 진보(≤4)의 세 집단으로 나누고, 각 집단별로 투표선택의 분포를 보여준다. 이를 통해서 기권의 선택비율이 집단별로 다르다는 것을 다시 확인할 수 있다.

이 연구에서는 이를 토대로 유권자가 스스로 판단하는 본인과 박근혜 후보, 본인과 문재인 후보의 이념적 거리를 측정하는 두 개의 연속변수인 이념적 거리 : 나-박근혜 후보, 이념적 거리 : 나-문재인 후보를 구성하였다. 그리고 이에 더하여 후보들과의 이념적 거리와 투표참여/

〈그림 10-3〉 유권자가 스스로 인식하는 본인, 박근혜 후보, 문재인 후보의 이념 위치

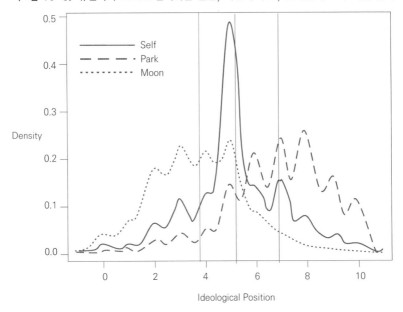

〈그림 10-4〉 유권자의 자기 이념 평가와 투표선택 비교

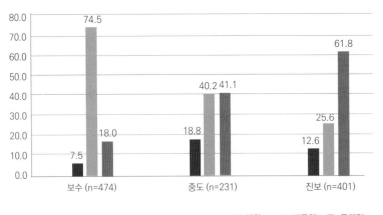

기권여부와의 관계를 파악하기 위한 목적으로 앞의 두 이념거리 중 작은 값을 택하는 최단이념거리라는 변수를 구성하였다.

앞서 독립변수군을 소개할 때는 언급하지 않았지만, 이 연구에서는 기초분석의 결과 기권의 비율이 독립변인에 따라 유의미하게 변화하는 것으로 의심되기에 이를 더욱 적절히 통제하기 위한 목적으로 투표의무감이라는 이항 변수를 구성하였다. 그리고 마지막으로 변수들 간의 상호작용(interaction effects)의 존재여부를 파악하기 위하여 최종적으로 두 개의 복합변수(multiplicative variables)를 구성하였다. 그 첫째는 상대적

〈표 10-2〉 표본 기술 통계

	전체 표본			모형표본(결측값제외)		
여성	1,200	0.50	0.50	1,005	0.51	0.50
연령	1,200	45.23	14.91	1,005	45.55	14.85
젊은유권자(39이하)	1,200	0.39	0.49	1,005	0.38	0.48
소득	1,195	3.10	1.34	1,005	3.11	1.35
교육수준	1,191	2.73	1.12	1,005	2.72	1.12
지역						
광주/전북/전남	1,200	0.10	0.30	1,005	0.11	0.32
대구/경북	1,200	0.10	0.31	1,005	0.12	0.33
정치관심도	1,186	2.16	0.94	1,005	2.17	0.95
정당일체감						
새누리당	1,169	0.41	0.49	1,005	0.43	0.49
민주통합당	1,169	0.28	0.45	1,005	0.28	0.45
안철수지지	1,136	0.14	0.35	1,005	0.14	0.34
정치효능감	1,200	1.68	0.71	1,005	1.65	0.71
경제투표						
과거 국가경제상황	1,199	2.27	0.86	1,005	2.30	0.87
과거 가정경제상황	1,199	2.59	0.78	1,005	2.59	0.79
투표의무감	1,200	0.69	0.46	1,005	0.68	0.47
이념적 거리						
나 – 박근혜후보	1,116	2.32	2.06	1,005	2.27	2.04
나 – 문재인후보	1,113	2.08	1.91	1,005	2.06	1.86
최단이념거리	1,116	1.09	1.17	1,005	1.05	1.12

주 : 모형표본은 사례의 변수값 어느 하나에 결측치가 발견되었을 때 해당 사례전체를 제외하고 남은, 다항로짓모형의 추정에 실제 사용된 사례이다.

으로 높은 수준의 변량을 보이는 젊은 유권자(39세 이하) 층의 투표선택에 미치는 두 주요 후보와의 이념적 거리 인식이 미치는 영향을 살피기 위한 젊은유권자 * 최단이념거리 변수이며, 다음은 역시 같은 이유에 의한 안철수지지 * 최단이념거리 변수이다. 지금까지 소개한 독립변수에 대한 기술통계의 결과는 〈표 10-2〉와 같다. 15

4. 제 18대 대선의 투표선택 분석: 다항로짓모형

다음의 〈표 10-3〉은 다항로짓모형(Multinomial Logit Model)을 이용하여 제 18대 대통령선거의 투표선택의 양상을 분석한 결과를 보여준다. 〈표 10-3〉은 비교를 위하여 우리에게 친숙한 이항로짓모형의 분석결과를 함께 보여준다. 이항로짓모형의 경우, 전체 표본에서 기권자를 제외한 결과 사례수가 914명인 것을 확인할 수 있다. 반면에 다항로짓모형은 앞의 사례에 기권자가 추가된 1,005명을 최종표본에 포함한다. 이항로짓모형은 두 주요 후보 중 박근혜 후보에 대한 투표를 1(문재인 후보에 대한 투표 = 0)로 코딩한 종속변수를 사용하였기에, 추정된 회귀계수의 값은 해당 독립변수값의 변화에 따라 박근혜 후보에 대해 투표할 확률이 문재인 후보에 대해 투표할 확률에 비교하여 상대적으로 증가 — 부호가 양(+)인 경우 — 혹은 감소 — 부호가 음(−)인 경우 — 하는 양상을 보여준다.

다항로짓모형의 추정된 회귀계수는 이항로짓모형과는 달리 세심한 주의를 요구한다. 이 연구는 투표선택의 가능한 세 개의 값 중 "기권"을

---

15 종속변수의 분포는 앞의 〈표 10-1〉 참조.

<표 10-3> 제18대 대선의 투표선택 분석: 다항로짓모형

	이항로짓		다항로짓			
			박근혜/기권		문재인/기권	
	회귀계수(표준오차)		회귀계수(표준오차)		회귀계수(표준오차)	
상수	0.311	(1.192)	-6.128***	(1.469)	-6.481***	(1.470)
여성	0.265	(0.230)	0.280	(0.288)	-0.039	(0.286)
연령	0.010	(0.015)	0.083***	(0.020)	0.076***	(0.021)
젊은 유권자(39 이하)	-0.214	(0.471)	0.586	(0.595)	0.798	(0.601)
소득	0.063	(0.104)	0.127	(0.125)	0.036	(0.124)
교육수준	-0.120	(0.134)	0.435**	(0.167)	0.575***	(0.165)
지역						
광주/전북/전남	-0.760*	(0.461)	0.507	(0.699)	1.236**	(0.565)
대구/경북	1.451**	(0.455)	0.498	(0.443)	-0.782	(0.522)
정치관심도	0.081	(0.128)	0.564**	(0.183)	0.525**	(0.181)
정당일체감						
새누리당	2.732***	(0.302)	1.387***	(0.346)	-1.310***	(0.412)
민주통합당	-2.223***	(0.302)	-1.233**	(0.417)	1.002**	(0.340)
안철수 지지	-0.802*	(0.426)	-0.752	(0.513)	-0.116	(0.461)
정치효능감	0.074	(0.159)	0.396*	(0.212)	0.273	(0.212)
경제투표						
과거 국가경제상황	-0.056	(0.142)	0.275	(0.191)	0.309	(0.189)
과거 가정경제상황	-0.158	(0.159)	-0.541**	(0.212)	-0.355*	(0.215)
투표의무감	-0.075	(0.245)	1.484***	(0.293)	1.592***	(0.292)
이념적 거리						
나 – 박근혜후보	-0.432***	(0.085)	-0.161	(0.101)	0.213**	(0.086)
나 – 문재인후보	0.084	(0.091)	0.150*	(0.128)	0.027	(0.139)
최단이념거리	0.393	(0.286)	0.519*	(0.312)	0.194	(0.315)
복합변수						
젊은유권자 * 최단이념거리	0.082	(0.199)	-0.506**	(0.200)	-0.552**	(0.204)
안철수지지 * 최단이념거리	-0.095	(0.254)	-0.191	(0.335)	-0.007	(0.305)
사례수	914		1,005			
예측정확도(PCP)	86.1%		78.8%			
로그우도	-267.71		-488.90			

주 : 이항로짓모형의 표본은 박근혜 투표자(1)와 문재인 투표자(0)만을 포함한다. 다항로짓모형은 박근혜 투표자
와 문재인 투표자, 그리고 기권자를 포함한다. 다항로짓모형의 기준범주(baseline category)는 기권으로 설정
되었다. 다항로짓모형의 회귀계수에 대한 해석은 본문의 설명참조.
 * p < 0.1, ** p < 0.05, *** p < 0.001

다항로짓모형의 기준범주(baseline category)로 설정하였다. 이에 따라 우리는 〈표 10-3〉에서 각각의 독립변수별로 "박근혜/기권," "문재인/기권"이라는 제하에 두 세트의 회귀계수를 발견할 수 있다. 이때, "박근혜/기권" 아래의 회귀계수는 독립변수 값의 변화에 따라 박근혜 후보에게 투표할 확률이 기권할 확률에 비교하여 변화하는 정도를 의미한다. 마찬가지로 "문재인/기권" 아래의 회귀계수는 기권할 확률에 비교하여 독립변수 값의 변화에 따라 문재인 후보에게 투표할 확률변화의 정도를 보여준다. 알바레즈와 나글러(Alvarez & Nagler, 1998)가 밝히고 있듯이, 다항로짓모형과 이항로짓모형은 계산적으로 동가(computationally equivalent)이다.[16] 이러한 사실은 다항로짓모형에서 박근혜/기권 아래의 회귀계수에서 문재인/기권의 회귀계수를 빼면 결국 이항로짓모형에서 제시하고 있는 회귀계수와 매우 근사한 값을 갖는 것에서 확인할 수 있다.

비록 다항로짓모형의 결과는 이항로짓모형의 결과와 동가의 것이기는 하지만, 〈표 10-3〉은 다항로짓모형의 결과가 훨씬 풍부한 해석을 가능하게 해준다는 것을 보여준다. 예를 들어 정당일체감과 관련한 두 변수의 결과를 살펴보면, 새누리당에 대해서 일체감을 가지는 유권자의 박근혜 후보에 대한 높은 투표경향은 기권을 기준으로 박근혜 후보에 대한 선택이 가지는 양의 계수와 문재인 후보에 대한 선택이 가지는 음의 계수가 복합적으로 작용하는 결과라는 것을 알 수 있다. 이는 다른 변수들의 영향에 의하여 어쩔 수 없이 박근혜 후보를 선택하지 못하는 상황이 온다면, 이 유권자는 문재인 후보에게 투표하는 것보다는 차

---

16 이는 비록 완전히 똑같은 추정치를 제시하지는 않을지라도, 같은 모수(the same parameter)를 추정하는 것이기에 무한표본추출이 가능하다는 수학적 가정에서 결국에는 같은 값으로 수렴하게 되는 추정자(consistent estimator)라는 것을 의미한다.

라리 기권을 선택할 것이라는 해석을 가능하게 한다. 한국 선거의 전통적인 설명변수인 지역주의와 관련된 두 변수 역시 유사한 메커니즘으로 작용한다는 것을 표를 통하여 확인할 수 있다.

비슷한 맥락에서 이념적 거리 변수의 경우 이항로짓모형에서 발견되는 나와 박근혜 후보의 이념적 거리가 보여주는 (실질적인 의미에서와 통계적인 의미 모두에서) 상대적으로 큰 수준의 음의 회귀계수의 이면에는 유권자와 박근혜 후보의 이념적 거리가 멀어질수록 (비록 통계적으로 유의미하다고 보기는 어렵지만) 박근혜 후보와 기권의 관계에서는 상대적으로 기권을 선택하게 될 확률이 증가되는 경향과 문재인 후보와 기권의 관계에서는 문재인 후보를 선택하게 될 확률이 증가하는 경향이 함께 작용한다는 것을 다항로짓모형의 결과는 보여준다.

그러나 다항로짓모형은 이항로짓모형의 결과에 대한 더욱 풍부한 해석을 가능하게 해줄 뿐만 아니라, 미처 이항로짓모형이 보여주지 못하는 결과를 보여줄 수 있다는 것을 표에서 아울러 확인할 수 있다. 표에서 우리는 이항로짓모형의 결과를 보고 연령, 교육수준, 정치관심도 변수가 박근혜 후보와 문재인 후보의 선택에 기대와는 달리 통계적으로 유의미한 차이를 만들지 못한다고 판단할 수 있다. 그러나 다항로짓모형의 결과는 이들 변수가 각각 기권에 비교하여 박근혜, 문재인 두 후보에게 투표할 확률을 증가하는 데 기여하지만, 이렇게 증가된 투표가 어느 한 후보에게 집중되는 것과는 거리가 있다는 것을 시사한다.

비슷한 맥락에서 최단이념거리와 관련된 세 개의 변수(최단이념거리와 젊은 유권자 * 최단이념거리, 그리고 안철수지지 * 최단이념거리) 중 특히 앞의 두 변수는 매우 의미심장한 결과를 보여준다. 이항로짓모형의 결과는 이들 두 변수가 모두 통계적 유의수준과는 거리가 먼 것으로 나타난다. 그러나 다항로짓모형의 결과에서 젊은 유권자 * 최단이념거리 변수의 추정된 회귀계수가 의미하는 것은, 젊은 유권자들의 경우, 다른 연령대의 유권자들과는 달리 박근혜 후보와 문재인 후보 모두에게 느끼는 이념적 간극이 벌어질수록 그중의 하나에게 투표를 하기보다는 차라리 기권을 선택하는 경향성을 보이고 있음을 밝혀준다. 이항로짓 모형의 결과만을 놓고 보게 되면, 후보들이 취하는 이념적 입장과 이에 대해서 유권자가 인식하는 이념적 거리가 투표선택에 미치는 영향이 매우 제한적이라는 결론에 성급하게 도달할 수 있었을 것이다. 그러나 다항로짓모형의 결과는 이와는 사뭇 다른 결론에 더 힘을 실어준다.

이상에서 우리는 이항 및 다항로짓모형의 결과를 통해서 어떤 변수가 통계적으로 의미 있는 영향을 어떤 방향성을 가지고 미쳤는지를 살펴보았다. 하지만 아마도 더욱 관심을 끄는 것은 '얼마나'의 문제일 것이다. 그러나 로짓모형은 독립변수의 증가에 의한 종속변수의 증가가 비선형적 관계(*nonlinear relationship*)를 가지는 것으로 가정하기에 그 실질적 영향(*substantive effects*)의 크기에 대한 해석이 어렵다. 더욱이 다항로짓모형의 추정회귀계수는 종속변수의 기준범주에 대비한 다른 대안들과의 상대적 관계를 보여주기에 그 실질적 의미를 해석하기가 더욱 까다롭다. 이에 로짓모형을 분석에 사용할 때, 많은 경우 그 실질적 의미의 해석을 위하여 예측치(*prediction*)를 사용한다. 이 연구에서도 이를 따라 몇 가지의 가상적 시나리오에 따른 각각의 투표선택의 대안들이 선택될 확률을 계산하였다. 다음의 〈표 10-4〉는 그 결과를 보여준다. (우선 로짓모형의 특성에 따라 모형추정확률 아래에 있는 박근혜 후보에게 투표할 확률, 문재인 후보에게 투표할 확률, 그리고 기권할 확률의 값의 합은 언제나 1이 되는 것을 확인할 수 있다.)

제일 먼저 모든 독립변수의 값이 평균에 해당하는 경우 박근혜 후보에게 투표할 확률, 문재인 후보에게 투표할 확률, 그리고 기권할 확률은 각각 57.9%, 35.61%, 6.5%에 해당한다고 추정되는 것을 확인할 수 있다. 이 경우 가장 높은 확률을 보이는 대안이 선택된다는 가정에 따라 이러한 특성을 보이는 유권자는 박근혜 후보에게 최종적으로 투표할 것이라고 기대할 수 있다. 그러나 이러한 예상추정치는 이항변수를 포함한 모든 독립변수의 평균값에 근거한 것이기에 현실성이 떨어진다. 이에 어느 정도의 대표성을 가지는 보다 현실감을 가지는 가상의 유권자를 상정하고, 그 유권자의 개별 투표선택의 확률을 추정하여 보았다. 추정에 사용된 가상유권자는 여성, 45세, 가계소득이 300만 원 이상 400만 원 미만, 전문대 졸업, 수도권 거주, 정치관심도는 그다지

〈표 10-4〉 모형추정 결과에 따른 가상적 투표자 투표행태 비교

투표자 특성	모형추정확률 (%)		
	박근혜 후보에게 투표할 확률	문재인 후보에게 투표할 확률	기권할 확률
〈표 2〉의 모든 값이 모형평균값인 경우	57.88	35.62	6.50
〈사례1〉여성, 45세, 가계소득(300만 이상, 400만 미만), 전문대 졸업, 수도권 거주, 정치관심도(2), 일체감을 느끼는 정당 없고, 정치효능감(2), 과거의 국가·가정경제상황에 대해서 다소 부정적 평가(각 2), 투표에 대한 의무감 확고, 각 후보와의 이념적 거리 모두 2인 유권자	66.47	31.45	2.08
〈사례1〉에서 새누리당에 일체감을 느끼는 경우	96.18	3.07	0.75
〈사례1〉에서 민주통합당에 일체감을 느끼는 경우	18.08	79.98	1.94
〈사례1〉에서 4년제 대학교육을 받은 경우	63.93	34.78	1.29
〈사례1〉에서 연령이 24세인 경우	52.95	32.52	14.53
〈사례1〉에서 연령이 24세이며, 정치관심도가 1인 경우	47.14	30.12	22.74
〈사례1〉에서 박근혜 후보와의 이념적 거리가 4이며, 문재인 후보와의 이념적 거리가 1인 경우	44.18	51.92	3.89
〈사례1〉에서 연령이 24세이며, 투표의무감 낮으며, 박근혜 후보와의 이념적 거리가 4, 문재인 후보와의 이념적 거리가 2인 경우	19.44	23.53	57.03

주: 모형추정확률을 계산하기 위하여 〈표 10-3〉의 다항로짓모형의 추정회귀계수를 적용.

높지 않으며(2), 일체감을 느끼는 정당 없고, 정치효능감 또한 그리 높지 않다(2). 과거의 국가·가정경제상황에 대해서 다소 부정적 평가를 내리고 있지만(각 2), 투표에 대한 의무감은 확고하며, 스스로의 이념적 위치에 대해서 5, 박근혜 후보에 대해서 7, 문재인 후보에 대해서 3 정도의 인식을 한다. 이러한 성격은 다항로짓모형의 분석에 사용된 각 변수별로 최빈값(mode)에 해당하는 것이다. 이와 같은 대표유권자에 대해, 이 연구의 모형은 박근혜 후보, 문재인 후보, 그리고 기권을 선택할 확률이 각각 66.5%, 31.5%, 2.1% 정도인 것으로 추정한다. 이 유권자가 만약 다른 모든 조건이 동일한 상태에서, 새누리당에 대해 일체감을 가지게 된다면, 개별 대안에 대한 추정확률은 96.2%, 3.1%, 0.8%로 변화하게 된다. 반대로 이 유권자가 민주통합당에 대해 일체감을 느끼게 된다면 추정확률은 18.1%, 80.0%, 1.9%로 변화하는 것으로 모형은 예상한다. 이를 통해서 한국 선거에서 유권자가 가지는 정당일체감의 영향력의 크기를 가늠할 수 있다.

다음의 사례들은 비슷한 방법으로 교육수준, 연령, 정치관심도, 이념 등을 변화시키며, 그에 따른 각 대안의 선택확률의 변화를 살펴보고 있다. 이 중 이념적 거리의 영향을 살펴보면, 앞의 대표〈사례 1〉에서 유권자가 박근혜, 문재인 두 후보 모두에게 2만큼의 이념적 간격을 인식하고 있던 것을 박근혜 후보의 이념적 위치를 9로 변화시키고(이념적 거리 4), 문재인 후보의 이념적 위치를 4(이념적 거리 1)의 거리로 변화시키게 되면, 모형은 이 유권자가 근소한 차이로 문재인 후보에게 투표했으리라고 추정한다. 물론 얼마나 많은 유권자가 이와 같은 특성을 공유하는가에 달려 있기는 하지만, 이러한 결과는 각 후보가 전략적으로 택하는 이념적 입장과 이러한 이념적 입장이 유권자에게 인식되는 결과에 따라 선거의 결과가 매우 다른 양상으로 전개될 수 있음을 보여준다.

마지막의 사례는 다항로짓모형만이 할 수 있는 추정예상치이다. 이 사례에서 우리는 유권자가 〈사례 1〉의 다른 특성을 공유한 상태에서 연령이 24세, 투표의무감이 낮고, 박근혜, 문재인 후보에게 각각 4와 2만큼의 이념적 거리감을 가지는 것으로 변화시켰다. 그 결과 우리는 각 대안에 대한 추정확률이 19.4%, 23.5%, 57.0%로 추정됨을 확인할 수 있다. 즉, 모형은 기권 또한 선택가능한 대안의 하나로 예상하고 있는 것이다.

이러한 추정확률은 여러 변수들이 복합적으로 작용한 결과이기에 어느 한 변수, 특히 우리가 주목하고자 하는 이념의 영향을 독립적으로 살펴보기 어렵다. 그래서 이번에는 다항로짓모형의 분석에 사용된 표본 전체에 대해서, 유권자가 스스로 인식한 자신의 이념위치를 포함한 다른 모든 변수들의 값은 동일하게 유지하면서, 유권자가 인식하는 박근혜, 문재인 후보의 이념적 위치를 매우 진보(0)에서 매우 보수(0)로 변화시켜 보았다. 이에 따라 모형에 포함되는 각 후보와의 이념적 거리 및 최단이념거리가 변화하게 되며, 이렇게 변화된 값을 이용하여 각각의 대안에 대한 선택확률을 계산할 수 있고, 그중 가장 높은 확률로 추정된 대안이 선택된다는 가정에 따라 전체 표본에서 박근혜 후보에 대한 투표율, 문재인 후보에 대한 투표율, 그리고 기권율을 추정할 수 있다. 다음의 〈그림 10-5〉는 이러한 시뮬레이션(simulation)을 통해서 얻게 된, 두 후보의 이념적 위치에 따른 전체표본의 예상기권율을 보여준다.

그림에는 잘 나타나 있지 않지만, 시뮬레이션의 결과는 박근혜 후보의 이념적 위치가 10, 문재인 후보의 이념적 위치가 5일 때 가장 낮은 기권율(3.2%), 즉 가장 높은 투표율을 예상할 수 있는 것으로 예상한다. 이는 앞의 다항로짓모형의 분석결과를 바탕으로 생각하면, 박근혜 후보의 이념적 위치가 극에 고정되어 있는 상태에서 문재인 후보가 상

〈그림 10-5〉 박근혜, 문재인 후보의 가상적 이념위치에 따른 예상 기권율

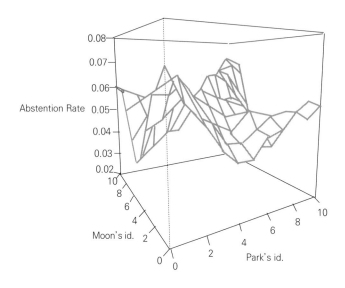

대적으로 중앙에 위치하게 되면서, 높은 기권율을 보였던 젊은 유권자
층을 중심으로 최단이념거리가 짧아지게 됨에 따라, 이들이 많이 투표
장으로 유입되는 것을 예상하는 결과로 해석할 수 있을 것이다. 역으로
가장 높은 기권율(7.3%), 즉 가장 낮은 투표율은 박근혜 후보의 이념
적 위치가 10, 문재인 후보의 이념적 위치가 10인 경우에 기록될 것으
로 모형은 예상한다. 문재인 후보의 이념적 위치선정이 박근혜 후보의
이념적 위치선정보다 조금은 더 큰 영향을 미칠 수 있었음을 의미하는
것으로 해석할 수 있을 것이다.

　하지만 그림은 이념에 대해서 어느 한 후보의 일방적 위치선정보다는
두 후보 상호 간의 전략적 위치선정의 결과를 더욱 잘 보여준다고 생각
된다. 그림에서 박근혜, 문재인 후보의 이념적 위치가 (0, 0)에서 (10,
10)으로 변화하는 가상의 선을 중심으로 살펴보면 이 선에서 멀어질수

록 대체적으로 기권율이 하락하며, 이 선 안에서도 중앙으로 갈수록, 즉 (5, 5)로 근접할수록 기권율이 하락하는 것을 발견할 수 있다. 이는 유권자가 두 후보의 이념적 차별성을 느끼지 못할수록 기권을 선택하게 될 확률이 커진다는 것을 의미하며, 이 경향성은 동일성을 보이는 두 후보의 이념적 입장이 중앙에서 멀어질수록 배가된다는 것을 의미한다.

이러한 그림을 통해서 확인할 수 있는 것은 두 후보의 이념적 입장에 따라 기권율에 변동이 온다는 것이다. 앞에서 우리는 〈표 10-1〉에서 우리가 이용하는 표본이 실제의 투표율보다 훨씬 높게 나타남을 확인할 수 있었다. 아마도 우리의 표본투표율이 실제의 투표율에 근접했더라면 이러한 변동성은 더욱 크게 나타났을 것이다. 하지만 아마도 대부분의 사람들은 이러한 기권율보다는 박근혜, 문재인 두 후보의 예상득표율과 그에 따른 선거의 결과에 더욱 큰 관심이 있을 것이다. 다음의 〈표 10-5〉는 이러한 시뮬레이션의 결과를 보여준다. 하지만 한국 선거의 맥락에서 박근혜 후보의 이념적 위치가 중도보다 진보로, 문재인 후보의 이념적 위치가 중도보다 보수로 인식되는 경우를 예상하는 것은 비현실적일 것이다. 이에 따라 표에서는 박근혜 후보의 이념적 위치가 5에서 10 사이로, 문재인 후보의 이념적 위치가 0에서 5 사이로 변화하게 될 때, 예상되는 득표율을 보여준다.

표에서 음영으로 표시된 부분은 박근혜 후보의 득표율이 문재인 후보의 득표율보다 많을 때, 즉 박근혜 후보가 대통령선거에서 승리한 경우를 의미한다. 이를 통해서 다른 모든 조건들이 동일하다는 전제에서, 박근혜 후보의 이념적 위치기 극단적인 보수($\geq$8)로서 유권자에게 인식되지 않는 한, 문재인 후보가 이념적 위치 선정에 의해 승리를 기대하기는 매우 어려웠던 상황이었음을 알 수 있다. 그리고 박근혜 후보의 이념적 위치가 극단적인 보수($\geq$8)로서 유권자에게 인식된다고 하더라

〈표 10-5〉 박근혜, 문재인 두 후보의 가상적 이념 위치에 따른 예상득표율

		예상득표	문재인 후보의 이념 위치					
			5	4	3	2	1	0
박근혜 후보의 이념 위치	5	박근혜	58.7	58.5	59.1	60.9	63.7	65.4
		문재인	34.7	35.8	35.8	34.5	31.9	30.7
		기권	6.5	5.7	5.1	4.6	4.4	4.0
	6	박근혜	53.9	56.4	57.6	59.4	62.1	63.6
		문재인	40.6	38.1	37.3	35.3	33.1	31.7
		기권	5.6	5.5	5.1	5.3	4.8	4.7
	7	박근혜	48.9	53.0	56.5	57.5	59.8	62.2
		문재인	45.5	41.7	38.4	37.3	35.0	33.0
		기권	5.6	5.4	5.1	5.2	5.2	4.8
	8	박근혜	47.6	49.0	53.6	56.8	58.2	59.9
		문재인	48.2	46.3	41.6	38.4	36.5	34.7
		기권	4.2	4.7	4.9	4.8	5.3	5.4
	9	박근혜	45.6	46.8	49.1	54.1	57.0	58.6
		문재인	50.7	49.0	46.5	41.3	37.8	35.7
		기권	3.7	4.2	4.4	4.7	5.2	5.7
	10	박근혜	44.3	45.3	46.4	49.3	55.0	57.1
		문재인	52.5	51.4	49.6	45.7	40.2	37.4
		기권	3.2	3.3	4.0	5.0	4.9	5.5

도, 문재인 후보의 이념적 위치가 중도에 매우 가깝게 인식되지 않는 한, 역시 문재인 후보는 승리를 기대하기 어려웠다. 이념적 위치 선정이 후보자 스스로의 결정만이 아닌 다른 경쟁하는 후보자와의 전략적인 상호작용의 관계 속에서 선거에 영향을 미치는 것임을 다시 한 번 확인할 수 있는 대목이다.

또한 이는 달리 보면, 이념적 위치 선정만으로는 민주통합당이 선거의 승리를 현재의 구도 속에서는 기대하기 어렵다는 의미를 아울러 담고 있다. 이 연구의 분석에서는 미처 통제하지 못했지만 아마도 선거연구에서 지적하는 이른바 가치쟁점(*valence issue*)[17]의 차원에서 박근혜 후

---

17 이념의 경우, 똑같은 후보자의 이념이 유권자의 이념에 따라 좋게 혹은 나쁘게 받아들여진다. 이런 성격을 가진 쟁점을 위치 쟁점(*positional issue*)이라고 할 수 있

보가 문재인 후보에게 우위를 형성하고 있었던 것으로 조심스레 추정해볼 수 있지만 이는 더 많은 분석을 필요로 하는 부분이다. 그러나 분명해 보이는 것은 현재와 같은 선거구도가 지속되는 속에서 민주통합당이 승리를 기대하기 위해서는 이념적으로 보다 중도에 위치에 포함된 유권자에게 접근하는 노력과 함께, 다른 차원에서도 유권자의 표를 얻기 위한 노력이 병행되어야 한다.

다른 한편, 새누리당 역시 마찬가지로 비록 여러 가지 차원에서 우위를 보이지만, 이념적 위치가 극단적인 보수에 가까운 방향으로 유권자들에게 받아들여졌다면 패배의 가능성 또한 있었음을 기억해야 할 것이다.

마지막으로 앞에서와 같은 시뮬레이션 결과를 이항로짓모형의 결과와 비교하면 흥미로울 것이다. 다음의 〈표 10-6〉은 이항로짓모형의 결과에 의한 시뮬레이션의 결과를 보여준다. 시뮬레이션의 결과를 얻기 위하여 우리는 〈표 10-3〉에 제시된 추정된 회귀계수와 함께, 기권이 배제된 상태, 즉 강제적 투표(compulsory voting)의 경우를 가정하였다. 즉 원래의 표본에서 기권자로 분류된 유권자도 이 시뮬레이션에서는 박근혜, 문재인 두 후보 중 하나에게 투표하는 것으로 가정된다.

표에서 우리는 이항로짓모형의 시뮬레이션의 결과가 조금은 더 많은 경우에 문재인 후보의 승리를 예상하고 있음을 알 수 있다. (아마도 표본의 기권율이 더 높았더라면 더 많은 기권자들이 편입됨에 따라, 더 많은 경우에 차이가 발생했으리라고 추정할 수 있다.) 이러한 결과의 차이는 일단 이항로짓모형으로 추정했을 경우의 오류의 가능성을 보여주는 것으로

다. 이에 비하여 후보의 신뢰성, 도덕성, 경제발전능력 등은 모든 유권자가 이러한 속성을 더 가진 후보자를 그렇지 않은 후보자에 대하여 선호한다. 이런 성격을 가진 쟁점들을 가치쟁점에 해당하는 것으로 볼 수 있다. 이에 대해서는 스토크스(Stokes, 1963), 그로스클로즈(Groseclose, 2001), 문우진(2012) 등 참조.

<표 10-6> 이항로짓모형의 결과를 이용한 박근혜, 문재인
두 후보의 가상적 이념 위치에 따른 예상득표율

		예상득표	문재인 후보의 이념 위치					
			5	4	3	2	1	0
박근혜 후보의 이념 위치	5	박근혜	62.2	60.1	60.9	62.4	64.4	65.9
		문재인	37.8	39.9	39.1	37.6	35.6	34.1
	6	박근혜	55.7	59.0	60.2	61.0	63.1	65.5
		문재인	44.3	41.0	39.8	39.0	36.9	34.5
	7	박근혜	50.1	54.5	59.3	60.1	62.1	64.2
		문재인	49.9	45.5	40.7	39.9	37.9	35.8
	8	박근혜	48.5	49.9	55.0	59.7	61.0	62.2
		문재인	51.5	50.1	45.0	40.0	39.0	37.8
	9	박근혜	46.4	47.8	49.8	56.0	59.7	61.4
		문재인	53.6	52.2	50.2	44.0	40.3	38.6
	10	박근혜	44.6	45.8	47.1	49.7	56.5	59.9
		문재인	55.4	54.2	52.9	50.3	43.5	40.1

이해할 수 있다. 그러나 이를 더 곱씹어보면 이러한 사소할 수 있는 차이가 심각할 수 있는 전략적 함의를 품고 있음을 알 수 있다.

표에서 우리는 박근혜 후보의 이념적 위치가 극단적 보수(≥ 8)에 가깝게 인식될 때, 문재인 후보가 조금 더 진보 쪽으로 움직이더라도 비록 근소한 차이이기는 하지만 승리를 점칠 수 있다고 예상하는 것을 발견할 수 있다. 모형의 결과가 이렇게 나오게 되는 것은 상대적으로 많은 (특히 젊은) 유권자 층이 중앙에 있는 것을 감안할 때, 문재인 후보가 조금 더 진보 쪽으로 이동함에 따라 유권자가 두 후보에게 느끼는 최단 이념거리가 멀어지더라도 여전히 이들이 기권하지 않고 투표한다고 가정하기 때문이다. 결국 강제투표라는 가정이 (최소한 문재인) 후보에게 보다 더 중도에서 멀어지는 선택을 하게 할 수도 있는 것이다.

이항로짓모형의 결과를 이용하면서 강제투표라는 가정이 함께 있다는 것을 잊고서, 즉 투표자가 기권할 수도 있다는 것을 잊고서, 이와 같은 이념적 입장을 택한다면 이는 문재인 후보의 입장에서는 잘못된 선택일 것이다. 다른 시각에서 정말 강제투표와 같은 변화가 이루어진다면, 이는 많은 중도에 위치한 유권자들에게 그리 달갑지 않은 선택이 행해질 가능성이 커진다는 것을 의미한다고 해석될 수도 있다.[18]

5. 나가며

결론적으로 이 연구를 통해서 우리가 주장하고 싶은 바의 하나는 투표참여와 투표선택을 각각 개별적이고 독립적인 과정으로 분석하던 기존 연구의 전통을 벗어나, 이를 더욱 통합적이고 동시적인 과정으로 바라보는 것이 필요하며, 이를 위한 하나의 대안으로서 기권을 다른 경쟁하는 후보자와 함께, 유권자가 선택할 수 있는 대안의 하나로 포함하는 다항로짓모형에 의한 분석을 제안하는 것이다. 비록 다항로짓모형은 이항로짓모형과 수학적인 입장에서 동가의 성격을 가지고 있기는 하지만, 이항로짓모형보다 선택의 배후에 작용하는 과정에 대한 더욱 풍부한 해석을 가능하게 한다는 장점과 이항로짓모형이 보여주지 못하는 현상을 밝혀줄 수 있는 장점을 가지고 있음을 알 수 있었다. 또한 이항로짓모형은 정치적 의사표현의 한 형태로서의 기권의 의미를 간과함에 따라 설명변수의 영향력을 잘못 추정하게 하는 오류의 가능성을 내포하고 있음을 시뮬레이션의 결과를 통하여 확인할 수 있었다. 하지만,

---

[18] 그러나 이는 매우 주의를 요한다. 우리의 결과가 다운즈의 수렴 이론(*convergence theory*)과 배치되는 것으로 해석될 수도 있지만, 엄밀히 이야기하면 그렇지 않다. 그 이유는 다운즈의 이론은 균형점(*equilibrium*)에 근거하지만, 지금의 우리의 설명은 이벤트 공간(*event space*)의 규모에 근거하기 때문이다.

다항로짓모형이 가지는 한계[19] 또한 아울러 존재하기에, 다항로짓모형과 이항로짓모형을 보완적으로 사용하는 것도 훌륭한 연구방법의 대안이라고 생각된다.

　방법론적인 측면과 아울러, 이 연구는 다항로짓모형을 이용하여 제18대 대통령선거의 투표선택의 양상에 대한 분석을 수행함으로써 이번 대통령선거의 결과에 영향을 미친 요인들에 대해서 살펴보았다. 비록 더 많은 분석이 보완되어야 한다는 점을 인정하지만, 이 연구의 다항로짓모형의 결과는 주요 후보자의 이념적 입장과 이것이 유권자 개인에게 인식되는 이념 변수의 영향력이 이항로짓모형의 분석으로 드러난 제한적인 내용보다 훨씬 더 클 수 있다는 점을 시사한다.

참고문헌

강원택(2003), 《한국의 선거정치: 이념, 지역, 세대와 미디어》, 푸른길.
_____(2010), 《한국 선거정치의 변화와 지속: 이념, 이슈, 캠페인과 투표참여》, 나남.
문우진(2009), "정치정보, 정치참여와 민주주의", 〈한국정치학회보〉43 (4): 327~349.
_____(2012), "대통령 지지도의 필연적 하락의 법칙: 누가 왜 대통령에 대한 지지를 바꾸는가?", 〈한국정치학회보〉46 (1): 175~201.
박찬욱·김경미·이승민(2008), "제 17대 대통령선거에서 유권자의 사회경제적 특성과 이념정향 이 후보 선택에 미친 영향", 박찬욱 편, 《제 17대 대통령선거를 분석한다》, 193~248쪽, 생각의 나무.

---

19 예를 들어 종속변수에서 기준범주가 아닌 범주들 간의 상대적 관계를 파악하는 것은 추정된 회귀계수를 새로이 분석해야 하는 번거로움이 있다.

이지호(2009), "정당위치와 유권자 정향", 〈현대정치연구〉 44(2) : 45~67.

장승진(2012), "제 19대 총선의 투표 선택: 정권심판론, 이념 투표, 정서적 태도", 〈한국정치학회보〉 46(5) : 99~120.

조성대(2006), "투표참여와 기권의 정치학: 합리적 선택이론의 수리모형과 17대 총선", 〈한국정치학회보〉 40(2) : 51~74.

지병근(2012), "투표율 상승이 민주통합당에게 이로울까?: 제 19대 총선에서 나타난 투표율의 정당편향", 〈한국정치연구〉 21(3) : 127~153.

Alvarez, R. Michael & Jonathan Nagler(1995), "Economics, Issues and the Perot Candidacy: Voter Choice in the 1992 Presidential Election", *American Journal of Political Science* 39: 714~744.

_____(1998), "Economics, Entitlements, and Social Issues: Voter Choice in the 1996 Presidential Election", *American Journal of Political Science* 42: 1349~1363.

Berelson, Bernard R., Paul F. Lazarsfeld, & William N. McPhee(1954), *Voting*, Chicago: University of Chicago.

Campbell, Angus, Philip E. Converse, Warren E. Miller, & Donald E. Stokes(1960), *The American Voter*, Chicago: The University of Chicago Press.

Cox, Gary W. & Michael C. Munger(1989), "Closeness, Expenditures, and Turnout in the 1982 U.S. House Election", *American Political Science Review* 83(1) : 217~231.

Davis, Otto A., Melvin J. Hinich, & Peter Ordeshook(1970), "An Expository Development of a Mathematical Model of the Electoral Process", *American Political Science Review* 64(2) : 426~448.

Dominguez, Jorge I. & James A. McCann(1996), *Democratizing Mexico*, Baltimore: Johns Hopkins University Press.

Downs, Anthony(1957), *An Economic Theory of Democracy*, NY: Harper and Row.

Jacobson, Gary C. (1990), "The Effect of Campaign Spending in House Elections: New Evidence for Old Arguments", *American Journal of Political Science* 34(2) : 334~362.

Groseclose, Tim(2001), "A Model of Candidate Location When One Candidate Has a Valence Advantage", *American Journal of Political Science* 45 (4) : 862～86.

King, Gary, Robert D. Keohane, & Sidney Verba (1994), *Designing Social Inquiry*, Princeton: Princeton University Press.

Lacy, Dean & Barry C. Burden (1999), "The Vote-stealing and Turnout Effects of Ross Perot in the 1992 US Presidential Election", *American Journal of Political Science* 43: 233～255.

Lazarsfeld, Paul F. , Bernard Berelson, & Hazel Gaudet (1944), *The People's Choice*, NY: Columbia University Press.

Quinn, Kevin M. , Andrew D. Martin, & Andrew B. Whitford (1999), "Voter Choice in Multi-Party Democracies: A Test of Competing Theories and Models", *American Journal of Political Science* 43: 1231～1247.

Riker, William & Peter Ordeshook (1968), "A Theory of the Calculus of Voting", *American Political Science Review* 62 (1) : 25～42.

Stokes, Donald E. (1963), "Spatial Models of Party Competition", *American Political Science Review* 57 (2) : 368～377.

Whitten, Guy D. & Harvey D. Palmer (1996), "Heightening Comparativists' Concern for Model Choice: Voting Behavior in Great Britain and the Netherlands", *American Journal of Political Science* 40: 231～260.

11 │ 정치적 소통은 분열을 심화시키는가?*
이상신

1. 들어가며

2012년은 정치적 격동의 한 해로 기억될 것이다. 2012년이 시작될 당시만 해도, 이명박 정부의 낮은 인기 때문에 민주통합당이 총선과 대선에서 어렵지 않은 승리를 거둘 것이라 예측되었지만, 새누리당은 이 기대를 뒤엎고 박근혜 대표 중심의 과감한 리더십 교체와 변화를 통해 두 번 모두의 선거에서 승리할 수 있었다.

그러나 민주주의의 선거를 단순히 정치적 대표자를 다수결 원칙에 의해 선출하는 절차적 과정으로 이해해서는 안 된다. 선거 과정에서 국민들은 다양한 경로를 통해 정치에 대한 정보를 접하게 되며, 이를 통해 자신의 정치적 견해와 입장을 재확인하게 된다. 민주주의 국가의 유권자는 선거 과정을 통해 자신이 지지하는 후보와 정당뿐만 아니라 반

* 이 논문은 2013년 〈한국정당학회보〉 12집 1호에 "18대 대선과 태도 극화: 정치적
소통은 분열을 심화시키는가?"라는 제목으로 게재된 바 있다.

대하는 후보와 정당의 입장 모두를 객관적인 입장에서 귀담아 듣고, 자신의 이익과 공동체의 이익을 동시에 고려하여 현명한 판단을 내릴 것을 요구받는다. 공론장을 통한 합리적 토론과 의견교환에 기초한 민주적 선거는 그 공동체의 "일반의지"(*general will*)를 확인하는 기회다. 즉, 선거는 전 국민이 함께 모여 공동체의 문제를 토론하고 서로가 가지고 있는 생각과 가치를 교환하는 장이어야 한다. 선거는 이런 의미에서 전 국민이 공동체의 문제를 함께 토론하고 고민하는 공론장이라고 할 수 있다. 성숙한 정치적 대화와 토론은 모든 사람이 동의하는 결론을 도출하지는 못할지라도, 적어도 다른 정치적 견해를 가진 사람들 사이의 반목과 불화를 줄이고 서로를 이해하게 하는 계기를 만들어 줄 것이라고 기대된다.

그러나 현실은 이러한 이상적인 숙의민주주의적 기대와 상반되는 결과를 보여준다. 선거 기간 동안 받아들인 새로운 정보를 통해 시민들은 자신이 기존에 갖고 있던 정치적 견해와 태도를 점검하고 변화시키기보다 오히려 이 태도를 강화시킨다. 결과적으로 선거와 토론은 상대방에 대한 이해를 증진시키는 계기가 아니라 불신과 대립을 심화시키는 기제로 작동한다. 이를 정치심리학에서는 "태도극화"(*attitude polarization*)라는 개념으로 설명한다. 태도극화는 기존에 가지고 있던 태도가 어떤 계기로 인해 더욱 강화되는 방향으로 변하는 현상으로 정의된다(Miller *et al.*, 1993: 561).

이 연구는 2012년 18대 대통령선거 후에 수집된 여론조사 자료를 이용하여 대통령선거 과정에서 표출된 태도극화 현상을 고찰하고, 숙의민주주의 이론의 기대와는 달리 정치적 소통과 참여가 오히려 태도극화 현상을 심화시킨다는 증거를 제시하는 것을 목적으로 한다. 특히, 유권자들의 적극적인 참여를 이끌어낼 수 있는 유력한 민주주의적 소통 기제로 평가받고 있는 소셜네트워크서비스(*Social Network Service*, 이하 SNS)의 사용이 태도극화에 어떠한 영향을 미치는지, 그리고 정치적 대화에 대한 참여와 온라인, 오프라인에서의 정치참여 활동이 태도를 극단화시키는 경향이 있는지를 보여줄 것이다.

민주주의는 그 구성원들이 개방되고 너그러운 관용적 자세를 갖고 자유롭게 서로 의견을 적극적으로 교환할 것을 요구한다. 이러한 합리적 사고를 바탕으로 편견 없이 정보를 수집한 후, 공동체의 정책 결정에 적극적으로 참여하는 시민들이 민주주의의 진보를 이루어가는 중핵이라는 것이 전통적 민주주의 이론들의 주장이다. 그러나 태도극화에 대한 최근의 경험적 연구들은 이러한 민주주의의 이론적 이상은 현실에서의 개인들의 행태와 상당한 거리가 있다는 점을 보여준다. 특히 국내외를 막론하고 인터넷, 특히 SNS가 정치 과정에 미치는 영향에 대해 많은 관심과 연구가 이루어지고 있다. 이 연구에서 시도하는 태도극화 개념을 통한 분석은 이 주제에 대해 새로운 접근 방식을 제시할 것으로 기대된다.

이하에서는 우선 태도극화와 관련된 기존 연구들에 대한 이론적 소개를 한 후, 이후 이 연구에 사용된 양적 자료 및 주요 변수들의 구성 방식에 대해 설명할 것이다. 그리고 회귀분석 방법을 통한 자료 분석과 그 해석을 통해 18대 대선에서의 태도극화에 정치적 소통 및 SNS가 어떠한 영향을 미쳤는지를 제시하는 순서로 구성하였다.

2. 이론적 배경

앞에서 설명하였듯이, 태도극화는 개인이 기존에 가지고 있던 태도 (attitude)가 더욱 강화되는 현상으로 정의된다. 태도극화가 일어날 수 있는 상황은 매우 다양하고, 이에 대해서는 많은 사회심리학적 연구들이 축적되어 있다. 그중 이 연구의 목적에 부합하는 연구들을 간추려 소개하면, 우선 몇몇 연구들은 사람들이 자신의 기존에 가지고 있는 태도에 대해 깊이 생각하고 또 그 태도를 바깥으로 표출할 기회가 많아지는 것이 태도극화 현상이 나타나는 조건이라는 것을 실증적으로 보여준 바 있다(Fazio *et al.*, 1982; Wojcieszak, 2011). 이는 인지부조화(*cognitive dissonance*) 이론이 주장하는 바와 맥락을 같이하는 현상이다(Cooper, 2007; Festinger, 1957). 인지부조화는 한 개인이 가지고 있는 두 개의 태도가, 혹은 태도와 행동이 서로 불일치하거나 모순되었을 때 발생하는 심리적 긴장현상으로 정의되며(Cooper, 2007: 6), 사람들은 인지부조화로 인한 심리적 긴장을 해소하기 위해 불일치하는 태도나 행동 중 한쪽을 선택할 수밖에 없는 상황에 놓이게 된다. 특히 인지부조화 현상에서 주목되는 것은 자신이 과거에 선택한 행위와 새로운 정보가 일치하지 않을 때 사람들은 대개 새로운 정보를 거부함으로써 그 불일치를 해소하려는 강한 자기정당화(*self-justification*)의 경향이 있다는 것이다. 여기에서 인지부조화 이론이 태도극화 현상에 대해 갖는 함의를 발견할 수 있다. 사람들은 자신이 일단 외부로 표출한 행위에 대해서는, 특히 그 행위가 자신이 통제할 수 없는 상황이나 위협, 강요 등에 의하지 않은 자발적 선택일 경우, 그 행위가 실제로는 잘못되었다는 증거가 발견되어도 결코 자신의 오류를 인정하지 않을 것이라는 점이다. 즉, 한 개인이 가진 태도는 그것이 외부로 발현되었을 때 인지부조화에 따른 자기 정당화의 필요성이 발생하면서 더욱 강화될 가능성이 있다.

페스팅거는 한 컬트 종교 집단에 직접 참여 관찰하여 인지부조화 현상의 실제 사례를 제시한 바가 있다(Festinger, 1956). 이 집단을 이끌던 여성 지도자는 1954년 12월 21일 아침에 지구가 대홍수로 멸망할 것이라고 예언하였는데, 페스팅거는 이 종교 집단의 추종자들은 인지부조화로 인해 이 예언이 설사 거짓으로 드러나더라도 자신들의 믿음을 버리지 않을 것이며 오히려 그 태도가 강화될 것이라고 예측하였다. 실제로 이 집단의 추종자들은 예언된 종말의 순간이 아무런 큰일 없이 지나간 후, 자신들의 지금까지의 믿음과 행위가 헛된 것이었음이 명백하게 확인되었음에도 불구하고 종교적 신념을 유지하였고, 오히려 이전보다 강화된 것이 관찰되었다.

이 인지부조화 이론은 왜 유권자들이 자신이 지지하는 정당이나 후보자가 공약을 저버리거나 정치적 기대에 부응하지 못할 때도 태도를 쉽게 바꾸지 않는지를 설명할 수 있다. 더불어, 자신의 정치적 태도를 행동으로 표현할 기회가 많은 개인들은 자신의 행위를 정당화해야 하는 심리적 압력을 더 크게 받을 것이며, 결과적으로 태도극화로 이어질 것이라고 예측할 수 있다. 다시 말해 특정한 정치적 사안이나 정치인에 대한 태도를 유지하는 것에 그치지 않고, 적극적으로 정치참여에 나서거나 대화나 토론을 통해 외부에 표출하는 개인들은 결국 기존에 가지고 있던 태도가 더욱 강화될 것이라고 가설을 세울 수 있다.

자신의 정치적 태도를 외부에 표현하는 방식은 여러 가지가 있겠지만, 직접적 행동을 통해 정치 과정에 영향력을 행사하려는 정치참여와 주변 사람들과 정치적 주제에 대한 대화를 나누는 정치적 소통을 생각할 수 있다. 정치참여를 통해 개인은 자신의 정치적 이념과 생각, 태도를 외부에 알리게 되며 또 스스로 자신의 태도를 숙고하게 될 것이다. 따라서 적극적으로 정치참여를 실천하는 시민들은 인지부조화 이론과 태도극화 이론에서 예측하는 바와 같이 기존의 태도를 더욱 강화하게 될 것이며, 이 강화된 태도는 다시 더 높은 수준의 정치참여를 촉진하는 방식으로 작동할 것이라고 예측할 수 있다. 마찬가지로 많은 사람들과 자주 정치적 대화를 나누는 개인들은 그 정치적 소통과정에서 자신의 태도를 좀더 논리적으로 정리하고 그것을 뒷받침하는 증거를 찾게 될 것이며, 이는 기존의 태도를 강화하는 기제가 될 것이다.

이렇게 정치적 참여와 소통, 태도극화 현상의 관계를 설정할 경우, 이는 숙의민주주의 이론에 심각한 결함이 있다는 결론에 도달하게 된다. 이 점과 관련해 머츠(Mutz, 2006)는 참여민주주의(participatory democracy)와 숙의민주주의(deliberative democracy)라는 표현이 종종 거의 동의어처럼 사용되지만 경험적 증거를 따져보면 참여와 숙의 사이에는 상당한 딜레마가 있음을 지적한 바 있다. 즉, 자신이 지지하는 쪽의 목소리뿐만 아니라 다른 쪽의 의견도 경청할 줄 아는 민주적이고 개방적인 사고방식의 소유자들은 숙의민주주의를 실천하는 사람들이라고 말할 수 있겠지만, 반면 이들은 참여에는 소극적이란 것이다. 반대로, 적극적으로 자신의 정치적 의견을 개진하고 정치참여에 활발한 이들을 추동하는 것은 관용적이고 합리적인 숙의 능력이 아니라, 자신의 입맛에 맞는 정보만을 골라 수용하는 편향성과 비합리성이다. 즉, 머츠는 참여하는 이들은 숙의하지 않으며, 숙의하는 이들은 참여하지 않는다는 결론을 통해 참여민주주의와 숙의민주주의 이론 속에 내재하는 현실적 한계점을 지적한다.

머츠(2002)는 이러한 참여와 숙의 사이의 대립적 관계를 태도의 양가성(ambivalence) 및 사회적 책임성(social accountability)의 증가를 들어 설명한다. 적극적인 정치적 소통은 이견 노출(cross-networking exposure)의 가능성을 증가시키며, 이견 노출은 자신이 갖고 있는 태도에 대한 양가성을 증가시킬 수 있다. 이는 상대방에 대한 관용과 기존의 태도에 대한 확신을 낮추어 태도극화를 낮추는 효과를 가져올 수 있다. 하지만 이렇게 다른 정치적 견해에 귀 기울일 줄 아는 사람들이 정작 정치참여에 소극적인 이유는 그들이 참여하고 있는 사회연결망(social network)의 특성에서 찾을 수 있다. 이들은 정치적으로 다른 입장을 가진 사람들이 공동으로 소속된 사회 집단이나 조직, 단체 등에 소속되어 있는 경우가 많은데, 이러한 연결망에서는 소속된 구성원들이 상대방의 정치적 견해를 존중하며 대화를 나누는 경향이 있다. 그러나 이런 연결망에 소속된 사람들은 그들이 적극적으로 정치에 참여할 경우 같은 연결망의 다른 사람들과의 관계가 깨질 것을 우려하는 경향이 있다.

즉, 정치적 소통과 태도극화의 관계는 그 소통이 어떠한 연결망에서 이루어지는지와 관계가 있다. 정효명(2011)은 17대 대선의 패널 데이터를 분석, 국내 유권자들의 정치적 이견노출과 이에 따른 태도 변화를 보여주는데, 이 연구의 결론은 머츠의 이론을 재확인한다. 이에 따르면 대인토론 네트워크를 통해 다른 견해에 노출된 경험이 많은 유권자들은 태도의 극단성이 상당히 완화되는 것으로 나타났으며, 또 반대로 이견에 노출이 될 가능성이 낮은 동질적인 대인토론 네트워크에 소속된 사람들일수록 태도극화 현상이 현저하고 정권 교체에 대한 확신이 높았다.

참여와 숙의 사이의 딜레마, 그리고 정치참여와 정치적 소통이 오히려 태도극화를 가져올 수 있다는 이러한 결론은 최근 사회연결망 연구에서 널리 받아들여지는 것과는 반대의 내용이다. 대표적으로 퍼트넘(Putnam, 2000)은 교량적 사회자본(bridging social capital)과 결속적 사회자본(bonding social capital)을 구분하였다. 교량적 사회자본이 개방적(outward-looking)이고, 이질적(heterogeneous)이며, 약한(weak) 연결망으로 이루어진 것에 비해 결속적 사회자본은 폐쇄적(outward-looking)이며 동질적(homogeneous)이고 강한(strong) 연결망이다. 미국에서 정치참여 저하의 주요 원인으로 사회자본의 하락을 지적하는 퍼트넘에 따르면, 특히 교량적 사회자본이 민주주의의 발전에 더 중요하고 시민들의 관용에도 긍정적인 영향을 미친다는 것이다. 그러나 머츠의 논의는 교량적 사회자본의 이질적인 연결망 내에서 다양한 의견을 접하는 것이 시민들의 숙의 및 관용적 태도 고양에는 긍정적일 수 있으나, 정치참여의 하락이라는 부정적 결과도 같이 가져올 수 있다는 의미로 해석되어야 한다.

태도극화와 정치참여의 관계에 대해서는 미국의 사례도 주요 참고대상이 될 만하다. 아브라모비치와 손더스(Abramowitz & Saunders, 2011)는 1980년 이후 지속적으로 강화되고 있는 미국의 이념, 정당정치, 정치선호, 지역 양극화 현상이 정치참여의 상승을 이끌어 내는 중요 변수라고 지적한다. 2004년 미국 대선을 연구한 결과, 투표율이 상승했을뿐만 아니라 정치참여 행위 비율이 전반적으로 상승했음이 발견되었는데, 아브라모비치와 손더스는 이에 대해 "유권자들이 후보와 정당들 간의 차이를 더 크게 인식할수록 선거 결과에 대한 관심이 높아지며 참여가 상승한다"(Abramowitz & Saunders, 2011: 283)라고 결론짓는다.

최근의 정치참여에 관련된 연구들은 SNS에 대한 관심의 비중을 높이고 있다. SNS가 주목받는 이유는 참여의 비용을 획기적으로 줄이고 정치에 대한 사회적 관심을 증폭시킬 수 있다고 믿어지기 때문이다. 예를 들어 진보건 보수건 누구라도 자유롭게 글을 쓸 수 있는 인터넷 게시판과는 달리, SNS 이용자들은 자신들의 관계를 스스로 조직하는 것이 허용되어 있다. 따라서 원한다면 자신과 같은 정치적 견해를 가진 사람들만을 선별하여 연결망을 형성하는 것이 가능하며, 실제로 많은 연구에서 SNS에서의 연결망이 상당히 편향되는 경향이 있다는 것을 보여준다(장덕진, 2011; 장덕진 외, 2011). 이렇게 사람들이 자신의 태도와 일관된 정보만을 받아들이고 불일치하는 정보에는 아예 노출 자체를 꺼리는 것을 선택적 노출(selective exposure)이라고 하는데, 이 현상 또한 인지부조화 현상으로 설명될 수 있다. 최근 연구들은 이 SNS 연결망의 특징이 선택적 노출을 강화시키며, 이것은 다시 SNS 이용자들의 기존 태도를 강화시키는 태도극화 현상으로 이어진다는 결론을 내린다(노정규외, 2012; Holbert et al., 2010; Stroud, 2007; 2010). 특히 한국의 인터넷이용자들은 높은 수준의 정치참여를 보이지만, 매우 심각할 정도로 관용의 수준이 낮은 것으로 조사된 몇몇 경험적 연구들이 있는 점은 더욱주목할 만하다(김병철, 2004; 이기형, 2004; 이동훈, 2009).

일반적으로 사람들은 자기와 다른 정치적 견해를 갖고 있는 사람들과 별로 대화를 하고 싶어 하지 않을 뿐만 아니라(선택적 노출), 자신이갖고 있는 태도와 부합하는 정보를 그렇지 않은 정보보다 좀더 설득력있는 정보라고 인식하는 경향이 있다. 이를 사회심리학에서는 편향동화(biased assimilation)라는 개념으로 정의한다(Petty, 1997: 617). 선택적노출과 편향동화 현상은 SNS 이용과 태도극화가 서로 상승 작용을 일으키는 관계에 있을 것이라는 예측을 가능하게 만든다. 편향동화 및 선택적 노출과의 연관성 때문에 태도극화 현상은 최근 뉴미디어 및 인터넷을 통한 커뮤니케이션이 유권자들의 정치적 인식과 행태에 끼치는영향에 대한 연구들에서 상당히 중요하게 다뤄지는 개념이다(김승수외, 2008; 김은미 외, 2006; 나은영, 2006; 나은영 외, 2012; 최윤정 외, 2012; Baum et al., 2008; Muhlberger, 2003; Stroud, 2010).

지금까지의 이론적 논의를 정리해보면, 공론장에서의 합리적 토론과 정치참여가 사람들의 관용적 태도를 고양시킬 것이라는 숙의민주주의 이론의 기대가 사실은 현실과 부합되지 않는다는 것이 이 연구가 주장하는 바의 핵심이다. 주변 사람들과 정치적 대화를 빈번하게 나누는 사람들은 객관적이고 관용적인 태도를 갖기보다는 오히려 좀더 극단화된 태도를 갖게 될 가능성이 크다. 사람들은 자신과 다른 정치적 견해를 가진 이들과 대화하기보다는 같은 입장에 서 있는 사람들의 말에 귀를 기울이고, 이는 우리가 기존에 갖고 있는 태도를 강화시킬 것이기 때문이다. 또 정치에 좀더 적극적인 참여 행위를 한 경험이 있는 사람들의 태도도 상대적으로 좀더 극화되어 있을 가능성이 클 것이다.

이 연구는 18대 한국 대선 직후에 실시된 면접조사 자료를 분석하여 이러한 이론에 대한 양적 증거를 제시할 것을 목적으로 한다. 다음에서는 이 연구에서 사용된 데이터와 변수에 대해 소개하고, 이어 태도극화의 결정요인에 대한 회귀분석을 실시하여 그 내용을 분석하는 순서로 논의를 진행할 것이다.

3. 데이터와 변수

1) 데이터

이 연구에서 사용된 데이터는 서울대 한국정치연구소가 한국 리서치에 의뢰하여 수집되었으며, 조사는 대선직후인 2012년 12월 31일부터 1월 16일 사이에 실시되었다. 모집단은 전국의 만 19세 이상 국민이고, 표본 추출방법은 주민등록인구 현황에 따라 성별, 연령별, 지역별 비례할당 후 무작위추출하는 다단층화무작위추출법(*multi-stage stratified sampling*)을 사용하였다. 전체 유효표본 크기는 1,200명이다.[1] 구조화된 설문지를 통해 조사원이 직접 응답자를 면접하는 대면면접조사 방법으로 데이터가 수집되었다.

---

1 무작위 표집을 가정하였을 때 표집오차는 95% 신뢰수준에서 ±2.8%이다.

2) 태도극화

이 연구의 종속변수인 태도극화 변수는 박근혜, 문재인, 안철수 세 사람을 100점 척도로 평가하게 하고, 이 중 최댓값과 최솟값의 차이를 계산하여 구했다. 예를 들어 한 응답자가 박근혜를 85, 문재인을 40, 안철수를 60으로 평가했다면, 이 응답자의 태도극화 점수는 최댓값인 85와 최솟값인 40의 차이인 45가 된다.

이러한 태도극화 계산방식은 기존의 선행연구에서 차용한 것이다. 정효명(2011: 252)은 후보선호 극단성을 "最選好 대선후보와 次選好 대선후보 간 호감도의 격차"로 조작적으로 정의한 바 있다. 2004년 미국 대통령선거에서의 태도극화를 연구한 스트라우드(Stroud, 2010)의 연구에서는 조지 W. 부시와 존 케리에 대한 선호도를 11점 척도로 측정한 후, 그 차이의 절댓값을 태도극화 변수로 삼았다. 또, 정치인에 대한 태도는 아니지만 비슷한 방식으로 이슈에 대한 태도의 강도를 측정한 선행연구들이 있다(Wojciezak, 2011).

비록 안철수 후보는 이번 대선에 직접 출마하지는 않았지만 선거 막바지까지 다른 두 후보와 대등하거나 오히려 앞선 지지율을 기록했기 때문에 태도극화 측정에 포함시켰다. 태도극화 문제에서 중요한 것은 그 극화의 방향이 아니라 얼마나 선호후보와 비선호후보에 대한 평가가 극단적인가를 평가하는 것이기 때문이다. 만약 이 연구의 목적이 대선후보에 대한 평가의 차이가 투표행태에 어떠한 영향을 주었는가를 보는 것이라면 박근혜-문재인 양자만을 포함시켜야 했겠지만, 태도극화는 이 연구에서 독립변수가 아닌 종속변수이기 때문에 안철수 후보를 포함시켜야 했다. 안철수를 지지하거나 비판하는 유권자들에게 박근혜-문재인의 차이는 부차적인 문제였을 가능성도 있기 때문이다. 안

〈표 11-1〉 대선후보 평가 기술통계

	평균	표준편차	중간값	N	최솟값	최댓값
박근혜	63.04	21.71	70	1,200	0	100
문재인	56.87	18.91	60	1,200	0	100
안철수	51.25	24.13	50	1,200	0	100

철수 후보를 지지하던 사람들은 안철수의 후보 사퇴 후 대부분은 문재인으로, 일부는 박근혜로 지지를 이동했는데, 안철수의 사퇴 시기가 선거운동기간 직전이었기 때문에 이들의 안철수에 대한 평가는 대통령 선거의 결과와 상관없이 계속 이어졌을 가능성이 있다.

각 후보들에 대한 평가의 기술통계는 〈표 11-1〉에 정리되어 있다. 세 후보 중 가장 높은 평가를 받은 것은 박근혜 후보로, 평균이 63.04였다. 그리고 문재인 후보와 안철수 후보의 순서로 평가를 받았다. 문재인 후보는 비록 평가에서 박근혜 후보보다 평균값은 낮지만($p < 0.001$), 표준편차 값은 18.91로 박근혜 후보와 비교하여 낮은 수준이었다($p < 0.001$). 이는 박근혜 후보에 대한 평가보다 문재인 후보에 대한 평가의 변화가 적었다는 뜻이며, 상대적으로 일관된 평가를 얻은 것으로 해석된다. 안철수 후보는 평균값이 가장 낮으면서 표준편차는 가장 높았는데, 이는 상대적으로 뒤떨어지는 평가를 받았으며 동시에 평가가 가장 극단적이었다는 의미이다.

이 태도극화 변수의 평균은 35.74, 표준편차는 22.8로 측정됐다. 이는 유권자가 주요 대선후보를 평가할 때 가장 선호하는 후보와 가장 혐오하는 후보의 차이가 평균 35.74점이었다는 것을 의미한다. 한편, 2012년 4월 총선 직후 서울대 한국정치연구소에서 실시한 면접조사 결과와 비교하면,[2] 2012년 5월 기준 태도극화 평균은 33.05(표준편차 25.3)로 대선 이후에 태도극화가 약간 심화된 것을 발견할 수 있다($p < 0.001$).

3) 정치적 소통와 SNS

정치적 소통과 뉴미디어 사용이 태도극화에 어떤 영향을 미치는가를 측정하기 위해, 이 연구에서는 정치대화빈도, 정치대화연결망 규모, 그리고 SNS 사용을 변수화하여 분석에 포함시켰다.

정치대화연결망 규모는 설문 응답자들이 지난 6개월 동안 대통령선거와 관련된 이야기를 나눈 사람들의 수로 측정하였다. 조사결과 응답자들은 평균 6.98명과 대통령선거에 대해 이야기를 나눈 것으로 나타났고, 표준편차는 12.1이었다. 태도극화에 따른 정치대화연결망 규모의 차이를 보기 위해, 태도극화 상위 33% 집단과 하위 33% 집단의 정치대화연결망 규모를 비교해 보았다. 상위 집단은 평균 8.06명과 대화했다고 답한 반면, 하위 집단은 6.03명과 대화한 것으로 드러나, 대통령 후보에 대한 선호가 분명한 사람일수록 더 많은 사람들과 대화하는 경향이 있는 것으로 조사되었다($p < 0.01$).

정치대화빈도는 "일반적으로 선거나 정치적 사안에 대해 주위 사람들과 얼마나 자주 이야기하십니까?"라고 묻고 5점 척도로 측정하였다. SNS 사용 변수를 측정하기 위해 사용한 문항은 "현재 페이스북, 트위터, 미투데이 등 SNS 서비스를 얼마나 자주 사용하고 계십니까?"이며, 역시 5점 척도였다. 이 두 문항의 분포는 〈표 11-2〉에 정리되어 있다.

조사결과, 정치와 관련된 대화를 전혀 하지 않는다는 응답자가 23.7%에 달했으며, 일주일에 한 번 미만으로 한다는 비율이 절반 가까운 48.2%에 달했다. 2012년에는 국회의원선거와 대통령선거가 같은

---

2 총선 면접조사는 2012년 5월 3일부터 21까지 실시되었으며, 마찬가지로 한국리서치에 의뢰하여 조사했다. 성별, 연령별, 지역별로 비례할당하여 무작위추출하는 다단층화무작위추출법으로 표집하였다. 총 응답자 수는 2,047명이었다.

<표 11-2> 정치대화빈도와 SNS 사용

변수	범주	빈도	퍼센트
정치대화빈도	전혀 하지 않는다	281	23.7
	일주일에 한 번 미만	571	48.2
	일주일에 1~2번	230	19.4
	일주일에 3~4번	75	6.3
	거의 매일	29	2.5
	합계	1,186	100
SNS 사용	사용하고 있지 않다	681	56.8
	계정은 있지만 거의 활용하지 않는다	173	14.4
	일주일에 1~2일	159	13.3
	일주일에 3~4일	52	4.3
	거의 매일	134	11.2
	합계	1,199	100

해에 치러져 사람들의 정치에 대한 관심이 상대적으로 높았고, 두 선거 모두 이전의 선거들에 비교해 투표율이 상당히 큰 폭으로 상승한 것을 감안하면 일상적으로 정치와 관련된 대화를 나누는 사람들의 비율은 생각보다 작은 편이었다.

SNS 사용자의 비율을 보면 일주일에 1~2번 이상 SNS을 사용한다는 응답의 합계가 28.8%로, 아직까지는 상당히 디지털 격차(*digital divide*)가 있는 것으로 확인되었다.

4) 후보자와 정당 평가

실제 대선에서의 투표를 기준으로 박근혜 지지자와 문재인 지지자를 구분한 후, 이를 각각의 이진 변수로 만들어 분석에 포함시켰다. 두 집단 간의 경쟁이 벌어졌을 때, 자신이 소속한 집단에 대해 우호적 평가가 증가하고(*in-group favoritism*) 상대편 집단에 대해서는 편견과 적대적 인식이 증가한다는 것은(*out-group antagonism*) 많은 사회심리학 연구들

〈표 11-3〉 지지후보별 태도극화 변화

지지후보	대선 후 조사			총선 후 조사		
	평균	표준편차	빈도	평균	표준편차	빈도
박근혜	41.23	23.04	586	38.32	25.21	870
문재인	31.36	21.16	460	38.49	29.06	173
안철수				33.60	23.91	500

이 증명하고 있는 부분이다(Sherif, 1961).

지난 총선 후 조사결과와 이번 대선 후 조사결과를 비교하면, 상당히 흥미로운 부분이 발견된다. 〈표 11-3〉에서 지지후보를 기준으로 태도극화가 어떻게 변화하였는가를 정리하였다.

총선 후 조사에서 박근혜 지지자들의 태도극화 평균은 38.22였는데, 대선 후 조사에서 이 숫자는 41.23으로 상승했다(p < 0.001). 즉, 박근혜 지지자들은 대선 후 조사에서 박근혜와 문재인 혹은 안철수를 비교할 때 더 큰 차이를 보이는 경향이 있었다. 이는 본격적인 대통령 후보자들 간의 경쟁이 벌어지면서 태도극화 현상이 강화된 것으로 풀이될 수 있다.

흥미로운 부분은 박근혜 지지자들과는 반대로 총선 후 조사에서 문재인 지지자들의 태도극화가 38.49이었다가 대선 후 조사에서는 오히려 31.36으로 상당히 큰 폭으로 낮아졌다는 것이다(p < 0.001). 이러한 차이는 총선 후 조사 당시 문재인은 아직 민주통합당 후보로 선출되기 이전이었고, 따라서 박근혜 및 안철수 지지자들과 비교했을 때 문재인 지지층은 주로 골수 민주통합당 지지자였기 때문인 것으로 짐작된다. 실제로 표에서 확인할 수 있는 것처럼 총선 후 조사 당시 문재인 지지자는 총 173명에 불과했고, 이는 박근혜 870명, 안철수 500명에 비해 매우 적은 편이다. 이 시기 문재인 지지층은 아직 중도층이 흡수되기 이전이며, 이후 문재인 후보가 민주통합당의 후보로 확정되고 또 단일화

과정에서 안철수 후보가 사퇴하면서 문재인 지지층의 외연이 온건 중도파까지 확장되었을 것이다. 그 결과 대선 후 조사에서 문재인 지지자들의 태도극화 점수는 상당히 낮아진 것이라고 생각된다.

또한 박근혜 지지층의 태도극화 점수가 대선 후 조사에선 문재인 지지층보다 거의 10점 가까이 높다는 점도 매우 눈에 띄는 부분이다. 이는 박근혜 지지자들의 충성도가 상대적으로 확고했다는 의미로 해석될 수 있다. 아마도 이러한 높은 충성도가 박근혜 후보의 당선에 꽤 의미 있는 역할을 하였을 것이라고 생각할 수 있다.

정당일체감 문항3을 이용하여 새누리당 지지자, 민주통합당 지지자, 무당파를 표시하는 세 개의 이진변수를 만들어 분석에 포함시켰다. 이번 조사에서 새누리당을 지지한다고 답한 응답자는 477명(39.8%), 그리고 민주통합당 지지자는 342명(28.5%), 무당파는 351명(29.3%)으로 나타났다.

5) 정치참여와 사회자본

응답자들의 정치참여 정도와 사회자본의 수준, 그리고 그것에 의해 영향받는 정치지식 및 정치효능감 변수를 분석에 포함시켰다. 우선 정치참여는 온라인 참여와 오프라인 참여로 구분하여 두 가지 변수가 태도극화에 미치는 영향을 독립적으로 측정하였다. 온라인 참여는 후보자나 정당 홈페이지 방문, 선거와 관련된 정보의 온라인을 통한 공유, 온라인 정치 토론에의 참여, 인터넷 집단행동(여론조사, 투표, 서명운동

---

3 "귀하께서는 평소 지지하는 정당이 있으십니까?"로 물은 후, 지지정당이 없다고 답한 응답자들에게 다시 한 번 "지지정당이 없으시더라도, 다음 정당 중 조금이라도 더 선호하는 정당이 있습니까?"라고 물어서 측정하였다.

등)에 대한 참여 등 네 가지 활동을 기준으로 각 활동에 참여한 빈도를 더하여 측정했다.

오프라인 참여도 마찬가지 방식으로 계산하였다. 선거비용 모금 참여, 정당 경선 참여, 국회의원과의 접촉, 청원이나 불매운동 등에 대한 참여, 집회나 시위 참여 등 모두 다섯 가지 활동에 참여한 경험이 있는지를 묻고, 그 빈도를 합산하여 오프라인 참여 변수를 구성했다.

〈표 11-5〉에는 오프라인 참여와 온라인 참여의 기술통계를 비교해놓고 있다. 이를 보면 온라인 참여의 경우 네 가지 활동만으로 측정하였는데도 그 평균값이 0. 38로, 다섯 가지 참여활동으로 측정한 오프라인 참여의 0. 13의 3배 가까이 높았다. 이는 참여에 대한 비용이 상대적으로 매우 저렴한 인터넷의 특성을 반영하는 것으로, 점점 시민들의 정치 참여의 중심이 오프라인에서 온라인으로 이동하는 것을 보여준다.

사회자본(social capital)은 대개 두 가지 변수, 일반적 신뢰 및 네트워크로 측정한다. 이 연구에서도 두 변수를 각각 측정하였다. 일반적 신뢰는 "귀하께서는 일반적으로 사람들을 신뢰할 수 있다고 생각하십니까? 아니면 조심해야 한다고 생각하십니까?"라는 문항을 이용하여 4점 척도로 측정했다. 네트워크 변수는 8개 유형4의 각종 모임이나 집단에 대한 참여 여부를 묻고, 참여 집단 수를 더해서 측정하였다.

정치지식은 정치현안에 대한 질문 세 개5를 묻고 각 질문에 대한 정답의 개수를 세어서 측정하였다. 이 세 가지 질문 변수의 내적타당도 지수(Cronbach's alpha)는 0. 563으로 합산척도 구성이 가능할 정도의 수

---

4 시민운동단체; 노조, 사업자 단체 또는 직업조합; 교회, 절 등 종교 모임이나 단체; 스포츠, 레저 모임 등 문화단체; 동창 모임; 향우회; 친목단체, 기타 모임이나 단체.

5 정치지식에 포함된 세 가지 질문은 (1) 국무총리의 이름; (2) 국회의장의 이름; (3) 2012년 예산 규모였다.

준이었다.

마지막으로 정치효능감은 "나 같은 사람들은 정부가 하는 일에 대해 어떤 영향도 주기 어렵다"와 "정부는 나 같은 사람들의 의견에 관심이 없다"라는 두 문장에 대한 동의의 정도를 합산하여 측정하였다.[6] 각 문항은 5점 척도로 측정되었고, 내적타당도 지수는 0.751이었다.

6) 통제변수

통제를 위해 포함된 변수들은 주로 사회경제적 배경 변수들로, 세대, 이념, 성별, 교육수준, 가구소득, 지역주의 변수 등이다.

세대 변수는 응답자의 연령에 따라 20대에서 60대 이상까지 5가지 집단으로 나누어 측정하였다. 〈표 11-4〉를 보면 젊은 응답자들에 비해 노령층 응답자들은 확실히 더욱 극화된 태도를 가지는 것으로 조사되었으며, 지난 번 총선 후 조사 결과와 비교하였을 때, 각 세대 집단별 태도극화가 더욱 강화된 것을 발견할 수 있었다.

이념은 진보와 중도, 보수 세 집단으로 나누어 측정하였다. 쉽게 예측할 수 있는 것처럼 태도극화 점수는 중도가 가장 낮았고, 그 다음이 진보였다. 세 이념 집단 중에서는 보수 응답자들의 태도극화가 가장 높았다. 이것은 총선 후 조사와 대선 후 조사 모두에 해당되는 사항이지만, 총선 조사에서 중도의 태도극화 점수가 27.49였던 것이 대선 후에는 32.59로 높아지는 것을 발견할 수 있었다. 이는 스스로 중도 이념을 가지고 있다고 생각하는 응답자들조차도 치열한 대선 과정에서 상당한

---

[6] 이 두 문항은 모두 외적 정치효능감에 해당하는 항목이다. 내적 정치효능감 항목 역시 설문에 포함되었으나 합산척도 구성에 필요한 수준의 내적타당도에 미치지 못하여 분석에서 제외하였다.

수준의 태도극화를 경험한다는 것을 보여준다.

마찬가지로 여성 응답자들 또한 총선과 대선 사이에 각 후보자에 대한 평가가 극단적이 되는 경향을 보여주었다. 총선 조사에서는 남성의 태도극화 점수가 35.91, 여성이 30.24로 통계적으로 유의미한 차이를 보였는데(p < 0.001), 대선 조사에서는 남성이 36.15, 여성이 35.32로 거의 비슷한 수준이었다. 총선 직후까지는 각 후보자에 대한 평가에서 여성이 상대적으로 덜 극단적이었지만, 대선 과정을 거치면서 태도극

〈표 11-4〉 세대별 태도극화의 비교

세대	대선 후 조사			총선 후 조사		
	평균	표준편차	N	평균	표준편차	N
19~29세	30.35	21.06	217	29.55	25.46	375
30~39세	33.03	22.29	245	29.36	24.47	418
40~49세	34.81	22.30	265	32.59	24.97	443
50~59세	38.86	22.85	228	34.41	24.42	392
60세 이상	41.32	23.80	245	39.29	25.97	416
Total	35.74	22.80	1,200	33.06	25.30	2,044

〈표 11-5〉 주요변수 기술통계

변수	평균	표준편차	중간값	N	최솟값	최댓값
태도극화	35.74	22.80	30	1,200	0	100
SNS	1.99	1.37	4	1,199	1	5
대화빈도	3.84	0.94	4	1,186	1	5
대화연결망규모	6.98	12.09	4	1,199	0	120
정치지식	0.74	0.92	0	1,200	0	3
온라인참여	0.38	0.85	0	1,197	0	4
오프라인참여	0.13	0.49	0	1,195	0	5
일반신뢰	2.38	0.71	2	1,199	1	4
네트워크	2.09	1.66	2	1,200	0	8
효능감	4.99	1.78	5	1,191	2	10
세대	3.03	1.39	3	1,200	1	5
이념	2.08	0.77	2	1,116	1	3
교육	4.69	1.32	5	1,191	1	8
소득	4.04	1.45	4	1,195	1	6

화에서의 성별 차이는 사실상 의미가 없어졌음을 뜻한다. 이 연구에 사용된 성별 변수는 남성을 1, 여성을 0으로 하는 이진변수이다.

이밖에 교육수준7 및 소득수준8 변수가 포함되었으며, 지역주의 변수로 응답자의 거주지를 근거로 하여 대구/경북, 부산/경남, 호남 지방 응답자들을 표시하는 이진변수를 각각 생성하여 회귀분석에 포함시켰다. 〈표 11-5〉는 주요 변수들의 기술통계를 요약한 것이다.

4. 분 석

〈표 11-6〉은 태도극화의 결정요인을 설명하는 모델들을 정리한 것이다. 우선 모델 1에서는 SNS 이용빈도와 정치대화빈도, 그리고 대화연결망 규모를 통제변수와 함께 포함시켜 정치적 소통 및 뉴미디어 이용이 태도극화에 어떠한 영향을 끼치는가를 살펴보았다. 모델 2에는 여기에 후보자 및 정당평가와 관련된 변수 5개를 추가하였으며, 마지막으로 모델 3에서는 정치참여 및 사회자본, 정치지식 변수까지를 같이 넣어서 태도극화 변수와의 상호작용을 보았다.

우선 모델 1부터 살펴보면, SNS 이용빈도와 정치대화빈도 모두 태도극화 강화에 유의미한 영향을 주는 것으로 드러났다. 특히 정치대화빈도는 전 모델을 통틀어서 태도극화를 심화시키는 데 가장 강한 영향을 주는 변수로 조사되었다. 정치소통 변수 중 유일하게 대화연결망 규모

---

7 1 = 무학; 2 = 초등학교; 3 = 중등학교; 4 = 고등학교; 5 = 전문대학; 6 = 4년제 대학; 7 = 석사; 8 = 박사

8 1 = 100만 원 미만; 2 = 100~199만 원; 3 = 200~299만 원; 4 = 300~399만 원; 5 = 400~499만 원; 6 = 500~599만 원; 7 = 600~699만 원; 8 = 700~799만 원; 9 = 800만 원 이상

만이 통계적으로 유의미한 영향을 가지지 못하고 있다. 모델 1에서 정치대화빈도의 회귀계수는 3. 49로 상당히 높은 편이고 이는 모델 2와 모델 3에서도 거의 비슷한 수준이다. 이는 다른 조건이 같다고 할 때 정치와 관련된 대화를 전혀 하지 않는 사람과 거의 매일 정치관련 대화를 나누는 사람의 태도극화 점수는 13. 96만큼의 차이가 난다는 것을 의미한다.

⟨표 11-6⟩ 태도극화 결정요인 모델: OLS 분석

변수		모델 1		모델 2		3	
		회귀계수 (표준오차)	표준화 계수	회귀계수 (표준오차)	표준화 계수	회귀계수 (표준오차)	표준화 계수
소통	SNS	1.25 (0.58)*	0.07	1.47 (0.58)*	0.09	1.49 (0.63)*	0.09
	대화빈도	3.49 (0.72)***	0.14	3.55 (0.73)***	0.15	3.77 (0.76)***	0.16
	대화연결망규모	0.08 (0.05)	0.04	0.11 (0.06)†	0.06	0.11 (0.06)*	0.06
이념, 후보 및 정당 평가	이념			−0.34 (1.01)	−0.01	−0.42 (1.01)	−0.01
	박근혜지지			3.85 (2.38)	0.08	4.23 (2.38)†	0.09
	문재인지지			2.1 (2.36)	0.04	2.23 (2.36)	0.05
	새누리지지			4.38 (4.58)	0.09	6.46 (4.68)	0.14
	민주지지			−4.35 (4.31)	−0.08	−2.42 (4.43)	−0.05
	무당파			−7.34 (4.32) †	−0.15	−5.41 (4.43)	−0.11
정치 참여와 사회 자본	정치지식					−0.85 (0.8)	−0.03
	인터넷참여					−0.37 (0.93)	−0.01
	오프라인참여					2.72 (1.52)†	0.06
	일반신뢰					−2.4 (0.93)**	−0.07
	네트워크					−0.29 (0.43)	−0.02
	효능감					−1.16 (0.38)**	−0.09
통제 변수	세대	2.91 (0.64)***	0.18	1.44 (0.69)*	0.09	1.71 (0.73)*	0.10
	성별	−0.02 (1.34)	0.00	−0.32 (1.37)	−0.01	0.71 (1.43)	0.02
	교육	−0.87 (0.65)	−0.05	−0.57 (0.67)	−0.03	−0.41 (0.68)	−0.02
	소득	0.15 (0.53)	0.01	−0.02 (0.53)	0.00	0.32 (0.54)	0.01
	대구경북	8.42 (2.17)***	0.11	5.44 (2.21)*	0.08	4.53 (2.21)*	0.06
	부산경남	−0.57 (1.81)	−0.01	−0.31 (1.8)	−0.01	−0.88 (1.81)	−0.01
	호남	−3.07 (2.19)	−0.04	0.87 (2.3)	0.01	1.68 (2.35)	0.02
	상수	19.32(4.62)***		21.64(6.59)***		28.33(7.03)***	
		$R^2 = 0.078$ F = 9.16 N = 1,094		$R^2 = 0.127$ F = 10.43 N = 1,094		$R^2 = 0.145$ F = 8.56 N = 1,084	

주 : *** $p < 0.001$, ** $p < 0.01$, * $p < 0.05$, †$p < 0.1$

상대적으로 그 영향력은 덜하지만, SNS를 자주 사용하는 사람들은 그렇지 않은 사람들에 비해 대선 후보자들에 대한 평가가 더욱 극단적인 것으로 조사되었다. 모델 1의 회귀계수를 기준으로 보면, SNS를 매일 사용하는 사람들은 SNS 비사용자보다 약 5.0 정도 태도극화 점수가 높게 나오는 것으로 계산할 수 있다.

이렇게 정치대화빈도와 SNS이용빈도가 모두 태도극화를 강화시키는 방향으로 영향을 끼친다는 것은 이 연구의 이론에서 예측한 바와 같다. 이러한 발견의 함의는 SNS나 온라인 커뮤니케이션 미디어에 내재된 어떤 원인이 사람들의 태도를 극단화시킨다기보다, 온라인이건 오프라인이건 자신의 의견을 말하고 정치적 대화에 참여할 기회가 많은 사람들은 일반적으로 자신의 의견에 대해 강한 신념을 갖게 되고 이것이 태도극화로 이어진다는 것이다.

모델 2에서 이념, 후보자 및 정당 평가 변수들을 포함시켰을 때 비로소 대화연결망 규모 변수가 태도극화에 유의미한 영향을 끼치게 된다. 그 영향력의 크기는 SNS이용 변수보다 약간 작은 수준이다. 지지후보의 차이가 태도극화에 대해 미치는 영향을 비교해보면 박근혜 후보 지지자와 문재인 후보 지지자 사이에는 사실상 태도극화의 차이가 있다고 말하기 힘들다. 그러나 박근혜 후보 지지변수의 p값은 0.106으로 통계적으로 유의미한 범위를 약간의 차이로 벗어나는 정도이다. 이는 박근혜 지지자들이 좀더 극단적인 후보평가를 하는 경향이 있었음을 의미하는데, 이러한 경향은 모델 3에서 좀더 확실하게 검증된다. 모델 2와 3에서 박근혜 후보 지지가 태도극화에 미치는 영향은 SNS 변수의 영향력보다 약간 높은 정도였다.

정당지지 변수들을 보면, 새누리당 변수와 민주통합당 변수는 모두 통계적으로 유의미한 영향력을 가지고 있지 않았지만, 스스로를 무당파라고 밝힌 응답자들은 태도극화 점수가 상당히 낮은 경향이 있었다. 독립변수들의 영향력을 비교해 보여주는 표준화 회귀계수를 보면, 절 댓값을 기준으로 무당파 변수보다 태도극화에 더 큰 영향을 끼치는 변수는 정치대화빈도 변수 하나뿐이었다. 이는 지지정당이 없다고 밝힌 중도층 무당파 유권자들은 상대적으로 선호 후보와 비선호 후보에 대한 평가의 차이가 크지 않았음을 의미한다. 이 점은 무당파 유권자들이 후보자에 대한 평가나 정당 지지가 아닌, 정책이나 이슈에 대한 좀더 신중한 숙의(deliberation)를 통해 대선에서의 지지후보를 결정했을 가능성이 있다고 해석할 수도 있겠지만, 모델 3에서 정치참여 및 사회자본 변수를 추가시켰을 때는 이 무당파 변수의 영향력이 사라진다는 점을 주목할 필요가 있다. 즉, 지지정당이 없는 유권자들이 태도극화 점수가 낮은 것이 아니라, 이 무당파 유권자들은 대개 오프라인 정치활동에 소극적이거나 사회에 대한 일반적 신뢰가 높기 때문에 태도극화가 낮은 것처럼 보인다고 해석해야 한다.

모델 3에서 새로운 변수들이 투입됨에 따라 후보자 및 정당 평가 변수들 중에서는 박근혜 지지 변수만 태도극화를 유의미하게 증가시키는 것으로 드러난다. 무당파의 영향력이 사라지는 대신, 오프라인 참여 및 일반적 신뢰, 정치효능감이 영향력을 행사하는 것으로 나타난다. 정당 변수들이 영향력이 없다는 것의 의미는, 새누리당 지지자나 민주 통합당 지지자, 그리고 무당파 모두 후보자에 대한 태도극화의 정도에 있어서는 별다른 차이가 없다는 것을 의미한다.

한편, 온라인 참여는 태도극화에 별다른 영향을 끼치지 않는 반면, 오프라인 참여는 태도극화와 정방향의 상관관계를 갖고 있음을 앞의 〈표 11-6〉에서 확인할 수 있다. 어떠한 오프라인 정치활동에도 참여해본 경험이 없는 사람과, 5가지 범주의 활동 모두에 참여해본 사람의 태도극화 점수 차이는 13.6에 이른다. 온라인과 오프라인 참여에서의 차이는 아마도 그 참여에 따르는 비용 때문일 것이다. 온라인 정치참여에는 거의 비용이 따르지 않으며 그 행위에 대한 책임과 부담도 오프라인 참여에 비해 훨씬 덜한 편이다. 따라서 정치에 대한 강한 신념과 태도 없이도 온라인 정치활동에 큰 부담 없이 참여하는 것이 가능한 반면, 상대적으로 큰 비용이 수반되는 오프라인 정치참여는 어느 정도 극단화된 태도를 가지고 있지 않으면 쉽지 않은 일이기 때문이다.

머츠는 숙의와 참여의 딜레마 현상이 사회 네트워크에서의 인간관계 때문에 발생한다고 주장한 바 있다. 즉, 여러 사람들을 두루 만나고 일반적 신뢰가 큰 사람들은 상대적으로 낮은 태도극화 점수를 가질 것이라고 예측할 수 있다. 이 연구의 회귀분석에서 사회자본 변수들의 태도극화에 대한 영향력을 분석해보면, 우선 네트워크 변수는 태도극화와 관련이 없는 반면 일반적 신뢰도는 태도극화를 낮추는 것으로 조사되었다. 즉, 사회 구성원 일반에 대해 신뢰를 가진 사람들은 상대적으로 관용적인 태도를 갖는 경향이 있으며, 이는 머츠의 논리에 부합하는 결과이기도 하다.

세대, 이념, 성별, 교육수준, 소득수준, 지역주의 변수 등 통제변수 중, 태도극화에 유의미한 영향을 끼치는 변수는 세대와 대구/경북 지역 변수였다. 이념은 태도극화에 대한 설명력이 없었지만, 반면 세대별 차이는 태도극화를 설명하는 매우 중요한 변수로 드러났다. 전 모델에서 세대 변수는 일관되게 상당한 수준의 영향력을 태도극화에 미치고 있다. 이를 해석하면 노령 세대일수록 정치적 태도가 극단화되는 경향이 있고, 젊은 세대들이 상대적으로 더 개방적이고 다른 의견에 귀를 기울일 자세를 갖추고 있음을 의미한다. 이번 18대 대선이 유례없을 정도로 50대 이상 연령층에서의 투표 열기가 높았고, 젊은 층과 장노령층이 거의 정면으로 충돌하여 장노령층이 승리한 선거였다고 평가되는

것을 생각하면 이 차이는 매우 의미 있는 발견이라고 생각된다. 장노령
층의 극단화된 태도가 박근혜 후보에 대한 열광적인 지지와 참여로 나
타났고, 이것이 이번 선거의 결과를 설명하는 중요한 근거가 되었다고
보는 것에 큰 논리적 비약이 있다고 생각되지 않는다.

마지막으로 지역주의 변수 중에서는 대구/경북 거주자들의 태도극
화 점수가 유의미하게 높은 것으로 드러났다. 그러나 부산/경남 거주
자들이나 호남 거주자들이 다른 지역 거주자들에 비해 좀더 극단적으
로 대선 후보들에 대한 비교를 한다는 증거는 발견되지 않았다.

5. 나가며

SNS를 빈번하게 이용하는 사람들, 그리고 주변사람들과 자주 정치
적 주제에 대한 대화를 나누는 사람들은 자신이 선호하는 후보와 그렇
지 않은 후보에 대한 상대 평가에서 좀더 극단적인 경향이 있다는 것이
이 연구의 결론이다. 이는 기존에 숙의민주주의 이론에서 상정한 정치
적 의견교환의 결과와는 상충된다는 점에서 그 의의가 있다. 대화와 토
론을 통해 갈등을 해결하고 공동체의 문제를 같이 풀어나가는 것이 민
주주의의 이상적 대화방식이겠지만, 태도극화 이론이 보여주는 현실
정치의 모습은 그것과 사뭇 다르다. 대화하고 토론하면 할수록 사람들
은 좀더 극단적이 되어가고 자신의 태도에 대한 확신이 강화되어 공동
의 결론을 찾는 일은 더욱 힘들어지는 경향이 있다.

태도극화는 다른 의견에 대한 개방적 태도를 약화시킨다는 점에서
숙의를 저해시키는 효과가 있다. 그러나 숙의의 부재가 현대 민주주의
의 유일한 문제점은 아니다. 이번 대선에서는 예외적으로 상당히 투표

율이 상승하였지만, 민주화 이후 한국에서는 시민들이 지속적으로 정치에 대해 무관심해지고 선거 참여는 낮아지는 경향이 있었다. 그리고 이 참여의 저하 경향은 한국뿐만 아니라 20세기 이후 여러 민주주의 국가들이 공통적으로 염려하는 민주주의 결핍(democratic deficit) 현상의 일부를 이룬다(Norris, 2011). 그런데 태도극화는 시민들의 정치참여를 증가시키는 효과가 있을 것으로 기대된다. 우리들의 일상적 삶의 문제들에 직접적으로 연관되지 않은 정치참여를 위해서는 시민들의 상당한 열성과 관심이 있어야 한다. 태도극화를 통해 기존의 태도가 강화된 사람들은 정치참여에 더 큰 관심을 기울일 가능성이 높을 것이다. 이처럼 태도극화 현상은 숙의를 저하시키지만 참여를 고양하는 것에는 긍정적인 효과가 있을 것으로 기대된다. 실제로 이 연구의 분석 결과, 오프라인 정치참여에 적극적인 사람들은 상대적으로 극단화된 태도를 가지고 있다는 증거를 찾을 수 있었다.

이 연구의 결론은 민주주의 문제점과 그 해결책에 대해서 다시 생각해볼 필요가 있다는 새로운 질문을 제기한다. 대화와 토론이 항상 민주주의의 모든 문제에 답을 주는 것은 아니다. 기존 신념을 강화시키는 방식으로의 대화와 토론은 합의와 타협을 오히려 더 불가능하게 만들 가능성이 크다. 반면 관용과 열린 자세에 대한 강조는 활발한 정치참여를 저해함으로써 민주주의의 생기를 잃게 할 가능성이 있다는 것에 딜레마가 있다. 남의 이야기에 귀 기울일 줄 아는 사람들이 정치참여에 소극적이라면, 결국 정치에 참여하는 것은 편향된 정보로 극단화된 태도를 가진 사람들일 것이며, 이는 민주주의의 운영을 결국 일부의 맹신적이고 극단적인 정치 신념을 가진 사람들이 책임지게 되는 결과를 가져오게 될 수도 있다.

참고문헌

김동윤(2007), "가상공간에서의 정치토론과 시민적 태도의 형성: 사회자본 개념
　　　요소로서 대인간 신뢰와 호혜성을 중심으로", 〈한국언론정보학보〉 39: 102
　　　~139.
김병철(2004), "인터넷 신문 댓글의 상호작용적 특성분석", 〈사이버커뮤니케이
　　　션학보〉 14: 147~180.
김승수·김지현·안유림·함정현(2008), "온라인 토론의 집단극화현상의 시기
　　　별 분석: 한반도 대운하 찬반 토론을 중심으로", 한국언론정보학회 학술대
　　　회 발표논문, 2008년 10월.
김은미·이준웅(2006), "읽기의 재발견: 인터넷 토론 공간에서 커뮤니케이션의
　　　효과", 〈한국언론학보〉 50(4): 65~94.
나은영(2006), "인터넷, 커뮤니케이션, 그리고 사회: 인터넷 커뮤니케이션: 익
　　　명성, 상호작용성 및 집단극화(極化)를 중심으로", 〈커뮤니케이션 이론〉
　　　2(1): 93~127.
_____·차유리(2012), "인터넷 집단극화를 결정하는 요인들: 공론장 익명성과
　　　네트워크 군중성 및 개인적, 문화적 요인을 중심으로", 〈한국심리학회지:
　　　사회 및 성격〉 26(1): 103~121.
노성종·민 영(2009), "'숙의'와 '참여'의 공존: 대화의 숙의수준에 따른 정치적
　　　이견의 경험과 정치참여의 관계 탐색", 〈한국언론학보〉 53(3): 173~197.
노정규·민 영(2012), "정치 정보에 대한 선택적 노출이 태도 극화에 미치는
　　　효과", 〈한국언론학보〉 56(2): 226~248.
박영환·이상우(2012), "온라인 커뮤니케이션, 숙의, 그리고 정치참여", 〈한국
　　　과 국제정치〉 28(3): 61~92.
이기형(2004), 《인터넷 미디어: 담론들의 '공론장'인가 '논쟁의 게토'인가?》, 한
　　　국언론재단.
이동훈(2009), "숙의적 공론장으로서의 블로그 공간의 의사소통적 관용에 대한
　　　연구", 〈한국언론학보〉 53(4): 27~49.
장덕진(2011), "트위터 공간의 한국정치: 정치인 네트워크와 유전자 네트워크",
　　　〈언론정보연구〉 48(2): 80~107.
_____·김기훈(2011), "한국인 트위터 네트워크의 구조와 동학", 〈언론정보연
　　　구〉 48(11): 59~86.

정효명(2011), "미디어와 대인토론의 정치적 태도변화에 대한 영향", 〈한국정치
학회보〉 45(5)：243~272.
최윤정·이종혁(2012), "인터넷 토론에서 이견(異見) 노출이 정치적 관용에 이
르는 경로 분석", 〈한국언론학보〉 56(2)：301~330.

Abramowitz, Alan I. & Kyle L. Saunders(2011), "Is Polarization a Myth?",
   In Richard G. Niemi & David C. Kimball(eds.), Controversies in
   Voting Behavior, Washington, D.C.：CQ Press.
Baum, Matthew A. & Tim Groeling(2008), "New Media and the Polarization
   of American Political Discourse", Political Communication 25(4)：345~365.
Bandura, Albert(1997), Self-Efficacy: The Exercise of Control, New York：
   W. H. Freeman and Co.
Bartels, Larry M. (2008), "The Study of Electoral Behavior", In J. E.
   Leighley(ed.), The Oxford Handbook of American Elections and Political
   Behavior, New York：Oxford University Press.
Cooper, Joel(2007), Cognitive Dissonance: Fifty Years of a Classic Theory,
   Los Angeles：SAGE.
Fazio, Russel H., Jeaw-mei Chen, Elizabeth C. McDonel, & Steven J.
   Sherman(1982), "Attitude Accessibility, Attitude-Behavior Consistency,
   and the Strength of the Object-Evaluation Association", Journal of
   Experimental Social Psychology 18(4)：339~357.
Festinger, Leon(1956), When Prophecy Fails, New York：Harper & Row.
_____(1957), A Theory of Cognitive Dissonance, Evanston：Peterson.
Gamson, W. (1992), Talking Politics, NY：Cambridge University Press.
Holbert, R. L., R. Garrett, R. & L. Gleason(2010), "A New Era of
   Minimal Effects?: A Response to Bennett and Iyengar", Journal of
   Communication 60(1)：15~34.
Miller, Arthur G., John W. McHoskey, Cynthia M. Bane, & Timothy G.
   Dowd(1993), "The Attitude Polarization Phenomenon: Role of Response
   Measure, Attitude Extremity, and Behavioral Consequences of
   Reported Attitude Change", Journal of Personality and Social Psychology
   64(4)：561~574.
Muhlberger, Peter(2003), "Political Values, Political Attitudes, and Attitude

Polarization in Internet Political Discussion: Political Transformation or Politics as Usual?", *Communications: The European Journal of Communication Research* 28 (2) : 107~134.

Mutz, Diana C. (2002), "The Consequences of Cross-Cutting Networks for Political Participation", *American Journal of Political Science* 46 (4) : 838~855.

Mutz, Diana Carole (2006), *Hearing the Other Side: Deliberative versus Participatory Democracy*, Cambridge: Cambridge University Press.

Mullainathan, Sendhil & Ebonya Washington (2006), "Sticking with Your Vote: Cognitive Dissonance and Voting", *National Bureau of Economic Research Working Paper Series No.11910*.

Norris, Pippa (2011), *Democratic Deficit: Critical Citizens Revisited*, Cambridge: Cambridge University Press.

Petty, Richard E., Duane T. Wegener, & Leandre R. Fabrigar (1997), "Attitudes and Attitude Change", *Annual Review of Psychology* 48 (1) : 609~647.

Putnam, Robert (2000), *Bowling Alone: The Collapse and Revival of American Community*, New York: Simon and Schuster.

Sherif, Muzafer, O. J. Harvey, B. Jack White, William R. Hood, & Carolyn W. Sherif (1961), *The Robbers Cave Experiment: Intergroup Conflict and Cooperation*, Norman, Oklahoma: University Book Exchange.

Stroud, Natalie Jomini (2007), "Media Effects, Selective Exposure, and Fahrenheit 9/11", *Political Communication* 24 (4) : 415~432.

_____ (2010), "Polarization and Partisan Selective Exposure", *Journal of Communication* 60 (3) : 556~576.

Wojcieszak, Magdalena (2011), "Deliberation and Attitude Polarization", *Journal of Communication* 61 (4) : 596~617.

12 사회연결망 특성이 후보 선택시기와 투표참여에 미치는 영향

김석호 · 박바름 · 하헌주

1. 들어가며

새누리당 박근혜 후보의 승리로 2012년 제18대 대통령선거가 막을 내렸다. 사상 최초로 여당과 야당의 실질적인 일대일 구도 속에 치러진 선거는 박근혜 후보와 문재인 후보의 득표율이 각각 51.6%와 48.0% 일 정도로 경쟁이 치열했다. 여당과 야당은 박빙의 구도에서 전국의 모든 조직을 총동원해 아직 지지후보를 결정하지 못한 사람들을 설득하고 자신들에게 우호적인 사람들을 최대한 투표장으로 이끌기 위해 노력하였다(SBS 〈8시 뉴스〉, 11월 23일). 언론은 이를 '구태', '불법', '탈법', '돈 선거', '조직선거' 등으로 규정해 반민주적인 행태라고 비판하였다. 언론의 조직선거에 대한 비판에도 불구하고 전 세계 모든 선거에서 사회연결망을 통해 득표하는 동원선거 전략은 끊임없이 그 방식과 모습을 달리하며 진보하고 있다(김석호, 2012; 정병은, 2005; Fisher,

2006). 선거에서의 승리를 위해 후보자와 정당들이 동원(mobilization)에 천착하는 이유는 그 효과가 상대적으로 직접적이고 확실하기 때문이다 (강원택, 2012; Kim, 1980; Kim, 2011; Rosenstone & Hansen, 2003). 다시 말해, 가족, 친척, 친구, 지인, 같은 단체 소속 회원들과 맺는 사회적 관계 또는 연결망을 통한 동원 대상의 선택과 설득이 지지후보 결정과 투표참여에 핵심적인 역할을 하기 때문이다.

사회연결망이 누구를 지지할 것인지 또는 투표를 할 것인지에 대해 강한 영향력을 가지고 있다는 사실에는 모두가 동의한다. 그럼에도 불구하고 사회연결망이 투표행태에 대하여 가지는 효과를 다루는 연구는 여전히 소수만이 존재하며, 사회학과 정치학에서 변방에 머물러 있다. 최근 한국과 미국에서 SNS 연결망의 정치 태도 및 행위에 대한 효과가 언론의 조명을 받기 시작하면서 간헐적으로 이에 대해 연구가 되고 있을 뿐이다. 예를 들어, 한국과 미국의 투표행태 분석에서 몇몇 연구들은 SNS 연결망을 통한 이슈의 선점과 지지세력 결집이 선거의 성패를 좌우한다고 추정한다(금희조, 2009; 김용희, 2011; 나은경, 2007; 장덕진, 2011; Huberman, Romero & Wu, 2008; Tumasjan et al., 2010). 그러나 이들은 대부분 SNS의 팔로워 수나 트윗·리트윗 수와 투표참여 및 특정 정당지지 간 상관관계가 높다는 점을 밝히고 있을 뿐, 연결망의 어떤 속성이 어떠한 과정을 통해 얼마나 영향력을 행사하는가에 대한 메커니즘을 보여주는 데에는 실패했다. 즉 SNS 연결망 특성과 투표참여 및 특정 후보 지지 사이의 상관관계가 왜, 얼마나 높은지 분명하게 설명하지 못한다. SNS에서 특정 이슈를 매개로 많은 사람들이 군집을 형성하고 있고 이들이 투표를 할 가능성이 높으며 특정 후보 지지자들이란 사실은 우리에게 무엇을 말해주는가?

더욱 큰 문제는 오프라인 연결망의 효과에 대한 지식이 축적되지 않은 상황에서 온라인 연결망의 투표행태에 대한 효과 연구가 대중적 인기를 기반으로 쏟아져 나온다는 것이다. 사실 사회과학에서 사회 연결망의 구조와 속성을 통해 투표행태를 설명하려는 연구가 부재한 것은 오래된 일이다. 1950년 초반 미국 콜롬비아대학교 사회학과 교수인 라자스펠드(Lazarsfeld)와 그 동료들이 투표행태에 영향을 미치는 사회연결망에 주목한 이래 이에 대한 면밀한 검토가 이루어지지 않은 것이다. 최근 한국에서 SNS의 효과에 주목하면서 사회 연결망이 가지는 정치행태에 대한 효과를 연구하기 시작한 것은 환영할 만한 일이다. 특히 지난 2012년 국회의원선거와 대통령선거에서 맹위를 떨친 SNS의 투표행태에 대한 영향력을 연구하는 것은 학술적으로나 정치적으로 매우 중요하다. 그러나 온라인 연결망이 투표행태에 미치는 영향에 대한 설명은 오프라인 연결망의 영향력을 고려하지 않고서는 온전할 수 없다는 사실을 잊어서는 안 된다. 오프라인과 온라인 연결망이 서로 영향을 주고받으며 투표행태를 결정하기 때문이다(나은경, 2007; 이준웅 외, 2005; 2007; Boyd & Lotan, 2010; Dalton & Kittilson, 2012; Nie & Erbring, 2002). 따라서 한국인의 오프라인 연결망의 구조와 속성이 가진 투표행태에 대한 효과를 이해하지 않고 온라인 연결망의 효과를 설명하는 것은 불완전할 수밖에 없다. 온라인에서건 오프라인에서건 사회연결망은 일반적으로 선거와 후보자에 대한 정치 정보와 지식을 확산시켜 유권자가 누구를 지지할 것인가를 결정하는 데 도움을 준다(Huckfeldt, 2001; Huckfeldt & Sprague, 1995; Leighley, 1990; 1996). 최근 과학정보기술의 진보로 인해 온라인에서의 경험이 우리의 정치 태도와 행위에 상당한 영향을 주는 것은 사실이지만 그렇다고 오프라인에서의 경험을 소홀히 다루는 것은 문제가 있다.

이 연구는 지난 18대 대선 자료를 활용하여 한국 유권자의 사회연결망의 특성과 투표행태 간 관계에 대한 경험적 분석을 수행하고자 한다. 특히 개인의 사회연결망의 특성을 효과적으로 측정할 수 있는 이름생성기(name generator)를 통해 산출된 자아중심적 연결망의 정치행태에 대한 영향력을 살펴보고자 한다. 자아중심적 연결망 내 정치성향이나 투표성향의 동질성이나 이질성의 수준에 따라 투표행태가 어떻게 달라지는가를 분석하려는 것이다. 이 연구의 초점은 자아중심적 연결망의 이질성이 투표참여와 지지후보 선택에 미치는 영향에 있다. 연결망 내 이질성은 타자들 간 투표성향 이질성과 자아와 타자들 간 이질성 등 두 가지로 구분되는데, 이질성이 높고 낮음에 따라 그리고 자아와 타자 간 지지후보 불일치 여부에 따라 지지후보 선택시기와 투표참여 수준이 영향을 받을 것으로 예상된다(Nickerson, 2008). 자아(ego)를 둘러싼 타자들(alters)의 정치적 의견과 행위가 동질적일 때 자아는 이를 따라야 한다는 동조압력에 영향을 받는다. 결과적으로 자아의 지지후보 결정을 더욱 수월하게 만들고 투표참여 가능성을 높인다. 반대로 타자들이 이질적일 때, 자아는 단순히 알고 지내는 지인들보다는 아주 가까운 사람들로부터 영향받을 가능성이 훨씬 높으며 자아는 혼란을 경험하고 최종 결정을 주저하게 되며 투표참여를 포기할 가능성도 높아진다. 사실 이 연구가 상정하는 연결망 내 이질성의 지지후보 선택시기와 투표참여에 대한 효과는 사회연결망이 가지고 있는 전반적 영향력의 아주 일부분에 불과하다. 그러나 둘 간의 관계를 규명하려는 이러한 작은 시도는 사회연결망의 총체적 효과를 이해하는 데 단초를 제공하고 그 중요성을 환기한다는 점에서 의미가 있다.

2. 이론적 논의

1) 사회연결망과 정치행위

라자스펠드와 그 동료들이 1940년대부터 1950년대 중반까지 유권자의 지지후보 선택에 중요한 영향을 미치는 요인으로 연결망 내 오피니언 리더의 역할과 개인 간 관계적 속성을 지목했을 당시만 해도 사회연결망은 투표참여와 지지후보 선택을 설명하는 중요한 요인들 중 하나였다(Larzarfeld *et al.*, 1948). 가령 한 개인의 연결망이 사회경제적 특성과 정치적 견해에서 동질적으로 구성되어 있을 경우에는 지지후보 선택시기가 상대적으로 빠르며 투표에 참여할 가능성도 높다는 식의 설명이 설득력을 얻고 있었다.

그러나 1950년대 후반부터, 미국 미시건대학교(*University of Michigan*)의 정치심리학적 접근이 투표행태 연구에서 중심적인 위치를 차지하게 되면서 정치학에서 연결망 특성과 투표행태 간 관계에 대한 경험적 연구는 자취를 감추게 되었고, 정당일체감, 후보자 특성 인식, 회고적 평가 등과 같은 심리학적 변수가 주로 다루어지게 되었다(Niemi & Weisberg, 1993). 사회연결망 분석도 균형이론(*balance theory*)이나 인지부조화이론(*cognitive dissonance theory*)과 같은 심리학적 시각을 기반으로 한다는 점에서 참으로 아이러니한 상황이 아닐 수 없었다(Cartwright & Harary, 1956). 이 연구도 사회학적 시각이 정치행위 결정 과정의 구체적인 그림을 그리지 못한다는 비판과 이로 인해 더욱 세밀한 심리적 요인들에 대한 고려가 필요하다는 의견에는 동의한다. 그러나 심리적 요인들을 수용하는 것이 사회연결망과 같은 맥락적 요인들에 대한 무관심으로 연결되는 현실에는 동의하지 않는다. 심리적 요인과 맥락적 요인은 긴장관계에 있지 않으며 양립 가능한 상호보완적 논리를 제시하기 때문이다.

사실 사회학에서는 소집단 연구와 공동체 참여연구의 인류학적 연구 성과가 속속 발표되면서 사회연결망 개념은 1960년대 후반부터 산업기술, 교육, 권력구조, 가족관계, 건강 등 다양한 주제에 적용되었다. 하지만 유독 사회연결망과 정치태도 및 행위를 연결하려는 경험적 연구는 사회학에서 거의 전무했다(Mitchell, 1969; Scott, 2000; Wasserman & Faust, 1994). 투표행태에 대한 사회학적 접근이 존재하지 않았다고 해도 과언이 아니다. 이러한 상황이 지속되다가 1970년대 후반부터 스노우와 그 동료들(Snow, Zurcher, & Ekland-Olson, 1980) 그리고 맥아담 (McAdam & Paulsen, 1993)과 같은 사회운동을 연구하는 사회학자들이 사회운동 참여과정에서 사회연결망 구조와 속성의 중요성을 주장하기 시작하였다. 사회운동에의 참여와 지속은 한 개인이 맺고 있는 관계에 의해 결정된다는 것이다. 또한 노크(Knoke, 1990)는 미국 종합사회조사(General Social Survey) 자료를 분석하여 비선거적 정치참여에서 자아중심적 연결망(ego-centric network)의 크기, 동질성, 이질성 등이 참여여부에 유의미한 영향력이 있음을 밝히기도 하였다. 정치학에서도 헉펠트와 그 동료들은(Huckfeldt et al., 1995) 지지후보 결정과 투표참여에 의미 있는 영향을 미치는 것으로 알려진 사회경제적 특성과 정당정체성 등의 요인들이 연결망 속성이나 공동체 환경과 같은 맥락적 특성들과 상호작용한다는 사실을 밝히는 데까지 이르렀다. 게다가 투표참여와 선택에 결정적인 역할을 하는 선거와 관련된 정치 정보들의 확산 범위와 효과는 집단 내 연결망의 구조에 따라 달라진다고 주장하였다.

그러나 이 연구들은 약한 연계(weak ties)를 통한 정치 정보 및 기회의 획득과 확산에 치중하는 경향이 있다. 특히 그라노베터(Granovetter, 1973)의 약한 연계의 효용과 사회자본의 참여민주주의에 대한 긍정적 기여가 1990년대 중반부터 부각되면서 정치적 행위에 대한 설명에서 강한 연계(strong ties)의 중요성은 상대적으로 가려지게 되었다. 이 연구가 견지하는 입장은 약한 연계와 강한 연계의 효과가 구분되어야 한다는 것이다. 기존 연구들은 약한 연계의 효용을 강조하고 강한 연계를 주변적인 것으로 다루면서 약한 연계가 정치 정보 및 기회의 획득과 확산을 촉진하고 자동적으로 정치참여 수준도 높일 것이라고 가정해왔다. 그러나 정치 정보 및 기회의 획득이 언제나 참여로 연결되는 것은 아니다. 정보와 기회에 노출되었을 때도 이를 참여로 연결시켜줄 만한 촉진제가 필요한 것이다. 따라서 이 연구는 약한 연계는 정보의 확산과 획득에 친화적이고 강한 연계는 정치 행위에 상대적으로 더 영향을 줄 것이라고 주장한다. 그리고 정치태도나 투표행태에 대한 사회연결망의 효과를 제대로 이해하기 위해서는 약한 연계와 강한 연계의 작용을 동시에 살펴보아야 한다고 주장한다. 가까운 사람들 즉 강한 연계는 사람들의 생각보다는 행위에 영향을 더 미친다(McAdam & Paulsen, 1993; Smith & Zipp, 1983).

이 연구가 다루는 자아중심적 연결망은 강한 연계에 가깝다. 이름생성기의 자아연결망의 측정이 '지난 6개월 동안 이번 대통령선거와 관련해 주로 이야기를 나눈 사람'들의 사회인구학적 및 경제적 특성과 정치태도 및 행태에 대한 질문을 통해 이루어지기 때문에, 예외는 존재하겠지만, 여기에 포함되는 사람들은 대체로 사적인 관계에 있을 가능성이 높다.1 보통 가까운 사람들은 동일한 가치와 지향을 공유할 가능성이

---

1 미국의 경우 '주요한 일'을 의논하는 사람들과 '정치에 관해 토론하는' 사람들에 대해 물음으로써 조사되는 자아중심 연결망이 대체로 비슷한 특성을 보인다(Klofstad *et al.*, 2009). 그만큼 사람들이 정치에 관해 토론하는 상대를 선택적으로 찾는 것이 아니라 본래 가까운 사람과 정치토론을 한다는 것이다. 한국에서는 서로 다른 이름 생성기를 비교한 연구가 아직 없지만, 사적인 관계에 있는 사람들과 정치에 관해

높고 그러한 공유된 가치와 지향은 최종적인 정치적 결정을 하는 데 상당한 영향력을 행사할 것이다. 연결망의 동질적 속성이 개인의 태도와 생활방식뿐만 아니라 정치 태도 및 행위에서 동조압력으로 작용하는 것이다(Fleischacker, 1998; Knoke, 1990). 사람들은 끊임없이 가까운 사람들의 태도와 행위를 관찰하고 비교해 자신의 태도와 행위를 수정해 나가기 때문이다.

2) 이질적 연결망, 지지후보 결정시기, 투표참여

주변 사람들의 의견과 행위가 동질적일 때 사람들은 주변과 동일한 입장을 취하라는 사회적 압력을 받는다. 행위자들 간 영향력이 직접적으로 존재하는 자아중심적 연결망에서는 이에 포함된 사람들의 태도와 행위에서 합의가 생성될 가능성이 높다(Friedkin, 2004). 웨더포드(Weatherford, 1982)는 강한 연계의 영향력이 행사되기 위해 충족되어야 하는 두 가지 필요조건들을 제시한다. 첫째, 개인들은 집단규범(group norms)의 존재에 대해 인지하고 있어야 한다. 둘째, 개인들은 그들의 행위가 다른 가까운 사람들 다수의 행위에 일치되어야 하는 이유에 대해 납득해야 하고 이는 보통 동조에 대한 보상과 처벌의 내면화 과정을 수반한다. 사람들은 자아중심적 연결망의 합의된 규범과 감정을 잘 알고 있으며 이에 동조할 가능성이 높다. 간단히 말해, 사회연결망 내에 비슷한 생각과 태도를 가진 사람이 많을수록 사람들은 이를 수용해 내적·외적 갈등을 최소화하려는 경향이 있다.

그렇다면 연결망의 이질성이 높을 때에는 어떤 결과가 초래될 것인

토론하는 현상은 동일할 것이라 판단된다.

가? 자신과 가까운 사람들 간 태도의 차이가 존재하거나 자신의 의견과 이들의 의견이 다를 때에는 어떤 결정을 하는가? 주변 사람들의 의견과 태도가 이질적일 때에는 결정을 미루거나 못할 가능성이 높다. 이 상황에서는 가장 가까운 사람의 의견에 의존할 가능성도 높아진다(Knoke, 1990: 1043). 2000년대 이전이 사회연결망 구조 및 속성이 투표행태에 미치는 영향에 대한 탐색적 연구들이 간헐적으로 발표되는 시기였다면, 2000년 이후는 그러한 연구들이 질 높은 서베이자료를 분석해 본격적으로 발표되는 시기라고 할 수 있다. 특히 연결망 내 정치 성향과 지지후보의 이질성과 관련해 머츠(Mutz, 2002a; 2002b)와 맥클러그(McClurg, 2003; 2005)의 연구들이 두드러진다. 맥클러그(McClurg, 2005)는 미국 NES 대선 자료를 분석해 자아 중심적 연결망에 포함된 타자들 — 응답자가 정치와 관련된 대화를 나누는 일상적으로 사람들 — 과의 정치토론 횟수가 많을수록, 그리고 이들과의 투표 성향이 일치할수록 투표에 참여할 가능성이 높다고 주장한다. 더욱이 투표 성향의 일치가 투표참여에 대해 갖는 효과는 타자의 정치지식 수준이 높을수록 배가된다고 주장한다. 정치지식 수준이 높은 타자들이 응답자의 지지후보 결정 방향에 대해 논리적 및 정서적 정당성을 제공하고 응답자의 판단과정에서 제기된 모호성을 제거해주기 때문이다.

여기서 한 발 더 나아가 머츠(Mutz, 2002a; 2002b)는 연결망 내 정치적 불일치부터 지지후보 결정시기 및 투표참여에 이르는 이론적 메커니즘을 제공하고, 이를 경험적으로 증명한다. 그녀는 기존 연구들은 서로 다른 정치적 견해가 존재하는 소통 환경에 대한 노출은 자신의 견해의 정당성을 다시 고민하게 만들고, 다른 견해에 대한 이해를 시도하게 하여 정치적 관용 수준을 높이는 것으로 추측했다고 비판한다. 이는 다양한 정치적 견해에 대한 노출이 전반적 정치의식과 정치참여로 이어진다는 가정에 대한 의문 제기이기도 하다. 사실 다양한 정보가 확산되어 이에 노출되는 것과 실제 사회운동이나 투표에 참여하는 것은 별개의 문제이다. 앞에서 밝힌 것처럼, 약한 연계는 정보 및 기회의 확산에 유리하고 강한 연계는 영향력의 확산에 효과적이다.

대신 머츠는 서로 다른 입장을 가진 정치적 견해에 대한 노출은 교차압력(cross-pressure)으로 작용하여 지지후보 결정을 어렵게 만들고 투표참여의 확률도 낮추는 효과가 있다고 주장한다. 이질성과 교차압력의 메커니즘은 두 가지로 요약될 수 있다. 첫째 교차압력은 정치적 불확실성을 심화시켜 정치참여 가능성을 낮춘다. 사람들이 다른 사람과 정치에 관한 토론을 하는 가장 큰 이유 중 하나는 스스로가 자신의 정치적 견해에 확신을 가지지 못하기 때문이다. 중요하게 여기는 사람들의 견해가 자신의 견해를 뒷받침해주지 못하고, 대신 그 견해에 반하는 정치정보가 제시되면, 그러한 모순적 상황에 대한 노출은 자신의 정치적 입장에 대한 확신을 떨어뜨린다. 궁극적으로 이 같은 상황은 사람들이 정치에 참여할 가능성을 감소시키게 된다. 둘째, 이질적 정보에 노출된 상황에서 개인은 한 쪽의 입장을 지지하는 선택에 부담을 느끼고 자신과 가까운 사람들을 동시에 존중하고자 하는 욕구를 가지게 된다. 이러한 욕구는 개인을 고뇌하는 상황에 빠뜨리게 되는데 연결망 내 불일치가 사회적 관계를 위협할 수도 있기 때문이다. 사실 연결망 내 모든 타자를 만족시킬 방법은 없다. 사회적 관계를 위험에 빠뜨리지 않는 유일한 방법은 결정을 늦추거나 아예 하지 않는 것일 수도 있는 것이다.

이 연구의 자아중심적 연결망 내 이질성이 지지후보 결정시기를 늦추고 투표참여 가능성을 저하시킨다는 가정은 최근 사회자본 연구에서 상식으로 받아들여지는 약하고(weak) 이질적이며(heterogeneous) 공식적인(formal) 연계가 강하고(strong) 동질적이며(homogeneous) 비공식적인

(*informal*) 연계보다 경제적 풍요나 참여민주주의의 진보에 더 기여를 한다는 주장에 반하는 것으로 여겨질 수도 있다. 그리고 연결망의 동질적 특성의 심화(*homophily*)와 그에 기초한 사적이익(*self-interestedness*)의 강조가 초래할 수 있는 부정적 결과들을 무시하는 것으로 이해될 수도 있다(McPherson *et al.*, 2001). 그러나 이는 사실이 아니다. 사회자본 연구의 일반적 결론은 정치 정보와 기회의 확산에 초점을 두는 데 반해 이 연구는 정치 정보와 기회의 확산이 진행되어 한 개인이 다양한 정보에 노출되어 있는 상황에서 그가 하게 되는 결정에 관심을 둔다. 즉 정치 정보와 기회가 약한 연계를 통해 유포되는 것과 이를 기초로 지지후보를 정한다거나 투표에 반드시 참여한다는 것은 다른 차원의 문제이다. 이 연구의 주장은 아주 단순하다. 자아를 둘러싼 타자들의 정치적 의견과 행위가 일관적일 때, 자아는 그 의견과 행위를 따라야 한다는 사회적 압력을 느끼게 되고 이는 지지후보 결정을 더욱 수월하게 만들고 투표참여 가능성을 높인다. 반대로 타자들의 의견과 행위가 갈라져 있을 때, 자아는 단순히 알고 지내는 지인들보다는 아주 가까운 사람들로부터 영향받을 가능성이 훨씬 높다. 연계가 강할수록 정치 태도와 행위에서 그 연계의 영향력은 배가된다(McAdam & Paulsen, 1993). 그런데 이 연구는 그러한 가까운 사람들의 의견조차 일관적이지 않을 때 자아는 혼란을 경험하고 최종 결정을 주저하게 되며 투표참여를 포기할 가능성도 높아진다고 주장한다.

3. 연구 방법

1) 변수의 조작화

(1) 종속변수

이 연구의 첫 번째 종속변수는 지지후보 결정시기이다. 이 변수는 투표한 응답자에 한해서 투표할 후보자를 언제 결정하였는지를 묻는 질문을 통해 측정되었다. 그 응답범주는 (1) "총선 이전", (2) "총선 이후 / 주요 세 후보(박근혜, 문재인, 안철수) 출마 확정 이전", (3) "주요 세 후보 출마 확정 이후 / 안철수 사퇴 이전", (4) "안철수 사퇴 이후 / 안철수 선거운동 지원 개시 이전", (5) "안철수 선거운동 지원 개시 이후 / 여론조사 마지막 공표일 이전", (6) "여론조사 마지막 공표일 이후 / 선거 당일 이전", (7) "선거 당일"이다. 두 번째 종속변수는 투표참여이다. 이 변수는 "귀하께서는 지난 12월 19일의 제18대 대통령선거에서 투표하셨습니까?"라는 문항을 통해 측정되었으며, 그 응답범주는 (1) "투표하지 않았다", (2) "이번에는 투표하려 했지만 하지 못했다", (3) "늘 투표하지만 이번에는 사정상 하지 못했다", (4) "투표했다"이다. 이 연구의 분석에서는 투표한 경우 "1", 나머지의 경우에는 "0"의 값을 갖는 가변수(dummy variable)를 구성하여 사용되었다.

(2) 독립변수 및 통제변수

연결망 특성은 각 응답자가 대통령선거와 관련해서 주로 대화를 나눈 사람을 최대 네 명까지 열거한 후, 각 토론 상대의 특성을 묻는 설문을 통해 측정되었다. 이 글에서는 연결망의 규모, 연결망의 학력, 응답자와 투표성향이 다른 타자의 비율, 그리고 연결망 내 투표성향의 이질성이 분석에 사용되었다. 연결망의 규모(size)는 응답자가 열거한 토론상대의 수를 나타내는 변수이며 연결망의 학력은 토론상대 중 "대졸 이상"인 타자들의 비율을 통해 측정되었다. 응답자와 투표성향이 다른 토론상대(혹은 타자)의 비율과 연결망 내 투표성향의 이질성은 응답자가 열거한 각 토론상대에 대해 "혹시 이분이 지난 대선에서 어느 후보를 지지했는지 아십니까? 정확하게 모르신다면, 그동안의 대화에 비추어 볼 때, 귀하가 생각하시기에 이분이 지지했을 것으로 생각되는 후보는 누구입니까?"라는 문항을 통해 구성되었다. 응답자와 투표성향이 다른 타자의 비율을 측정하기 위해서는 각 토론상대가 투표했을 것이라고 생각되는 후보자와 응답자 자신이 투표한 후보자가 다른 경우를 합산한 후 연결망의 규모로 나눈 값을 사용하였다. 이때 응답자가 투표하지 않았다고 응답했을 경우에는 "만약 투표하셨으면 누구에게 투표할 생각이었습니까?"라는 질문으로 응답자의 투표성향을 대체하였다. 연결망 내 투표성향의 이질성은 토론상대들이 투표한 후보자들의 IQV(Index of qualitative variation)로 측정되었다.[2] 그러나 토론 상대가 한 명일 경우 분모가 0이 되는 관계로 IQV값이 정의되지 않는다. 따라서 결측치를 줄이기 위해 (1) "토론상대가 한 명인 경우", (2) "IQV = 0", (3) "IQV ≤ . 5" (4) "IQV > . 5"의 명목변수를 구성한 후, (2)를 기준범주(reference category)로 갖는 가변수들을 통해 분석을 시행하였다.

---

2 IQV는 명목변수에 대한 응답의 산포도(dispersion)을 측정하기 위해 사용되며

$$IQV = \frac{1 - \sum_{j=1}^{K} p_j^2}{(K-1)/K}$$

로 계산된다. 여기서 K는 명목변수가 갖는 범주의 수를 나타내며 p_j는 j번째 범주에 해당하는 응답 비율을 나타낸다. IQV는 0부터 1의 값을 갖는다. 통계치의 값이 높을수록 응답이 균일하게 분포되어 있다는 점을 나타내며, 모든 응답이 하나의 범주에 속할 경우 IQV는 0이 된다.

통제변수로는 자발적 결사체 참여, 연령, 교육수준, 가구소득, 성별, 종교유무, 혼인상태, 주성장지와 같은 사회인구학적 변수와 심리학적 특성인 정당정체성 및 정치이념의 강도, 정치 지식이 사용되었다. 자발적 결사체 참여는 "시민운동단체", "노조, 사업자 단체 또는 직업조합", "교회, 절 등 종교모임이나 단체", "스포츠, 레저 모임 등 문화 단체", "동창모임", "향우회", "친목단체", "기타 모임이나 단체"에서 응답자의 활동 정도를 묻는 질문을 통해 측정되었다. 분석에서는 (1) "소속되어서 적극적으로 활동한다", (2) "소속되어 있지만 활동은 안 한다", (3) "과거에 소속된 적이 있다", (4) "소속된 적 없다"의 응답범주를 역코딩한 후, 응답자 별로 각 단체의 참여정도를 평균 낸 값이 사용되었다. 이 지표(index)의 크론바하 알파(Cronbach's α) 값은 0.610이다. 연령은 만 나이를 통해 측정되었다. 교육수준은 "고졸 미만", "고졸", "초대졸/대재 및 대학 중퇴", "대졸 이상"로 응답자의 학력을 분류한 후, 응답자가 가장 많이 포함된 "고졸" 범주를 기준범주로 한 가변수들을 통해 모형에 포함시켰다. 소득은 (1) "300만 원 미만", (2) "300만 원~399만 원", (3) "400만 원~499만 원", (4) "500만 원 이상"을 범주로 갖는 서열변수로 측정되었으며, 분석에서는 "300만 원 미만"을 기준범주로 3개의 가변수를 사용하였다. 성별, 종교유무와 혼인상태는 각각 "여성", "종교 있음", "기혼"이 "1"의 값을 갖는 가변수로 처리되었다. 주성장지는 "서울"을 기준범주로 갖는 가변수들 ― 경기/인천, 충청/강원, 영남권, 호남/제주 ― 을 통해 측정되었다. 심리학적 변수 중 정당정체성의 강도는 "선생님께서는 우리나라에 있는 정당 중 가깝게 느끼는 정당이 있습니까?"와 가깝게 느끼는 정당이 없다면 "그래도 다른 정당에 비해 조금이라도 더 가깝게 느끼는 정당이 있습니까?"의 질문을 통해 구성되었다. 분석에서는 가깝게 느끼는 정당이 있는 집단과 조금이라도 가깝게 느끼는 정당이 있는 집단에 대해서 1의 값을 갖는 가변수들이 사용되었다. 이 변수들의 기준범주는 조금이라도 가깝게 느끼는 정당이 없는 집단이다. 정치이념의 강도는 정치이념을 묻는 11점 척도에 대해 중도(0)로부터 각 응답자의 이념이 벗어난 절대치를 통해서 측정되었다. 이 변수는 중도(0)부터 매우 진보 혹은 매우 보수(5)의 값을 갖는다. 마지막으로 정치지식은 현 국무총리의 이름, 현 국회의장의 이름, 그리고 2012년 정부의 예산 규모를 묻는 질문에 알맞은 응답의 개수로 측정되었다. 각 변수의 기술통계치는 〈표 12-1〉에 제시되어 있다. 3

4. 분석결과

1) 연결망 내 투표성향의 이질성과 지지후보 결정시기 간 관계

앞에서 언급되었듯이 지지후보 결정시기는 서열변수로 측정되었다. 따라서 이를 종속변수로 하는 분석에서는 서열 로지스틱 회귀분석(ordered logistic regression)이 사용되었다. 분석 결과는 〈표 12-2〉에 제시되어 있다.

모형 1에서는 사회인구학적 변수와 심리학적 변수들이 후보자 결정시기에 어떠한 영향을 미치는지 살폈다. 분석 결과, 정치 지식은 지지후보 결정시기와 비선형적인 관계를 보였다. 정치 지식을 묻는 문항을 모두 맞추거나 하나도 맞추지 못한 집단은 이 중에서 하나 혹은 두 개의 질문을 맞춘 집단보다 지지후보 결정시기가 빠른 것으로 나타났다. 질

---

3 〈표 12-1〉의 기술통계치들은 가중치가 부여된 통계치들이다. 이와 달리, 이 논문에서 행해진 다변량 분석에서는 가중치가 사용되지 않았다.

〈표 12-1〉 응답자의 사회인구학적 특성과 관계적 속성

변수	사례수	평균(%)	표준편차	최소치	최대치
후보자 결정시기	1063.04	2.90	1.71	1	7
투표참여	1200.00	0.89	0.32	0	1
응답자와 투표성향이 다른 타자의 비율	1116.08	0.29	0.31	0	1
타자들의 투표이질성 (iqv)					
IQV = 0	1093.10	0.45	0.50	0	1
0 < IQV < .5	1093.10	0.24	0.43	0	1
.5 ≤ IQV ≤ 1	1093.10	0.24	0.43	0	1
연결망 규모	1200.00	3.18	1.28	0	4
연결망 학력: 대졸이상 (%)	1113.03	0.32	0.37	0	1
자발적 결사체 참여	1200.00	1.74	0.67	1	4
연령	1200.00	45.19	14.91	19	86
교육수준					
고졸 미만	1191.04	0.17	0.37	0	1
초대졸/대학중퇴	1191.04	0.23	0.42	0	1
대졸 이상	1191.04	0.29	0.45	0	1
소득					
300만 원~399만 원	1195.00	0.27	0.44	0	1
400만 원~499만 원	1195.00	0.20	0.40	0	1
500만 원 이상	1195.00	0.20	0.40	0	1
여성	1200.00	0.50	0.50	0	1
종교 있음	1200.00	0.50	0.50	0	1
기혼	1199.00	0.72	0.45	0	1
주성장지					
경기/인천	1198.00	0.15	0.36	0	1
충청/강원	1198.00	0.17	0.37	0	1
영남권	1198.00	0.30	0.46	0	1
호남권	1198.00	0.19	0.40	0	1
정당정체성 (강도)					
조금 가깝게 느낌	1186.00	0.16	0.37	0	1
가깝게 느낌	1186.00	0.53	0.50	0	1
정치이념 (강도)	1115.87	1.26	1.33	0	5
정치 지식					
1	1200.00	0.26	0.44	0	1
2	1200.00	0.16	0.37	0	1
3	1200.00	0.06	0.23	0	1

〈표 12-2〉 지지후보자 결정시기에 대한 서열 로지스틱 회귀분석 결과

	모형1		모형2		모형3		모형4	
	β	s.e.	β	s.e.	β	s.e.	β	s.e.
연결망 특성								
응답자와 투표성향이 다른 타자의 비율			0.857**	(.21)			0.572*	(.27)
연결망의 투표성향의 이질성								
0 < IQV < .5					0.682**	(.17)	0.543**	(.18)
.5 ≤ IQV ≤ 1					0.728**	(.16)	0.486*	(.20)
연결망 규모 = 1					-0.179	(.35)	-0.285	(.35)
연결망 규모			0.005	(.07)	-0.115	(.10)	-0.124	(.10)
연결망 학력: 대졸 이상 (%)			0.304	(.22)	0.241	(.22)	0.276	(.22)
통제변수								
자발적 결사체 참여	-0.009	(.10)	-0.062	(.11)	-0.102	(.11)	-0.115	(.11)
연령	-0.029**	(.01)	-0.028**	(.01)	-0.022**	(.01)	-0.023**	(.01)
교육수준								
고졸 미만	0.320	(.20)	0.366	(.21)	0.309	(.21)	0.301	(.21)
초대졸/대학중퇴	0.268	(.19)	0.217	(.20)	0.254	(.20)	0.235	(.20)
대졸 이상	0.251	(.16)	0.085	(.19)	0.177	(.19)	0.147	(.19)
소득								
300만 원~399만 원	0.008	(.17)	-0.073	(.18)	-0.065	(.18)	-0.084	(.18)
400만 원~499만 원	0.179	(.18)	0.096	(.19)	0.105	(.19)	0.072	(.19)
500만 원 이상	0.106	(.19)	0.089	(.20)	0.137	(.20)	0.105	(.20)
여성	0.094	(.12)	0.114	(.13)	0.139	(.13)	0.155	(.13)
종교 있음	-0.006	(.12)	-0.053	(.13)	-0.034	(.13)	-0.053	(.13)
기혼	-0.108	(.16)	-0.074	(.17)	-0.180	(.18)	-0.156	(.18)
주성장지								
경기/인천	-0.019	(.22)	0.051	(.23)	0.062	(.23)	0.043	(.23)
충청/강원	0.256	(.21)	0.255	(.22)	0.312	(.22)	0.259	(.22)
영남권	-0.374*	(.18)	-0.245	(.18)	-0.207	(.19)	-0.222	(.19)
호남/제주	0.224	(.19)	0.362	(.20)	0.454*	(.21)	0.436*	(.21)
정당정체성 (강도)								
조금 가깝게 느낌	0.025	(.18)	0.034	(.19)	0.012	(.19)	0.045	(.19)
가깝게 느낌	-0.745**	(.15)	-0.737**	(.16)	-0.774**	(.16)	-0.717**	(.16)
정치이념 (강도)	-0.089*	(.04)	-0.070	(.05)	-0.071	(.05)	-0.065	(.05)
정치 지식								
1	0.338*	(.14)	0.343*	(.15)	0.354*	(.15)	0.348*	(.15)
2	0.346*	(.18)	0.339	(.18)	0.289	(.18)	0.318	(.18)
3	0.105	(.27)	0.203	(.27)	0.170	(.27)	0.179	(.27)

〈표 12-2〉계 속

	모형1		모형2		모형3		모형4	
	β	s.e.	β	s.e.	β	s.e.	β	s.e.
절단점(cut) 1	-2.621	(.38)	-2.283	(.45)	-2.451	(.52)	-2.491	(.52)
절단점(cut) 2	-1.682	(.38)	-1.366	(.44)	-1.534	(.52)	-1.569	(.52)
절단점(cut) 3	-1.038	(.38)	-0.691	(.44)	-0.844	(.51)	-0.874	(.51)
절단점(cut) 4	-0.036	(.38)	0.345	(.44)	0.208	(.51)	0.179	(.51)
절단점(cut) 5	1.005	(.38)	1.398	(.45)	1.277	(.52)	1.249	(.52)
절단점(cut) 6	2.296	(.42)	2.701	(.48)	2.553	(.55)	2.526	(.55)
사례수	960		899		885		885	
Log-Likelihood	-1,619.95		-1,507.29		-1,478.54		-1,476.25	
Likelihood-Ratio χ^2	163.878**		172.497**		181.560**		186.150**	
McFadden's R^2	0.048		0.054		0.058		0.059	

주: ** p < .01, * p < .05

문 중 하나 및 두 문항을 제대로 응답한 집단은 하나도 맞추지 못한 집단보다 한 시기 늦은 시점에 지지후보를 결정할 로짓(logged-odds)이 각각 .338과 .346 높았으며, 3문항을 모두 맞춘 집단은 한 문항도 맞추지 못한 집단과 통계적으로 유의한 차이를 보이지 않았다. 그 외에 연령이 높을수록, 영남권에 거주할수록, 그리고 정당정체성 및 정치이념이 강할수록 응답자들이 지지후보를 일찍 결정하였다. 지지후보를 한 시점 늦게 결정할 로짓은 연령이 1세 증가할수록 .029만큼 감소하였다. 또한 영남권에 거주하는 집단은 서울에 거주하는 집단보다, 그리고 가깝게 느끼는 정당이 있는 집단은 그렇지 않은 집단보다 한 시점 늦게 지지후보를 결정할 로짓이 각각 .374 및 .745만큼 낮은 것으로 나타났다. 마지막으로 정치이념이 중도로부터 1점씩 벗어날수록 지지후보 결정을 한 시기 늦출 로짓이 .089만큼 감소하였다.

모형 2에서는 사회인구학적 특성과 심리학적 변수를 통제한 상태에서 연결망 특성을 회귀식에 포함시켰다. 대선과 관련하여 대화를 나눈 사람들 중 응답자와 다른 투표성향을 가진 사람의 비율이 높을수록 지지후보 결정시기가 늦춰지는 것으로 나타났다. 반면, 연결망의 규모와 토론연결망의 교육수준은 후보자 결정시기에 유의한 효과를 보이지 않았다. 모형 3에서는 연결망 내 투표성향이 이질적일수록 지지후보 결정시기가 늦춰진다는 결과가 나타났다. 모형 4에서는 연결망 특성들을 동시에 모두 회귀식에 포함시켰다. 그 결과, 두 변수 모두 지속적으로 후보자 결정시기를 늦추는 유의한 효과를 보였다. 모형 4에 제시된 계수들을 바탕으로 계산된 두 변수의 효과는 〈그림 12-1〉에 제시되어 있다.

〈그림 12-1〉의 왼편에 제시되어 있는 그래프는 응답자와 투표성향이 다른 타자의 비율이 지지후보 결정시기에 미치는 효과를 보여준다. 투표성향이 응답자와 다른 토론상대의 비율이 0에서 1로 증가할수록 총선 이전에 후보자를 결정할 확률은 약 10%p 감소한다. 반면, 안철수가 사퇴한 이후와 그가 민주당에 대한 지원을 개시한 사이에 지지후보를 결정할 확률은 이견을 보이는 토론상대의 비율이 높을수록 약 5%p 증가한다. 선거당일에 지지후보를 결정할 확률도 증가하지만, 그 효과는 크지 않다. 〈그림 12-1〉의 오른편에 있는 그래프는 연결망 내 투표성향의 이질성이 후보자 결정시기에 미치는 영향을 보여준다. 연결망 내 투표성향의 이질성이 0인 집단보다 0.5 이하인 집단이 지지후보를 총선 이전에 결정할 확률은 약 10%p 낮은 것으로 나타나지만, 0.5를 기점으로 IQV가 더 증가하여도 지지후보 결정시기에는 별다른 영향을 주지 않은 것으로 분석되었다. 반면, 안철수가 사퇴한 이후 민주당의 선거운동을 지원하기까지의 기간 동안 지지후보 결정을 할 확률은 연결망 내 이질성이 증가할수록 약 4.5%p 증가한다. 그러나 여기서도 역시 이질성이 0.5를 초과하였을 때에는 큰 차이가 나타나지 않았다. 또한, 이질성이 증가할수록 선거 당일에 지지후보를 결정할 확률 역시 증가하였지만, 그 폭은 매우 작았다.

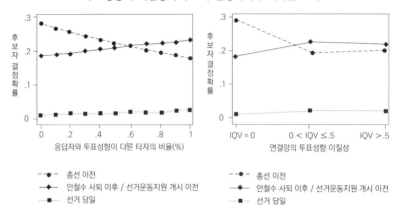

〈그림 12-1〉 투표성향이 다른 타자의 비율 및 연결망 내
투표성향의 이질성이 후보자 결정시기에 미치는 효과

2) 연결망 내 투표성향의 이질성과 투표참여 간 관계

다음으로는 투표참여에 연결망 특성이 어떠한 영향을 미치는지가 분석되었다. 투표참여가 가변수로 측정되었기 때문에 모형 5부터 모형 8까지는 이항 로지스틱 회귀분석이 사용되었다. 분석결과는 〈표 12-3〉에 제시되어 있다.

모형 5에서는 연령, 교육수준, 종교유무, 정당정체성 및 정치이념의 강도가 투표참여에 유의한 영향을 보였다. 〈표 12-3〉에 제시된 계수들을 바탕으로 계산된 투표확률의 변화는 다음과 같다.[4] 연령이 최소치 (19세)부터 최대치(86세)까지 변할 때 투표할 확률은 약 21.2%p 증가하였다. 교육수준의 경우, "초대졸/대재 및 대학중퇴" 집단과 "대졸 이상" 집단이 "고졸" 집단보다 투표할 확률이 각각 4.2%p와 4.5%p만큼 높은 것으로 분석되었다. 종교 및 가깝게 느끼는 정당이 있는 응답자들

---

[4] 투표확률의 변화는 기타 변수들을 각 평균값에 고정시킨 상태에서 계산되었다.

〈표 12-3〉투표참여에 대한 이항 로지스틱 회귀분석 결과

	모형5 β	s.e.	모형6 β	s.e.	모형7 β	s.e.	모형8 β	s.e.
연결망 특성								
응답자와 투표성향이 다른 타자의 비율			-1.344**	(.34)			-1.514**	(.37)
연결망의 투표성향의 이질성								
0 < IQV < .5					-0.122	(.32)	0.212	(.34)
.5 ≤ IQV ≤ 1					0.013	(.30)	0.556	(.33)
연결망 규모 = 1					0.413	(.55)	0.534	(.56)
연결망 규모			0.259*	(.11)	0.294	(.17)	0.278	(.17)
연결망 학력: 대졸 이상 (%)			-0.338	(.36)	-0.290	(.37)	-0.372	(.37)
통제변수								
자발적 결사체 참여	0.298	(.20)	0.466*	(.23)	0.470	(.25)	0.524*	(.25)
연령	0.051**	(.01)	0.047**	(.01)	0.043**	(.01)	0.046**	(.01)
교육수준								
고졸 미만	-0.149	(.42)	0.472	(.49)	0.442	(.51)	0.655	(.53)
초대졸/대재 및 대학중퇴	0.759**	(.29)	1.053**	(.31)	0.946**	(.32)	1.037**	(.32)
대졸 이상	0.770**	(.29)	1.212**	(.34)	1.019**	(.34)	1.126**	(.35)
소득								
300만 원~399만 원	0.135	(.30)	0.076	(.33)	-0.124	(.33)	-0.024	(.34)
400만 원~499만 원	-0.206	(.32)	-0.333	(.34)	-0.493	(.35)	-0.382	(.35)
500만 원 이상	-0.228	(.32)	-0.116	(.36)	-0.282	(.38)	-0.141	(.38)
여성	0.328	(.22)	0.483*	(.24)	0.507*	(.24)	0.491*	(.25)
종교 있음	0.660**	(.23)	0.767**	(.25)	0.751**	(.25)	0.766**	(.25)
기혼	0.305	(.28)	0.220	(.31)	0.163	(.32)	0.136	(.32)
주성장지								
경기/인천	0.553	(.38)	0.639	(.41)	0.716	(.42)	0.776	(.43)
충청/강원	0.187	(.35)	0.537	(.39)	0.336	(.38)	0.500	(.39)
영남권	0.011	(.29)	-0.082	(.31)	-0.001	(.32)	0.036	(.32)
호남/제주	0.228	(.36)	0.246	(.39)	0.245	(.40)	0.317	(.40)
정당정체성 (강도)								
조금 가깝게 느끼는 정당 있음	0.446	(.29)	0.230	(.31)	0.287	(.33)	0.211	(.33)
가깝게 느끼는 정당 있음	1.022**	(.25)	0.781**	(.27)	0.772**	(.27)	0.651*	(.28)
정치이념 (강도)	0.289**	(.10)	0.258*	(.11)	0.270*	(.11)	0.231*	(.11)
정치 지식								
1	0.501	(.29)	0.471	(.31)	0.618	(.32)	0.668*	(.33)
2	0.206	(.34)	0.107	(.36)	0.337	(.38)	0.267	(.39)
3	-0.009	(.49)	0.177	(.56)	0.558	(.60)	0.491	(.62)
상수	-2.528**	(.62)	-3.008**	(.74)	-3.298**	(.87)	-3.247**	(.87)

	모형5		모형6		모형7		모형8	
	β	s.e.	β	s.e.	β	s.e.	β	s.e.
사례수	1,090		1,014		992		992	
Log-Likelihood	-318.87		-276.87		-271.19		-263.34	
Likelihood-Ratio χ^2	154.947**		159.224**		131.952**		147.658**	
McFadden's R^2	0.195		0.223		0.196		0.219	

주: ** p < .01, * p < .05

은 그렇지 않은 집단보다 투표할 확률이 각각 4.3%p와 6.7%p 높았다. 마지막으로 정치이념이 중도(0)에서 매우 진보 혹은 매우 보수(5)로 변할 때 예측된 투표확률은 약 7.0%p 증가하였다.

모형 6에서는 연결망 특성이 투표참여에 미치는 효과가 분석되었다. 지지후보 결정시기에 대한 분석과 마찬가지로 응답자와 다른 투표성향을 보이는 토론상대의 비율은 투표참여를 감소시키는 효과를 보였다. 연결망의 규모도 투표참여를 증가시키는 효과를 보였는데, 규모가 0에서 4로 증가하였을 때 투표확률은 약 5.9%p 증가하였다. 모형 7에서는 연결망 내 투표성향의 이질성이 모형에 포함되었지만, 통계적으로 유의한 효과를 보이지는 않았다. 또한, 연결망의 이질성을 통제하였을 때 규모가 보였던 유의한 효과 역시 사라졌다. 〈그림 12-2〉는 응답자의 투표확률이 투표성향이 다른 타자의 비율에 따라 변화하는 양상을 보여준다. 이 그래프는 모형 8의 계수들을 바탕으로 그려졌으며, 실선은 모형을 바탕으로 예측된 투표확률을, 점선은 델타방식(*delta method*)을 통해 계산된 95% 신뢰구간을 나타낸다.[5] 그래프에 나타나듯이, 응답자와 투표성향이 다른 토론상대의 비율이 0에서 1로 증가할수록 응답자가 투표할 확률은 약 11%p 감소한다.

---

5 투표확률은 기타변수들을 각 평균값에 고정시킨 상태에서 산출되었다.

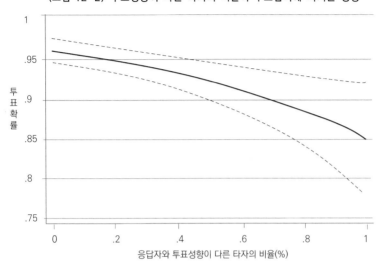

〈그림 12-2〉 투표성향이 다른 타자의 비율이 투표참여에 미치는 영향

5. 나가며

이 연구는 사회연결망의 구조 및 속성과 투표행태 간 관계에 대하여 살펴보았다. 특히 자아중심적 연결망 내 이질적인 정치적 의견을 가진 타자들의 존재가 지지후보 결정시기와 투표참여에 어떠한 영향을 미치는가에 초점을 두었다. 분석 결과, 연결망 내 지지후보에 관한 의견의 이질성이 높을수록 응답자(자아)는 지지후보를 결정하는 시기를 늦추는 것으로 나타났다. 또한 응답자와 타자들 간 지지후보 불일치 정도가 심할수록, 다시 말해, 응답자와 다른 후보를 지지하는 사람들이 연결망 내에 많이 존재할수록 지지후보의 결정이 더디게 이루어짐을 확인할 수 있었다. 이러한 연결망 내 투표성향 이질성의 존재는 궁극적으로 응답자의 투표참여에도 영향을 미치는 것으로 드러났다. 응답자가 지

지하는 후보와 주변의 사람들이 지지하는 후보가 다를 경우 투표 자체를 포기할 가능성이 높아지는 것이다. 그러나 교차압력 (*cross-pressure*)을 의미하는 타자들 간 이질성 정도는 투표참여에 유의미한 영향력이 존재하지 않았다. 결론적으로 이 연구는 정치 태도와 행위는 개인이 가진 사회연결망의 구조적 속성에 의해 결정된다고 주장하였다.

앞의 분석 결과에서 드러난 것처럼, 사회연결망의 구조와 속성은 분명 투표행태에 확실한 영향력을 가지고 있다. 이 발견은 지금까지 경험자료의 분석 없이 이론적인 수준에서만 제기되었던 관계의 일면을 보여준다는 데 그 의의가 있을 것이다. 물론 이 연구의 발견은 사회연결망의 수많은 구조적 속성 중 몇 가지를 선택적으로 고려해 규명할 뿐이다. 이 관계를 더욱 분명하게 밝히기 위해서는 앞의 분석에서 포함된 구조적 속성보다 더 많은 정보가 필요하며, 각 속성의 독립적인 효과뿐만 아니라 속성 간, 구조적 속성과 다른 변수들 간 상호작용에 대한 분석이 진행되어야 할 것이다. 이 연구는 분석 자료의 한계로 인해 사회연결망의 구조 및 속성과 투표행태 간 존재하는 메커니즘을 충분히 밝힐 수 없었다. 미래에는 보다 풍부한 정보를 담은 자료를 활용해 이에 대한 연구가 더욱 면밀히 진행되기를 바란다. 이제 시작이다.

참고문헌

강원택(2012), "정파적 지지와 인지적 동원", 박찬욱·강원택 편, 《2012년 국회의원선거 분석》, 205~229쪽, 나남.

금희조(2009), "뉴미디어 환경이 개인의 사회정치 참여에 미치는 영향", 〈한국언론학보〉 53(4): 5~26.

김석호·박바름(2012), "동원의 투표참여와 지지후보 선택에 대한 차별적 효과", 박찬욱·강원택 편, 《2012년 국회의원선거 분석》, 99~128쪽, 나남.

김용희(2011), "트위터에서 선거여론 확산구조 예측: 10·26 서울시장 재보선을 중심으로", 〈정치커뮤니케이션 연구〉 23: 103~139.

나은경(2007), "온라인과 오프라인 세계의 상호작용", 〈한국언론학보〉 53(1): 109~132.

이준웅·김은미·김현석(2007), "누가 인터넷 토론에서 영향력을 행사하는가", 〈한국언론학보〉 51(3): 358~384.

이준웅·김은미·문태준(2005), "사회자본 형성의 커뮤니케이션 기초", 〈한국언론학보〉 49(3): 234~261.

장덕진(2011), "트위터 공간의 한국정치", 〈언론정보연구〉 48(1): 80~107.

정병은(2005), "유권자의 사회자본과 지역주의에 대한 연구: 17대 총선의 두 지역구 사례 비교", 〈한국사회학〉 39(5): 83~118.

Boyd, D., Golder, S., & Lotan, G. (2010), *Tweet, Tweet, Retweet: Conversational Aspects of Retweeting on Twitter*, pp. 1~10, Proceedings of the 43rd Hawaii International Conference on System Sciences.

Cartwright, Dorwin & Frank Harary(1956), "Structural Balance: A Generalization of Heider's Theory", *Psychological Review* 63: 277~293.

Dalton, Russell J. & Miki Caul Kittilson(2012), "Virtual Civil Society in the United States and Australia", *Australian Journal of Political Science* 47(1): 11~29

Fisher, Dana R. (2006), *Activism: How the Outsourcing of Grassroots Campaigns is Strangling Progressive Politics in America*, Stanford, California: Stanford University Press.

Fleischacker, Sam(1998), "Insignificant Communities", In Amy Gutman(ed.),

Freedom of Association, pp. 273~313, Princeton: Princeton University Press.

Friedkin, N. E. (2004), "Social Cohesion", *Annual Review of Sociology* 30: 409~425.

Granovetter, Mark S. (1973), "The Strength of Weak Ties", *American Journal of Sociology* 78: 1360~1380.

Huberman, B., Romero, D., & Wu, F. (2008), "Social Networks That Matter: Twitter Under the Microscope", Unpublished manuscript.

Huckfeldt, Robert (2001), "The Social Communication of Political Expertise", *American Journal of Political Science* 45: 425~438.

Huckfeldt, Robert, E. Beck, R. Dalton, & J. Levine (1995), "Political Environments, Cohesive Social Groups, and the Communication of Public Opinion", *American Journal of Political Science* 39: 1025~1054.

Huckfeldt, Robert & John Sprague (1995), *Citizens, Politics, and Social Communication: Information and Influence in an Election Campaign*, New York: Cambridge University Press.

Kim, Chong Lim (1980), "Political Participation and Mobilized Voting", In Kim (ed.), *Political Participation in Korea*, pp. 119~141, Santa Barbara: ClioBooks.

Kim, Seokho (2011), "Voluntary Associations, Social Equality, and Participatory Democracy in the United States and Korea", *Korean Journal of Sociology* 45 (3): 125~154.

Klofstad, Casey A., Scott D. McClurg, & Meredith Rolfe (2009), "Measurement of Political Discussion Networks: A Comparison of Two 'Name Generator' Procedures", *Public Opinion Quarterly* 73 (3): 462~483.

Knoke, D. (1990), "Networks of Political Action: Toward a Theory Construction", *Social Forces* 68: 1041~1063.

Lazarsfeld, Paul F., Bernard Berelson, & Hazel Gaudet (1948), *The People's Choice*, New York: Duell, Sloan, and Pearce.

Leighley, Jan E. (1990), "Social Interaction and Contextual Influences on Political Participation", *American Politics Quarterly* 18: 459~475.

_____ (1996), "Group Membership and the Mobilization of Political Participation", *Journal of Politics* 58: 447~463.

McAdam, Doug & Ronnelle Paulsen(1993), "Social Ties and Recruitment: Toward a Specification of the Relationship", *American Journal of Sociology* 99: 640~666

McClurg, Scott D. (2003), "Social Networks and Political Participation: The Role of Social Interaction in Explaining Political Participation", *Political Research Quarterly* 56: 448~464.

_____(2005), "The Electoral Relevance of Political Talk: Examining Disagreement and Expertise Effects in Social Networks on Political Participation", *American Journal of Political Science* 50: 737~754.

McPherson, L. Smith-Lovin. & J. M. Cook(2001), "Birds of a Feather: Homophily in Social Networks", *Annual Review of Sociology* 27: 415~444.

Mitchell, J. Clyde(1969), *Social Networks in Urban Situations*, Manchester University Press.

Mutz, Diana C. (2002a), "Cross-cutting Social Networks: Testing Democratic Theory in Practice", *American Political Science Review* 96: 111~126.

_____(2002b), "The Consequences of Cross-Cutting Networks for Political Participation", *American Journal of Political Science*: 838~855.

Nickerson, David W. (2008), "Is Voting Contagious? Evidence from Two Field Experiments", *American Political Science Review* 102(1): 49~57.

Nie, N. & Erbring, L. (2002), "Internet and Society: A Preliminary Report", *IT & Society* 1: 275~283.

Niemi, Richard G. & Herbert F. Weisberg(eds.) (1993), *Controversies in Voting Behavior*, 3rd Edition, Washington, DC: CQ Press.

Rosenstone, Steven J. & John Mark Hansen(2003), *Mobilization, Participation, and Democracy in America*, New York: Longman.

Scott, John(2000), *Social Network Analysis: A Handbook*, London: Sage Publications.

Smith, J. & J. F. Zipp(1983), "The Party Official Next Door: Some Consequences of Friendship for Political Involvement", *The Journal of Politics* 45: 958~78.

Snow, David A., Louis A. Zurcher Jr. & Sheldon Ekland-Olson(1980), "Social Networks and Social Movements: A Microstructural Approach to Differential Recruitment", *American Sociological Review* 45(5): 787~801.

Tumasjan, A., Sprenger, T., Sandner, P., & Welpe, I. (2010), *Predicting Elections with Twitter: What 140 Characters Reveal about Political Sentiment*, Proceedings of the 4th International AAAI Conference on Weblogs and Social Media, pp. 178~185. Washington D. C.

Wasserman, Stanley & Katherine Faust (1994), *Social Network Analysis: Methods and Applications*, Cambridge: Cambridge University Press.

Weatherford, M. Stephen (1982), "Interpersonal Networks and Political Behavior", *American Journal of Political Science* 26: 117~143.

부록

정치와 민주주의에 관한 의식 조사

정치와 민주주의에 관한 의식 조사

ID				

안녕하십니까? 서울대학교 한국정치연구소에서는 2012년 대선을 맞아 정치와 민주주의에 관한 의식 조사를 실시하고 있습니다. 선생님께서 해 주신 응답 내용은 이런 의견을 갖고 있는 사람이 몇 %라는 식으로 통계를 내는 데에만 사용되며, 그 외의 목적에는 절대로 사용되는 일이 없으니 느끼시는 대로 말씀해 주시기 바랍니다. 바쁘시더라도 잠시만 시간을 내어 응답해 주시면 대단히 감사하겠습니다.

- 조사기관 : Hankook Research
- 문 의 처 : 서울대학교 정치외교학부 강원택 교수(02-880-6335)
  한국리서치 여론조사본부 이동한 연구원(02-3014-1060)

응답자 이름		응답자 연락처	- -
응답자 성별	① 남 ② 여	응답자 연령	만 세 (만 19세 미만 중단)
지 역	① 서울 ② 부산 ③ 대구 ④ 인천 ⑤ 광주 ⑥ 대전 ⑦ 울산 ⑧ 경기 ⑨ 강원 ⑩ 충북 ⑪ 충남 ⑫ 전북 ⑬ 전남 ⑭ 경북 ⑮ 경남 ⑯ 제주		
세부 지역	( )시/군/구 ( )읍/면/동		
지역 규모	① 대도시 ② 중소도시 ③ 읍/면지역		
면접일시	월 일 시 분	면접 소요시간	
면접원 성명		검증결과	

※ 면접원 지시사항
  - 모든 질문에 모름/무응답은 재질문 후 9 혹은 99를 기입하시오

1. 전반적으로 볼 때, 귀하는 우리나라에서 민주주의가 어느 정도 잘 실현
   되고 있다고 생각하십니까? "거의 실현되고 있지 않다"에 0점을 주고,
   "매우 잘 실현되고 있다"에 10점을 준다면 몇 점을 주시겠습니까?

거의 실현되고 있지 않다			←				→			매우 잘 실현되고 있다
0점	1점	2점	3점	4점	5점	6점	7점	8점	9점	10점
⓪	①	②	③	④	⑤	⑥	⑦	⑧	⑨	⑩

2. 다음에 대해서 어느 정도 동의하시는지를 말씀하여 주십시오.

	매우 그렇다	다소 그렇다	보통이다	다소 그렇지 않다	매우 그렇지 않다
1) 나 같은 사람들은 정부가 하는 일에 대해 어떤 영향도 주기 어렵다	①	②	③	④	⑤
2) 정부는 나 같은 사람들의 의견에 관심이 없다	①	②	③	④	⑤
3) 나는 한국이 당면하고 있는 중요한 정치 문제를 잘 이해하고 있다	①	②	③	④	⑤
4) 대부분의 한국 사람은 정치나 행정에 대해 나보다 잘 알고 있다	①	②	③	④	⑤

3. 사람들은 때로는 여러 종류의 집단이나 모임 또는 단체에 소속되어 있습니다. 귀하는 다음과 같은 집단이나 모임 또는 단체에 소속되어 있습니까? 소속되어 있다면 어느 정도 적극적으로 활동하시는지를, 소속되어 있지 않다면 과거에는 소속되었던 적이 있는지를 말씀하여 주십시오. 그리고 해당 모임 또는 단체가 귀하가 사시는 지역(동, 읍, 면)에서 정기적으로 모임을 갖고 있다면, 귀하의 소속 여부와 별도로 "살고 있는 지역에서 정기적으로 모임을 갖고 있다" 란에 체크해 주십시오.

	소속되어서 적극적으로 활동한다	소속되어 있지만 활동은 안 한다	과거에 소속된 적이 있다	소속된 적 없다	소속된 적은 없지만, 친한 친구가 있다	살고 있는 지역에서 정기적으로 모임을 갖고 있다
1) 시민운동단체	①	②	③	④	⑤	
2) 노조, 사업자 단체 또는 직업 조합	①	②	③	④	⑤	
3) 교회, 절 등 종교모임이나 단체	①	②	③	④	⑤	
4) 스포츠, 레저 모임 등 문화 단체	①	②	③	④	⑤	
5) 동창모임	①	②	③	④	⑤	
6) 향우회	①	②	③	④	⑤	
7) 친목단체	①	②	③	④	⑤	
8) 기타 모임이나 단체	①	②	③	④	⑤	

4. 귀하께서는 일반적으로 사람들을 신뢰할 수 있다고 생각하십니까, 아니면 조심해야 한다고 생각하십니까?
  ① 항상 신뢰할 수 있다   ② 대체로 신뢰할 수 있다
  ③ 대체로 조심해야 한다   ④ 항상 조심해야 한다

5. 귀하께서는 일반적으로 선거나 정치적 사안에 대해 주위 사람들과 얼마나 자주 이야기 하십니까?
   ① 거의 매일   ② 일주일에 3~4번   ③ 일주일에 1~2번
   ④ 일주일에 한 번 미만   ⑤ 전혀 하지 않는다

6. 귀하께서는 지난 12월 19일의 제18대 대통령선거에서 투표하셨습니까?
   ① 투표하지 않았다   (☞문 6-1로)
   ② 이번에는 투표하려 했지만 하지 못했다   (☞문 6-1로)
   ③ 늘 투표하지만 이번에는 사정상 하지 못했다   (☞문 6-1로)
   ④ 투표했다   (☞문 6-3으로)
   ※ 면접원 지시사항 : 모름/무응답일 경우 문7로 이동

   6-1. (투표를 하지 않은 분만) 귀하께서 지난 12월 19일의 제 18대 대통령선거에서 투표하지 않으신 가장 큰 이유는 무엇입니까?
        (응답 후 문 6-2로)
        ① 회사나 집안 일로 시간이 없어서
        ② 마음에 드는 후보가 없어서
        ③ 내 한 표가 선거결과를 바꿀 수 없어서
        ④ 후보자 간의 정책적 차이가 별로 없어서
        ⑤ 정치에는 관심이 없어서
        ⑥ 내가 지지하던 후보가 사퇴해서
        ⑦ 누가 당선될지 뻔해서
        ⑧ 기타 (적을 것 :   )

   6-2. (투표를 하지 않은 분만) 만약 투표하셨으면 누구에게 투표할 생각이었습니까? (응답 후 문 7로)
        ① 박근혜   ② 문재인   ③ 박종선
        ④ 김소연   ⑤ 강지원   ⑥ 김순자

6-3. (투표한 사람만) 귀하께서는 어떤 후보자에게 투표하셨습니까?
(응답 후 문 6-4로)

① 박근혜　　　　② 문재인　　　　③ 박종선

④ 김소연　　　　⑤ 강지원　　　　⑥ 김순자

6-4. (투표한 사람만) 그렇다면 귀하께서는 투표할 후보자를 언제 결정
하셨습니까? (응답 후 문 6-5로)

총선 (2012년 4월 11일)	주요 세 후보 (박근혜, 문재인, 안철수) 출마 확정 (2012년 9월 19일)	안철수 사퇴 (2012년 11월 23일)	안철수 선거운동 지원 개시 (2012년 12월 6일)	여론조사 마지막 공표일 (선거 일주일 전, 2012년 12월 12일)	선거 당일 (2012년 12월 19일)	
①	②	③	④	⑤	⑥	⑦

6-5. (투표한 사람만) 그렇다면 (앞에서 응답하신 후보에 대해) 귀하께
서 투표한 후보를 결정할 때 다음의 사항들이 얼마나 영향을 주었습
니까?

	전혀 영향을 주지 않았다									매우 큰 영향을 주었다
1) 소속 정당	⑩	①	②	③	④	⑤	⑥	⑦	⑧	⑨	⑩
2) 정책과 공약	⑩	①	②	③	④	⑤	⑥	⑦	⑧	⑨	⑩
3) 당선 가능성	⑩	①	②	③	④	⑤	⑥	⑦	⑧	⑨	⑩
4) 국정운영능력	⑩	①	②	③	④	⑤	⑥	⑦	⑧	⑨	⑩
5) 도덕성	⑩	①	②	③	④	⑤	⑥	⑦	⑧	⑨	⑩
6) 이념성향	⑩	①	②	③	④	⑤	⑥	⑦	⑧	⑨	⑩

7. 12월 19일에 투표한 후보와, 선생님께서 원래 지지하던 후보가 같은 사람입니까?

① 같다 (☞문8로)

② 다르다 (☞문7-1로)

③ 투표하지 않았다 (☞문7-1로)

※ 면접원 지시사항 : 모름/무응답일 경우 문8로 이동

7-1. 그렇다면, 선생님께서는 원래 누구를 지지하고 계셨습니까?

① 박근혜　　　　② 문재인　　　　③ 안철수

④ 이정희　　　　⑤ 심상정　　　　⑥ 기타(　　　　　)

8. 귀하께서는 평소 지지하는 정당이 있으십니까?

① 있다 (☞문 8-1로)　　　　　　② 없다 (☞문 8-2로)

※ 면접원 지시사항 : 모름/무응답일 경우 문8-2로 이동

8-1. (지지하는 정당이 있다면) 어느 정당을 지지하십니까?

(응답 후 문9로)

① 새누리당　　　　② 민주통합당　　　　③ 통합진보당

④ 진보정의당　　　　⑤ 다른 정당

8-2. (지지 정당이 없다면) 지지 정당이 없으시더라도, 다음 정당 중 조금이라도 더 선호하는 정당이 있습니까?

① 새누리당　　　　② 민주통합당　　　　③ 통합진보당

④ 진보정의당　　　　⑤ 다른 정당　　　　⑥ 선호하는 정당이 없다

9. 지난 5년간 이명박 대통령이 대통령으로서 국정운영을 얼마나 잘했다고
   생각하십니까?

매우 못했다			←				→			매우 잘했다
⓪	①	②	③	④	⑤	⑥	⑦	⑧	⑨	⑩

10. 노무현 전 대통령은 집권 당시 국정운영을 얼마나 잘했다고 생각하십니까?

매우 못했다			←				→			매우 잘했다
⓪	①	②	③	④	⑤	⑥	⑦	⑧	⑨	⑩

11. 정치에서 사람들은 보통 진보와 보수를 구분합니다. 0부터 10 중에서 귀
    하께서는 다음의 정당, 정치인들 및 선생님 자신이 어디에 속한다고 생
    각하십니까? 0은 매우 진보를 나타내며, 10은 매우 보수를 나타냅니다.

	매우 진보			중도 ← →						매우 보수
1) 새누리당	⓪	①	②	③	④	⑤	⑥	⑦	⑧	⑨	⑩
2) 민주통합당	⓪	①	②	③	④	⑤	⑥	⑦	⑧	⑨	⑩
3) 통합진보당	⓪	①	②	③	④	⑤	⑥	⑦	⑧	⑨	⑩
4) 이명박	⓪	①	②	③	④	⑤	⑥	⑦	⑧	⑨	⑩
5) 박근혜	⓪	①	②	③	④	⑤	⑥	⑦	⑧	⑨	⑩
6) 문재인	⓪	①	②	③	④	⑤	⑥	⑦	⑧	⑨	⑩
7) 안철수	⓪	①	②	③	④	⑤	⑥	⑦	⑧	⑨	⑩
8) 이정희	⓪	①	②	③	④	⑤	⑥	⑦	⑧	⑨	⑩
9) 본인 (⑤라고 응답한 사람은 11-1로)	⓪	①	②	③	④	⑤	⑥	⑦	⑧	⑨	⑩

11-1. (본인 이념성향을 ⑤(중도)라고 응답한 사람) 그래도 고르신다면 보수/진보 중 어느 쪽에 더 가깝다고 생각하십니까?
　① 진보　　　　　② 중도　　　　　③ 보수

12. 다음의 각 정책에 대해서 귀하께서 얼마나 찬성 또는 반대하시는지 말씀해 주십시오.

	매우 찬성	대체로 찬성	대체로 반대	매우 반대
1) 한미 동맹관계를 더욱 강화해야 한다	①	②	③	④
2) 국가보안법을 폐지해야 한다	①	②	③	④
3) 한미 FTA를 재협상해야 한다	①	②	③	④
4) 대북 지원을 확대해야 한다	①	②	③	④
5) 경제성장보다는 복지에 더욱 힘을 기울여야 한다	①	②	③	④
6) 비정규직 노동자 문제는 기업에게 자율적으로 맡겨야 한다	①	②	③	④
7) 고소득자들이 현재보다 세금을 더 많이 내게 해야 한다	①	②	③	④
8) 철도 등 공기업 민영화를 추진해야 한다	①	②	③	④
9) 학교에서 체벌이 허용되어야 한다	①	②	③	④
10) 종교 등 개인의 신념에 따른 대체복무제를 허용해야 한다	①	②	③	④
11) 사형제를 폐지해야 한다	①	②	③	④
12) 집회 및 시위의 자유는 최대한 보장되어야 한다	①	②	③	④

13. 귀하께서는 우리나라의 주요 정치인들에 대해 어떻게 생각하십니까? 다음 각 정치인에 대해 얼마나 좋아하거나 싫어하는지 점수 평가 예를 참조하여 0에서 100까지의 숫자로 말씀해 주십시오.

정치인	점수	점수 평가 예
1) 이명박	( )점	100점 - 대단히 호의적인 느낌 85점 - 상당히 호의적인 느낌
2) 박근혜	( )점	70점 - 어느 정도 호의적인 느낌 60점 - 약간 호의적인 느낌
3) 문재인	( )점	50점 - 호의적이지도 부정적이지도 않음
4) 안철수	( )점	40점 - 약간 부정적인 느낌 30점 - 어느 정도 부정적인 느낌
5) 이정희	( )점	15점 - 상당히 부정적인 느낌 0점 - 대단히 부정적인 느낌

14. 흔히 사람들은 우리나라가 향후 10년간 나아가야 할 목표에 대해서 이야기하곤 합니다. 다음 각 제시된 네 가지 중 가장 중요한 목표는 무엇입니까? 그 다음으로 중요한 목표는 무엇입니까? 아래 보기에서 골라 주십시오.

1)	① 높은 경제성장 유지 ② 직장, 사회에서 개인의 참여와 발언권 확대 ③ 방위력 증강 ④ 환경 개선	1) 가장 중요한 것 : _____ 2) 다음으로 중요한 것 : _____
2)	① 언론자유 보장 ② 물가, 인플레 억제 ③ 정부 정책결정에 국민 의견 수렴 ④ 사회의 질서 유지	1) 가장 중요한 것 : _____ 2) 다음으로 중요한 것: _____
3)	① 경제 안정 ② 좀 더 인간적인 사회로의 발전 ③ 각종 범죄 소탕 ④ 돈보다 아이디어가 중시되는 사회	1) 가장 중요한 것 : _____ 2) 다음으로 중요한 것 : _____

15. 지난 5년간 우리나라의 경제 상태가 좋아졌다고 생각하십니까 아니면
    나빠졌다고 생각하십니까?
    ① 매우 좋아졌다   ② 다소 좋아졌다
    ③ 특별히 좋아지거나 나빠지지 않았다
    ④ 다소 나빠졌다   ⑤ 매우 나빠졌다

16. 지난 5년간 귀하의 가정 형편이 좋아졌다고 생각하십니까 아니면 나빠
    졌다고 생각하십니까?
    ① 매우 좋아졌다   ② 다소 좋아졌다
    ③ 특별히 좋아지거나 나빠지지 않았다
    ④ 다소 나빠졌다   ⑤ 매우 나빠졌다

17. 앞으로 5년 후 귀하의 가정 형편이 지금보다 좋아질 것이라고 생각하십
    니까 아니면 나빠질 것이라고 생각하십니까?
    ① 매우 좋아질 것이다   ② 다소 좋아질 것이다
    ③ 특별히 좋아지거나 나빠지지 않을 것이다
    ④ 다소 나빠질 것이다   ⑤ 매우 나빠질 것이다

18. 앞으로 5년 후 우리나라의 경제 상태가 지금보다 좋아질 것이라고 생각
    하십니까 아니면 나빠질 것이라고 생각하십니까?
    ① 매우 좋아질 것이다   ② 다소 좋아질 것이다
    ③ 특별히 좋아지거나 나빠지지 않을 것이다
    ④ 다소 나빠질 것이다   ⑤ 매우 나빠질 것이다

19. 사람마다 투표에 관한 의견은 다릅니다. 어떤 사람들은 투표하는 것이 민주시민의 당연한 의무이며, 후보자나 정당이 마음에 들지 않더라도 투표는 꼭 해야 한다고 믿습니다. 다른 사람들은 투표하는 것은 시민의 권리이자 선택이며, 후보자나 정당이 얼마나 마음에 드는가에 따라 투표를 해도 되고 안 해도 된다고 믿습니다. 귀하의 의견은 어느 쪽에 더 가깝습니까?

① 투표는 의무이다 (☞문19-1로)

② 투표는 선택이다 (☞문20으로)

※ 면접원 지시사항 : 모름/무응답일 경우 문20으로 이동

19-1. ("투표는 의무이다"를 선택했다면) 그렇다면 얼마나 확고하게 투표는 의무라고 생각하십니까?

① 매우 확고하다　　　② 어느 정도 확고하다

③ 그리 확고하지 않다　　④ 모르겠다

20. 귀하께서는 우리나라의 주요 정당들에 대해 어떻게 생각하십니까? 다음 각 정당에 대해 얼마나 좋아하거나 싫어하는지 점수 평가 예를 참조하여 0에서 100까지의 숫자로 말씀해주십시오.

정당	점수	점수 평가 예
1) 새누리당	(　　)점	100점 – 대단히 호의적인 느낌 85점 – 상당히 호의적인 느낌
2) 민주통합당	(　　)점	70점 – 어느 정도 호의적인 느낌 60점 – 약간 호의적인 느낌
3) 통합진보당	(　　)점	50점 – 호의적이지도 부정적이지도 않음 40점 – 약간 부정적인 느낌 30점 – 어느 정도 부정적인 느낌
4) 진보정의당	(　　)점	15점 – 상당히 부정적인 느낌 0점 – 대단히 부정적인 느낌

21. 지난 대통령선거 때 차기 대통령이 가장 시급하게 해결해야 할 과제가 무엇이라고 생각하셨습니까?

　　① 사회통합　　　　　② 경제성장　　　　③ 복지확대
　　④ 경제 민주화　　　　⑤ 정치개혁　　　　⑥ 남북관계
　　⑦ 외교안보　　　　　⑧ 교육 정책　　　　⑨ 기타(　　　　　　　　)

22. 우리나라의 주요 정당들은 다음 중 무엇을 대표한다고 생각하십니까?

　　① 지역　　　　② 이념　　　　　③ 세대
　　④ 계층　　　　⑤ 이익집단　　　⑥ 기타(　　　　　　　　　)

23. '개천에서 용 난다'는 속담이 있습니다. 한국 사회에서 이러한 일이 지금도 가능하다고 생각하십니까?

　　① 매우 그렇다　　　　　② 대체로 그렇다
　　③ 별로 그렇지 않다　　　④ 전혀 그렇지 않다

24. 귀하께서 지난 대통령선거에서 이야기되었던 "경제민주화" 정책 가운데 누구의 공약이 더 바람직하다고 생각하십니까?

　　① 박근혜　　　　　　② 문재인　　　　③ 별로 차이가 없다

25. 귀하께서는 2007년 대통령선거에서 어느 후보에게 투표하셨습니까?

　　① 정동영　　　　　　② 이명박　　　　③ 권영길
　　④ 문국현　　　　　　⑤ 이회창　　　　⑥ 다른 후보
　　⑦ 투표하지 않았다　　⑧ 투표권이 없었다
　　⑨ 기억나지 않는다

26. 귀하께서는 2012년 국회의원 비례대표 선거에서 다음 중 어느 정당에게 투표를 하셨습니까?

① 새누리당   ② 민주통합당   ③ 통합진보당

④ 자유선진당   ⑤ 다른 정당   ⑥ 투표를 하지 않았다

⑦ 투표권이 없었다   ⑧ 기억나지 않는다

27. 이번 대선에서 각 후보 진영은 아래와 같은 선거운동 방식을 통해 선거 캠페인을 전개하였습니다. 귀하께서는 이들 가운데 각 후보자를 아는 데 가장 도움이 되었던 것이 무엇인지 다음 〈보기〉 중에서 중요한 순서대로 두 가지만 선택해 주십시오.

   - 1순위: (   )   - 2순위: (   )

〈보기〉		
① TV 토론회	② TV 및 라디오 방송연설	③ 신문이나 방송 광고
④ 선거벽보	⑤ 선관위발송 선거공보	⑥ 거리연설 및 유세
⑦ 각 정당의 현수막	⑧ 후보자 경력방송	⑨ 인터넷과 SNS
⑩ 기타 (적을 것:)		

28. 다음의 각 영역에서 정부예산지출(공공지출)을 더 많이 해야 할 지 아니면 적게 해야 할 지 여부에 대해 말씀해 주십시오. 공공지출을 "더 많이" 하게 되면 세금인상이 불가피하고, "더 적게" 하면 해당 서비스의 축소가 불가피합니다.

	지금보다 매우 더 많이 지출해야 한다	지금보다 다소 더 많이 지출해야 한다	지금과 동일하게 지출해야 한다	지금보다 다소 더 적게 지출해야 한다	지금보다 매우 더 적게 지출해야 한다	잘 모름
1) 보건/의료비	①	②	③	④	⑤	⑨
2) 교육	①	②	③	④	⑤	⑨
3) 실업급여	①	②	③	④	⑤	⑨
4) 국방	①	②	③	④	⑤	⑨
5) 노인연금	①	②	③	④	⑤	⑨
6) 기업과 산업	①	②	③	④	⑤	⑨
7) 경찰 및 치안	①	②	③	④	⑤	⑨
8) 복지	①	②	③	④	⑤	⑨

29. 현재 우리나라 국무총리의 이름을 알고 계신지요?

① 맹형규　　　　　② 정운찬　　　　　③ 김황식

④ 한승수　　　　　⑤ 박재완　　　　　⑨ 모른다

30. 현재 우리나라 국회의장의 이름을 알고 계신지요?

① 박희태　　　　　② 강창희　　　　　③ 김형오

④ 황우여　　　　　⑤ 정의화　　　　　⑨ 모른다

31. 우리나라 정부의 2012년 예산 규모는 어느 정도라고 알고 계신지요?

① 약 230조　　② 약 280조　　③ 약 330조

④ 약 380조　　⑤ 약 430조　　⑨ 모른다

32. 선생님께서는 우리나라에 있는 정당 중 가깝게 느끼는 정당이 있습니까?

① 있다 (☞ 문 32-1로)　　　　② 없다 (☞ 문 32-2로)

※ 면접원 지시사항 : 모름/무응답일 경우 문32–2로 이동

　32-1. 그렇다면, 그 정당은 어느 정당입니까? (응답 후 문33으로)

① 새누리당　　　② 민주통합당　　　③ 통합진보당

④ 진보정의당　　⑤ 기타 정당(　　)

　32-2. 그래도 다른 정당에 비해 조금이라도 더 가깝게 느끼는 정당이 있습니까?

① 있다 (☞ 문 32-3으로)　　② 없다 (☞ 문 33으로)

※ 면접원 지시사항 : 모름/무응답일 경우 문33으로 이동

32-3. 그렇다면, 그 정당은 어느 정당입니까?

　　① 새누리당　　　② 민주통합당　　　③ 통합진보당

　　④ 진보정의당　　　⑤ 기타 정당(　　)

33. 역대 대통령 중 리더십, 업적 등 종합적으로 고려할 때 가장 긍정적으로 평가하는 대통령은 누구입니까?

　　① 이승만　　② 박정희　　③ 전두환　　④ 노태우

　　⑤ 김영삼　　⑥ 김대중　　⑦ 노무현　　⑧ 이명박

34. 귀하는 지난 6개월 동안 이번 대통령선거와 관련해 주로 이야기를 나눈 사람이 있습니까? 있다면 몇 명이나 되십니까? 그럼 그분들 중 특히 자주 이야기를 나눈 사람을 최대 네 분까지 떠올려 주십시오.

　　※ 면접원 기록사항: 대통령선거와 관련해 주로 이야기를 나눈 사람 수:
　　（　　　）명

34-1. 먼저, 첫 번째 분에 대해 여쭈어보겠습니다.

---

1) 이분은 귀하와 어떤 관계입니까? 해당되는 것에 모두 체크해 주십시오.

　　① 배우자　　② 부모님　　③ 형제/자매　　④ 자녀

　　⑤ 직계가족 외의 친척　　⑥ 직장동료　　⑦ 교회/동호회/친목계에서 만난 사람

　　⑧ 이웃　　⑨ 친구/동창　　⑩ 기타(　　　　　　)

2) 혹시 이분이 지난 대선에서 어느 후보를 지지했는지 아십니까? 정확하게 모르신다면, 그 동안의 대화에 비추어 볼 때, 귀하가 생각하시기에 이분이 지지했을 것으로 생각되는 후보는 누구입니까?

　　① 박근혜　　② 문재인　　③ 기타 후보　　④ 투표하지 않았다

3) 이분의 나이는 어떻게 되십니까? 정확하게 모르신다면 대강이라도 말씀해 주십시오.

　　（　　）세

4) 이분은 학교를 어디까지 마치셨습니까? 정확하게 모르신다면 대강이라도 말씀해 주십시오.

　　① 고등학교 졸업 미만　　② 고등학교 졸업　　③ 전문대/4년제 중퇴

　　④ 4년제 대학 졸업　　⑤ 대학원 이상

34-2. 두 번째 분에 대해 여쭈어보겠습니다.

1) 이분은 귀하와 어떤 관계입니까? 해당되는 것에 모두 체크해 주십시오.
　① 배우자　　② 부모님　　③ 형제/자매　　④ 자녀
　⑤ 직계가족 외의 친척　　⑥ 직장동료　　⑦ 교회/동호회/친목계에서 만난 사람
　⑧ 이웃　　⑨ 친구/동창　　⑩ 기타(　　　　　　　)

2) 혹시 이분이 지난 대선에서 어느 후보를 지지했는지 아십니까? 정확하게 모르신다면, 그 동안의 대화에
　비추어 볼 때, 귀하가 생각하시기에 이분이 지지했을 것으로 생각되는 후보는 누구입니까?
　① 박근혜　　② 문재인　　③ 기타 후보　　④ 투표하지 않았다

3) 이분의 나이는 어떻게 되십니까? 정확하게 모르신다면 대강이라도 말씀해 주십시오.
　(　　　　) 세

4) 이분은 학교를 어디까지 마치셨습니까? 정확하게 모르신다면 대강이라도 말씀해 주십시오.
　① 고등학교 졸업 미만　　② 고등학교 졸업　　③ 전문대/4년제 중퇴
　④ 4년제 대학 졸업　　⑤ 대학원 이상

34-3. 세 번째 분에 대해 여쭈어보겠습니다.

1) 이분은 귀하와 어떤 관계입니까? 해당되는 것에 모두 체크해 주십시오.
　① 배우자　　② 부모님　　③ 형제/자매　　④ 자녀
　⑤ 직계가족 외의 친척　　⑥ 직장동료　　⑦ 교회/동호회/친목계에서 만난 사람
　⑧ 이웃　　⑨ 친구/동창　　⑩ 기타(　　　　　　　)

2) 혹시 이분이 지난 대선에서 어느 후보를 지지했는지 아십니까? 정확하게 모르신다면, 그 동안의 대화에
　비추어 볼 때, 귀하가 생각하시기에 이분이 지지했을 것으로 생각되는 후보는 누구입니까?
　① 박근혜　　② 문재인　　③ 기타 후보　　④ 투표하지 않았다

3) 이분의 나이는 어떻게 되십니까? 정확하게 모르신다면 대강이라도 말씀해 주십시오.
　(　　　　) 세

4) 이분은 학교를 어디까지 마치셨습니까? 정확하게 모르신다면 대강이라도 말씀해 주십시오.
　① 고등학교 졸업 미만　　② 고등학교 졸업　　③ 전문대/4년제 중퇴
　④ 4년제 대학 졸업　　⑤ 대학원 이상

34-4. 마지막으로, 네 번째 분에 대해 여쭈어보겠습니다.

1) 이분은 귀하와 어떤 관계입니까? 해당되는 것에 모두 체크해 주십시오.
  ① 배우자   ② 부모님   ③ 형제/자매   ④ 자녀
  ⑤ 직계가족 외의 친척   ⑥ 직장동료   ⑦ 교회/동호회/친목계에서 만난 사람
  ⑧ 이웃   ⑨ 친구/동창   ⑩ 기타(   )

2) 혹시 이분이 지난 대선에서 어느 후보를 지지했는지 아십니까?
  정확하게 모르신다면, 그 동안의 대화에 비추어 볼 때,
  귀하가 생각하시기에 이분이 지지했을 것으로 생각되는 후보는 누구입니까?
  ① 박근혜   ② 문재인   ③ 기타 후보   ④ 투표하지 않았다

3) 이분의 나이는 어떻게 되십니까? 정확하게 모르신다면 대강이라도 말씀해 주십시오.
  (   ) 세

4) 이분은 학교를 어디까지 마치셨습니까? 정확하게 모르신다면 대강이라도 말씀해 주십시오.
  ① 고등학교 졸업 미만   ② 고등학교 졸업   ③ 전문대/4년제 중퇴
  ④ 4년제 대학 졸업   ⑤ 대학원 이상

35. 귀하께서는 현재 페이스북, 트위터, 미투데이 등 SNS 서비스를 얼마나 자주 사용하고 계십니까?
  ① 사용하고 있지 않다
  ② 계정은 있지만 거의 활용하지 않는다
  ③ 일주일에 1~2일
  ④ 일주일에 3~4일
  ⑤ 거의 매일

36. 다음은 일반시민들이 정치에 관련하여 참여할 수 있는 활동들입니다. 이 중 귀하께서 최근 1년간 직접 경험한 것이 있다면 말씀해주십시오.

	예	아니오
1) 후보자나 정당의 홈페이지를 방문한 적이 있다	①	②
2) 선거와 관련된 글, 사진, 동영상, 오디오 등을 인터넷으로 공유하거나 SNS로 리트윗한 경험이 있다	①	②
3) 블로그, 게시판, SNS 등을 통해 선거나 정치에 대한 토론에 참여한 적이 있다	①	②
4) 인터넷에서 실시되는 여론조사나 투표, 서명운동, 기타 집단행동 (온라인 리본/배너 달기, 추모, 관련 글 올리기 등)에 참여한 적이 있다	①	②
5) 후보자 펀드나 선거비용모금에 참여하거나 기부한 적이 있다	①	②
6) 정당 행사나 정당의 후보자 경선 과정에 직접 참여하거나 모바일 투표에 참여한 적이 있다	①	②
7) 민원, 국회의원 접촉	①	②
8) 청원, 불매운동, 파업, 보이콧, 파업 동조 등에 참가한 적이 있다	①	②
9) 집회나 시위에 참가한 적이 있다	①	②

37. 우리사회에서 가장 시급하게 해결되어야 할 과제는 무엇이라고 보십니까?
　　① 지역 갈등　　　　② 이념 대립　　　　③ 세대 갈등
　　④ 계층 갈등　　　　⑤ 수도권과 지방 간 격차
　　⑥ 기타 (　　　　　　　　　　　　)

38. 그렇다면 선생님께서 생각하시기에 한국 사회에서 고소득자와 저소득자 간의 소득격차가 5년 전과 비교하여 어떠하다고 생각하십니까?
　　① 매우 커졌다　　　② 다소 커졌다　　　③ 비슷하다
　　④ 다소 작아졌다　　⑤ 매우 작아졌다

39. 선생님께서 생각하시기에 한국 사회에서 고소득자와 저소득자 간의 갈등이 5년 전과 비교하여 어떠하다고 생각하십니까?

① 매우 심해졌다   ② 다소 심해졌다   ③ 비슷하다

④ 다소 줄어들었다   ⑤ 매우 줄어들었다

40. 선생님께서 이번 대통령선거에서 투표할 후보를 결정하는 데 가장 큰 영향을 미친 사항은 다음 중 무엇입니까?

① 북한의 장거리 로켓 발사

② 국정원 여직원 사건

③ 안철수 전 교수의 문재인 후보 지원

④ 이정희 전 대표의 대선후보 사퇴

⑤ 노무현 전 대통령의 NLL(서해 북방한계선) 관련 발언

⑥ 여성 대통령론

⑦ TV 토론에서 드러난 후보역량

⑧ SNS 불법선거운동

⑨ 기타 (   )

41. 자녀를 키우는 데 있어서 아이가 장차 가졌으면 하는 바람직한 성격에는 여러 가지가 있지만 이 중 어느 것이 더 중요한지에 대해서는 사람들마다 의견이 다릅니다. 선생님께서는 다음의 성격 짝 중 어느 것이 더 중요하다고 생각하십니까? 둘 중 더 중요한 성격에 체크해 주세요.

1)	① 독립심이 강한 아이	② 어른을 공경하는 아이
2)	① 호기심이 많은 아이	② 예의범절을 지키는 아이
3)	① 자립적인 아이	② 순종적인 아이
4)	① 스스로 사려 깊은 아이	② 지켜야 할 것을 지키는 품행이 단정한 아이
5)	① 규율을 준수하는 아이	② 창의적인 아이

통계분류를 위한 질문

DQ1. 귀하의 출신지 (주로 성장하신 곳)는 어디입니까?
    ① 서울 ② 부산 ③ 대구 ④ 인천 ⑤ 광주 ⑥ 대전 ⑦ 울산
    ⑧ 경기 ⑨ 강원 ⑩ 충북 ⑪ 충남 ⑫ 전북 ⑬ 전남 ⑭ 경북
    ⑮ 경남 ⑯ 제주 ⑰ 북한 ⑱ 기타

DQ2. 귀하의 혼인상태는 다음 중 어디에 해당합니까?
    ① 미혼   ② 기혼   ③ 이혼   ④ 사별   ⑤ 기타 (   )

DQ3. 귀하의 종교는 무엇입니까?
    ① 개신교   ② 천주교   ③ 불교
    ④ 기타 (   )   ⑤ 없다

DQ4. 귀하는 직업을 가지고 계십니까?
    ① 있다 (☞DQ4-1로)   ② 없다 (☞DQ5로)
    ※ 면접원 지시사항 : 모름/무응답일 경우 DQ5로 이동

DQ4-1. 귀하는 현재 어떤 일을 합니까? 아래의 〈보기〉에서 하나만 골라
　　　주십시오. (　　　)

보 기
① 서비스 종사자(관광가이드, 음식점 종업원, 간병인 등)
② 판매 종사자(가게운영, 세일즈맨, 보험설계사 등)
③ 농림어업 종사자
④ 기능 종사자(기능 · 숙련공)
⑤ 기계조작 및 조립 종사자
⑥ 가사 관련 단순 노무자(가정부, 파출부, 보육사 등)
⑦ 기타 단순 노무자(미숙련 공장노동자, 건설노동자 등 육체노동자)
⑧ 사무 종사자(일반 행정사무 등)
⑨ 전문가 및 관련종사자(대학교수, 변호사, 의사, 약사, 간호사, 엔지니어, 유치원 · 학교 교사, 학원 강사, 통 · 번역사, 컴퓨터 프로그래머 등)
⑩ 임직원 및 관리자(고급공무원, 교장, 기업체 임원 등)
⑪ 학생
⑫ 주부
⑬ 기타

DQ5. (기혼자만) 귀하의 배우자는 직업을 가지고 계십니까?
　　　① 있다 (☞DQ5-1로)　　　　② 없다 (☞DQ6으로)
　　　※ 면접원 지시사항: 모름/무응답일 경우 DQ6로 이동

DQ5-1. 귀하의 배우자는 현재 어떤 일을 합니까? 위의 〈보기〉에서 하나
　　　만 골라 주십시오. (　　　)

DQ6. 귀하는 학교를 어디까지 다니셨습니까?

① 무학 (☞DQ7로)

② 초등(국민)학교 (☞DQ6-1로)

③ 중학교 (☞DQ6-1로)

④ 전문대학 (2·3년제) (☞DQ6-1로)

⑤ 대학교 (4년제) (☞DQ6-1로)

⑥ 대학원 (석사과정) (☞DQ6-1로)

⑦ 대학원 (박사과정) (☞DQ6-1로)

⑧ 서당, 한학 ((☞DQ7로)

⑨ 고등학교 (☞DQ6-1로)

※ 면접원 지시사항: 모름/무응답일 경우 DQ7로 이동

DQ6-1. 이 학교를 졸업하셨습니까?

① 졸업했다 (☞DQ7로)

② 중퇴했다 (☞DQ6-2로)

③ 재학 중이다 (☞DQ6-3으로)

DQ6-2. (중퇴한 사람만) 몇 학년 때 중퇴하셨습니까?

(   ) 학년 (☞DQ7로)

DQ6-3. (재학 중인 사람만) 현재 몇 학년이십니까?

(   ) 학년

DQ7. 귀하와 귀하의 배우자를 포함하여 귀댁에서 함께 살고 계신 가족들의 한 달 소득을 모두 합하면 총 얼마 정도 됩니까?

① 100만 원 미만   ② 100~199만 원   ③ 200~299만 원
④ 300~399만 원   ⑤ 400~499만 원   ⑥ 500~599만 원
⑦ 600~699만 원   ⑧ 700~799만 원   ⑨ 800만 원 이상

DQ8. 현재 살고 계시는 주거 형태에 관해 여쭙겠습니다.

DQ8-1. 귀하가 살고 있는 집은 주거 전용입니까, 영업 겸용입니까?
① 주거 전용   ② 영업 겸용

DQ8-2. 자기 집입니까, 아니면 셋집입니까?
① 자기 집   ② 전세(월세 없음)
③ 보증금 있는 월세   ④ 보증금 없는 월세
⑤ 사글세   ⑥ 무상(관사, 사택, 친척집 등)

- 설문에 응해 주셔서 대단히 감사합니다 -

찾아보기

저자약력

박찬욱 朴贊郁

미국 아이오와대학교 정치학 박사

현재 서울대학교 정치외교학부 교수

주요 논저 《민주정치와 균형외교》(공저, 2006), 《제 17대 대통령선거를 분석한다》(편저, 2008), 《한국유권자의 선택 1: 2012총선》(편저, 2012)

박원호 朴元浩

미국 미시간대학교 정치학 박사

현재 서울대학교 정치외교학부 교수

주요 논저 "부동산가격변동과 2000년대의 한국선거: 지역주의 '이후'의 경제투표에 대한 방법론적 탐색"(〈한국정치연구〉, 2009), "세대균열의 진화: '386세대'의 소멸과 30대 유권자의 부상"(《한국 유권자의 선택: 2012 총선》, 2012), "Preference Heterogeneity, Electoral Rules, and Party Systems: A Theoretical Simulation"(〈평화연구〉, 2012)

윤광일 尹光一

미국 미시간대학교 정치학 박사

현재 숙명여자대학교 정치외교학과 교수

주요 논저 "선거주기에 대한 이론적 고찰: 미국 사례를 중심으로"(〈의정연구〉, 2011), "Neighborhood Effects on Racial-ethnic Identity: The Undermining Role of Segregation"(*Race and Social Problems*, 2009), "Political Culture of Individualism and Collectivism"(박사학위 논문, 2010)

강원택 康元澤
영국 런던정경대학교 정치학 박사
현재 서울대학교 정치외교학부 교수
주요 논저 《통일 이후의 한국 민주주의》, 《한국 선거정치의 변화와 지속》, 《한국 정치 웹 2.0에 접속하다》 외

장승진 張丞鎭
미국 컬럼비아대학교 정치학 박사
현재 국민대학교 정치외교학과 교수
주요 논저 "경선제도에 따른 유권자 선택의 변화: 2008년 미국 대선 경선의 함의"(《한국정당학회보》, 2012), "Rally Around the Cross: 종교와 정부에 대한 한국인들의 태도, 2003~2009"(공저, 〈한국정치학회보〉, 2011), "Are Diverse Political Networks Always Bad for the Participatory Democracy? Indifference, Alienation, and Political Disagreements"(*American Politics Research*, 2009), "Get Out on Behalf of Your Group: Electoral Participation of Latinos and Asian Americans"(*Political Behavior*, 2009), "Latino Public Opinion"(공저, *The Oxford Handbook of American Public Opinion and the Media*, 2011), "Why the Giant Sleeps So Deeply: Political Consequences of Individual-Level Latino Demographics"(공저, *Social Science Quarterly*, 2011)

한정훈 韓定勳
미국 로체스터대학교 정치학 박사
현재 숭실대학교 정치외교학과 교수
주요 논저 "유럽의회 내 정당응집성 측정에 대한 비교제도학적 연구: 공간모델을 적용한 대안적 지표개발"(〈한국정치학회보〉, 2008), "국회의원별 불참율의 차이에 관한 요인분석: 제18대 국회전반기를 중심으로"(〈한국정치학회보〉, 2011), "Analysing Roll Calls of the European Parliament: A Bayesian Application"(*European Union Politics*, 2007)

류재성 柳載成
미국 텍사스 주립대학(오스틴) 정치학 박사
현재 계명대학교 미국학과 교수
주요 논저 《미국의 선거와 또 다른 변화》(공저, 2011), 《정치학이해의 길잡이: 정치이론과 방법론》(공저, 2008), "중도 및 무당파 유권자 특성: 무태도(non-attitudes)인가 부정적 태도(negativity)인가?"(〈대한정치학회보〉, 2012), "한국 유권자의 정치 지식(Political Knowledge)에 관한 연구 현황과 과제"(〈한국정치연구〉, 2010)

강신구 姜信球
미국 로체스터대학교 정치학 박사
현재 아주대학교 정치외교학과 조교수
주요 논저 "어떤 민주주의인가? 제도와 가치체계의 조응을 통해 바라본 한국 민주주의의 발전방향 모색"(〈한국정당학회보〉, 2012), "Representation and Policy Responsiveness: The Median Voter, Election Rules, and Redistributive Welfare Spending"(공저, *Journal of Politics*, 2010), "The Influence of Presidential Heads of State on Government Formation in European Democracies: Empirical Evidence"(*European Journal of Political Research*, 2009)

이상신 李相信
미국 아이오와 대학교 정치학 박사
현재 숭실대학교 정치외교학과 연구중점교수
주요 논저 "정부 신뢰의 위기: 천안함 사건을 중심으로"(〈한국정치학회보〉, 2010), "정치의 사인화(私人化)와 대선후보자의 인지적 평가"(〈한국정치학회보〉, 2012), "친중(親中)과 반미(反美)의 경계: 중국 국가이미지의 결정요인 연구"(공저, 〈국제정치논총〉, 2011)

김석호 金碩鎬
미국 시카고대학교 사회학 박사
현재 성균관대학교 사회학과 교수
주요 논저 《노동이주 추이와 미래 사회통합의 과제》(공저, 2011), "응답자의 성격특성과 응답스타일"(〈조사연구〉, 2011), "Social Distance between Foreign Workers and Koreans: From a Foreign Workers' Viewpoint"(〈한국인구학〉, 2009), "Voluntary Associations, Social Inequality, and Participatory Democracy in the United States and Korea"(〈한국사회학〉, 2011)

길정아 吉貞兒
서울대학교 정치외교학부 정치학 전공 박사과정

노환희 魯歡喜
서울대학교 정치외교학부 정치학 전공 박사과정

하헌주 河憲珠
성균관대학교 사회학과 박사과정

박바름 朴바름
성균관대학교 사회학과 석사

송정민 宋淨民
서울대학교 정치외교학부 정치학 전공 석사과정

오현주 吳炫姝
서울대학교 정치외교학부 정치학 전공 석사과정